品牌营销环面漩涡

Brand Marketing Annulus Vortex

亿 舟 著

东南大学出版社
SOUTHEAST UNIVERSITY PRESS
·南京·

图书在版编目（CIP）数据

品牌营销环面漩涡 / 亿舟著．—南京：东南大学出版社，2017.2

ISBN 978-7-5641-6936-7

Ⅰ．①品…　Ⅱ．①亿…　Ⅲ．①品牌营销　Ⅳ．① F713.3

中国版本图书馆 CIP 数据核字（2017）第 006060 号

品牌营销环面漩涡

出版发行　东南大学出版社
出 版 人　江建中
社　　址　南京市四牌楼 2 号（邮编 210096）
网　　址　http://www.seupress.com
责编邮箱　mayan@seupress.com
印　　刷　江苏徐州新华印刷厂
经　　销　全国各地新华书店
开　　本　880 mm × 1230 mm　1/32
印　　张　11.5
字　　数　342 千字
版 印 次　2017 年 2 月第 1 版　2017 年 2 月第 1 次印刷
书　　号　ISBN 978-7-5641-6936-7
印　　数　1-3000 册
定　　价　40.00 元

*** 本社图书若有印装质量问题，请直接与营销部联系，电话：** 025-83791830。

做人？做超人？还是做品牌？（代序）

“超人”不是电影里克里斯托弗·里夫（Christopher Reeve）扮演的把“红三角”穿在蓝色紧身裤外面的超人，而是尼采（德语：Nietzsche）的哲学著作里“狄奥尼索斯（希腊语：Διόνυσος）式”极力渲染的“超人”。

尼采的“超人”具有两大根本特征：一是不断地超越，超越他人，超越自己；二是创造、创新，进化为新物种。由此尼采认为：超人高于人犹如人高于动物，人只是超人与动物之间的一条过渡的绳索。人或者走过这条绳索成为超人，或者掉下深渊摔死归于毁灭，或者留在此岸退回动物界。

“超人”自从被尼采如此解释后，唤醒了无数西方人沉睡的意志，刺激了他们的神经，促使他们振奋、向上而不是颓废、沦丧，推动了社会进步。

同时，尼采的“超人”先天不足：他作为一个深刻的哲学概念，太抽象、太晦涩，没有附着于具体的“事物”或者“形象”；一些思想尖锐、追新求异的“文化人”对之趋之若鹜，普通的社会民众则懒得关注、更无法全面理解。以至于希特勒（德语：Adolf Hitler）把他曲解为浅显易懂而面目全非的“强人”，大肆忽悠，德国人反而全被蒙在鼓里，晕晕乎乎地就追随着当了炮灰。

要让一千年前我国北宋的理学家周敦颐看，尼采的“超人”符合他“文以载道”的主张。周老爷子在《通书·文辞》中说：“文所以载道也。

轮辕饰而人弗庸，徒饰也，况虚车乎。”翻译成现代文，就是说“文章是道理的载体，就好像车是人的载体一样。如果车不载人，车轮和车扶手装饰得再好也没用”。再通俗些解释，即为：写文章要表达思想，这是亘古不变的原则。尼采的“超人”，恰是“载道”的文章。

千百年来，无论中外，社会民众的思想、认识和情感进步主要靠“载道”的文章推动。所谓“上智下移”，主要指的是“文化人”先读懂进步的文章，再把其中进步的思想、认识和情感通过各种形式传达给不识字的社会民众，由此产生进步的社会影响。

当然也有“上智下愚”的说法：即“文化人”的思想和认识进步了，却禁锢、麻痹甚至忽悠不识字的社会民众，把他们的思想、认识和情感维持在“愚”的程度，以便于统治。照尼采看来，这种做法，实际上是让普通的社会民众“掉下深渊摔死归于毁灭，或者留在此岸退回动物界”了。

“载道”的文章与尼采的“超人”有共同的先天不足，那就是大多“太抽象、太晦涩，没有附着于具体的‘事物’或者‘形象’”，让普通的社会民众“懒得关注、更无法全面理解”。这容易被不怀好意的“文化人”利用，“曲解”了“忽悠”社会民众，发挥不了推动他们的思想、认识和情感进步的作用和价值。

当今时代是商品经济的时代，中国更是商品经济的大国。对普通社会民众的日常生活、衣食住行、商务往来、文化交际起到最大影响力的，莫过于各行各业、各式各样、千姿百态、亿万种风情与体验的商品。

“品牌”作为标识商品价值的“符号”“概念”和“形象”等，恰是对社会民众的思想、认识和情感发挥着莫大影响力的“文化形式”。又由于“品牌”附着于“商品”这种“事物”，其“符号”和“概念”唯恐不为更多人所知，其“形象”唯恐不被更多人“鲜明”，所以它对社会民众的思想、认识和情感的潜移默化作用，早已远远地“超越”了“超人”和“载道”的文章。

关键在于“品牌”怎么打造：其标识商品价值的“符号”“概念”和“形象”等是附着于“商品”这种“事物”，还是“背离”？是承载能够推动社会民众的思想、认识和情感进步的“道”，还是“后退”？是尼采的“超人”，还是尼采的“人”甚至“动物”？

很不幸，若干年来，特别是国内无数企业打造的无数品牌，其标识商品价值的“符号”“概念”和“形象”等多是倾向于后者：它们或者传达的“道”没有附着于商品这种“事物”，因此传播不广，被社会民众认识不深；或者没有“载道”，甚至吹天捧地、弄虚作假、乖张暴戾，起不到推动社会民众的思想、认识和情感进步的作用。

其中原因，自然与很多为企业打造品牌的“文化人”的“不怀好意”相关，更多则是因为诞生“品牌”的土壤、“品牌”传播、推广所针对的新时代的社会民众对于商品和品牌的认知，还没上升到“智”的层次。

如今，品牌在全世界已经进化了一百多年，在国内也已经进化了三十多年；国内民众对商品和品牌的认识由懵懂到清醒也三十多年。这是到了变革“动物的品牌”，把“人的品牌”打造成“超人的品牌”，让“商品”这种“事物”承载着先进的思想、认识和情感去影响社会民众，以推动他们更快进步的时候了。

如此，企业大幸，它们能够获得更大商业价值；如此，“品牌”大幸，它们能够赢得更经久不衰的生命；如此，社会民众大幸，他们能够携手商品与品牌的进步，更早一刻进化为“超人”。如此，“物以载道”，将成为我们这个时代更具进步意义的进化途径，它将使企业人、广告人、媒体人、所有为“品牌”贡献一己之力的社会人的生命绽放得更丰盛！

在这个时代，有幸成为一位品牌人。谨以此文序此书。

王铎瀚

中国健康管理联合会副会长

中国大健康产业园（禹城）总策划师

华禹百行众创空间总设计师

目次 Contents

1

这是一个看不懂营销的时代

1-1 王健林董事长，您太不懂事了！[1]

2015 年 7 月份，中国地产界的头条一定是万达了。据报道，万达集团要求 7 月份完成关店任务。济南、唐山、江门、温州、沈阳以及湖北荆州等多个地区共 40 多家严重亏损的门店要如期关闭；剩余的上海宝山、泉州、襄阳等地区的个别门店将进行调整，压缩经营面积。有些面临失业的员工气不过，在万达商场门前拉起横幅，标示："王健林董事长，您太不懂事了！"

其实，门店大批量关闭的绝不止万达一家。有篇文章在互联网上流传得很广，题目是《不只是万达！关店潮最新最全阵亡名单，集体默哀吧》[1]。文章中罗列的关店潮愈演愈烈的地方，百货、超市、便利店、餐饮、购物中心全都涉及！其中名气很大的比如乐购，山东 6 家店全部关闭；沃尔玛将关闭 30% 中国门店；麦当劳将在中国关闭 80 家店。关店数量最多的是波司登：从 2014 年 3 月 31 日至 9 月 30 日的 6 个月中，马不停蹄地关闭了 3 436 家羽绒服零售网点，而在之前的 2013 年，它已经关闭了 1 357 家羽绒服销售网点。

"渠道为王"的时代，似乎要过去了。传统的"4P"营销理论，有四个支点：1. 产品（Production）；2. 价格（Price）；3. 渠道（Place）；4. 促销（Promotion）[2]。其中对企业的营销命运起到决定作用的，是"通路"，也就是"渠道"。如今，这个支点，仿佛要倒了。

渠道的资源有限，一旦哪里的门店，或者门店里的货架，或者货架上的商品展位被一些企业和经销商抢先占下了，其他企业再想把自己的商品摆上去是千难万难。即使摆上去了，想要卖得动、卖得好又是千难万难。即使卖得动了，商品配送、管理、补货、结款还是千难万难。而且在所有企业、经销商千军万马抢渠道资源的情势下，渠道的费用越来越高，

[1] 中国家电网 . 不只是万达！关店潮最新最全阵亡名单，集体默哀吧！
http://rizhao.dzwww.com/home/xwzx/201509/t20150915_13060771.html，2015-09-15

[2] E.Jerome McCarthy. Basic Marketing : A Marketing Strategy Planning Approach. Homewood，IL: Richard D. Irwin，1960

大多数后进的企业根本负担不起。渠道都进不去,更别说卖商品了。

万达是一个曾经的神话。现在的神话是阿里、京东。电商在中国的真正发力,是从2012年下半年开始的,更大的能量释放是在2013年。待到2014年,“阿京”们就引发了多米诺骨牌效应的大变革。现在传统渠道的门店纷纷关闭,企业的产品谁来卖呢?都去找马云、刘强东吗?

——再用传统的营销理论来指导营销实践,似乎有些捉襟见肘了。

1-2 阿里与苏宁合体,制造企业奈何?

2015年8月11日,中国经济界的头条,非阿里莫属。从字面上来看,阿里与苏宁的合作大致是这样:阿里投入283亿,换取苏宁云商19.99%的股份,每股作价15.23元;而苏宁则以140亿元认购阿里不超过2 780万股的新股,占总股比1.09%。这一手被业界认为是马云抢了刘强东一道。这一次,没有人跑到苏宁的门店面前扯横幅。不过,在阿里与苏宁战略合作发布会当天,台风来了,受台风影响,南京城大雨瓢泼。有人笑称,南京下的雨,北京流的泪……[3]

阿里是干吗的?是给购物者提供方便的。它能让用户足不出户,想吃什么就有什么,想穿什么就来什么,想用什么就有什么;手指头轻点,巨便宜实惠,要多方便有多方便。但是,阿里提供的方便是延期享用的。而且购物者吃过、穿过、用过之后,出现了麻烦,或者再想享受其他方便,阿里就一筹莫展了。于是,阿里筹划了“菜鸟”,盯上了苏宁,瞄准了O2O。

苏宁之于阿里的独特魅力在于供应链,在于仓储物流,在于线下门店,在于服务网点。苏宁云商目前辐射全国1 600多家线下门店、3 000多家售后服务网点、5 000个加盟服务商,这些都将与阿里构建的线上

[3] 科技蟹. 阿里283亿投资苏宁,你应该知道的
http://zennew.baijia.baidu.com/article/133280, 2015-08-11(节选,有删减)

体系对接。此外，苏宁物流拥有452万平方米仓储面积、4个航空枢纽、12个自动化分拣中心、660个城市配送中心、10 000个快递点，而这一体系，均将加入菜鸟网络的生态中。[4]

阿里与苏宁联姻后，菜鸟网络的物流几乎覆盖全国2 800个区县，在中国90%的城市将实现次日达。

——这一步，拉开了阿里帝国向O2O疆域扩张的大幕。

除了阿里，别家也没闲着：百度外卖饿了吗？吃了“糯米”饱了吗？顺丰“嘿客”一声，河狸家e袋洗；万达“飞凡”一回，京东已经“永辉”了。

——网络巨头落地，商业巨头触网。

投资、合作、并购，动辄就上百亿真金白银投出去。O2O在中国，已经形成一片势不可挡的汹涌浪潮，餐饮业、服务业、物流业、线上线下的商业，都被席卷到了其中。接下来要关注的是：制造企业。

“方便”不方便？制造企业说了不算。传统的“4C”营销理论，也有四个支点：1. 客户需求（Consumer）；2. 满足需求须付出的成本（Cost）；3. 给客户方便（Convenience）；4. 沟通（Communication）[5]。其中对企业的营销命运起到决定作用的，是“给客户方便”。如今，这一支点，仿佛已经从制造企业、传统渠道商那儿挪到阿里帝国的旗帜下了。

人们大多好逸恶劳，而且都很“贪”，普遍地想用最短的时间做最多的事情，得到最多的便宜：买东西也这样。如今的阿里不仅能让用户最“方便”地买到电子电器及家电，还能借助苏宁的服务网点、服务商为用户提供“方便”的服务，这等于更有力地扼住了很多电子电器家电制造企业的咽喉。其他行业的制造企业呢，是不是也正在被人家的O2O越来越紧地扼住了咽喉了？

传统渠道为王的时期，制造企业想卖产品，首先想到的是找代理

---

[4] 科技蟹．阿里283亿投资苏宁，你应该知道的 http://zennew.baijia.baidu.com/article/133280，2015-08-11

[5] Robert Lauterborn. New Marketing Litany: Four Ps Passé: C-Words Take Over. Advertising Age. 1990（61）:41

商、经销商、分销商、终端门店，仰渠道之鼻息。但是也有些制造企业或自建渠道，或做好服务，或做强产品和品牌，它们在中小渠道商那儿是座上宾；如果大渠道商霸权太甚，它们会拒绝合作。就如当年格力、美的、TCL 拒绝苏宁、国美一样。

如果渠道商与电商、服务商一体化了呢？有制造企业敢叫板将来全面实现 O2O 化的阿里帝国的“马皇上”吗？

——再用传统的营销理论来指导营销实践，似乎更捉襟见肘了。

1-3 微商、会销还能“作”多久？

近两三年，微博、微信、APP 等在线自媒体平台先后驾到，各自卷裹了数亿粉丝的流量，彻底解构了传统媒体。特别是微博、微信上发布的单条信息，如果能触动粉丝，被粉丝在朋友圈层层转发，能瞬间产生原子弹爆炸式的影响力，波及千百万甚至上亿人。一些新进品牌由于被排挤在传统渠道之外，又苦于在电商平台上施展不开，自然不肯放过在这样一个社交平台上推销产品的机会。于是，微商登台了。

“微商”的概念最早是由面膜品牌引爆的。俏十岁创立仅一年，销售额过亿，旗下微商多达两三百万人。不过这已成为微商早期的传说。

韩束、三草两木目前在减少代理层级和代理商数量，或是建立微信的直销渠道。此外，富贵鸟、奥康等制造行业的品牌积极开拓微信分销渠道。燕格格在微信上通过 10 万粉丝一举收获了 2 000 万元的销售额，燕窝微商流行了起来。母婴用品大 V 店的卖家数量已达到 15 000 个，日均交易额约 30 万元。生鲜水果等农产品现在也开始流入微商渠道，比较成功的有买果果、水果甜心、果腿儿等。[6]

微商是运用最先进的在线社交平台卖产品；当前还有一种很火的

---

[6] 盘点微商五大什么值得“卖”：不只面膜——驱动之家
http://news.mydrivers.com/1/390/390319.htm，2015-02-22

线下营销模式“会销”，运用的最主要的销售工具却是最传统的“磨嘴皮子”。“会销”组织者主要针对保健品市场做老年顾客。他们一般沉到三四线城市，与当地的药店、保健品店合作，借助小恩、小惠、小情、小义把对方的老顾客利诱到某个会场，然后由讲师煽动他们现场买保健品。一场会下来，少说卖出几万元，多则卖到几十万、上百万。做得好的会销公司年营业额都在亿元以上，利润极为可观。

传统营销理论大多着眼于指导企业如何在线下规范地操作市场，但都难以解释“微商”和“会销”的火爆现象。微商和会销的组织者就像营销界线上、线下的“流寇”，他们没有固定的网店、门店做根据地，流动作战。他们卖的品牌、产品一般，价格还超高，为客户提供的“方便”也远不及市场上的正规军；但偏偏他们卖啥产品都能很火爆，而且营销成本极低，比现在很多开网店做电商、做传统渠道终端门店的老板们活得滋润多了。

不过，也正因为微商和会销组织者没有线下固定的实体店或服务点，所以他们很难通过提供全面的服务来维护好客情，实现老客户的二次、三次购买。另外就是因为没有线下实体店，打一枪换一个地方，所以他们卖出残次的商品后，也不用担心客户找上门来索赔。这就难免导致有些微商和会销组织者会贪心贩售一些假冒伪劣的产品获利，伤害消费者，触犯行业的某些规范和共识，甚至相关法律的底线。

——这类营销模式能够火多久，走多远，目前还没有专业人士能够给出科学的预见。

1-4 80% 中小制造企业会破产——反正我是信了！

2015 年 8 月 8 日，南京企业界的头条，应该是吴晓波先生做的演讲了。晓波先生在演讲中说了这样一段话：“你不知道这些家电企业发展往哪里走。在未来的几年内，我认为传统的制造企业，做冰箱，做空调，做洗衣机，做家居，做服装，做饮料，做机械，做装备，中小型企业的 80% 会破产……5 年后再有机会和大家讨论中国制造业问题的时候，有一件事一定会发生，我们再也不会讨论互联网 + 了，互联网 + 将不再是一个问题，因为所有的制造业企业全部完成了互联网+的改造。没有完成的也没有机会了”[7]。

国美对于电子电器及家电制造企业的霸权阴影犹在，阿里+苏宁、京东+永辉的O2O模式渠道霸权阴影又更加厚重地笼罩在制造企业的眼前了。

互联网+能否成为解救80%中小制造企业倒闭命运的法器，这不好说。现在也没法去请教晓波先生“完成了互联网+的改造之后，80%的中小制造企业就不用破产了，还是即使完成了互联网+的改造之后，80%的中小制造企业该怎么破产还得怎么破产？”

只有一件事是可以确定的，就是我们正奔波在一个大变革的时代，运用传统的营销理论已经看不懂眼前正在发生的很多营销现象。80%的中小制造企业若想自救，是到了该运用些新的营销思维，学习点新的营销理论，探索些新的营销实践的时候了。

[7] 吴晓波．未来几年经济不会崩溃 四个行业能赚钱 - 中商人物 - 中商情报网 http://www.askci.com/people/2015/08/10/174822y2s0_3.shtml，2015-08-10

2

这是一个神马人[1]都会做品牌的时代

[1] 网络用语，即什么人。

2-1 CIS 挽救不了“太阳神”的没落

1988 年 8 月，太阳神集团公司在中国率先导入 CIS 战略。当时，“太阳神”的创始人怀汉新花 2 000 元请广东的一家设计公司设计了商标，而且将产品、企业、商标整合在一起，美称“三位一体”。

这个动作，对于当时中国企业的“品牌战略制定”产生了非常深远的影响。而对于怀汉新本人来说，他已经为“太阳神”未来八年彗星似的辉煌和没落埋下了一个地雷的引线。

在中国保健品市场的品牌意识刚刚觉醒的时期，CIS 的导入无疑给“太阳神”的发展起了巨大的助推作用。配合在中国保健品市场制高点——上海的电视、报纸（当时上海电视台 TVC 广告 800 元每 30 秒，新民晚报通栏 1 500 元每次）的媒体轰炸，“太阳神”品牌在保健品领域的高大上形象一下子树立了起来，这给了全国的消费者只购买“太阳神”，而拒绝其他同品类保健品的理由和信念。

配合适当的企业运营、品牌和营销战略的制定、实施，“太阳神”仅用了不到 4 年时间，就从一个乡镇小厂跃为靠三个产品就做到年销售额 16 亿的保健品巨头。而这时，“太阳神”全国的销售人员还不到 100 人。之后，它便走上了与曾经的崛起同样迅速的没落之路，以至于到 2001 年，怀汉新改名骆辉，隐居香港，并以每股 7 分钱港币的价格出卖自己的所有股份。“太阳神”商标易手。

“太阳神”打开了中国企业通过 CIS 策划自创品牌的潘多拉盒子。之后，健力宝、TCL、科龙、美的、万家乐、华帝、康佳、三九等大批广东民营企业、乡镇企业纷纷引进开发 CIS，显示出强大的市场开拓力，以至于一度出现了粤货名牌“独领风骚”，全国“饮珠江水，用广东货”的现象。

再往后，CIS 助长了正泰、报喜鸟、庄吉、奥康、红蜻蜓等一大批中国驰名品牌，彻底改变了消费者对温州产品的偏见。然后这股潮流开始向东部较发达的沿海地区和内地推广开去。日本以及中国台湾、香港等地的 CIS 策划设计人士纷至沓来，又逐潮而去。

中国的广告公司和广告行业，是紧跟着企业客户的需求发展起来的。企业要引入 CIS，广告公司便纷纷祭出自己的 CIS 法宝。若有幸追随一些迅速崛起的企业，做过个把或者几个知名企业品牌的广告公司，之后便摇身一变成为品牌策划类型广告公司的话事者。而大量的只学到一点 CIS 开发、导入的皮毛，仅会帮企业做做 VI 设计的广告公司也纷纷标榜自己会做品牌——它们在业界被称为“LOGO 设计公司”。

后进的连 CIS 都一知半解，又想打造百年名牌的中小企业的老板往往被这些“LOGO 设计”公司忽悠，以为做品牌就是做 VI 设计。其影响之大，以至于国内的广告界、企业界的一些管理层人士至今还把品牌当成 VI。而一些迫于竞争压力、急于摆脱困境的企业老板依然把决定企业未来发展、打造百年品牌的希望满满地寄托在一些满嘴、满脸、满身都挂着品牌 LOGO 的 VI 设计公司身上。

“太阳神”确实辉煌过，而且辉煌得非常快。其后同样引入 CIS 的“三株口服液”“脑黄金”也经历了一个类似的过程。我们可以为它们的辉煌寻找出 100 条以上的理由，成功导入 CIS 只是其中比较重要的一条。“太阳神”确实没落了，没落得也很快。其后同样引入 CIS 的“三株口服液”“脑黄金”也经历了一个类似的过程。我们亦可以为它们的没落寻找出 100 条以上的原因，最重要的也绝不是 CIS 的滞后。

从“品牌战略（Brand’s Strategy，简称 BSS）”的角度考量，当年怀汉新将产品、企业、商标整合在一起，美称“三位一体”的时候，“太阳神”品牌没落的隐患就已经深深地埋下了。因为在当年媒体并不发达的条件下，新品牌、新产品要想走入消费者的内心，必须经历五年、十年甚至更长的时期。当一个“三位一体”的品牌过早地跨品类，甚至跨行业，并且跨“目标消费客群（Target Consumer Group，简称 TCG）”扩张的时候，这个品牌实际上已经在病亡的路上了。

对于“太阳神”来说，这一步是从 1991 年怀汉新开启“太阳神”品牌多元化发展的时候就迈出去的。

2-2 口子窖的“盘中盘”盘不活白酒品牌

1998 年，两个口子酒厂握手言和，组建了安徽口子酒业，推出新品“五年口子窖”，并与当地广告公司紧密合作，引入台湾酒水销售的“盘中盘”理论与实战技术，之后发挥优势快速抢占了合肥、郑州、西安、兰州、南京等省会城市的餐饮终端。该“盘中盘”营销模式主要解决的是普遍每瓶 10 元以下酒水如何能卖到一两百元甚至千元以上，而且能让中高收入阶层的消费者认可它们是中高档酒水品牌，纷纷哭着喊着抢购的问题。

“渠道为王”的现象，在白酒行业体现得尤其明显。20 年前，全国的白酒普遍不会超过 10 元每瓶。后来由于行业竞争加剧，渠道费用层层加码，各种进店费、展示费、开瓶费、促销费、好处费水涨船高。“盘中盘营销模式”就是在这种形势下由徽酒率先发起并在全国盛行起来的。其核心思路就是酒企通过提升产品形象、渠道形象、品牌形象拉高产品价格，与酒商、渠道瓜分高额利润，占领各种形式的终端，而由市场和消费者承担白酒产品离谱的高价。

“盘中盘营销模式”一开始视整个市场为大盘，将酒店销售终端视为核心小盘，然后利用小盘启动具有消费影响力的核心人群，继而辐射整个市场大盘。

自口子窖开启这一营销模式 5 年后，高炉家举全厂之力进攻安徽市场的心脏——合肥。它通过终端拦截（主要是餐饮终端和流通市场）、明星代言（濮存昕）、包装提升、文化认同（“家”文化），满足了部分消费者的消费需求，把“盘中盘 1.0 时代”的“终端盘中盘”和“2.0 时代”的“消费者盘中盘”进行有效融合，使“盘中盘”的理论和运用提升到了另一个高度。

——这一年，高炉家酒在安徽的销量达到了 4 个亿，其中仅合肥市就 1.6 亿元，占同档次白酒销量的 60% ~ 70%[2]。

---

[2] 十年，徽酒为行业的贡献之盘中盘的广泛运用——《新食品·中国酒业报导》http://www.newfood.com.cn/news/9861.htm，2015 年 03 期

随着徽酒的崛起，一大拨“盘中盘理论”的实践者投身白酒广告和咨询行业，十多年间极大地推动了神秘的“盘中盘”在全国白酒行业的广泛运用。这一趋势造成的必然结果就是大批地域或者全国性的白酒名牌迅速崛起，并与酒商一起垄断各地的渠道；同时渠道营销和品牌传播的费用也远超产品的成本价格，高到后起的竞争品牌的白酒产品连进店费都不能负担的程度。

同时，再财大气粗的竞争品牌的产品也难打入被当地酒企和酒商垄断的渠道。诸多区域强势品牌正是通过密不透风的终端营销术实现了对区域市场的强势控制，完成了对外来品牌的阻击，从而促成了今天白酒产业传统名酒阵营和区域强势品牌平分天下的产业格局。

当前中国白酒行业的品牌格局不是由专业的品牌策划型的广告公司，而是主要由实战型的酒企营销精英配合营销策划型的广告公司主导的。这些主导白酒行业的营销精英们一般不具备系统地打造百年品牌的专业经验，其结果是他们能助力酒企在传统渠道尚未饱和的阶段迅速崛起，而一旦传统渠道被酒企、酒商瓜分完毕，以他们的经验就很难再帮助酒企的品牌更上一层楼了。

于是，曾经一度被业内奉为神话，被立为学习标杆的“盘中盘”精英们，当下却已转变为一个屡被“批判”的群体；同时徽酒也已陷入诸如只重营销不懂品牌，只有战术没有战略，只会创造概念不关注消费者，只会内斗不懂外拓等的全面质疑与批判之中。

2-3 叶茂中“三板斧”都砍了什么？

1997 年，叶茂中在北京创立了自己的广告公司，正式在中国营销策划界抡起了“三板斧”。从那以后的很长一段时间里，叶茂中陆续服务了“圣象地板”“北极绒保暖内衣”“真功夫快餐”“大红鹰”“柒牌男装”“雅客 V9”“361 度”“红金龙”“蚁力神”等多个品牌，并使这些品牌的知名度和销售业绩得到了极大的提升。

另一方面，在成功打造出这些光环的同时，被老叶“操斧”过的

“海王金樽”“海王银杏叶片”“海王银得菲”“蚁力神”等品牌,却无一不在烧掉成堆成堆的钞票之后,很快销声匿迹了。

关于叶茂中的“三板斧”,江湖上流传着多种版本:比如“请明星,拍片子,上央视”;再如还是“请明星”,然后“紧跟社会热点事件”“电视广告轰炸”。各类版本的绝招实际上就是“让企业舍得砸钱做大传播”。

在当时那个阶段,国内一大批企业经过十多年的改革开放、市场化运作,已经迅速成长起来,其中很多企业沉淀了大量资金,或者具备了运作大量资金的能力,市场战略走势正处于从区域市场向全国市场扩张的阶段。叶茂中的“三板斧”,从产品或品牌价值中提炼出创意点,通过大传播放大给全国民众,然后企业的渠道铺货、销售促进跟上,撬动其他区域市场,正好适应了很多企业当时发展的形势,在短时期内推动了这些企业的销售额飞速增长。

然而,企业的运营是一个系统化的工程,像一个巨大的快速运转的机器,任何一个关键零部件失灵都会导致企业瘫痪,任何一个关键零部件过于灵效也会导致企业瘫痪。品牌的运作正如同润滑油,必须紧密地嵌合在企业的整体运营之中,才能有效地发挥作用,并且与企业一起成长壮大。

叶茂中的“三板斧”仅从大传播角度帮企业的品牌提升和产品销售找到了一种助推剂,但并没有从企业整体运营与品牌长远运作的角度,为企业及其品牌制定出“十年生聚,十年教训”的大规划。因此,“三板斧”这把品牌利器并不适合所有企业和品牌。再加上“三板斧”实施耗资巨大,一旦砍出去收不到预期效果,很容易自伤,所以它实际上也会加速很多企业及其品牌的消亡。

另外,“三板斧”很容易模仿。再往后发展,明星代言越来越多,企业投放到电视媒体的 TVC 越来越多,电视频道也越来越多。与此相对应的是,民众在看电视的时候,一看到广告就换台的自主权越来越大;即使看过了,能记住的明星及其代言的品牌、产品的信息越来越模糊……电视媒体对于企业的品牌提升及营销促进作用直线下降。

于是,“三板斧”被仿冒得越来越多,就一次又一次地被坚硬的市场磕出缺口，越来越抢不动了。至少，以前那种“三板斧”一出，企业的销售额呈千万甚至上亿基数蹭蹭往上蹿的辉煌，我们现在是再也看不到了。

叶茂中“三板斧”开启了中国本土品牌的大传播时期。企业纷纷掏大钱买点子、砸媒体、搞促销，这极大地推动了中国营销策划型、媒体代理型、影视制作型、销售促进型的广告公司的成长。

从叶茂中在北京创立公司后的十多年时间，也许是中国的广告行业发展最快，各种类型的广告公司坐等企业送来大捆大捆的钞票，活得最滋润的时期了。虽然后面又有很多广告公司打着更高级的整合营销、整合行销类的招牌拉业务，但是，这些类型的广告公司绝大多数不是专业的品牌策划型的广告公司。它们普遍在为企业的某个营销环节提供媒体投放、TVC 拍摄或者活动促销类的服务。至于对企业及其品牌长远发展的战略层面的支持，它们甚至还远不及叶茂中的“三板斧”给力。

2-4 电商时期的品牌乱象及回归

1999 年 3 月 10 日，阿里巴巴公司在马云家中创立；2003 年 5 月 10 日，淘宝上线。中国以 B2B、B2C 为主线的电商时期，应该是从这两个时间节点启动的。

而从 2000 年开始，特别是经历了 2008 年的全球性金融风暴发展至今的这段时期，中国各行业普遍地从高速成长过渡到了全行业产品过剩的阶段——企业的发展空间日益局促，品牌的成长日益踉跄，产品及服务的销售越来越举步维艰。

电商一直在打击传统渠道的散兵游勇，以及大企业、大经销商对各地传统渠道的联合垄断；同时这给了无数成长型的中小企业及其品牌线上发展的空间。得益于国人品牌消费的意识越来越普及，得益于国民经济的市场化运行越来越明显，得益于互联网的发展带来的无限创业机会，得益于国际间的经贸往来、交流互动也越来越方便……近几年，我们眼见着各行各业无数的新品牌、新产品从市场的某个角落，从终端的某个货架，从线上、线下，如雨后春笋般地冒出来。甚至，有的新品牌还能借助互联网的力量，飞速跻身某行业、某领域或者某品类产品的一线大牌行列。

令人眼花缭乱的商业模式、品牌传播、营销手法层出不穷，而隐藏其中的品牌成长基因、品牌发展轨迹、品牌未来格局却越来越让人看不懂了。似乎神马人都会做品牌，而神马人又没把品牌做明白。

——有些乱了！

电商时期的品牌乱象主要表现在以下几个方面：

一是没有系统化的、战略性的品牌建设及品牌可持续发展的理论指导。

二是企业精英和广告精英们相互难以沟通和理解：企业精英们认为广告人不懂实践，只会忽悠一些概念、做点设计；广告精英们认为企业人视野褊狭、土得掉渣，根本理解不了他们的腔调和品位。

三是大多数企业精英、广告精英实际上也是真的不懂品牌，他们各忽悠各的，偶尔就突出品牌、产品的某个价值点，或品牌、营销规划执行的某个环节忽悠到一起了，就你情我愿地合作一把。

四是中国的广告业确实存在着品牌策划与营销策划及其执行相脱节的现象。号称会做品牌的广告公司一般只会拔高品牌形象，而号称会做营销的广告公司一般只会提高产品销量。

所有这些造成的共同结果就是：国内目前的品牌千千万，真正做大、做强，并且坚持几十年发展至今的只有百千千。其过程中昙花一现或者挣扎过几年再倒下的品牌不计其数。新兴的品牌每天冒出成千上万，具有先进的基因、打眼一看能长大成材的却看不见。

中国改革开放三十余年间经济高速增长，各行各业的产品从无到有、到种类齐全、到饱和，再到如今的普遍过剩。经历了过去的卖方市场到买方市场、蓝海市场到红海市场的转型期，坚持到今天的大品牌多数都经历过各自爆发式成长的阶段。那时候，往往设计一套 VI、换一款新包装、采用一个新颖的营销手法，企业的产品销量就会激增，财源滚滚而来。

广告人伴随企业爆发式地成长，所发挥的一个重要作用就是帮助企业无限拔高它们的品牌、产品形象，推高产品价格，使无数品牌、产品的标价虚高，远远超过了其本身所具有的实际价值。

经过多年的品牌以及营销的实践，大企业普遍摸索出了适合自己的打造品牌、实施营销的套路。而这些套路对于中小企业的新品牌、成长型品牌来说，基本上是可望而不可即的。

如今品牌泛滥，各行业的产品普遍过剩，产品同质化现象极其严重。消费者对于品牌及其产品的认知和评估越来越理性，单靠忽悠概念、拔高形象、利益刺激、媒体轰炸去夸大品牌、渲染产品，想撬开消费者的钱包，已经越来越不容易。

中小企业很容易破产、倒闭，可品牌一旦做大了，却往往永葆长青。2015 年春节前后，东莞、温州、苏州等“世界工厂”接连爆发了制造企业倒闭潮，数以千计的大型工厂倒闭或停产，员工纷纷失业。

著名品牌战略专家李光斗曾撰文指出：随着人口红利逐渐消失，“中国制造”正在遭遇着空前的危机。中国正经历制造产业空心化，鞋子、打火机等引以为傲的产业正在失去光环。需求要素再不改变，中国制造过不了几年将会消失。未来的中国制造，其内涵应更多体现的将是品牌和创新。[3]

严峻的现实对中国企业的“品牌和营销实践（Brand and Marketing Practice，简称 B&MP）”提出了更高的要求：

一是企业的品牌战略及实施必须与其营销战略及实施紧密结合在一起，形成“品牌营销战略（Brand-marketing strategy，简称 BMS）”；品牌传播与营销执行必须紧密结合在一起，形成“品牌营销实践（Brand-marketing practice，简称 B-MP）”。只宣传品牌而不促进销售，或者只促进销售而不提升品牌的“品牌和营销战略（Brand and Marketing

[3] 中国制造的危机这次真的来了 | 李光斗 | 中国制造 | 危机 _ 新浪财经 _ 新浪网 http://finance.sina.com.cn/zl/management/20150208/094421502387.shtml，2015-02-08

Strategy，简称 B&MS）”的制定及实施，对企业发展的终极作用只能是拖累。

二是企业的“品牌营销战略（B-MS）”及实施必须贯彻于企业整体运营的各个方面和环节，脱离了企业整体运营的“品牌营销战略（B-MS）”及实施给企业带来的只能是劳民伤财、人财两空。

三是企业的“品牌营销战略（B-MS）”及实施是一个系统化的工程。局部的品牌形象的改变、营销手法的创新，就像是一个突然加速的齿轮，在带动企业机器的某部分快速运转之后，往往会伤及这台机器的整体运作。

四是企业的“品牌营销战略（B-MS）”及实施必须回归到产品与市场实践的“地面”。像以往那样浮夸式地打造品牌、无节操的产品溢价很容易碰触到消费群体理性分析的花岗岩，结果碰一鼻子灰，甚至头破血流。

五是企业的“品牌营销战略（B-MS）”及实施必须一次性到位，长期进行，阶段性升级。

打造大品牌是一个十年、二十年，甚至百年的过程。当今时代，若想像“小米”那样一飞冲天，企业须先遇到一个三十年难遇的新兴市场，然后其领导者得像雷军那样，先经历过三色公司解散、服务 16 年后出走金山，再站在当今科技前沿，聚起一帮中国 IT（信息技术）、CT（通讯技术）、ST（软件技术）界的顶级大脑联手锤炼出一个的“发烧”的产品再说。

3

这个时代应该怎么做品牌？

3-1 把“品牌和营销（B&M）”合起来做

■ 3–1–1 中国式“品牌和营销（B&M）”■

我们这个时代有很多种品牌：产品品牌（Product Brand，简称 PB），企业品牌（Enterprise Brand，简称 EB），渠道品牌（Channel Brand，简称 CB），服务品牌（Service Brand，简称 SB）、文化品牌（Culture's Brand，简称 CSB）、个人品牌等。有的品牌下面又可能衍生出副品牌、子品牌、兄弟品牌、联合品牌，形成品牌系列或者“品牌集群”。

这么多种品牌，企业打造它的目的是什么？当然是为了提高产品溢价，促进产品销售，赚得更多利润，以支持企业发展壮大。如果一个品牌不能提升产品的销售额，反而滞后产品的销售，企业要这个品牌有什么用？

反过来说，如果在营销过程中，产品呼啦啦地往外卖，品牌却得不到增值，甚至还因为形象差、理念不对路、行为冒犯消费者等原因降低了价值，拉低了产品的销量和价格，那么这样的营销又有什么用？

由此可见，品牌和营销实际上是一体的。可是在品牌、营销的实践中，它们怎么又总是分开的呢？

前章提到过，1988 年 8 月太阳神集团率先导入 CIS 赚了大钱，引发了国内的企业和众多广告公司一起做“品牌”的热潮。现在回过头来看，当年“太阳神”在品牌建设方面只是做了些 Logo、VI 应用、产品包装、促销海报等品牌形象的设计和推广。这导致长期以来国内的企业和广告公司普遍把设计“品牌形象”当成了做品牌，而与营销区隔开来。

另外，部门架构相对健全的规模级企业，一般会设置品牌部、市场部、销售部、媒介部、采购部、渠道部等多个部门：品牌部负责制定品牌战略，规划品牌形象；市场部负责制定营销规划，并计划实施；销售部负责配货、送货、补货、结款，搞 PR，办活动，促销产品；媒介部制订媒体计划并对接第三方媒体公司，推广宣传品牌、产品；采购部、渠道部负责终端货架、展柜、POSM 的制作、铺排等——它们是企业的“品牌和营销战略（B&MS）”的制定者及执行者。

这些部门上层往往缺少能够统筹制定“品牌营销战略（B-MS）”的负责人，相互间缺乏配合，而且它们各自均有权寻找支持本部门业务开展的“乙方”——广告公司合作。相应的，广告行业就兴起了擅长设计品牌形象的品牌全案代理公司，精于执行营销计划的营销策划类公司，踏实做PR、促销、会务活动的活动执行公司，善于在企业和媒体之间牵线搭桥并赚取中介利润的媒介代理公司，长于空间设计并装点门店形象的终端制作类公司……“品牌营销（Brand-Marketing，简称 B-M）”就这样在实践中被割裂成了若干碎块，它们分别执行着企业的品牌或者营销的实践。

品牌，英文 Brand；营销，英文 Marketing，都是“舶来品”。这两个英文单词没法组合成一个词。如果硬要组合的话，得在它们之间嵌上一个“-”或者“and”，组合成“Brand-Marketing”或者“Brand and Marketing”。当代中国企业界和广告界的精英们做品牌是跟欧美企业学的，只是多数没有学到“神”，只学到了“形”，所以就把“品牌营销（B-M）”学成了“品牌和营销（B&M）”。

落地执行出来，品牌形象往往高、大、上，但消费者看了，不知道这品牌的产品在哪儿、长啥样，能够带给他们什么好处，值不值得花那么高大上的钱去买。而营销呢，动不动就在广告里把很不像样的产品形象放得无限大，把价格放得无限大，把“店面 / 柜面租约到期，含泪赔本清仓、降价销售，最后三天，错过再无”放得无限大；然后在促销现场一蜂窝地抢上来，把消费者拉郎配似地往怀里拽，丁点儿也没有品牌形象高大上的样子。

这样的落地在执行过程中，表现为“品牌和营销（B&M）”；执行到后来，就成了品牌不是品牌，营销只是促销。其最终的结局，至少是“品牌”和“营销”相互很受伤；严重一点的，“品牌”和“营销”就只能手牵着手儿，消失于市场。

还有一种落地执行的做法就是先打一段时间品牌形象（一般 3 ~ 6 个月），再进行产品销售。这种做法在房地产行业特别流行，估计也是跟风欧美企业学的，只是更没有学到“神”，只学到了“形”。

从十多年前到三两年前，国内房地产行业超常规发展，房价火箭般嗖嗖上蹿，开发商个个爆发的时候，这种做法一用就灵。房地产项目的品牌形象在开盘前往往塑造得一个比一个高，紧接着开盘后房子卖得嗖嗖地快。房地产广告里品牌形象的画面感直追卢浮宫里被供起来的大师们的艺术品，直接代表了中国三百六十行的广告出品的一线水准。

可是，近两年楼市一紧缩，这种做法就突然不灵了：品牌形象做得再好，房子该卖不动还是卖不动。于是开发商们也顾不上啥品牌形象了，一个个赤膊上阵，要求广告公司宣传项目有的连“楼书”都不用做了，上来就打地段、打配套、打景观、打房型，特别是无底线地打降价：高炮、报广、LED等所有广告画面上的价格都要求加粗、标红、放大、恣肆。中国房地产广告的出品突然间就铺天盖地地剑拔弩张、面目狰狞，毫无美感可言了。

但是，这对于卖房子反而特别管用。至于是以前房地产项目推广先打品牌形象，再卖房子的“品牌和营销（B&M）”的做法错了，还是房地产项目不需要品牌，只需打促销了，抑或是购房者更聪明、理性，不再相信房地产广告里呈现的未来无比美轮美奂、皇族逼格的生活方式了？这些问题如今在国内的广告“砖家”们那儿，仍然没有得出让学人普遍信服的定论。

■ 3-1-2　未来式“品牌营销（B-M）”■

中国就没有老字号的品牌及其营销实践可供学习、借鉴吗？当然有。问题在于国内“品牌和营销（B&M）”的精英们普遍地追欧崇美慕日哈韩，早把中国封建主义时代所有的东西都丢弃了，当然也包括老祖宗“品牌营销（B-M）”的精髓。也许在他们的眼里，我们老祖宗们创立的“老字号”都只是一块块“招牌”，根本没有任何“品牌营销（B-M）”的价值。

可恰恰是中国的“老字号”当中，有一些超级品牌，至今依然魅力无穷。比如“同仁堂”：它文言文式的“品牌广告语（Brand Slogan，简称BS）”“炮制虽繁，必不敢省人工；品味虽贵，必不敢减物力”流传了三百多年，至今依然在每一家终端的门联上熠熠夺目。

这句"品牌广告语（BS）"向世人传达着同仁堂人在生产过程中敬天悯人的态度，其销售的产品工足、料足、效用足的品质。它不仅支撑着同仁堂品牌伟岸的形象，还可以贯穿在营销执行的完整过程中。当代无数"品牌和营销（B&M）"主打的价值概念，都远达不到这一高度。

"品牌营销（B-M）"，简单地说就是把"品牌营销价值概念（Brand-marketing value concept，简称 B-MVC）"所传达的品牌及其产品的价值，以及围绕这些价值概念创作的"品牌营销价值表现（符号、视觉、文本、行为等）"，准确无误、异彩纷呈地贯穿在品牌推广和营销实施的执行过程中，使品牌和营销辩证互动、相辅相成，浑然融为一体。其执行结果是让品牌推广能直接促进产品销售，而产品销售又能提升品牌形象，加深消费者对于品牌的认同。

与此相反，"品牌和营销（B&M）"却是将二者割裂开来。比如可口可乐（Coca-Cola）、百事可乐（Pepsi-Cola）本是国际大牌，它们在国外的品牌表现早就不再是产品卖点的释放，而是持续的立意不同、表现有异的"欢乐"文化的传播。

在营销层面，它们完全可以通过很多"好玩"的方式，让消费者在感受快乐的同时享受到品牌感恩回馈的利益，促进产品销售，实现营销目的：集瓶盖得礼品、集号码抽奖、趣味问答享折扣、妙趣填图抽奖等。

可是，现在我们动不动就能在 KA 卖场里看到，这俩大牌在做着赤裸裸的降价、打折、剪包装盒边角兑换等促销行为：简单粗暴，片面追求销售业绩、杀伤品牌而不自知，典型的中国式"品牌和营销（B&M）"的愚蠢做派。

当今中国，互联网高度普及，信息无比发达，消费者对品牌和产品的辨别力、认知度正在以前所未有的速度提高。无品牌的产品销售目前只有在一些落后地区的乡镇集市上或者偷偷摸摸的黑市上还可以看到。越往后，品牌就越会成为所有消费者购买产品的唯一理由。

以往那些品牌形象在天上而产品营销在地沟里的愚蠢做法，那些先树品牌形象再卖产品的"不知为什么"做法，那些虚头巴脑、为了爆升产品价格牟取暴利而无限拔高品牌形象的忽悠做法，将越来越在透明的市场上找不到容身之地。可以预见的是,中国正在快速步入一个十分成熟的“品牌营销时代”。

在这样一个时代,品牌的未来就是企业的未来,“品牌营销战略(B-MS)”就是企业的最高战略。企业打造品牌形象和实施营销的实践只有升级到“品牌营销(B-M)”的理论和实践,才能为企业的可持续发展赢得先机,立基百年。作为中国新一代的“品牌营销人”,我们在为之努力、为之改进、为之放歌,只为更早一分一秒拥抱“品牌营销盛世”的到来。

3-2 把“品牌营销(B-M)”的“根”扎在产品上

■ 3-2-1 新品牌越来越难成活 ■

品牌时代,没牌子的产品要么卖不动,要么卖不上价;而品牌产品,则能卖出远远超出产品本身价值的价格,赚得超额利润:品牌巨值钱。

2015 年 5 月,根据福布斯的计算,苹果(Apple)品牌值 1 453 亿美元(约合人民币 8 877 亿元),排名世界第一;排名第十的 Facebook 也值 365 亿美元(约合人民币 2 230 亿元)。[1] 6 月,世界品牌实验室(World Brand Lab)主办的“世界品牌大会”上发布了 2015 年(第十二届)《中国 500 最具价值品牌》排行榜:工商银行值人民币 2 615.76 亿元,排名中国第一;排名第十的中石油值人民币 1 352.17 亿元。[2]

只是价值超过 Facebook 的工商银行没有被排进福布斯世界品牌价值榜的前十,这多少有点让人纳闷,不知福布斯和世界品牌实验室的计算,哪一家更准确些。

不管怎么算,值钱的品牌值钱是真真的了。不过,再值钱的品牌也有极其脆弱的一面,那就是它的产品。

[1] 2015 全球品牌价值榜:苹果连续 5 年居首 _ 网易财经综合 _ 网易 http://money.163.com/15/0515/10/APLA90H900253G87.html, 2015-05-15

[2] 2015 年(第十二届)《中国 500 最具价值品牌》揭晓! _ 品牌频道 _ 世界经理人 http://brand.icxo.com/htmlnews/2015/06/16/1454729.htm, 2015-06-16

品牌是虚的，产品是实的。消费者冲着某个品牌花钱，归根结底是想购买能够为自己带来实际利益的产品。而产品永远处在此消彼长、更新换代的过程中，一个品牌若想保持魅力不衰，它的产品带给消费者的实际利益必须一直领先。

如果这个品牌的产品带给消费者的实际利益不如竞争对手品牌的，消费者就会逐步放弃这个品牌，转而购买竞争对手品牌的产品，这个品牌就会衰落甚至消亡，就像诺基亚被苹果用 iPhone 打得满地找牙一样。

如果这个品牌的产品暴露出了严重缺陷，给消费者带来的不是实际利益而是致命伤害（哪怕是媒体宣传的），那么这个品牌立马就万劫不复了。就像“八瓶三株口服液喝死一个老汉事件”基本上终结了“三株”，“三聚氰胺事件”基本上让“三鹿”寿终正寝了一样。

目前，产品主要可以分为三大类。

一是物质产品。比如制造业的企业生产的能够让消费者看得见、摸得着的产品。

二是服务产品。主要指服务行业的企业为消费者提供的看不见、摸不着但是能让消费者感受到的服务。制造业的企业为了拉近和消费者的关系，也会向消费者输出服务。这些服务可以看做是制造企业在物质产品的基础上，向消费者提供的附加产品。

三是文化产品。指的是文化产业的公司为客户提供的主要以文本形态呈现的专利、技术、文案、方案、创意、设计等原创作品；影视、文学、书法、绘画、音乐、雕塑等艺术品也归属于文化产品一类。制造企业、服务企业在为消费者提供物质产品、服务产品的同时，一般也会向消费者输出文化。这些“文化”也是附加产品。

总之，所有有形的、无形的、服务的、文化的，只要是人生产、创作出的，都是产品。在当下的商品经济时代，凡是被拿到市场上去卖的产品，就成了商品。

所有企业生产的产品，只要是打上某个品牌的印记拿到市场上卖的，都是这个品牌呈现给消费者的“根”：根须受损，品牌就会花枝乱颤；根系坏了，品牌就会枝干憔悴；主根腐烂，品牌就整个儿枯萎了。

大多数品牌动不动就这边花落叶黄,那边枝断干折了,很难长成参天大树。其原因,主要在于它们如今都长在原始森林里。一些历经百年、几十年,或者几年就长成参天大树的大品牌遮蔽了阳光,兜揽了雨露,使它们很难根深叶茂起来。

更可恨的是,那些大品牌都不想让竞争对手的品牌活。常常是一些企业好不容易把品牌扎下根,长出苗,培植出骨骼清奇、筋脉活络的枝干,花红叶绿地煞是养眼了,结果大品牌过来,一铲子就把这些品牌连根铲出地面了。

——剩下它们的投资方、企业主、管理层顿时眼红、脸绿、胸闷、抑郁了,但就是无可奈何。

■ 3-2-2 品牌大不大,产品说了算 ■

"品牌营销(B-M)"是什么?是产品,产品,还是产品。要想把"品牌营销(B-M)"做起来,先得把产品做扎实。

从最宏观处入手,企业是否把它的产品做得扎实了,可以用以下五条标准来衡量:

一是"全面"。凡是产品生产相关的场地、配套、人员、流程、环节等,应该有的,企业全都有。

二是"稳定"。这包括原材料稳定、生产稳定、质量稳定、产量稳定、现金流稳定等。

三是"先进"。这指产品的成品至少在某一方面是领先竞争对手的,而这一方面的价值又是市场和消费者需要的。

四是"高效"。意思是产品的生产效率能满足市场和竞争的需求。

五是"创新"。指产品在市场上的更新换代要跟得上竞争对手和行业发展的速度,而且要瞄着业界最顶尖的产品不断进步。如果已经像 iPhone 那样,如乔布斯所说的领先业界 5 年了,那就把这时间差拉得更长。领先的时间越长,企业的"品牌营销(B-M)"创造的价值越大,企业越安全。

把产品做扎实是一个系统化的工程,非常难做。把当前的产品做扎实，对于大多数企业，特别是中小企业来说已经相当不容易；而要把产品一直做扎实，数十年如一日，甚至几百年如一日的保持领先和创新，那就更难了。

产品的研发要投入大量人力、物力、财力，而产品每一次更新换代需要整个生产流程，从原材料采购、生产设备、生产工艺、生产管理到产品包装，全系统地配合着调整、改进，这又是一大笔花费。这还不能保证新型产品投放到市场上后，一定大卖。因此，国内的很多企业树品牌，从产品这儿就没做好，更别说后面的“品牌营销（B-M）”了。

还有一些企业，把当前的产品做扎实了，品牌也做起来了，但是没有把产品一直做扎实，后来也倒下了。“傻大粗”的梅花运动服、英雄无比的英雄钢笔、手机中的战斗机波导，都曾经辉煌一时，做着做着就没了。

不怎么聪明的企业家由于目光不长远，产品做不好，就容易在“品牌和营销（B&M）”上花心思。他们和不会做“品牌营销（B-M）”的广告人联手，通常的做法就是不管产品咋样——反正产品和其他竞争对手企业生产的差不多，想改进非常难，还得投入大钱——先花点小钱把品牌形象和产品包装拔到想多高就有多高的高度，然后再炒作概念，玩出各种促销噱头，把想多贵就有多贵的产品推到消费者无知的虚荣心里去。

结果中国先富起来的一批有钱人，养成了“只买贵的，不买对的”这样的消费习惯。他们买到手的产品的包装，有时候比产品本身更有价值。没富起来的大多数紧巴人，买不起贵的，也羞于买“对”的，消费尽奔着“山寨”“高仿”去了。

产品做不“实”，品牌无限“虚”，连带的产品也越来越形象浮夸、嘴尖皮厚、脚步踉跄，这在中国的企业界和广告界是非常普遍的现象。无论是大企业还是中小企业，基本上都这么操作过，众多名牌就是这么做出来的。

随着网络、电商、自媒体越来越普及，企业、品牌和产品的背景信息被披露得越来越翔实，所有产品的价格也越来越透明，这些名牌的形象及其产品的价格必然迅速跌落下来，给企业带来沉重的反伤。

比较典型的例子在国内的白酒行业有很多，这两年，那些喝高了的品牌都伤得很厉害。连五粮液、茅台这样大酒企旗下的若干名牌，都瓶破酒散了。它们的一些经销商，至今仍然被泡在小山堆一样的库存里，欲哭无泪。

聪明的企业家会先把某类产品琢磨透了，确信自己的产品能够打出市场了，再做大"品牌营销（B-M）"。

现在身家百亿的重庆力帆集团董事长尹明善，1992 年，54 岁的时候才闯入摩托车制造行业。当时他的企业名称不叫什么厂或者什么公司，而是"轰达车辆配件研究院"，主业是摩托车发动机研发。

两年后，"轰达研究院"开发出了四冲程 100 型发动机，掌握了摩托车整车组装的"核心技术（Core Technology，简称 CT）"。随后，轰达又相继开发出了 90、100 型电启发动机。接下来的路尹明善越走越顺，一手发动机，一手摩托车，用了短短的 5 年时间，就打造出了一个力帆集团。再到 2006 年 1 月，力帆第一款自主品牌轿车力帆 520 全球上市。"力帆"顺势成为中国摩托车、汽车行业的本土鼎足品牌。[3]

如今，力帆旗下的产品年营业额过百亿。其根源，来自于二十多年之前重庆郊区农村的一间民房车间里的那台四冲程 100 型发动机。

3-3 "品牌营销体系（B-MS）"决定企业兴亡

■ 3-3-1 "产品生产系统（PS）"为"品牌营销（B-M）"而生 ■

产品是"系统"的结晶。现在市场上的每一款产品，都是"产品生产系统（Production System，简称 PS）"运作的结果，会贯穿从厂房建设、生产设备及工艺引进、人员配备、原材料采购、生产经营管理、产品包装、物流配送等环节组成的整个过程。

这些"产品生产系统（PS）"的先进性，主要体现在三个方面：一是它们整合生产资源的能力；二是它们自动化的程度；三是它们的科技文化含量。

---

[3] 力帆 坚持走自主创新之路 | 编辑：文宛琪 | _ 文化 _ 环球汽车网 http://www.huanqiuauto.com/use/20150218/802859_1.html，2015-02-18

苹果（APPLE）系列产品的生产系统，算是当今世界上顶先进的了。它整合了由全球最好的电脑、智能手机、随身听等品类产品的硬件零部件厂商、软件生产厂商、整机组装厂商，以及千百万从事软件 & 游戏开发、音乐创作的个人组成的生产资源。然后这些生产资源通过让乔布斯非常自豪的"苹果（APPLE）供应链"在线下有序流转，线上网络互联。其过程中的每一个零件，都几乎代表了当今制造业生产、工业设计、信息技术、数字科技的最高水平。

正是这样一个庞大的"产品生产系统（PS）"，在根系的最深处，支撑着目前世界上品牌价值最高的苹果（APPLE）品牌。

"用户极致体验"的企业领袖。简洁的时尚、精致的典雅、极致的体验、伟大的变革、永恒的创领，是乔布斯对 iPhone 的要求，以及他设想的苹果（APPLE）品牌基于 iPhone 向世界传达的品牌文化和理念。

所以，iPhone 的"产品生产系统（PS）"是为苹果（APPLE）的"品牌营销（B-M）"的目的而生的，它是这一"品牌营销体系（Brand-Marketing System，简称 B-MS）"的起始部分，也是这一系统中最核心、最具魅力的基础部分。

其他智能手机企业的"产品生产系统（PS）"不如 iPhone 的强大，产品不如 iPhone 好，所以它们的"品牌和营销（B&M）"或者"品牌营销（B-M）"无论怎么做，都做不过苹果（APPLE）品牌。

更普遍的是，国内很多杂七杂八的智能手机品牌从一开始，就只追求它的产品要配置什么硬件、软件，具备什么功能、性能和外观，卖多少钱才能赚多少钱。这样的没有灵魂、浑身散发着铜臭气息、行尸走肉般的品牌，注定在市场上走不了多远。

■ 3-3-2 当今企业兴亡的根本原因 ■

"品牌营销（B-M）"是一个包含了多个系统的庞大体系。"产品生产系统（PS）"从一开始，就是其中最基础的部分，而强调品牌价值的视觉系统，也就是国内企业界和广告界的精英们联手最擅长打造的

VI，只是展示在这一体系外面的最晃眼的成分。

从“品牌营销（B-M）”一体化的角度看：首先，VI不是品牌，它是“品牌营销体系（B-MS）”中浮在表面的一个小系统；其次，VI当中，首先包含着一个表达产品及品牌价值的“概念系统”，基于品牌名称以及其中的核心价值概念，VI这个小系统才可以有灵魂地设计出来；最后，企业的所有与产品销售相关的行为，都应该是“品牌营销价值概念（B-MVC）”在产品销售过程中的延续与外化。否则，产品销售就自然沦落为赤裸裸的赚钱、抢钱行为。产品在卖出去的同时，品牌正在经历着滴血的伤害。

假设一个企业，只把产品冠上个品牌名称，加了个Logo，包装了下，就推向市场了；而它的竞争对手，把产品品牌的VI基础部分，都规范化了；另外一个竞争对手，则不仅做了产品品牌的基础VI，还把VI中的终端形象部分，包括店面形象、柜台形象、POSM形象，都做全活了；还有一个竞争对手，更是把产品发布、招商、促销等所有活动呈现出的形象，都基于系统化的“品牌营销价值概念（B-MVC）”，风格统一并且延续了。在产品同质化、其他竞争条件雷同的前提下，十年如一日地竞争下来，这四个企业的“产品品牌（PB）”的形象，哪一个更深入消费者内心呢？哪一家的产品销售得更多呢？这两个问题，对于智商正常的人，恐怕用脚趾头想一想都不难得出正确的答案。

VI是当今国内一些广告精英最擅长做的事，企业来找他们做品牌了，有的就设计一套或者半套或者1/4套甚至只设计个Logo和基础的VI应用给企业，然后出去说，我司做了哪个哪个品牌了；若碰巧哪个品牌被企业做大了，又会说，我司设计了一套品牌VI，为某大牌在多么短的时期内，提升了多少个亿的产品销量，然后围绕这个品牌的设计，扯出一大套玄乎其神的理念。

许多对品牌一知半解的企业老板，听得云里雾里，但是又不好意思说听不明白，为了壮壮自家形色，奔向美好未来，就忙不迭地掏出大把钞票，请他们一定百忙之中抽空为自己半死不活的品牌做半套VI。殊不知，即使最全活的一整套VI，也只是“品牌营销体系（B-MS）”

中很小的一个子系统。凭借这个系统再投身到市场中去,碰到竞争对手更大的“品牌营销体系(B-MS)”,该企业的品牌该怎么惨烈还是怎么惨烈。

除了“产品生产系统(PS)”和“VI”,“品牌营销体系(B-MS)”中还包含着“渠道营销系统(Channel Marketing System,简称CMS)”“媒体传播系统(Media Communication System,简称MCS)”“品牌服务系统(Brand Service System,简称BSS)”“品牌文化系统(Brand Culture System,简称BCS)”另外四个子系统。它们共同支撑起企业的“品牌营销体系(B-MS)”,导向“品牌营销集群(Brand-Marketing Cluster,简称B-MC)”。

“品牌营销体系(B–MS)”架构图示

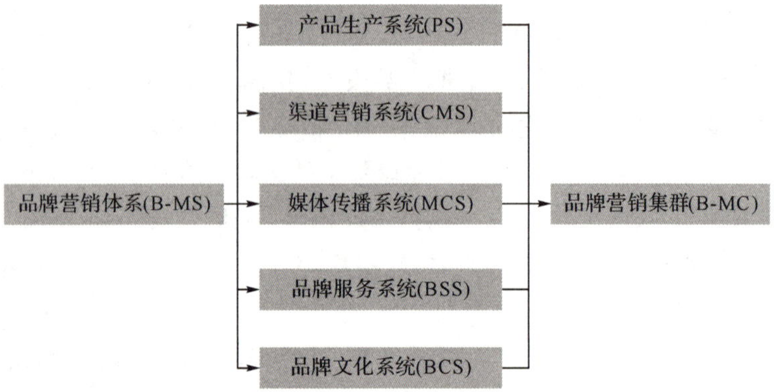

如今,大企业一般都拥有不止一个品类产品的“品牌营销体系(B-MS)”,比如苹果(APPLE)公司目前就已经打造了iMac、iPod、iPhone、iPad、iWatch五个“品牌营销体系(BMS)”。这五个“品牌营销体系(BMS)”又构筑起了一个庞大的苹果(APPLE)的“品牌营销集群(B-MC)”

除了掌握产品研发、生产的“核心技术(CT)”和资源外,这些“品牌营销体系(B-MS)”首先围绕着各自的产品生产整合了大量附庸生产资源,打造了既分别独立又优势互补的一体化的“产品生产系统(PS)”。

此外，它们共享苹果公司的渠道资源、媒体资源、服务资源、产业资源。其“品牌服务系统（BSS）”“品牌文化系统（BCS）”既一脉相承，又各具优势。苹果（APPLE）公司与对手企业之间的竞争，集中表现为这五个“品牌营销体系（B-MS）”与对手同品类产品的“品牌营销体系（BMS）”的竞争。

苹果（APPLE）公司只是大企业当中的一个。当今中国，国际的、本土的、国际加本土的，每个行业都有若干个大企业的不同品类产品的“品牌营销体系（B-MS）”在攻城略地，逐鹿厮杀：从一线城市杀到三四线城市，或者从乡镇杀到一线城市，甚至有的已经从城市杀到乡村，像春秋时代的诸侯国混战一样。

中小企业则在它们的夹缝中谋生存、求发展。这其间，不管哪个品牌异军突起、封侯称王了，其根本原因不在于它的概念、VI 做得无比牛×；而在于它的“品牌营销体系（B-MS）”做得好，比竞争对手的更能够抓住市场和消费者。

同理，不管哪个品牌落败了、消亡了，其根本原因也不在于它的概念、VI 做得不好，而在于它的“品牌营销体系（B-MS）”比竞争对手差，得不到市场的支持和消费者的青睐。

■ 3–3–3 VI 斗不过“品牌营销体系（BMS）”■

一个“品牌营销体系（BMS）”做得好不好，首先得看它的各个子系统健全不健全，先进不先进，运作得高效不高效，体量大不大，创新能力强不强。其次，要看这些子系统相互之间的配合度咋样：产品一旦生产出来，能否快速地铺到渠道里？媒体传播一启动，能否有力地既提升品牌形象，又拉动销售？品牌服务跟进，能否有效黏住消费者，实现老带新？品牌文化能否长期和消费者贴心互动，联结起消费者和品牌永久的文化纽带？产品创新，能否持续地为“品牌营销（B-M）”提供最“根”本的支持？最后，要看“品牌营销价值概念（B-MVC）”和基于这些价值概念创作的 VI，或者更高层次的 CIS 能否有效地贯彻到每一个子系统，乃至整个“品牌营销体系（B-MS）”中去。

在整个“品牌营销体系（BMS）”的运作过程中，“品牌营销价值概念（B-MVC）”、VI 抑或 CIS 能发挥什么作用呢？

在当前的形势下，受众多大企业挤压，中小企业的品牌及其产品在市场上的生存空间越来越小，成长越来越艰难。它们如果不能系统地规划一个“品牌营销体系（BMS）”，制定出长远发展的“品牌营销战略（B-MS）”，把产品用概念、VI 包装一番，就拿到市场上，也许连渠道都进不去，或者进去了“货架”都没坐热，就被踢了出来。

陷于市场困境的中小企业再不要被那些只会忽悠概念、设计 VI 的广告人忽悠，以为忽悠概念、设计 VI 就是做品牌了。因为“产品品牌（PB）”的概念、VI 做得再牛，也只是在它们的产品形容枯槁的腮上，抹了片娇艳欲滴的胭脂，解决不了根本问题。

有谁见过被几个国王带着很多群壮汉打得奄奄一息的一群人，让化妆师、仪容师梳洗打扮了一番，就立马精神抖擞、活蹦乱跳，然后冲到战场上披荆斩棘、勇往直前，直杀得壮汉们哭天抢地、人仰马翻，一会儿就能抢过王座、立国为王的呢？

大企业的“品牌营销需求”一般是“升级”，或者是新品牌的新产品上市推广。在现有的“品牌营销体系（B-MS）”相对健全的条件下，牛的概念和 VI，对它们的品牌提升和产品销售，才能碰巧发挥出巨大的效力。

习惯用“品牌和营销（B&M）”思维，而不是“品牌营销（B-M）”的思维思考的中国当代的广告精英们，他们没少做那些让企业耗费大笔真金白银去传播貌似牛的“品牌广告语（BS）”和 VI，然后产品铺货下去，躺在成千上万家终端门店的货架上，一动也不动，或者动了几动，再一动也不动的事。海王金樽、海王银杏叶片、海王银得菲、蚁力神等品牌都是这么作死或者半死不活的。

说到底，这还是因为作死品牌的企业方和广告人没有用系统化的眼光和思维去指导行动，把“品牌营销（B-M）”当成一个体系去做所导致的后果！

3-4 让“品牌营销（B-M）”乘上自媒体东风

■ 3-4-1 自媒体的媒体价值 ■

博客时期就流行这样一组比喻：博文点击阅读量超过100的博客是一本内刊，超过1 000的是布告栏，超过1万的是一本杂志，超过10万相当于一份都市报，而超过1 000万就成了一家电视台。

微博、微信、APP到来，智能手机崛起之后，任何个人、商家、企业，轻易注册几个账号，通过移动端轻巧发布某条信息，就可以借助粉丝，呈几何级数扩散，产生意想不到的传播效果。这就是“自媒体”的由来和人们通常所理解的自媒体。

微博、微信、APP之前，国内“品牌和营销（B&M）”的专业领域曾经盛行过一段时间“大货架思维”。这种思维发散开来，把企业的产品包装、陈列、货架、展柜，以及终端形象、POSM，还有企业自己发行的内刊、外刊等，都视为企业展示自家的品牌及其产品、促进“品牌和营销（B&M）”的媒体阵地。

——它们属于企业自家拥有的“线下媒体”，同样可以称之为“自媒体”。

企业的“线下自媒体”影响力有限，很难进入“品牌和营销战略专家”的视野，更被广大的民众忽视。“自媒体”这个概念形成并普及开来，主要还是因为以微博、微信、APP为代表的“在线网络媒体平台”的作用。因此我们在使用“自媒体”这个概念的时候，并不包含前述的企业自家拥有的“线下媒体”部分。

特别由于微信用户剧增，其影响力爆炸式地扩张，各类APP大行其道，往往某个普通人不经意的一句话、一个事件，瞬间可能传达至千百万人。政治、经济、宗教、文化、生产、制造、商业、市场、娱乐、休闲，所有人的工作与生活、情感与思想、今天与明天，无时无处不被自媒体影响。这个时代，已然处于自媒体的笼罩之下。我们称之为“自媒体时代”，一点也不为过。

自媒体首先是媒体平台。微博、微信、陌陌、“宝宝（淘宝＋支付宝）”等APP是当前最流行、影响力最大的自媒体平台。它们能发布文字、图片、语音、场景动画、GIF、视频若干种形式的信息，还都具有加粉的功能。

从理论上讲，任何微博号、微信号、APP只要能把任何网民加为粉丝，就可以向他们推送任何信息，这就是自媒体的媒体价值。其他一些网站上搭载的论坛、社区、部落、游戏等，也具有自媒体平台的功能，只是影响力相对较弱，而且粉丝的细分属性更强。

粉丝数量越多，自媒体平台的价值越大。

2011年左右，微博大兴，顶级微博大V的粉丝迅速增长到千万以上。粉丝数量百万以上的微博大V，有上万个。

2012年起，微信用户数量过亿，随后两年增长到五亿以上。微信服务号、订阅号具有比微博号更强的吸粉功能，这在一定程度上分割了微博号的粉丝流量。从2013年开始，APP铺天盖地地成长起来。

全球二十多亿在用的智能手机，中国五亿以上在用的智能手机，每一部里光自带的APP就有十个左右。除此之外，有谁的智能手机里若没再下载十个、八个APP应用软件，那就是该用户的脑瓜子“秀逗”了，在拿着“iPhone”当“诺基亚”用。[4]

自媒体的流行，为企业的“品牌营销（B-M）”节省了大量媒体投放费用。

微博、微信出现以前，企业要做“品牌和营销（B&M）”的大传播，花费巨大：打一个日发行量近百万份的报纸内页整版硬广，要二三十万元；投一下分众的LED广告，15秒TVC滚动播放一周，覆盖十栋写字楼，最低最低几十万元没了；投一回央视热门频道的黄金时段，或者湖南、安徽、江苏等省级卫视热播节目的广告插入时段，没几百万元连想都不敢想。

[4] 2015全球智能手机用户数量预测数据分析_中国报告大厅_86信息网 http://www.86rexian.com/news/show.php? itemid=2566，2015-04-06

与此相对照的是，粉丝上千万的微博、微信大号，投放一次商业广告帖不过三五千元，至少能影响近百万人。若是把帖子做得能够给粉丝带来实际利益，或者别具创意的，被粉丝竞相转发，那给企业带来的额外传播价值就是白捡的了。

■ 3-4-2　企业专属自媒体的媒体价值 ■

自家搭建自媒体平台，也是国内的企业进行“品牌营销（B-M）”传播的有效方式。目前企业注册微博号、微信号基本零费用或者很少花费。开发个功能全面而且强大的企业专属 APP，也只需花费个三五十万元了。有了这些自媒体平台，圈进粉丝，企业就可以长期免费向这些粉丝推送商业信息。

眼瞅着面前有国内的五亿以上智能手机用户，全球二十多亿智能手机用户，都有可能成为自家专属的自媒体平台的粉丝，把他们圈进来之后，光媒体投放费用每年就能节省千百万元甚至亿万元。估计任何企业的老板做梦时候想到这一点，都会乐呵呵地立马坐起身来。

问题在于，没有“流量”的自媒体平台的价值等于零。用户的智能手机界面能容纳的自媒体平台端口的数量实际上非常有限。每部智能手机，界面陈列的 APP 一般就三五十个，超过一百个 APP 的智能手机的用户，一定是超级手机达人了。每个用户的微信关注的公众号、订阅号，加起来最多也就三五十个。再多，“号子”里的内容就看不过来。

除去一些几乎全网民通用的社交类、电商类、资讯类、生活服务类、休闲娱乐类、办公类 APP 或微信号，每部智能手机能够留给企业专属自媒体平台端口的数量最多也就二三十个。一个企业的专属自媒体平台，若想成功地把某位用户加为粉丝，其端口排在他的智能手机的界面上，而且与他长期保持良性互动的关系，实现有效“流量”，不付出一定的成本和努力是根本做不到的。

加粉需要花钱，维护粉丝更需要长期持续不断的投入。随着越来越多的企业专属自媒体平台争夺粉丝的竞争日趋激烈，特别是新兴的通用类、行业垂直自媒体平台此起彼伏，而且视烧钱加粉如同儿戏，现在的自媒体平台每加一位真实有效的活跃粉丝，平均花费已经从 1 ~ 2 元飙到了 10 元以上。以加 100 万粉丝需 1 000 万元人民币计，再加上维护费用每年算 200 万人民币，企业加 100 万粉丝并维护有效“流量”的年花费需 1 200 万元人民币。

由于在自家的自媒体平台上投放广告基本零费用，按照“微信服务号”目前投放帖子的规范，以企业每个月投放四次、每次投放四篇广告帖，然后每投放一篇广告帖为企业节省 10 000 元计（考虑到企业专属自媒体平台的粉丝大多是精准目标消费者，在上面投放的广告帖的传播价值高于企业投放到其他商业自媒体平台的广告帖的价值，所以估算其为企业节省的自媒体投放费用高于目前商业自媒体平台的常规报价 2 ~ 3 倍）：一个企业专属自媒体平台在加够 100 万粉丝后，可以每年免费投放等值 192 万元人民币的广告。

这样算来，企业如果仅是为了节省媒体投放费用，自建自媒体平台，不光抵不回每年 200 万元人民币的维护费，前面 1000 万元人民币加粉费用也永远收不回来，得不偿失；还不如把建设、维护专属自媒体平台的费用投到商业媒体上划算。

■ 3–4–3 自媒体岂止媒体价值 ■

如果仅仅是为了有个免费进行“品牌营销（B-M）”传播的在线平台，企业根本没必要耗钱，浪费时间和精力打造一个专属自媒体平台。但是现在，只要是具有先进的理念、长远的战略、卓越的眼光，并且深刻洞察、把握了“品牌营销（B-M）”未来发展趋势的企业领导人，都在快马加鞭不惜投入巨资抢先培育自家专属的自媒体平台。

这在房地产行业比较普遍，大开发商都想把旗下地产项目的业主圈成自家专属自媒体平台的粉丝，和他们进行有效互动。

——微信公众号是必须有的；可以链接入微信公众号的微网站不妨花个十几、二十万做一个；APP 是紧跟其后非常有必要开发的。

各大企业一出手就上百万开发自家专属 APP 的热潮开始兴起。

为什么会这样呢?

自媒体平台不仅仅是具有媒体价值。企业开发的专属自媒体平台,不管是微信号还是APP,首先具有强大的展示功能。除了企业的品牌、产品的价值信息,原先企业以实物形式制作的画册、海报、DM、单页、宣传片、终端形象等,都能够在自媒体平台上尽情地展示出来,既方便用户查找、浏览,而且由着企业在后台自主更新,这为企业节省了大笔的宣传物料重复制作的费用。

另外,淘宝、天猫、京东、亚马逊(Amazon)式的电商功能,现在已经可以在企业专属自媒体平台上很方便地实现。企业的客户或者目标消费者只要成为平台的粉丝,就可以在上面购买企业的产品,享受企业提供的各种"品牌营销(B-M)"的优惠与福利。这实际上是为企业开辟了一个专属的"品牌营销(B-M)"的线上渠道,对企业拓展市场、抢夺竞争对手的客源意义巨大,还能节省大笔渠道建设和推广费用。

自媒体平台还是个具有强大的资源整合功能的平台。从理论上讲,只要是现实中有的,不管是商品资源、人力资源,还是服务资源,都能整合到自媒体平台上,而且能够让粉丝用户很轻易地享受到。

现在兴起的众多O2O模式的在线商业平台,滴滴、大众点评、携程、美团、爱屋吉屋、e袋洗、河狸家等,线下没有自己的实体或者有少量实体,其他都是整合的线下合作方的资源,为"目标消费客群(TCG)"提供几乎全品类的"线上下单、线下享用"的服务。企业除了自建团队和实体机构,也可以整合无限多线下合作方的服务资源,服务于"目标消费客群(TCG)"。这为企业顺势打造出旗下品牌的"服务型"的"品牌营销体系(B-MS)"提供了前所未有的便利。

把品牌文化渗透进目标消费者的内心,对企业来说常常是可望而不可即的。以前,企业输出自家的品牌文化,大部分凭借商业媒体"广而告之"的效力。通常的结果是企业花了大钱,制作过、投放过、宣传过,然后企业旗下的品牌文化在各种商业媒体上展示过、叫喊过、飘过,其目标消费者则听过、看过、忘过。

自媒体平台则不仅仅具有广而告之的功能，更重要的是借助它，企业可以和旗下品牌的“目标消费客群（TCG）”长期自由地互动，把旗下品牌的文化，以符号、文字、图片、场景动画、视频等方式，点点滴滴、潜移默化、持之以恒地渗透到他们的内心，与他们建立起牢不可破的文化联结，升级出“文化型”的“品牌营销体系（B-MS）”。至此，文化不灭，企业旗下的品牌永生，这将为企业开创出无限可能的发展前景。

■ 3–4–4　抢占自媒体，抢赢企业未来 ■

建设自家专属的自媒体平台耗资巨大，收益前景难以把控。企业根据自身的发展条件，不一定非要建设专属自媒体平台。更多情况下，借助别人家的自媒体平台发布广告，开展电商、建设服务，互动品牌文化，也是推动企业的“品牌营销体系（B-MS）”迅速壮大的上上之选。

现在，电商更加磅礴，微商异常活跃，“APP 渠道”盛行。借助滴滴、大众点评、携程、美团、爱屋吉屋、e 袋洗、河狸家等，很多企业和商家赢得了前所未有的福利。更聪明些的企业，则把它们的数量庞大的“目标消费者粉丝”潜伏在数以千百计的各大网站上搭载的论坛、社区、部落、游戏等在线平台上。一旦它们的“品牌营销（B-M）”启动，往往能瞬间爆发出石破天惊的盈利效果。

自媒体平台对企业的“品牌营销（B-M）”的价值怎么想象都不为过。除了媒体、电商、O2O 式服务和品牌文化互动功能，企业专属自媒体平台还具有为企业积累“大数据”，指导产品生产，优化运营，开拓市场，阻隔竞争对手，全方位提升企业的“品牌营销体系（B-MS）”的强大力量（这一节点在本书的后篇《“PPSI 品牌营销”概论》中再具体论述）。

当今时代，借助自媒体平台，企业可能在短短几年时间里，一跃居于行业顶峰；错过它，企业一定会被甩到上世纪。

国内各行各业一线企业的“品牌和营销（B&M）”体系最多才建设了二三十年的时间。根据发达国家跨国企业的“品牌营销（B-M）”发展的历史经验，在某个行业的某品类产品的国际市场，经过百年竞争，一般只剩下一到两个市场垄断型的超级大牌，居第三及以后的“同品类产品品牌”,其市场占有率就会锐减,生存发展得非常艰难。

自媒体无疑为当今的任何企业提供了一种先进的技术、理念和先进商业模式的支柱,能够令它们旗下的品牌沿着百年发展方向,跨出划时代的一步。

——关键在于谁能抢在前面,夺得先机。

自媒体走在时代的前沿;自媒体平台的先机在于“流量”。每一位智能手机用户,都是任何企业的专属自媒体平台的潜在粉丝。可是,每一位潜在粉丝的智能手机界面能够容纳的企业专属自媒体平台端口的数量就那么二三十个;国内乃至全球的智能手机市场发展放缓,智能手机的用户已经很难再像前两年那样爆发式地增长,潜在粉丝的数量相对稳定的条件下,哪家企业的专属自媒体平台能够抢占足够的流量,哪家企业就站到了当今品牌营销竞争的制高点上。

对于任何企业来说,现在就插上自媒体的翅膀,不一定能活;但是错过抢占自媒体平台流量的机遇,就一定会死得壮烈。未来如何,不在于思量,在于先动!

3-5 “品牌营销(B–M)”必须由企业的最高层决策者掌舵

■ 3–5–1 “品牌战略(BSS)”是企业的最高战略 ■

当今时代,所有的产品,都必须挂上个“牌子”才好卖。

有些企业为品牌商做代工,没有自己的品牌也生存得很好。它们的企业发展的最高战略是服务好品牌商,别让人家把订单转给别家企业了。在代工竞争无比激烈的情势下,这些企业拼质量、拼服务、拼人脉,最后往往不得不沦落到拼成本和价格。

它们的利润很薄,生机存乎一线。很多厂房、设备、生产线都是为了满足品牌方在产能、产品质量方面的要求,贷款或者融资配备的。在品牌方的压力下,它们不得不把马力开到最大。订单饱和、品牌方结款适时、市场长期稳定是它们乐观的生命底线。

且不说品牌方在市场上也会屡有失着，产品滞销、库存积压。整个国家的经济发展也常常感冒发烧、忽冷忽热。一旦经济放缓，消费不旺，带来的必然后果就是品牌方的订单大幅减少，甚至订单违约，现金流戛然而断，紧接着就是大批的代工企业倒掉。

还有一些企业及其"产品品牌（PB）"并不出名，但是它们的产品在某些特殊渠道里"呼呼"大卖，单品类产品每年带来几十亿元甚至上百亿元人民币营业额不在话下，比如医院里流通的很多种药品，轻纺市场上流通的众多纺织品，建材市场上流通的很多建材产品……

不出名的牌子也是品牌，最起码产品的"品牌名称（Brand Name，简称 BN）"、Logo、简单的 VI 应用和产品包装是有的，再不济也会挂上某个企业出品的名号在市场上卖——毕竟现在中国的法律不允许没有生产、经营资质，没有营业执照的任何实体或个人进行市场买卖，除非偷偷摸摸地卖——于是"企业品牌（EB）"就被当成了"产品品牌（PB）"用。

现在的市场上还有企业在卖没牌子的产品吗？如果有，那只能是地球人非法加工、售卖的"地下商品"，或者"三体人"从距离地球四光年外的半人马座的行星贩私过来的子虚乌有产品。因此，在当今社会，怎么把产品卖出去、卖得好、卖长远的"品牌战略（BSS）"决定着企业的生死存亡。

结合前面小节所讲的企业之间的竞争集中表现为企业的"品牌营销体系（B-MS）"之间的竞争，我们就可以知道，不同企业的"品牌营销体系（B-MS）"之间的竞争，又在最高层面，集中表现为品牌与品牌之间的较量，于是"品牌战略（BSS）"就成了企业发展的最高战略。

如果一个企业旗下的"产品品牌（PB）"被竞争对手"干掉"了，那么这个企业的该"产品品牌（PB）"所带来的营业额和利润就都没了；如果这个企业旗下的"产品品牌（PB）"都被竞争对手"干掉"了，那么该企业所有的营业额和利润就都没了。

——没有了"产品品牌（PB）"，企业也就倒了。

■ 3-5-2 企业的中层部门统筹不了“品牌营销（B-M）”■

品牌对于企业至关重要。“品牌战略（BSS）”属于企业的最高层面的战略。其实施必须贯彻到产品、渠道、传播、服务、文化、产业集群的各个系统，形成统一而规范运作的“品牌营销体系（B-MS）”，才有可能在“体系之战”中战胜竞争对手，赢得企业的长远发展。

这样一个体系的运作，已经远远不是任何一个企业的品牌部、市场部、销售部、媒体部、招商部、采购部或者产品部，能独立或者协作，或者独立的协作能做到的事，必须由企业的最高层决策者掌舵，统筹规划，监督贯彻实施才行。

尤其是在国内的企业，由于企业界、广告界的精英们习惯把品牌和营销分开来做，很多企业的最高层决策者在品牌层面，主持把某“产品品牌（PB）”的名称、Logo、主视觉、Slogan 确定下来，在营销层面，就只盯着营业额了。这样导致的直接后果，就是长期下来，企业的品牌是品牌，营销是营销，两者衔接不密切，贯通不起来，都做不好。

品牌如此重要，“品牌战略（BSS）”的规格如此之高，其制定与实施所涉及的范围如此之广，国内企业的最高层决策者，却总是习惯于把“品牌和营销战略（B&MS）”的制定及其实施，交给下面的品牌部、市场部、销售部、媒体部、采购部、招商部等不同的部门，再由这些部门分别与品牌和营销策划型、Logo 设计型、活动促销型等不同类型的广告公司配合着做。这实在是一件非常不聪明，而又让人用脑瓜子里最精华的部分想也想不通的事。

且不说在这样执行的过程中品牌和营销免不了脱节，即使不脱节了，在这样的架构下，企业的“品牌营销体系（B-MS）”也无论如何都做不好。

究其原因：首先，企业和广告公司的地位极不对等。中国的创新知识产权很不受尊重，这是任何企业和广告公司都解决不了的。在这样的时代背景下，企业是“金主”，广告公司是“服务员”。由于中国的广告公司普遍是由一群不懂“品牌营销（B-M）”、习惯听别人安排做设计、很不自信的人在做，这就导致了他们自己从一开始就不很尊重自己，必须仰“金主”的鼻息，靠“金主”的打赏吃饭。

企业之所以找品牌和营销策划型广告公司合作，那是因为它们更不懂“品牌营销（B-M）”。这样，“更不懂的”习惯了瞎指挥“不很尊重自己”的。即使碰巧了某个广告公司的“服务员”很懂“品牌营销（B-M）”，他们在服务“金主”的时候，也必然会遇到“对牛弹琴”、“牛头不对马嘴”的情况：拿出的方案、概念、创意、设计再牛 ×，“金主”说不行，那就是不行；“金主”说改，那就得改——马上改、加班改、连夜改。改来改去，再牛的“品牌营销（B-M）”出品，也被改成了“品牌和营销（B&M）”的地摊货，甚至 Litter。

其次，企业的任何一个中层部门，都站不到“品牌战略（BSS）”的高度，更别提“品牌营销战略（B-MSS）”的高度了。企业的中层部门负责人，都只熟悉本部门的业务，难以纵观企业的其他系统的运作。而“品牌战略（BSS）”的制定，事关企业的宏观全局和长远发展，还得在深度了解企业的从产品、渠道、传播、服务到文化的各个系统，只有在企业整体运营的基础上，才能提炼出“品牌营销（B-M）”最核心的价值概念，并规划出切实可行的发展步骤。

由于企业自己拿出的高度不够，广告公司在协助企业做“品牌营销（B-M）”的时候，拿出的高度再高，也只能被压在某个中层部门的高度下面了。这样，企业最高层的决策者在听取部门负责人汇报的时候，如果发现问题，责令调整，还有得救；如果批准执行了，后面的结果就只能是地摊货横行，Litter 成堆。

再次，企业的中层部门会人为地降低“品牌营销（B-M）”的标准。为了实现这一点，他们通常动用两种手段：

一是企业中层部门的负责人很忙，他（或她）会安排手下某个办事员和广告公司的 AE 日常对接所有业务。这个“办事员”，自然对企业的“品牌战略（BSS）”的理解水平更低，但是他（或她）对广告公司的出品一样拥有着生杀予夺的大权。于是广告公司提交的方案、概念、创意、设计等作品，先得降低到“办事员水平”，才能呈送到企业的中层部门负责人的面前。

二是品牌策划型广告公司的出品只是“虚拟现实”,非实物。实物形式的画册、宣传片、物料、活动执行等,由企业的第三方“品牌和营销合作公司”执行。企业方的“金主”难免与第三方执行公司有“你懂的”的利益关系。为了帮第三方执行公司降低成本,赢得利润空间,他们会在总预算被上级负责人批准签字的前提下,在执行过程中极力削弱品牌策划型广告公司的创意、设计表现,降低“品牌和营销执行”的水准。

以上三点,还是在企业的各个中层部门精诚合作、“百”众一心的基础上,企业的“品牌和营销战略(B&MS)”制定及其实施所不可避免发生的走低状况。事实上,企业的各个中层部门之间既是竞争又是合作关系:合作是迫不得已的,竞争是绝对必需的。部门之间扯皮、内斗、肥水外流、穷庙富和尚的掣肘“品牌和营销战略(B&MS)”制定及其实施的情况根本避免不了。

如果企业的最高层决策者把“品牌营销(B-M)”全部交给下属部门和广告公司配合着做,导致的结果必然是品牌部、媒体部主导着建设并传播品牌,讲究务必高大上、大传播、花大钱。这样他们才能向上级证明自己“够高度”,并多劳多得些“你懂的”外快;市场部和销售部主导着做营销则只追求大促销、大销量,打折、折上折、节日大奉送、白菜价、跳水价、冰点、脱光……层出不穷。这样他们才能多劳多得些业绩提成。招商部、采购部主导着终端物料的设计和制作更是要求“物可以不美,但必须价贵”。这样他们才能与供应商一荣俱荣、一损俱损。他们才顾不上品牌形象及其带给消费者的终端体验是否高大上,是否合乎“品牌战略(BSS)”的最高指向。

这样的“品牌和营销实践(B&MP)”弄到最后,往往就是企业旗下的品牌与竞争对手逐鹿市场时拼成本、拼价格,“杀敌一千,自损八百”。对于企业来说,谁撑到最后,谁笑得很惨;但撑不下去,连惨笑的机会都没了。

聪明的企业家,都会亲自抓品牌,直接协调各部门,统一运筹企业的“品牌营销体系（B-MS）”。

最典型的自然还是史蒂夫·乔布斯（Steve Jobs）。乔布斯打造了包括苹果（APPLE）的全球供应链生产系统、“iTunes+APP Store+专卖店”渠道系统、售后服务系统、以“1984”和“Think different”为代表的品牌形象系统。而苹果（APPLE）的品牌文化所整体呈现的则是乔布斯追求卓越、改变世界的精神，打造极致用户体验的思想，简洁时尚、精致典雅的气质。

——自从乔布斯逝世之后，这些苹果（APPLE）品牌的精华神韵已经失色很多了。

国内聪明的企业家至少对自家企业旗下品牌的“品牌广告语（BS）”非常重视，比如宗庆后力推“喝了娃哈哈 吃饭就是香”，钟睒睒亲自操刀“农夫山泉有点甜”，史玉柱江阴调查出了“送礼还送脑白金”，姚奎章与高管讨论出了“经常用脑，多喝六个核桃”……这些企业家亲自捉刀的“产品品牌（PB）”都已经成为了它们各自所在的品类产品市场的王者。

■ 3-5-3　最高战略导向“品牌营销集群（B-MC）”■

国内的企业在成长的过程中，学“太阳神”把产品、企业、商标整合在一起的“三位一体”做法，能够长期节省下巨额品牌传播费用。这些费用倘若用在刀刃上，在拓展渠道、提升服务、渗透品牌文化，支持企业的资本扩张、区域扩张等方面发挥作用，能够大幅提升企业的发展速度。

所以国内当代的名企大牌，无论是电子电器行业的联想、海尔、科龙、美的，饮料乳品行业的伊利、蒙牛、银鹭、汇源，还是服装鞋包行业的杉杉、罗蒙、森达、奥康，橱柜地板行业的方太、老板、圣象、大自然等，在企业发展的前二十年左右，都是这么做的。不管后来企业下面增设多少产品线，开发出多少新产品，都挂在一个品牌下面。时间久了，“企业品牌（EB）”同时成为了“产品品牌（PB）”。

这种打造品牌的方式，其优势一目了然——省钱。其弊端也很明显：品牌做低端了，很难再做高端；品牌受多大的伤，企业就受多大的伤；品牌做不下去了，企业被收购；品牌挂掉，企业灭亡。

在中国改革开放三十多年时间里，前期陆续成长起来的企业面对无限广阔的“卖方市场”“蓝海市场”,走“企业品牌和产品品牌一体化”的道路,的确无可厚非。

但是,20世纪90年代,特别是2000年以后,各行各业的国际大品牌迅速抢滩国内市场,同时国内市场普遍地由“卖方”“蓝海”向“买方”“红海”转型的阶段,那些已经成长起来的一线“企业品牌(EB)”没有及时转换“品牌营销(B-M)”的思路,确立并实施企业的“多品牌战略(Multi-brand Strategy,简称MBS)”,就明显地不合时宜,并且制约了企业的更长远发展。

因为企业与品牌即使做到像伊士曼柯达公司和柯达胶卷、诺基亚公司和诺基亚手机、沃尔沃集团和沃尔沃轿车那么大,也很容易被竞争对手一锤子击倒,或者一揽子计划收了。

聪明的企业做大后,都会及时地实施“多品牌战略(MBS)”来巩固自己的品牌阵营。这样,企业既能够为旗下的众多品牌提供强有力的后台支持,也能够借旗下众多品牌拱卫自己,设置竞争壁垒,逐步壮大实力,最终打败竞争对手。

宝洁(P&G)、联合利华(Unilever)是当今世界日用消费品行业的“双子星座”,各自旗下的日用品、洗化品、护肤品的“产品品牌(PB)”数以百计;欧莱雅(L'oréal)、雅诗兰黛(Estée Lauder)、资生堂(Shiseido)是世界化妆品行业的三座品牌殿堂,其中陈列的“化妆品产品品牌”随便拿出一个,都是行业内响当当的大牌。福特(Ford)、通用(GM)、大众(德语:Volkswagen)、宝马(BMW)、丰田(TOYOTA)、本田(HONDA),都是世界上最著名的汽车产品品牌,也是最著名的“企业品牌(EB)”,旗下的汽车大牌少说也有十个、八个……

长期发展下来,拥有“品牌营销集群(B-MC)”的企业及其旗下的品牌都越活越滋润,“企业品牌(EB)”“产品品牌(PB)”一体化的企业要么倒下,要么被收购;即使牌子仍然在,也成别人家的了。

看看当下中国企业巨头们的“品牌和营销”现状或者“品牌营销”现状,前面提到的无论是电子电器行业的联想、海尔、科龙、美的,饮料乳品行业的伊利、蒙牛、银鹭、汇源,还是服装鞋包行业的杉杉、罗蒙、森达、奥康，橱柜地板行业的方太、老板、圣象、大自然，到现在总体上还是靠一个牌子打天下。企业旗下除了主力的品类产品，其他相关品类产品的“产品品牌（PB）”也做了，也经常做火，但是做大、做强的极少。

这些国内的本土企业，由于在飞速扩张的阶段没有及时转型，之后便长期处在国际大牌的威压下，旗下的“产品品牌（PB）”执拗地朝着与“企业品牌（EB）”一体化的方向发展，在市场和消费者的心目中固定化了中低端品牌的印象。它们想凭借现在的“一个品牌”冲向高端，已经失了先招；通过推出新的“高端产品品牌”跻身进去，更是千难万险。

“品牌营销（B-M）”成就企业的当下，更决定企业的未来。当今中国，懂“品牌营销（B-M）”的企业家已经半做成功了企业，半做大了企业旗下的品牌。

不懂“品牌营销（B-M）”的企业主想做成功企业，或者企业的最高层决策者想做成功一个“新产品品牌”其实还有机会，那就是请专业的人做专业的事，找一家会做“品牌营销（B-M）”的顾问公司合作：首先尊重对方；然后充分信任对方；再然后由对方协助亲自选定“品牌营销执行”的第三方合作公司，并由对方协助亲自监督下属各部门的“品牌营销（B-M）”的执行；最后再加上一条——长期，坚持。

如果企业的最高层决策者既不懂“品牌营销（B-M）”，又把企业的“品牌营销实践（B-MP）”甩给下属部门去做，这等于让品牌营销顾问公司以企业最高层决策者的“下属（部门负责人）的下属”身份去协助企业制定最高战略，以其“下属（部门负责人）的下属（部门办事员）的下属”身份去遵照实施企业的最高战略。这样的企业能够做好品牌营销（B-M），那是让人从头到脚循环想都认定是不可能的事。

对于这样的企业，品牌营销顾问公司最恰当的合作态度就是：要么把它当冤大头做，忽悠一笔钱了事；要么让别家公司把它当冤大头做，忽悠一笔钱了事；如果不这样，自己就做冤大头。

真正的超级“品牌营销集群式企业”不仅在高中低端，都形成了纵向的强势品牌占位；在行业领域的各个产品品类，也横向建设了强大的“产品品牌壁垒”，并且形成了众多“产品品牌（PB）”的“品牌营销体系（B-MS）”拱卫企业。这对于国内的企业，还是一个可望而不可即的企业发展的高度。它们要想做到像宝洁（P&G）、欧莱雅（L'oréal）、福特（Ford）们那样，先得让自己别做冤大头，也别让“品牌营销顾问公司”当冤大头才对。

企业擅长生产制造，广告公司擅长“品牌营销（B-M）”。既然广告已经成为一个行业，品牌营销顾问公司已经占据了广告行业的顶端，那么，企业的“品牌营销实践（B-MP）”，就必然需要品牌营销顾问公司的全力支持。

也许，什么时候中国的创新知识产权备受尊重，中国的广告人自信能为企业做好“品牌营销（B-M）”，而企业也能够充分尊重品牌营销顾问公司的时候，中国的超级“品牌营销集群式企业”才能够顺势成型。

以下是个别“品牌营销集群式跨国企业”及其旗下品牌图示：

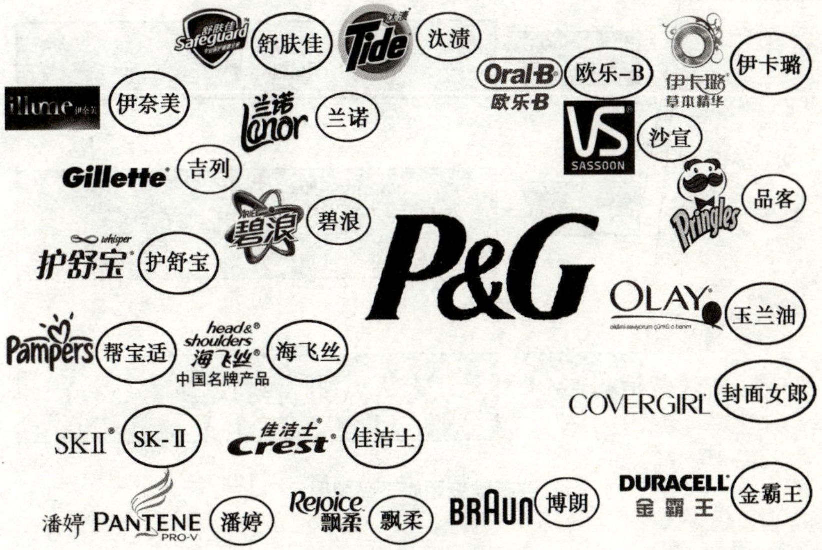

宝洁公司旗下品牌图示

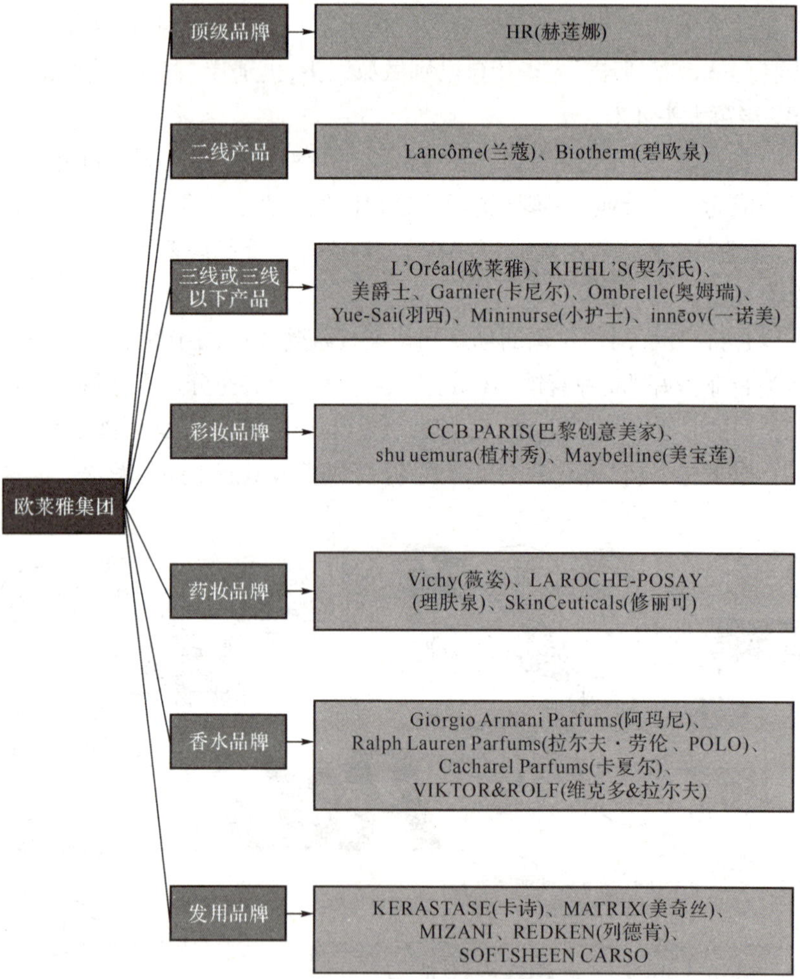

欧莱雅集团旗下品牌图示

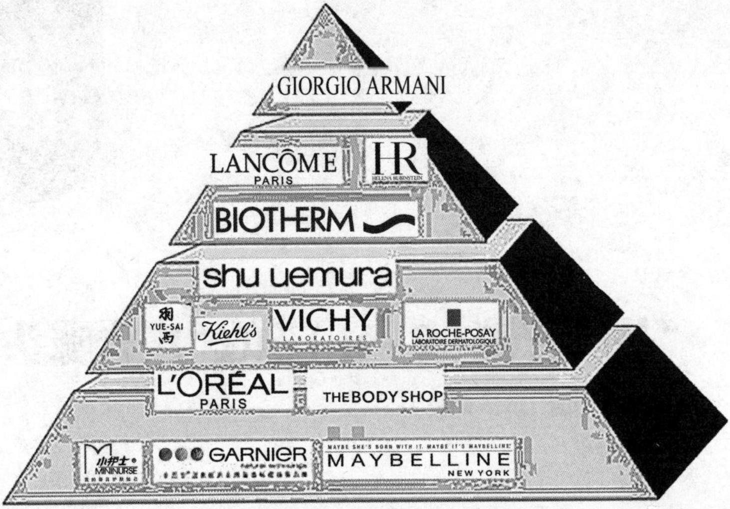

欧莱雅中国品牌矩阵结构图

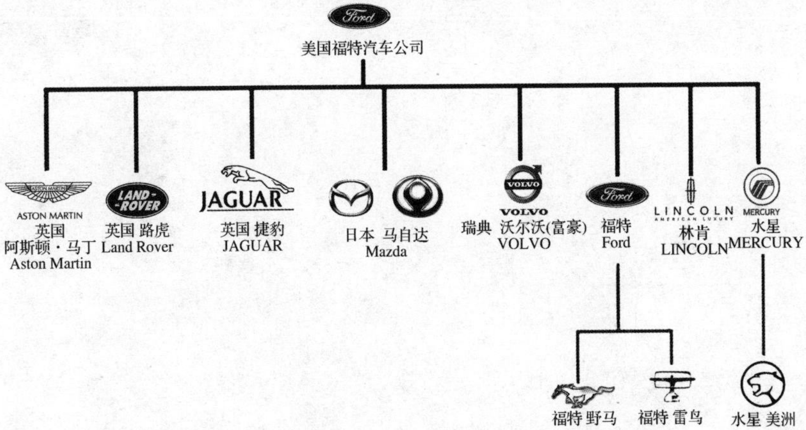

福特汽车集团品牌图

4

“品牌营销(B-M)”的“广告噱头”

4-1 “达利的胡子”不简单

■ 4-1-1 表达“竞争优势”的“达利胡子”■

世人认识达利,是从关注他的胡子开始的。因为迄今为止,也没有第二个人留着与达利一样的胡子。

对于自己的胡子,达利本人是这样说的:“很多美国人在夏天到西班牙来探访我,他们是想看我的画吗?其实并非如此,他们只是对我的胡子感兴趣。人们并不需要一个伟大的画家,他们只需要一对漂亮的胡子。”

由此看来,达利比今天国内的很多广告人更懂营销。至于他是否懂品牌,我们现在无法断定,只知道“达利”现在已经成为当今世界上极具知名度的大牌艺术家。其实说到底,从品牌营销角度看,达利最懂的是人们的消费心理。

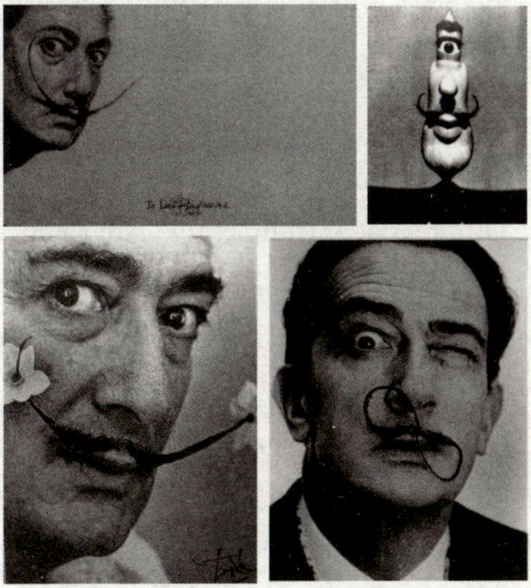

萨尔瓦多·达利(Salvador Dali,1904—1989)是20世纪20年代末成名的西班牙超现实主义艺术家。如果把“达利”看做一个“产品或者企业品牌”,达利的作品就是产品,达利本人就是生产并推广“达利品牌”及其产品的企业。

众所周知，在世人眼里，艺术家都是“外星人”，不可理喻，艺术家和他们的作品很难被公众认知并理解；所以很多很牛的艺术家实际上是被世人冷漠的眼神“冻死”的。徐渭（1521—1593）、斯宾诺莎（Baruch de Spinoza，1632—1677）、卢梭（Jean-Jacques Rousseau，1712—1778）、梵・高（Vincent Willem van Gogh，1853—1890）、普鲁斯特（Marcel Proust，1871—1922）、尼采（Friedrich Wilhelm Nietzsche，1844—1900）、卡夫卡（Franz Kafka，1883—1924）、阿炳（1893—1950）、石田彻也（1973—2005），都是这样的艺术家。

马克思（Karl Heinrich Marx，1818—1883）也因为思想太超前了，没多少人理解并支持他，动不动就饿肚子。若不是恩格斯（Friedrich Von Engels，1820—1895）做着“该死的生意”，赚了钱经常接济他，他早就和全家人一起饿死好几回了。

达利本人与全世界同时代的其他艺术家一样，都长着一幅人样；达利的作品亦与同时代的全世界很多其他艺术家的作品一样，都让人看不懂。既然如此，那么，如何才能把“达利”品牌及其作品推广开来呢？

要想推广“达利品牌”及其作品，就得先找到“达利作品”的“差异化竞争优势（Differentiated Competitive Advantage，简称 DCA）”，而且这种竞争优势，还得同时具有“相关度体验优势（Correlation Experience Advantage，简称 CEA）”。两种优势好比一枚硬币的两面，它们都是“作品（企业产出的‘作品’称之为‘产品’）”的“竞争优势”，可以合并称之为“有相关度的差异化竞争优势（Differentiated and Correlation Experience in Competitive Advantage，简称 DCECA）”。

“达利作品”的“差异化竞争优势（DCA）”集中表现在它们的“达利式超现实主义”艺术风格。这些作品把怪异梦境般的形象与卓越的绘图技术和受文艺复兴大师影响的绘画技巧令人惊奇地混合在一起，同时具有创新、独特、领先，不断地推陈出新、与时俱进的特征。

正由于作品本身具有的这些特征，它们又能够带给人们惊奇、感悟、庄严、典雅、崇高、美轮美奂，百思不得其解而又不由自主地更深入品味、解读的赏鉴体验，于是具有了“达利式超现实主义”的“相关度体验优势（CEA）”。

这还只是“达利作品”的“有相关度的差异化竞争优势（DCECA）”。人们通过作品认可“达利”品牌并推崇达利本人，和消费者通过产品认可产品品牌，并进而推崇生产产品、打造“产品品牌（PB）”的企业一样。

当“达利品牌”被推广开来，与达利本人的声望越来越高，这些作品就被赋予了神话般的魔力，自然能够激荡起人们渴慕名利、追求虚荣、竞相攀比、向往成功等一系列复杂的心态，从而附加了品牌的文化层面的“有相关度的差异化竞争优势（DCECA）”，以至于贵重得势不可挡，成长得无与伦比。

达利作品承载着过于繁重的信息，根本不可能被普通民众全面、透彻参悟，也许只有少数艺术评论家、鉴赏家才能洞幽烛微；面对着同时代无穷多的同品类竞品，它们若想被人们广泛认知、认可、推崇，上升为品牌，还需要一个一个适合大众传播的“点”，作为沟通作品、品牌和人们之间的桥梁。

与同时代的超现实主义艺术家相比，达利更清楚自己的优势，也最洞悉人们的消费心理，他用一个极易被人们识记的“文化符号”，把他作品的“有相关度的差异化竞争优势（DCECA）”表达了出来。于是我们与近百年来全世界无数略知达利的人们一样，在将目光瞄向当代艺术史夜空的满天繁星的时候，总是不由自主地就看见了“达利的胡子”。

■ 4-1-2 作为“文化符号”的“达利胡子”■

从“品牌营销（B-M）”的专业角度看，“达利胡子”很能代表达利作品的“差异化竞争优势（DCA）”。所谓“差异化”，就是与同时代同品类的竞品相比，达利作品本身所承载的独具特色、不一样的“价值点”。

这种“差异化”若是在达利作品与其他艺术家的作品相比过于“同质化”，找不出什么特色的情况下，那就只能从传播角度找：挖掘一下达利作品中有哪个很有“嚼劲”、容易被人们“乐道”，还没有被其他艺术家在宣传他们作品的时候大肆传播的“价值点”，将其抢先引爆，让人们都以为这个价值点是达利作品专有的。

——当然，用这种方式打造“达利品牌”长久不了，其中原因“你懂的”！

好在达利作品客观上具有特色价值。“达利胡子”作为一个“文化符号”，很典型地代表了这种价值。

首先，它是原创的。不管达利有没有为他的胡子申请专利，反正他是有史以来第一个留这种两撇向上高高翘起，而且能变幻出各种造型的胡子的艺术家。其他艺术家在他之后如果也留这种胡子，那就是跟风、模仿，很丢面子，于是这种胡子就变成达利专有了。

其次，它是独特的。“达利胡子”基本上完全违背人类胡子的自然生长规律，不是下垂而是两边上挑得很高很高。因此这样的胡子不光其他艺术家留不出来，其他非艺术家的人类也留不出来，非常独特。

再次，它是领先的。达利作品属于超现实主义风格。相对于哥特式（Goth）、巴洛克（Baroque）、印象派、古典主义（Western Classical）、表现主义（Expressionism）等，超现实主义至今依然显得很前卫、新潮。“达利胡子”一看就是超现实的，很能代表这种风格。我们甚至可以说，“达利胡子”是达利最具知名度、最有代表性、最简洁的超现实主义作品。

最后，还需要补充上一点，那就是它富于变化、追风逐尚。“达利胡子”并非一直高高上翘着不变，偶尔它会翘中带弯，会拐成“8”字，还会挑上两朵小红花……

把“硬币”翻过另一面看，“达利胡子”还浓缩了达利作品的“相关度体验优势（CEA）”。所谓“相关度”，是达利作品本身具备的，与“达利品牌”目标受众的需求、喜好、利益等相关。这种基于“差异化竞争优势（DCA）”的“相关度”，使得达利作品能够为人们带来不一样的“优势体验”。

在达利作品与其他艺术家的作品相比过于“同质化”，带给人们的体验无比雷同的情况下，我们也可以从传播角度挖掘一下达利作品能够带给人们的，还没有被其他艺术家在宣传他们作品的时候大肆传播的“体验点”，抢先引爆，让人们都以为这种体验是只有达利作品才能带给他们的。

——当然，用这种方式打造“达利品牌”也长久不了，其中原因与前面的“你懂的”同理！

那么，“达利胡子”作为一个经典的“文化符号”，它能够带给人们什么不一样的“优势体验”呢？

首先，它简洁易记。人们的感官日常接受的信息太多，复杂的东西记不住，越是简单好理解的东西越容易让人们记住。

其次，它形象鲜明。相对于抽象的概念、定义，人们最容易关注并识记的还是鲜明的形象。

再就是它内涵丰富。人们都有好奇心，越是内涵丰富的事物越让他们反复咂摸，咂摸多了就在记忆里抹不掉了。

最后，尤其重要的是，“达利胡子”带给人们的是“超现实主义”的体验。人们看到这样两撇胡子，一般会感到非常惊奇，认为它不应该在世间存在；然后会觉得它很调皮，甚至有些搞笑；关注久了，也许还会从中品味到些许美感……这些“超现实主义”的体验自然免不了轻微、肤浅，但它们合乎全世界民众的欣赏情趣，是吸引他们走入“达利世界”的诱因。如果人们想得到更加丰富、全面、深刻的“超现实主义”的体验，第一时间会去关注达利，赏鉴他的作品，而不是其他超现实主义艺术家。

明确了作品的“有相关度的差异化竞争优势（DCECA）”，并将之提炼为适合传播的文化符号，达利品牌及其作品就好推广多了。从20世纪二三十年代末到现在，全世界的超现实主义艺术家那么多，只有达利在二十出头，毛头小伙子一个之时，就赢得了国际声誉。而且达利生前一直被公众关注、声名显赫，生活富足得连很多流行文化界的大明星都赶不上。

如今，达利已经是世人公认的20世纪最有代表性的三位艺术大师之一［其他两位是毕加索（Pablo Picasso，1881—1973）、马蒂斯（Henri Matisse，1869—1954）］。不止一位评论家认识到，这不仅仅得益于达利的艺术天赋、艺术造诣及其艺术作品，也与他自我推销的才能和作为有非常密切的关系。

■ 4-1-3　大师级别的“达利胡子” ■

“达利胡子”是达利品牌最具知名度的文化符号。与之类似的还有一些鼎鼎大名的公众人物品牌，除了专业人士非常熟悉并推崇他们的作品，社会大众对他们的作品丝毫不知或者知之甚少，但是对他们品牌的文化符号却普遍印象深刻。

比如世界喜剧大师查理·卓别林（Charlie Chaplin）诠释小人物悲喜的流浪者装扮；苹果（Apple）教父乔布斯（Steve Jobs）符合苹果品牌简洁、优雅调性的黑T恤配蓝色牛仔裤潮范儿；电影导演王家卫极具神秘、怀旧气息的黑色墨镜；老佛爷卡尔·拉格菲尔德（Karl Lagerfeld）酷毙一切潮流的标配——黑色西装、白衬衫、墨镜加十指戒指、长白马尾。

台湾作家李敖年轻时候也曾经常年穿着长袍马褂，以彰显他坚守传统、不合世俗潮流的人物个性；但是后来因那东西夏天穿着捂汗，冬天穿着灌冷风，实在受不了就放弃了。因此李敖距大师级别始终一步之遥，差着一口气就是喘不上去。

达利是艺术家，他面对的是全球的艺术品市场和全人类目标受众。在工业产品市场领域，相对于企业来说，“达利胡子”是以“品牌营销（B-M）”为目的，基于厂商和产品特色，结合“目标消费客群（TCG）”体验，产品“有相关度的差异化竞争优势（DCECA）”的符号化表达。这样一个经典的“文化符号”，其背景是达利的超现实主义创作才华及其作品，其内涵是达利式超现实主义艺术概念及其解读。

以作品（产品）为后盾，以“有相关度的差异化竞争优势（DCECA）”为依据，以概念为指导，以文化符号为代表，延伸出一系列推广文本、符号应用、视觉形象、场景动画、态度行为等，一个“产品品牌（PB）”的推介系统就可以建设起来了。

这个系统目前我们通常基础地应用为VI，升级、完善一下就是CIS。因为这个系统着力于表现并推广品牌及其产品的全面、深刻并且与时俱进的“价值”，因此我们可以将之更准确地称为“品牌营销价值表现系统（Brand-marketing Value System，简称B-MVS）”。

产品的“差异化竞争优势（DCA）”是产品的“相关度体验优势（CEA）”的客观基础；产品的“相关度体验优势（CEA）”是产品的“差异化竞争优势（DCA）”所能够带给“目标消费客群（TCG）”的独

特消费体验。“达利胡子”既能代表“达利品牌”及其“超现实主义”艺术作品的“差异化优势”，又能够带给人们不一样的“优势体验”，还方便目标受众识别、记忆，激发起他们对于“达利品牌”及其作品的无边兴趣和遐想，因此是一个经典地浓缩了作品（产品）“有相关度的差异化竞争优势（DCECA）”的文化符号。

现在，企业推广“产品品牌（PB）”及其产品，也面临着达利推广“达利品牌”及其作品所遇到的同样的困境：一是竞争性品牌众多，很难被目标受众认知；二是仿冒者多，同品类竞品之间同质化严重，产品价值很难凸显出来；三是品牌及其产品所包含的价值信息非常丰富，很难一下子全部推送给目标受众，让他们认知、理解并且记住。

基于这种现状，企业要想推广“产品品牌（PB）”及其产品，也得先找准产品“有相关度的差异化竞争优势（DCECA）”，然后将之提炼为适合传播的概念和文化符号，延展出“品牌营销价值表现系统（B-MVS）”，才能成功地推送给“目标消费客群（TCG）”。

在这方面，非常成功的案例是苹果（APPLE）对于它的品牌及其Macbook Pro、MacBook Air产品的推广。

现在，我们联想一下苹果（APPLE）的笔记本电脑，浮现在脑海里的最深刻的印象依然是它的“薄”。对于笔记本电脑生产厂商来说，“薄”是它们一直追求而又很难与苹果（APPLE）比肩的笔记本电脑产品的高科技集成优势和外观设计优势。对于消费者来说，“薄”传达着笔记本电脑产品的轻便、时尚、美观的优势体验。

苹果（APPLE）笔记本电脑自然不止“薄”这样一个“有相关度的差异化竞争优势（DCECA）”，但是五、六年前，当人们盯着屏幕，眼见着苹果（APPLE）笔记本电脑“倏”的一下，就没入一个薄薄的文件夹的时候，苹果（APPLE）已经把它的品牌及其产品的优势价值信息深深地烙进全球目标消费者的心坎里了。

4-2 “达利胡子”分品类

现在的“产品品牌(PB)”,都在越来越朝着“品类产品品牌(Brand Category,简称BC)”的方向发展。这主要可以归结为以下几点原因:

一是任何行业的企业,都不可能一下子做好该行业中所有品类的产品,并把这所有品类的产品,挂靠在一个“企业品牌(EB)”或者“产品品牌(PB)”的旗下,垄断所有品类产品的细分市场。后起的企业,于是就瞄准大企业的弱品类产品,把该品类的产品做好,品牌做大。

二是各行业的新品类产品层出不穷。每一种新品类的产品,都能衍生出一个新品类产品的细分市场,支撑起若干个“品类产品品牌(BC)”。

三是消费者从某个针对性的具体需求出发,普遍地只能识记并认可1～2个“产品品牌(PB)”。排名第三的“产品品牌(PB)”及其产品的市场占有率相对于前两位的就会锐减,因此企业都铆足了劲去抢占“品类产品品牌(BC)”排名1～2的位置。

——由此导致各行业的“品类产品品牌(BC)”越来越多的生长了起来。

中国的碳酸饮料市场,“可口”与“百事”一直居于垄断地位。1998年,娃哈哈的“非常可乐”以艺高人胆大的勇气,杀入这块细分市场,也只不过曾经占据了一块三四线城市的市场份额。现在已经被“两乐”打得没影了。

在碳酸饮料其他细分的果汁可乐、果味可乐、低热量可乐市场,雪碧、芬达、七喜、美年达这些“品类产品品牌(BC)”牢牢地占据着绝大多数市场份额,其他同类型的“品类产品品牌(BC)”根本冒不出头。

随着国内的消费者对健康饮品的要求越来越高,茶饮料、乳品饮料、果蔬饮料、功能饮料、植物蛋白饮料等新型品类饮料逐渐丰富起来。每一种大饮料品类下面又细分出若干个小饮料品类,每一种小品类饮料市场都有若干个“品类产品品牌(BC)”在逐鹿厮杀。

目前茶饮料、乳品饮料、果蔬饮料大品类形成的格局主要是几个

“大企业品牌”或者“大品类产品品牌”在争夺市场，比如茶饮料市场的娃哈哈、统一、康师傅，乳品饮料市场的伊利、蒙牛、味全、娃哈哈·营养快线、银鹭·花生牛奶，果蔬饮料市场的可口可乐·美汁源果粒橙、百事·果缤纷、康师傅·每日 C、统一·多果汁、汇源等。

功能饮料、植物蛋白饮料大品类被细分为多糖类、维生素、矿物质、运动类、益生菌、免疫类、低能量等小品类，其中形成的格局主要是排名 1 ～ 2 的“小品类产品品牌”在左右市场：红牛、脉动、宝矿力水特、尖叫、佳得乐、东鹏特饮、日加满、银鹭·杏仁露、椰树椰汁、六个核桃等，都是这样的“小品类产品品牌”。

纵观中国的饮料市场，大企业还处在用“企业品牌（EB）”带动品类产品销售和“品类产品品牌（BC）”的阶段。像可口可乐、百事、娃哈哈、统一、顶新这些大企业已经走在了抢占细分“小品类产品品牌”高地的路上。后起的中小企业只有做好小品类饮料产品，在小品类饮料市场把“产品品牌（PB）”做到 1 ～ 2 排名，才能迅速发展壮大。

另外，尽管国内饮料市场的整体规模一直在扩大，饮料年销量从 2001 年至 2014 年一直在以百分之十以上速度递增，但是由于新兴的“细分品类产品品牌”层出不穷，现有的“单一品类饮料产品品牌”的市场空间一直在缩小。即使强大如可口可乐，也阻止不了碳酸饮料市场被其他非碳酸品类的饮料蚕食的趋势。

根据《饮料行业市场竞争力调查及投资前景预测报告》的数据显示，可口可乐 2014 年第四季度净营收为 108.72 亿美元，比 2013 年同期的 110.40 亿美元下滑 2%；归属于公司股东的净利润为 7.70 亿美元，比上年同期的 17.10 亿美元业绩下滑高达 55%。[1]

中国的饮料市场已经非常发达，整体“品牌营销化”的程度不亚于任何一个其他行业的产品市场，因此非常具有代表性。

从现在到未来很长的一段时期，必然是各行各业的“品类产品品

[1] 2014 年跨国饮料巨头可口可乐业绩净利数据分析 _ 食品 _ 行业数据 _ 中国报告大厅 http://www.chinabgao.com/stat/stats/40620.html，2015-08-23

牌（BC）”大兴的时期：大企业或者新创、或者收购、或者参股“新品类产品品牌”，以壮大自己的“品类产品品牌集群”；中小企业则争当某品类产品市场的品牌之王，立基发展。

当前中国各行各业的“品类产品品牌（BC）”远远没有饱和，很多大企业的“品类产品品牌（BC）”也只是处于崛起阶段；在那些已经有王者品牌的品类产品细分市场，高、中、低档的“品类产品品牌（BC）”的格局也普遍没有形成；再加上新兴的品类产品及其细分市场不断地被开发出来——这种局面，为任何一个企业，都营造了一个能够看得见、摸得到、走得远的“品类产品品牌（BC）”无限广阔的发展空间。

基于这种局面，企业打造“产品品牌（PB）”，都得先看清楚自己研发、生产的产品与竞争对手生产的同品类产品相比，是否具备“有相关度的差异化竞争优势（DCECA）”。如果有，企业打造“品类产品品牌（BC）”就有了坚实的物质基础；如果没有，企业就得考虑在不远的将来，自己能否研发、生产出“有相关度的差异化竞争优势（DCECA）”的品类产品。如果这一点还做不到，企业只好考虑能否利用别家企业生产的“有相关度的差异化竞争优势（DCECA）”的产品先把自家的“品类产品品牌（BC）”做起来，贴牌占领市场，等赚些钱了，再自己研发、生产出“有相关度的差异化竞争优势（DCECA）”的产品。

“达利胡子”不是凭空长成、名扬天下而又垂范至今的，它以“达利作品”的“有相关度的差异化竞争优势（DCECA）”为坚实后盾。对应企业各个打造其“品类产品品牌（BC）”，我们可以把它看成是“达利品牌”的LOGO以及“品牌广告语（BS）”。它与达利这个“品牌名称（BN）”融为一体，带给广大的“消费者”第一印象，是引导“消费者”关注、知晓、认识、理解“达利品牌”的入口。

——企业若想做大、做强其“品类产品品牌（BC）”，也必须以其品类产品“有相关度的差异化竞争优势（DCECA）”为依托，以“达利胡子”为噱头。

如果现在、将来、贴牌，企业都不打算生产“有相关度的差异化竞争优势（DCECA）”的品类产品，还想打造自己的“品类产品品牌

（BC）”，那么这样的企业只能与忽悠型的品牌策划公司合作，合伙打造“忽悠品牌”，去忽悠市场和消费者圈钱。也许能圈到钱发大财，也许偷鸡不成蚀把米，反正不是基于产品“有相关度的差异化竞争优势（DCECA）”而打造的“品类产品品牌（BC）”，都走不远。

■ 4-3-1　厘清“产品价值基点（PVB）”■

在专业的“品牌营销人”看来，任何产品都是拥有多个维度、具备多重属性、包含了无比丰富的“产品价值信息（Product Value Information，简称 PVI）”的综合体。

“品牌营销人”的一个重要作用就是在无比丰富的“产品价值信息（PVI）”中，抓取其中“最亮的价值点”，把它提纯、提升、放大给市场、行业和消费者，引导它们关注企业的产品及其品牌，实现“品牌营销（B-M）”的目的。

如何抓取“产品价值信息（PVI）”中最亮的价值点呢？

第一步，厘清“产品价值基点（Product Value Basis，简称 PVB）”。

从纵向的时间维度看，产品要经过“研发生产”“销售”“使用”“消费”四个完整的过程，再往前还可以追溯到产品的“历史及变革”；从横向的空间维度看，产品主要涉及了“产地”“原材及部件”“生产机构”，以及“渠道终端”这四方面空间结构。

沿着纵向、横向不同的维度深挖下去，我们会发现，有的产品的“历史及变革”中的“起源”，代表了它的重大价值，比如中国传统的酒文化中，记载杜康发明了白酒。中国的白酒消费者非常看重白酒产品的历史渊源，于是，“白酒”的“起源”就成为一个重要的“产品价值基点（PVB）”，把它放大，能够为“杜康白酒品牌”注入独一无二的巨大价值。

也有的产品，其“历史及变革”中的“传奇人物”，代表了它的重大价值。比如福特汽车（Ford）的创始人亨利·福特（Henry Ford）发明了汽车生产的流水线，极大地提高了汽车的生产效率，推动了汽车行业里程碑式的发展。亨利·福特（Henry Ford）由此成为美国甚至全世界汽车文化中的一位传奇人物。对于“福特汽车”来说，其“历史及变革”中的“传奇人物”就成为一个重要的“产品价值基点（PVB）”，把它放大，也能够为“福特汽车品牌”注入独一无二的巨大价值。

“历史及变革”中的“起源”和“传奇人物”，是一些产品非常重要的价值基点。沿着产品的研发生产、销售、使用消费，或者产品的产地、原材及部件、生产机构、渠道终端深挖下去，我们还能分解出诸如“产品研发生产”中包含的“设计”“技术”“工艺”“配方”“部件或成分”“生产方式”，“产品销售”中包含的“价格”“更新”“销量”等近三十个“产品价值基点（PVB）”［详见产品价值信息（PVB）综合分析表（一）（二）］。

“产品价值信息（PVB）”综合分析表（一）

纵向时间维度			产品历史及历代变革		产品研发生产							产品销售			产品使用			产品消费								
产品基点价值（PBV）	文化属性	文化体验价值	始祖崇拜	美国企业家的创新精神			传统工艺继承发扬	国家公信力		欧洲文化经典	国家级认证				传统饮食文化继承发扬	礼孝文化传承发扬	国家公信力			德国汽车精工代表				美国巧克力文化代表	白酒文化经典再造	瑞士腕表精工典范
	体验属性	心理体验价值	历史源远流长	历史悠久	设计贴心	可靠放心	历史悠久纯正健康	公信力强	天然健康护肤	贵重	历史悠久传统经典	实惠	个性化，新鲜感	值得信赖	消除担心	尽孝心，有面子，和睦	值得信赖	安全可靠放心	健康漂亮	自由操控	健康尊贵	贴心健康	省心尊贵	可爱浪漫	心境开阔	历史悠久使用安心
		生理体验价值																结实硬朗	头发清爽	驾驶舒适	精力充沛	感冒去除睡眠安稳	省力服用方便	适口	适口，回味悠长	精准时刻
	物质属性	产品客观价值	白酒始祖杜康发明	汽车生产流水线发明者亨利·福特（Henry Ford）创始	设计独特	技术领先	“古法小榨”工艺生产	国密配方生产	活细胞精华护肤	纯正手工生产	国窖窖藏	产品性价比高	产品更新频率快，种类繁多	同类产品销量最多	吃火锅，喝凉茶	适合孝敬长辈	奥运会官方使用产品	质量可靠	去头屑	驾驶灵活	易吸收利用	治疗感冒，促进睡眠	含着吃的冬虫夏草	小巧心形外观	绵柔	精工保障传承品质
产品价值基点（PVB）			起源	传奇人物	设计	技术	工艺	配方	部件或成分	生产方式	储藏	价格	更新	销量	场景	场合	资质	质量	功能	性能	效能	效果	方法	外观	味道	寿命
产品及品牌示例			杜康白酒	福特（Ford）汽车	静佳面膜	格力空调	胡姬花食用油	董酒	莱珀妮	巴洛克地板	泸州老窖	格兰仕小家电	优衣库	香飘飘奶茶	加多宝凉茶	脑白金保健品	冰露	公牛插座	海飞丝洗发液	宝马汽车	极草含片	白加黑感冒片	极草含片	好时巧克力	洋河蓝色经典	百达翡丽手表
竞争优势			杜康的历史人文价值	亨利·福特（Henry Ford）的社会人文价值	3D/4D分体设计	空调核心科技	“古法小榨”工艺	国密配方	活细胞精华护肤成分	仿古地板专利	1573国宝窖池群	价格屠刀	产品更新周期2周	品牌营销体系	一百多年祛火配方	保健礼品代表	奥运会官方使用	质量硬，使用安全	去屑功能强	驾驶灵活	易吸收，高利用	白片+黑片组合专利	首创冬虫夏草含片	小巧可爱	开创绵柔型白酒工艺	品质卓越使用寿命长
广告语			何以解忧唯有杜康	进无止境		格力，掌握核心科技	古法小榨花生油，源自1918	国密董酒	夜夜唤醒肌肤能量	生活家·巴洛克纯手工	国窖1573	努力让顾客感动	舒适邂逅时尚，玩转个性风格	一年卖出七亿多杯，连起来可绕地球一圈	怕上火，喝加多宝	今年过节不收礼，收礼只收脑白金	08年奥运会官方指定用水	公牛安全插座	头屑去无踪，秀发更出众	极致驾驶乐趣	开创冬虫夏草高效利用时代	白天含一片，去感冒；晚上含一片睡得香	冬虫夏草开始含着吃	小身材，大味道	男人的情怀	给传承一个理由

"产品价值信息(PVB)"综合分析表(二)

横向空间维度			产地			生产机构			原材及部件		渠道终端		
产品基点价值(PSV)	文化属性	文化体验价值		红色经典继承发扬						改变世界的精神	国家正统 民族传承		
	体验属性	心理体验价值	稀缺纯净高端	出自名门 时光久远	背景强大	品质可靠	健康安全	纯净安全	天然健康	卓越独特个性	官方保证 值得信赖	自由个性	高端商务
		生理体验价值											
	物质属性	产品客观价值	长白山冰泉水	传统名酒	格力生产 董明珠知名度	精细化 管理生产	3条无菌PET生产线生产	27层净化	舟山群岛等优质水资源	核心部件自主生产	韩国民族风格专卖	服装大卖场专卖	各大机场销售
产品价值基点(PVB)			名山	名水	名人	运营管理	设备	品控	原材	部件	形象	形式	规格
产品及品牌示例			恒大冰泉	浏阳河酒	格力董小姐手机	丰田汽车	汇源果汁	乐百氏纯净水	农夫山泉	iPhone手机	正官庄高丽参	优衣库	外交官旅行箱
竞争优势			长白山冰泉资源	《浏阳河》经典民歌文化价值	格力品牌 董明珠冠名	丰田品牌 精细化管理	PET无菌冷灌装技术	27层净化技术	八大水源	A系列芯片iOS系统	韩国官方正品	开创服装大卖场销售模式	机场专卖
广告语			一处水源供全球	又唱浏阳河，共享金世纪	让世界爱上中国制造	卓然天成，为你而生	健康生活好选择	健康生活每一天	大自然的搬运工	唯一的不同，是处处不同	韩国人参公社	服适于人	旅行无国界，世界自由行

■ 4-3-2　洞察"产品基点价值(PBV)"■

第二步，洞察"产品价值基点(PVB)"所对应的不同层次属性的"产品基点价值(Product Base Value，简称PBV)"。

产品都是物质载体，它的各个"产品价值基点(PVB)"首先对应着"物质属性"的"产品基点价值(PBV)"。即使像招待、美甲、按摩这样的"服务产品"，也一般要借助特定的物质载体，至少要通过"人体"来实现；而电影、戏剧、音乐、绘画、雕塑类的"文化产品"，也离不开物质载体。这种产品因为其"物质属性"而具备的"产品价值基点(PVB)"是"客观存在"的，无需消费者体验而"客观具有的"，因此，我们称之为"产品客观价值(Product Objective Value，简称POV)"。

"杜康白酒"在"产品起源价值基点"方面包含的"物质属性"的"产品客观价值(POV)"，是"杜康发明白酒"这一历史事件所具备的历史人文价值。"福特汽车"在产品发展历史的"传奇人物"方面包含的"物质属性"的"产品客观价值(POV)"，是亨利·福特(Henry Ford)本人具备的社会人文价值。诸如此类，其他产品的"价值基点"

也各个对应着不同“物质属性”的“产品客观价值（POV）”［详见“产品价值信息（PVB）”综合分析表（一）（二）］。

除此之外，产品还能带给人们“体验属性”的“产品基点价值（PBV）”。由于人们消费产品的体验一般分为“生理体验”和“心理体验”两个层次，与之相对应，产品“体验属性”的“基点价值”还须分为“产品生理体验价值（Product's Physiological Experience Value，简称 PSPEV）”和“产品心理体验价值（Value of Product Psychological Experience，简称 VPPE）”两类。

可以说，任何产品在“被消费”的时候，都能带给消费者直观的“体验属性”的“产品生理体验价值（PSPEV）”。比如公牛插座在“质量”方面让消费者感到更加“结实、硬朗”，海飞丝洗发液在“功能”方面带给消费者“头屑去无踪”，宝马汽车在“性能”方面令车主“驾驶舒适”等。

同时，任何产品在“被消费”的时候，同一个“产品价值基点（PVB）”挥发价值，也能带给消费者微妙的“体验属性”的“产品心理体验价值（VPPE）”。比如公牛插座的“质量”让消费者感到更加“安全、可靠、放心”，海飞丝洗发液的“去屑功能”令消费者觉得更加“健康、漂亮”，宝马汽车的“操控性能”给车主带来“极致驾驶乐趣”等。

需要留意的是，除了“产品消费”环节，其他环节的“产品价值基点（PVB）”，无论是“产品历史及变革”包含的“起源”和“传奇人物”，“产品研发生产”包含的“设计”“技术”“工艺”“配方”，还是“产品产地”包含的“名山”“名水”“名人”等都是产品具有“体验属性”的深层次原因。它们只能令消费者感知到“产品心理体验价值（PSPEV）”，而无法带给消费者直观的“产品生理体验价值（VPPE）”。毕竟，消费者生理感受的只能是消费过程中的产品。那些他们直观不到的“产品基点价值（PBV）”，只能由“心理”去“体验”。

另外，产品被发明创造、改革演变，本身就具有一定的社会意义和文化价值；产品被销售、使用、消费，也会产生一定社会意义和文化价值；落脚到产品的产地、生产机构、渠道终端，把产品分解为原材及部件，它们都可能具备或者产生一定的社会意义和文化价值。因此，产品一般还具有

"产品文化体验价值(Product Culture Experience Value,简称 PCEV)"。

"产品文化体验价值(PCEV)"是很多人"共同心理体验"到的价值,不再是个人通过个别产品"个体心理体验"到的价值。这种价值也只能由人们的"心理"来体验,"生理"体验不到。企业必须把它提炼成符号、概念、形象、文本等文化形式,借助媒体和推广传达给消费者,比如福特汽车承载的"美国企业家的创新精神",宝马汽车作为"德国汽车精工代表",百达翡丽手表凝铸的"瑞士腕表精工典范"等。

■ 4-3-3 辨别产品"有相关度的差异化传播优势(DCETA)"■

第三步,沿着"产品价值基点(PVB)"方向,与同类竞品纵横对比它们各自不同层次属性的"产品基点价值(PBV)",确立自家品类产品"有相关度的差异化竞争优势(DCECA)"。

到了这一步,"达利胡子"的"根"就摸到了。"达利胡子"即可从"根"上生发出来。只不过,在这个环节中,我们有必要辨别产品"有相关度的差异化传播优势(Differentiated and Correlation Experience in Transmission Advantage,简称 DCETA)"。

以乐百氏纯净水和农夫山泉为例:1997 年,乐百氏在行业内率先推出了"27 层净化"的概念,成功从众多饮用水品牌中脱颖而出。1998 年,在娃哈哈、乐百氏这两位老大哥的眼皮子底下,农夫山泉打出了"农夫山泉有点甜"的广告,迅速做大,形成了当时国内饮用水市场三足鼎立的局面,就连实力强大的康师傅也曾一度被挤出了饮用水市场。

"27 层净化"是乐百氏从纯净水"生产技术价值基点"角度提炼出的"产品基点价值(PBV)"。"27 层净化"价值概念则是从这个"根"上长出的"达利胡子"。它能令消费者在"心理体验"层面,感觉乐百氏纯净水比其他竞争品牌的纯净水更加干净。

"有点甜"是农夫山泉从瓶装水"口味价值基点"角度提炼出的"产品基点价值"。"农夫山泉有点甜"价值概念也是从这个"根"上长出的"达利胡子"。它能令消费者在"生理体验"层面感觉农夫山泉口感更好,在"心理体验"层面认为农夫山泉瓶装水比其他竞争品牌的瓶装水更天然、健康。

不过,乐百氏的“27层净化”是其他纯净水厂家达不到的工艺吗?农夫山泉的矿泉水真的比其他品牌的矿泉水“甜”吗?都不是。当时其他水厂生产的纯净水绝大多数都经过了几十道工序以确保品质安全,可能达到甚至超过了“27层净化”这样一个净化标准;好的矿泉水仔细品味一下,都有点甘甜爽口的味道。

乐百氏和农夫山泉只是比它们的竞争对手抢先通过媒体大肆传播其产品的某个“产品基点价值(PBV)”,更早地“定位”了这个“基点价值”在消费者心目中的第一印象。所以说,它们的“达利胡子”实际上是从其产品的“有相关度的差异化传播优势(DCETA)”上长出来的。

这正是20世纪90年代中国聪明的企业纷纷效仿的“营销手段”。那个年代,国内的“产品价值信息(PVB)”的大传播才刚刚“爆炸”,企业只要有胆识、大手笔把它们产品的某个“基点价值”传播开来,也不用太在乎这种“产品基点价值(PBV)”是“客观优势”还是“传播优势”,就能轻易实现它在广大消费者心目中的“第一定位”,收获意想不到“金山银山”似的“品牌和营销效果”。

■ 4–3–4　确立产品“有相关度的差异化竞争优势(DCECA)”■

产品“有相关度的差异化竞争优势(DCECA)”是品类产品某方面先进的、独特的“基点价值”所具备的“客观优势”;而不是企业在其产品与同品类竞品完全“同质化”的客观条件下,通过“广而告之”放大其产品某方面落后的、同质的甚至伪造的“基点价值”营造的其产品“有相关度的差异化传播优势(DCETA)”。辨清了这一点,我们才能在前三步的基础上实现第四步,确立产品“有相关度的差异化竞争优势(DCECA)”。

2000年代,国内各行各业市场的竞争日趋白热化,国内消费者辨析“产品价值信息(PVB)”真伪的能力普遍提升,企业基于其“产品基点价值(PBV)”诉求的“价值优势”若不是“真优势”,将很快被消费者识破。

与此同时,国内各行各业的品类产品同质化的问题日益残酷化,企业若想与竞争对手的同品类竞品纵横比较出其产品的某方面“有相关度的差异化竞争优势(DCECA)”,抓取“达利胡子”,尤其困难了。

以汇源果汁为例：2003年6月3日，在国内果汁市场的一片热战声中，汇源在北京正式启动了“冷”计划，国内9位著名食品专家在一份名为“汇源PET无菌冷灌装技术鉴定书”上签下自己的名字。包括中国轻工业联合会副会长潘蓓蕾在内的专家认为，汇源在国内果汁行业率先应用PET无菌冷灌装技术，将使国内果汁市场进入一个“技术决定市场”的新阶段。这种技术可以最大限度减少果汁受热时间，使热敏成分的损失大幅减少，从而确保果汁的口感更新鲜、更天然。[2]

“汇源PET无菌冷灌装技术”是汇源从果汁“生产技术价值基点”角度提炼出的“产品基点价值(PBV)”；也是汇源果汁与当时的同类竞品相比，其自身“客观存在”的“有相关度的差异化竞争优势(DCECA)”。“‘冷’计划”价值概念是从这个“根”上长出的“达利胡子”，它能令消费者在“生理体验”层面感觉汇源果汁口感更新鲜，在“心理体验”层面认为汇源果汁比其他竞争品牌的果汁更天然。

值得留意的是，汇源早在2001年初就引进了3条无菌PET生产线，可“‘冷’计划”直到2003年6月才正式面市。由此我们可以得出一点猜测，在2003年之前，汇源人还没有学会使用“产品价值信息(PVB)”综合分析表来发现其产品“有相关度的差异化竞争优势(DCECA)”。

另外，我们可以发想出一个景象：当时国内的企业，已经开始纷纷从产品的“研发生产”“销售”“使用”“消费”等纵向过程，及其“产地”“原材及部件”“生产机构”“渠道终端”等横向空间结构的各个“产品价值基点(PVB)”的角度，去发现产品“有相关度的差异化竞争优势(DCECA)”，以抓取“达利胡子”。

■ 4-3-5　打造产品“有相关度的差异化竞争优势(DCECA)” ■

比发现产品“有相关度的差异化竞争优势(DCECA)”更可贵的是创新、升级这种优势。

[2] 汇源果汁“冷”热概念营销_市场_糖酒快讯_我的资讯通
http://info.tjkx.com/detail/1003993.htm，2014-08-13

2003年，当国内的空调市场被同质化的产品充斥，“价格战”硝烟弥漫的时候，海尔推出了一款令消费者的眼睛为之闪亮并为之惊叹的产品——氧吧空调。

氧吧空调的创意很简单，根据室内因封闭而导致氧气不足的状况，通过空调增加氧气含量。原理也很简单，据设计这种空调的海尔空调专家介绍，只是在空调上加上一种特殊的富氧膜，使通过这层膜的氧气浓度提高到30%，然后用气泵将含有30%氧气的空气导入室内，从而保证室内空气氧气充足。这既增强了人们的活力，又避免了空调病的发生。[3]

“氧吧”是海尔从空调“功能价值基点”角度提炼出的“产品基点价值（PBV）”，也是海尔领先竞争对手创造的其产品的“有相关度的差异化竞争优势（DCECA）”。“氧吧空调”价值概念是从这个“根”上长出的“达利胡子”。它能令消费者在“生理体验”层面感觉海尔空调更清新，在“心理体验”层面认为海尔空调比其他竞争品牌的空调更有利于身体健康。于是，海尔凭借“创造性”地抓取“达利胡子”，不仅赚鼓了腰包，还顺便再次引领了国内空调行业的发展。

依据“产品价值信息（PVB）”综合分析表，将产品沿着不同维度、不同层次属性的“产品基点价值（PBV）”分门别类、综合检索，我们能够非常清晰地抢占、发现产品“有相关度的差异化竞争优势（DCECA）”，或者指导打造这种优势，确立其产品“最亮的价值点”。在此基础上，“达利胡子”即可破皮而出。

如今，我们被卷裹在网络世界，身处自媒体时代。随着消费者辨别“产品价值信息（PVI）”真伪的能力普遍基因突变式地提升，企业像以往那样，从“产品价值信息（PVB）”综合分析表中确立其产品的某个“有相关度的差异化传播优势（DCETA）”，然后据此擎起一根“达利胡子”纷纷在市场上纵横捭阖的时日一去不复返了。

当下企业应该做的，是从瞄准“产品消费”环节入手，扎扎实实

[3] 海尔氧吧空调：产品（概念）的差异化设计 _ 成功案例 _ 广告新闻 _ 广告促销网 http://www.086ad.com/news/201609/content1055.html，2016-09-22

地把消费者的“消费体验”做到位，把这个环节的“产品基点价值（PBV）”夯硬。至于“达利胡子”，最好顺着产品的筋骨血脉，把“根”扎得越深越好。将来它是长成参天大树，还是孙大圣的金箍棒，抑或被市场剃得干干净净，各个企业自有造化。我们所由衷激赏的，还是那一幅幅经典至今的“达利式超现实主义”的匠心巨作。

4-4 “达利胡子”长（zhǎng）不长（cháng）

■ 4-4-1 乐百氏的“27层净化”长（zhǎng）不长（cháng）■

1997年，乐百氏纯净水打出“27层净化”的“品牌广告语（BS）”。这句“品牌广告语（BS）”表达的是乐百氏纯净水在“生产技术价值基点”方面具备的“产品基点价值（PBV）”，因此我们可以把它更准确地称之为“产品基点价值概念（Basic Point Value Concept，简称BPVC）”。

一些广告人把表达“产品基点价值（PBV）”的“产品基点价值概念（BPVC）”通俗、形象地称之为“产品卖点（Product Selling Point，简称PSP）”。再准确些，它们应该称之为“产品卖点概念（Product Selling Point Concept，简称PSPC）”。这种价值概念有时候被当作“品牌广告语（BS）”使用，就像乐百氏纯净水的“27层净化”那样。

不管乐百氏的做法是否符合“品牌广告语（BS）”的使用标准，反正通过主打“27层净化”的“产品卖点概念（PSPC）”，乐百氏一度挤入国内饮用水市场的前三强。2000年，达能收购乐百氏92%的股权。现在，乐百氏纯净水基本上打着灯笼也很难找到了。

懂点水知识的人都知道，天然水中含有很多对人体有益的矿物质、微量元素。所谓的水净化技术，主要是用滤膜、滤材过滤，结合氯酸氧化灭菌、活性炭吸附水中的有机物或有毒物质。不管是“27层”“37层”，还是更多层净化，在滤除、灭除、吸除水中杂质的同时，把水中的微量元素也给屏蔽了，因此纯净水越是纯净，对人体反而越没有营养。

这一层窗户纸2000年即被农夫山泉的掌门人钟睒睒捅破了，惹得宗庆后跳脚大骂，串联全国69家纯净水生产厂家组成生死同盟对农夫山泉口诛笔伐。这场被媒体称之为“世纪水战”的较量最终以农夫山泉的大获全胜告终。

“27层净化”是乐百氏在传播层面“抢占”的其纯净水产品的“有相关度的差异化传播优势（DCETA）”。但是当时国内纯净水市场上的产品基本“同质化”，乐百氏纯净水也不具备客观的竞争优势，只好打造出“27层净化”“产品卖点概念（PSPC）”的“传播优势”。当2000年7月9日，新华社发出的电讯稿报道“专家提醒”：“‘纯净水’不宜大量地长期饮用”之后，这样一个被戳穿的“传播优势”自然就沦落成“伪优势”。随之乐百氏纯净水的“品牌和营销”大厦就轰然倒塌了。[4]

“27层净化”是基于乐百氏纯净水“有相关度的差异化传播优势（DCETA）”长出的“达利胡子”。但是，基于“抢占”的“传播优势”生长的“达利胡子”长（zhǎng）不长（cháng）。

■ 4-4-2　五谷道场的“非油炸”长（zhǎng）不长（cháng）■

与乐百氏纯净水的命运差不多的是五谷道场方便面。

2005年，中旺集团由河北省隆尧县迁至北京，五谷道场品牌开始运作。“非油炸，更健康”的“品牌广告语（BS）”横空出世，隔年五谷道场方便面的销售额便达到了15个亿，中旺集团因此荣登第五届中国成长企业100强的榜首。

再隔一年，五谷道场的命运急转直下，衰落的速度比成长时还要快。2008年11月20日，公司破产重整。2009年，中粮集团仅用1.09亿，就取得了100%企业股东股权，正式接管了北京五谷道场食品技术开发有限公司。[5]现在，五谷道场方便面早已不是原来的它了。

方便面与纯净水、矿泉水相比，是一种技术含量更高的产品。单是在调

---

[4] 水企乱战：一场没有标准的“标准”之争 | 王小明 | 中国经营报 http://dianzibao.cb.com.cn/html/2014-08/25/content_36908.htm？div=-1，2014-08-25

[5] 五谷道场案例分析 _ 百度文库 http://wenku.baidu.com/link？url=VQbBx3UnXjObUhMm48Eui4VAuIec7rK71JO0E__HKJCJuu4GYfeY1fsuI1rnX3ssO-2i5vy14im5rN8q-DMlcmnSlvxLBgMEV45PPAMUMna，2010-11-03

味料中应用的新技术，就有热反应技术、生物技术、超临界二氧化碳萃取技术、灭菌技术、粉碎技术、现代检测技术、微胶囊包埋技术、干燥技术等多种。

方便面与纯净水、矿泉水相比，是一种产品质量把控和消费体验更复杂的产品。对面条质量的量化评价涉及生面条的颜色及其断裂强度，煮熟面条的表面硬度、切断力、抗压力、煮面重量、吸水量和煮面损失等多个方面。对面条品质的感官评价包括面条色泽、表现状态、适口性（软硬度）、韧性（咬劲和弹性）、黏性、爽口性、食味等。

"非油炸"是五谷道场"创新"的方便面产品"有相关度的差异化竞争优势（DCECA）"，但是五谷道场方便面吃起来口感偏硬、涩，其产品质量的整体水平赶不上当时康师傅、统一、今麦郎等几大行业巨头同品类的产品。

企业基于产品"有相关度的差异化竞争优势（DCECA）"主打"品牌广告语（BS）"，带动"品牌营销（B-M）"，不管这种优势是产品客观具备的"差异化竞争优势（DCA）"，还是产品在消费使用过程中，能够带给消费者的"相关度体验优势（CEA）"，其执行的前提条件是企业的产品与竞争对手同品类的产品至少是处于相同水平线上，甚至领先竞争对手。

五谷道场方便面的"非油炸"却是在口味都没做好，整体水平落后于竞争对手同品类竞品的情况下，创新的产品"片面优势"。它的"非油炸，更健康"风靡一时则只是靠烧钱烧出来的"传播优势"。

于是，尽管"非油炸，更健康"是基于五谷道场方便面"有相关度的差异化竞争优势（DCECA）"长出的"达利胡子"，只是，基于"创新"的产品"片面优势"生长的"达利胡子"一样长（zhǎng）不长（cháng）。

当今时代，是各个产品已经具备了整体领先实力，而又擎着自家产品"有相关度的差异化竞争优势（DCECA）"的企业主场角力的时代；也是各个产品整体实力落后的企业再也忽悠不起自家"品牌广告语（BS）"的"传播优势"，纷纷东逃西窜、被斩落下马的时代。

与此同时，国内各行各业的各品类产品更新换代的速度都非常快，新品类产品层出不穷。拥有13亿消费者的国内市场还十分特殊：无论哪行哪业，无论哪一个品类产品的竞争领域，各企业、各竞争品牌之间产品相互模仿的功夫都无比"快、准、狠"，以至于特别登峰造极、出神入化。

在这样形势下，既能保持某品类产品整体实力领先，又能长期凸显这类产品某价值基点的“有相关度的差异化竞争优势（DCECA）”，对于任何企业来说，都无比艰难。至于有哪家企业还想“发现”自家产品客观具备着某点独特优势，那更是天方夜谭了。

■ 4-4-3　苹果的“轻薄”长（zhǎng）不长（cháng）■

越是技术含量高的品类产品，更新换代和相互模仿的速度就越快：第一代 iPhone 自 2007 年 1 月 9 日发布，到 2016 年已经 iPhone7 了；苹果、三星用 iOS 和 Android 产品把诺基亚的塞班产品、摩托罗拉手机驱逐出全球市场，也就用了三五年时间。

几年前，苹果（APPLE）笔记本电脑的“轻薄”外观震撼了全世界，MacBook Air 及其“Thinnovation（又薄又创新）”的“品牌广告语（BS）”在全球 IT 消费者的心目中留下了高新、时尚、精致、典雅的第一印象。

今天，随便我们到国内哪一处 IT 市场逛逛，联想、戴尔、索尼、惠普、华硕、宏碁……每一个品牌的专柜上都能随便拿出好几款相当于苹果（APPLE）笔记本电脑“轻薄”的产品。苹果（APPLE）也早就不把“轻薄”这个标签贴在其笔记本电脑的脸蛋上了。

一条基于“有相关度的差异化竞争优势（DCECA）”提炼出的“品牌广告语（BS）”往往耗资巨大，至少持续传播几个月，经历过这条广告语与产品相应优势匹配度的反复检验之后，才能够逐步被消费者普遍接认可。一旦产品的相应优势丧失，这条广告语对于消费者的影响力即刻如肥皂泡般破灭。因此，仅仅主打某条“品牌广告语（BS）”想做大、做强“品牌营销（B-M）”，对于国内当今的企业来说，已经注定沦落得“理论很丰满，结局很骨感”。

现实的情景常常是，某企业基于其某品类产品“有相关度的差异化竞争优势（DCECA）”提炼的“品牌广告语（BS）”才打响俩月，传播费用还没赚回来，竞争对手的具有同样优势的竞品已经气势汹汹地铺到市场上了。该企业抓紧时间改进产品，又创新一个产品“有相关度的差异化竞争优势（DCECA）”，另提炼条“品牌广告语（BS）”拿着喇叭到处喊。结果又不到俩月，传播费用还没赚回来，竞争对手的具有同样优势的竞品更加气势汹汹地铺到市场上了。然后该企业铆足了劲再改产品，再拎条“品牌广告语（BS）”大传播，结果又是传播费用还没赚回来，竞争对手的竞品已经跟上来了。

“品牌广告语（BS）”变来变去，企业的“产品品牌（PB）”从里到外、从上到下、从前到后就会言行不一、形象模糊、精神面貌神经质似的癫痫病间歇式发作。消费者对这个“产品品牌（PB）”就会没有印象。

除此之外，这种“品牌和营销实践（B&MP）”尤其具有杀伤力的是：一次传播费用没赚回来，企业 hold 得住；两次传播费用没赚回来，企业脸就绿了；紧接着三次、四次传播费用没赚回来，基本上哪个企业到这儿也就冰凉了。竞争对手早俩月就把参加该企业葬礼的随份子钱备好了。

于是，“Thinnovation（又薄又创新）”是在产品整体实力领先的前提下，基于苹果笔记本电脑“有相关度的差异化竞争优势（DCECA）”长出的“达利胡子”。结果，基于“领先”的产品“创新优势”生长的“达利胡子”还是长（zhǎng）不长（cháng）。

4-5 “达利胡子”有短板

■ 4-5-1 “达利胡子”的市场短板 ■

1989 年 10 月，宝洁（P&G）在中国市场推出飘柔（Rejoice），主打“柔顺体验”；1991 年，海飞丝（Head & Shoulders）进入中国大陆，主打“去屑”；1992 年，潘婷（Pantene）登陆中国，主打“秀发修复强韧”。二十多年了，这三个洗发液品牌一直占据着各自品类产品市场的 No.1 地位，压得其他竞争品牌冒不出头来。

同样是宝洁（P&G）旗下的日用消费品细分品类产品的强势品牌。1992 年，舒肤佳（Safeguard）香皂一路狂喊着“除菌”概念杀入中国市场，仅用了不到十年时间市场占有率就达到了 41.95%（2001 年数据）。2010 年，舒肤佳的市场占有率略微下降到了 35.4%，依然是其所在的细分品类产品市场的No.1品牌。

无论是“柔顺”“去屑”“修复强韧”，还是“除菌”，都是基于产品“功能价值基点”的“有相关度的差异化竞争优势（DCECA）”，表达“产品基点价值（PBV）”的“品牌营销价值概念（B-MVC）”。不过略微辨析一下，我们还是发现它们之间有着细微的区别。

“柔顺”“去屑”“修复强韧”只适合推广洗发液品类产品，因此它们只是标明“单一品类产品”价值的“品牌营销价值概念（B-MVC）”。“除菌”却能适用于推广洗手液、香皂、沐浴露等多个品类洗护型日用消费品，因此它表达的“产品基点价值（PBV）”超越了单一品类产品所能涵盖的，是一个适合推广“多品类产品”的“品牌营销价值概念（B-MVC）”。

相同之处在于，“柔顺”“去屑”“修复强韧”“除菌”，强调的仍然是“产品基点价值（PBV）”，其目的是把飘柔（Rejoice）、海飞丝（Head & Shoulders）、潘婷（Pantene）、舒肤佳（Safeguard）的各类日用品在消费者的心目中定位成具有相应功能的首选日用品，因此它们还是一个力图实现“产品定位（Product Positioning，简称PP）”的“产品定位概念（Product Positioning Concept，简称PPC）”。

“柔顺”“去屑”“修复强韧”作为“产品定位概念（PPC）”，以“品牌广告语（BS）”的形式主打，早就升级过N多次，但是宝洁（P&G）似乎永远无法摆脱它们的“梦魇”：因为它没办法在飘柔（Rejoice）旗下衍生出“不飘柔”的洗发水；在海飞丝（Head & Shoulders）旗下衍生出“不去屑”的洗发液；在潘婷（Pantene）旗下衍生出“不修复强韧”的洗发液；更别说在这几个品牌的旗下衍生出像洗面奶、沐浴露、洗衣液那样的非洗发液品类的产品了。

表达产品“同质化”的“基点价值”的“产品卖点概念（PSPC）”支撑不了品类产品的长期销售，只能与时俱进地不断更新换代，这是“达利胡子”的第一个短板。

类似“柔顺”“去屑”“修复强韧”的“产品定位概念（PPC）”支撑品类产品长期销售，导致产品形象在消费者心目中根深蒂固了，就会把“产品品牌（PB）”限制在单一品类产品上，无法跨品类衍生产品，这是

"达利胡子"的第二个短板。

类似"除菌"的"产品定位概念(PPC)",可以支撑"产品品牌(PB)"在其"定位"的范围内延伸品类产品,但是由于它"定位"的产品价值太清晰,只有行业排名前一二的企业才能玩得转。后进企业的产品即使整体水平与一线品类竞品相当,其"除菌"功能不相上下了,它也很难长期保持产品的这种价值优势,更敌不过行业巨头的"品牌营销体系(B-MS)"。这是"达利胡子"的第三个短板。

不可否认,在产品整体水平不落后甚至领先竞争对手的条件下,保持产品"有相关度的差异化竞争优势(DCECA)"不断地升级并持续凸显,并基于此长期主打某"产品定位概念(PPC)"实现"产品定位(PP)",是飘柔(Rejoice)、海飞丝(Head & Shoulders)、潘婷(Pantene)、舒肤佳(Safeguard)等品牌保持No.1至今,其"品牌营销战略(B-MS)"赢得巨大成功的基石之一。但是,同样不可否认,如此巨大的成功,也抹不去"达利胡子"的三个短板客观存在,以及在当前的市场环境下,其"短处"仍然在继续突显的事实。

■ 4–5–2 "达利胡子"的理论短板 ■

从理论依据角度看,基于产品"有相关度的差异化竞争优势(DCECA)",主打某"产品定位概念(PPC)",促进产品销售,实现"产品定位(PP)",则是"USP理论(产品独特的销售主张或独特的卖点)"和"定位理论(Location Theory,简称LT)"的根本价值主张。

"USP理论"是20世纪50年代美国Ted Bates广告公司董事长罗瑟·瑞夫斯(Rosser Reeves)首创的。这一理论最初侧重于从厂商角度出发,聚焦产品"物质属性"的"差异化竞争优势(DCA)"并宣传推广,促进产品销售。

"定位理论(LT)"则强调从消费者角度出发,提炼并传播产品"体验属性"的"相关度体验优势(CEA)",以达到该优势在消费者心目中的占位。

20世纪70年代,在各行各业产品同质化日益普遍的情况下,人们不是因为产品之间的具体差异性而购买该产品，而是通过广告创造的商品在人们心理上的差异性。美国著名营销专家艾·里斯（Al Ries）与杰克·特劳特（Jack Trout）由此提出了著名的“定位理论（LT）”。

“定位理论（LT）”认为，企业要在消费者的头脑里给“产品定位（PP）”，确保产品在消费者头脑里占据一个真正有价值的地位。广告因此由原来关注产品的独特销售主张，发展为以感性诉求为主，让产品占领消费者心中的缝隙，形成产品在消费者心中的差异性。

这种定位，实质上是一种主打某个“产品基点价值概念（BPVC）”，抢占该产品价值在消费者心目中“有相关度的差异化传播优势（DCETA）”的策略。在抢占传播优势的独特性和差异性这一点上，“定位理论（LT）”与“USP 理论”有着很深的渊源关系。

一面是宝洁（P&G）的辉煌案例，一面是披星条旗的理论指导。之后中国的企业模仿者竞相跟进。

除了乐百氏纯净水与农夫山泉，白加黑感冒药、脑白金保健品、农夫果园“摇一摇”果汁、金龙鱼 1 : 1 : 1 调和食用油、采乐去屑洗发水，都被认为是运用“USP 理论”实践出的经典的品牌营销案例。

“定位理论（LT）”自 1998 年由成美（广州）行销广告公司（现在的成美营销顾问公司）引入中国后，据说有很多协助国内企业打造强势品牌的案例：著名的王老吉凉茶、江中健胃消食片、乌江榨菜、香飘飘奶茶、长城汽车、东阿阿胶、真功夫快餐、九阳豆浆机、劲霸男装、九龙斋酸梅汤、会稽山黄酒、哎呀呀、雾里青绿茶、天种种猪、美涛定型啫喱水、劲酒等，都是这一理论实践的成果。

不过，时至今日，国内的企业应该更加清醒地认识到，“产品卖点概念（PSPC）”和基于产品“有相关度的差异化竞争优势（DCECA）”或者产品“有相关度的差异化传播优势（DCETA）”提炼的“产品定位概念（PPC）”作为“达利胡子”，越来越无法支撑它们的“产品品牌（PB）”走得更远。

飘柔（Rejoice）、海飞丝（Head & Shoulders）、潘婷（Pantene）之所以一直占据 No.1 的位置，除了产品优势不断升级并保持领先之外，它们还依托着宝洁（P&G）在全球日用消费品领域睥睨同侪、目空无牌的

"宝洁出品"的背书支持，以及宝洁（P&G）在全球日用消费品市场打造的"品牌营销集群（B-MC）"的保驾护航。国内目前没有企业拥有宝洁（P&G）"集群式"的"品牌营销体系（B-MS）"的实力。

以联合利华（Unilever）的强势，曾经在中国市场三番两次推出旗下第一抗菌品牌卫宝（Lifebuoy），叫板同样"除菌"的舒肤佳（Safeguard），结果次次铩羽而退。曾经的一个著名事件是，卫宝香皂推出的广告片受舒肤佳（Safeguard）的广告轰炸之后，竟被消费者误认为是舒肤佳的广告。

在专业的"品牌营销人"看来，"达利胡子"只是"品牌营销（B-M）"的"广告噱头"，而不是表达"品牌定位（Brand Positioning，简称 BP）"，甚至更进一步，表达"品牌核心价值（Brand Core Value，简称 BCV）"的概念。它不能支撑并指导企业的"产品品牌（PB）"走得长远。

"USP 理论""定位理论（LT）"，本质上都是"营销理论（Marketing Theory，简称 MT）"，不是"品牌理论（Brand Theory，简称 BT）"，更不是"品牌营销理论（Brand-marketing Theory，简称 B-MT）"。它们不能指导品牌建设及其可持续发展，更无力指导企业搭建强大的"品牌营销体系（B-MS）"，打造百年品牌。

沿"产品价值基点（PVB）"方向，确立"产品基点价值（PBV）"，并基于此主打"产品卖点概念（PSPC）"来促进产品销售，只是站在了"品牌营销（B-M）"的入口，还没有入门。

基于产品"有相关度的差异化竞争优势（DCECA）"主打"产品定位概念（PPC）"来促进产品销售、区隔"产品品牌（PB）"，算是一只脚跨入了"品牌营销（B-M）"的大门，但是还深陷在营销竞争的泥淖，并未站在"品牌营销（B-M）"的高度，洞见企业及其"产品品牌（PB）"未来长远发展的终极方向。

近 30 年来，凡是拿"USP 理论""定位理论（LT）"为己所用，指导产品销售的国内企业，大多摸索出了搭建强大的"品牌营销体系（B-MS）"的路子，创造了企业及其产品品牌发展的奇迹。那些奉"USP 理论""定位理论（LT）"为圭臬，用于指导"产品品牌（PB）"发展的企业，则纷纷倒在了乐百氏纯净水、五谷道场方便面的路上。

如今已经是互联网、自媒体的时代，资讯便捷，产品更新换代眼花缭乱，品牌熙熙攘攘如车水马龙，国内消费者辨别“产品价值信息（PVB）”真伪的目光一日千里。不管企业乐不乐意、欢不欢迎，它们都已经被时代的大潮卷裹到了“品牌营销（B-M）”的门前。

未来怎样？国内本土企业，已有的、现有的、将有的，已经做大的、想要做大的、求生存再谋发展的，在打造各自“百年品牌”的道路上，还有漫漫长路要走。一步艰险，一分风光。时代，终将把美好备给够努力、够勤奋、够聪明的企业和品牌。

4-6 【营销案例分析】“六个核桃”补脑功能的虚实

如果产品“有相关度的差异化竞争优势（DCECA）”在一个品类产品细分市场独树一帜，那么这个产品可以在这个市场领域里撑起一个独一无二的大品牌；如果“产品基点价值（PBV）”在一个市场领域里并不是唯一的，许多竞品同样拥有，而只有一个品牌把它产品的某个基点价值宣扬得独一无二、深入人心，那么这个品牌也可以成为其所在的细分市场的大品牌。尽管它可能很快被竞争对手赶上。

飘柔（Rejoice）、海飞丝（Head & Shoulders）、潘婷（Pantene）是国内洗发液细分品类市场的大品牌；舒肤佳（Safeguard）是国内除菌类洗护用品细分市场的大品牌。它们都是日用消费品跨国企业巨头宝洁（P&G）打造的，示范了国际大牌差异化市场战略的辉煌。

“六个核桃”则是本土企业河北养元在核桃蛋白饮料品类细分市场，经过十年之久的披荆斩棘，终于脱颖而出的王者品牌。

——它的“实”与“虚”，印证了中国的企业家和营销人在“品牌和营销实战”方面的锐利与诡谲。

植物蛋白饮料属于大饮料概念里的一个重要的分支。2005 年，以姚奎章为首的经营团队带领河北养元进入植物蛋白饮料这个品类细分市场的时候，市场上已经有了椰树·椰汁、露露·杏仁露、银鹭·花生奶等全国性品牌；同时，已经运作 5 年之久的大寨·核桃露正占据着核桃饮料品类细分市场的霸主地位。

姚奎章没有动椰汁、杏仁露、花生奶的脑筋，他要撬动的是核桃饮品市场。可是想来想去，他总觉得缺少一个"支点"——"养元"作为"企业品牌（EB）"，又是"产品品牌（PB）"，不具有行业特性，也不具备显著的诉求——那个应该成为支点的噱头究竟藏在什么地方呢？

我们来看看当时各植物蛋白饮料全国性大品牌的价值诉求：椰树·椰汁诉求的是"白白嫩嫩"，露露·杏仁露诉求的是"更滋润"，银鹭·花生奶诉求的是"白里透红"。它们无一例外都把目光集中在产品的美容养颜功效，集体偏向食补养颜。而大寨·核桃露作为河北区域核桃饮品市场的老大，其品牌及产品的价值诉求和传播影响并不明显。

新品牌崛起必然要遭到行业内大企业及其"品类产品大品牌"的围堵，这是教科书上早就写好了的，毋庸置疑。

姚奎章决定做核桃饮品，先避开了与椰树·椰汁、露露·杏仁露、银鹭·花生奶等植物蛋白饮料全国性大品牌的正面竞争。对于偏安一隅、实力相对较弱的大寨"核桃露"，姚奎章则玩出了"六个核桃·核桃乳"的"品类产品品牌（BC）"及其产品名称的概念。

"六个核桃"是"品类产品品牌名称"，暗示每罐产品含有相当于六个核桃的营养；"核桃乳"是品类产品名称，"乳"容易让人联想到"乳汁"，就像牛奶一样嫩白浓郁，从字面上让消费者引起的联想可能会是："核桃乳"的营养成分与"核桃露"相比，比例更大，干货更多，下料更足——"露"和"乳"仅仅一个字的概念置换，流露出的却是养元人想要开创一个市场新品类产品的野心。

产品"有相关度的差异化竞争优势（DCECA）"确定下来，上升到"品牌和营销（B&M）"层面，"经常用脑，多喝六个核桃"标明产品功能基点价值的"品牌广告语（BS）"顺势推出。这句"品牌广告语（BS）"并没有正面强调"补脑"，却利用消费者久已形成的核桃"以形补形、健脑益智"的联想，自然把"六个核桃"饮品的功能聚焦到了"补脑"上。

进而，姚奎章和他的智囊们围绕"经常用脑，多喝六个核桃"，从企业实力、先进工艺、原料保证等方面规划了一套讲究的说辞。比如：企业资质方面，主打养元是中国核桃乳饮料行业标准起草单位；先进工艺方面，宣扬养元建立了“5·3·28”核桃饮料独有工艺；产品休验方面，宣称养元运用细胞破壁技术，既充分保留了核桃的营养成分，又有效去除了核桃的涩和腻；原料保证方面，大力宣传“六个核桃”全部采摘自太行山深处的优质生态核桃基地。

——一整套虚实结合的规范确立起了“六个核桃”品牌及其产品价值的概念、文本系统。

中国的饮品行业标准还没有严苛到让企业把饮品产品的营养成分都标示到让普通消费者一看就能明白的地步；中国的广告行业标准也没有严格到让企业的广告宣传连玩弄概念、打擦边球都找不到缝隙的地步。

河北养元并没有说它的每罐“六个核桃”核桃乳含有六个核桃的营养，也没有正面宣传“六个核桃”的产品具有多么明显的“补脑”功效。这都是消费者在没有科学依据支持的情况下，自己脑子里认为的。现在，“六个核桃”核桃乳已经在消费者的心目中抢占了“核桃补脑饮品”的王位，财大气粗，后进的企业若想挑战很难不被打得满地找牙。

只是，“六个核桃”这个“品类产品品牌名称”和“经常用脑，多喝六个核桃”这句标明产品功效基点价值的“品牌广告语（BS）”把“六个核桃”品牌限定在了“核桃补脑饮品”的框架里，从“六个核桃”品牌下面再想延伸出其他非核桃饮品的品类产品，不是一般的困难了。

十年来，尽管坊间对于“六个核桃”的补脑功能发表过各种质疑，但是并没有阻挡住养元一路狂喊着“经常用脑，多喝六个核桃”，成功做大、做强了“六个核桃”品牌。

饮品的营养效果很难量化，广告概念的宣传更难标准化，市场营销的成功却可以通过产品销售额非常清晰地量化出来。近5年，一罐核桃乳让河北养元的净资产增长了70倍，目前“六个核桃”的年销售额高达50亿。[6]

---

[6] 叶正兴．六个核桃涉嫌误导公众[N]．健康时报，2013-09-09（24）

这些数字还要膨胀多久，将来能膨胀到多大，现在无法预测。可以确信的是，“六个核桃”要想成为核桃饮品细分市场的飘柔（Rejoice）、海飞丝（Head & Shoulders）、潘婷（Pantene），甚至舒肤佳（Safeguard），河北养元还得经历过 *N* 多次破茧化蝶的蜕变。

4-7 【营销案例分析】极草凭啥“嚼七根不如含一片”？

一个品牌的崛起，能够搅乱食品、保健品、中药品、广告业四个行业的规则，放眼全国全行业市场，目前只有极草做到了。

至今产品还没有在市场上找到一个完全合法的身份，却已在不到七年的时间里，席卷了百亿以上的销售额，放眼全国全行业市场，也只有极草做到了。

这一现象之所以发生，归根结底源于地方政企说不清道不明、扯不断理还乱的利益纠缠，某些广告界、文化界精英锲而不舍的推波助澜，先富阶层舍得花大钱买健康愿景的努力。放眼全球，能够形成这种具有巨大影响力的“品牌营销现象”的，也许只有当下的中国了。

极草品牌的代表产品是冬虫夏草含片。在极草问世之前，冬虫夏草已经被炒作成了保健奢侈品，赢得了小众先富阶层的宠爱。每斤原草的价格从几万元到几十万元人民币不等，而且供不应求。

“极草 5X 含片”与冬虫夏草原草最大的不同，在于它是把冬虫夏草原草磨成粉、轧成片，然后以奢侈化妆品形象面市的新型保健品。

从产品加工的角度看，“极草 5X 含片”只是野生原材的初级加工品，还算不上深加工。它改变了冬虫夏草原草的物理形态，而没有赋予这种原材崭新的化学配比成分和功能。这正如同人们把土豆加工成了原味薯片，把小麦加工成了原味饼干一样。

不过，从产品使用的角度看，“极草 5X 含片”的确大大提升了人们食用冬虫夏草的便利，而且在人类历史上是首次。这对于冬虫夏草的价值释放，不亚于人类历史上第一沓煎饼对于玉米、第一个馒头对于小麦、第一块米糕对于大米所具有的划时代意义。

“含着吃”是“极草 5X 含片”相对于冬虫夏草原草最直观的“产品基点价值（PBV）”。“冬虫夏草，现在开始含着吃”这句“品牌广告语（BS）”，活脱脱地把这一基点价值呈现在了世人面前，擎起了极草品牌的开创者形象。

当然，极草品牌的幕后推手们并没有止步于此。因为产品最直观的基点价值，不一定是它最“有相关度的差异化竞争优势（DCECA）”。做品牌，如果不能把产品“有相关度的差异化竞争优势（DCECA）”彻底发扬出来，只能说明做品牌的人要么不负责任，要么能力比较低级；而极草品牌的幕后推手们从 2008 年与 2009 年之交极草上市时候起，就已经向世人证明了他们是一群既负责任又非常高级的“品牌和营销”精英。

人们吃煎饼、馒头、米糕，而不是吃玉米、小麦、水稻，是因为煎饼、馒头、米糕是经过加工的，更方便食用，更容易吸收。至于一块煎饼的充饥效果和营养顶得上几个玉米棒子，估计那些经常吃煎饼的人都没有准确量算过；馒头、米糕也一样。

“磨成粉、轧成片”的“极草 5X 含片”比冬虫夏草原草更方便食用和容易吸收是毋庸置疑的。这两者结合起来才是“极草 5X 含片”相对于冬虫夏草原草最“有相关度的差异化竞争优势（DCECA）”。

至于一片“极草 5X 含片”的效用到底抵得上几根冬虫夏草原草的效用，很难量化。毕竟“极草 5X 含片”的保健成分及其各占的比例没有标识，吃含片和原草的人们的吸收能力不一样，原草的大小、质地各不一样，原草的蒸、煮、炖、生嚼、当调料的吃法也不一样。这其中只有“极草 5X 含片”的大小、分量是“定量”的。用众多的“变量”对比一个“定量”，若是能得出准确的比值，那是一件非常怪力乱神的事。

好在中文毕竟是一种具有五千年文明史的发达文字：“准确的量化”有“准确的量化的表达方式”，“模糊的量化”有“让人们自己解读为准确的量化”的表达方式。在明确“极草 5X 含片”比冬虫夏草原草更容易吸收、效用更好的基础上，极草品牌的幕后推手们发扬出了“开创冬虫夏草高效利用时代”这一表达品牌价值的定位语,并针对先富阶层的消费者另推崇出了“模糊量化”的“嚼七根不如含一片”“七倍释放、极致吸收”等标明产品价值的“产品定位概念(PPC)”。

纵观“极草5X含片”的加工过程,说白了不过将冬虫夏草原草挑选好、买到手、洗干净了、磨成粉、轧成片,然后包装好。这个过程与摊煎饼、蒸馒头、做米糕的过程差不了多少。极草品牌的幕后推手们竟然能够把它包装成了“优质原草精选系统”“常温生服净化系统”“区离粉碎增溶技术”“纯粉多维成型技术”“多重保护密封包装”五大系统,并就此架构出了“5X倍增技术体系”。这对于当代汉语言的发展,不能不说是一次别开生面的突破。

由产品、品牌的价值概念延展出“品牌营销价值概念系统(Brand-Marketing Value Concept System,简称B-MVCS)”,再加上奢侈化妆品的产品形象、传播形象、渠道形象(专柜、门店等),“极草5X含片”被有根有据、由内而外地包装成了一款高科技保健品,“极草品牌”被有前有后、有理无节地包装成了一个“高科技保健品牌”。这在国际“品牌和营销(B&M)”的发展历史上,不能不说是一个卓有成就的创举。

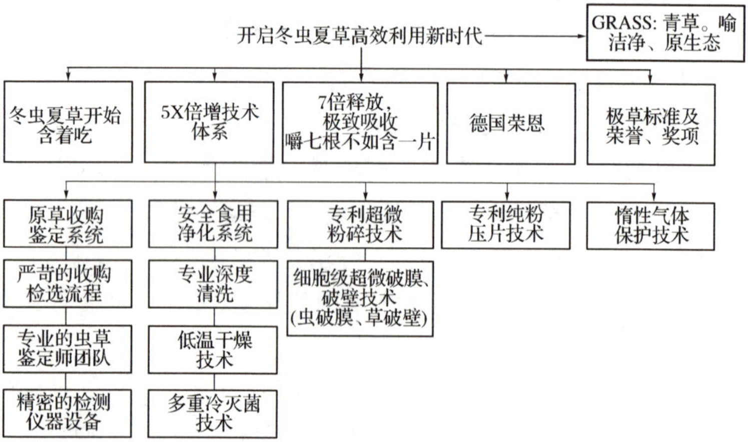

极草“品牌营销价值概念系统(B–MVCS)”图示

应该说，极草在产品“有相关度的差异化竞争优势（DCECA）”的基础上建设“品牌营销大厦”的方向无比正确，这正是极草在市场上赢得了巨大成功的根本原因。

但是，对于极草的保健功效宣传、奢侈品形象包装，特别是离谱的天价，若干年来，业内外一直在质疑。2014年底，知名打假人士王海的举报，是对极草涉嫌虚假宣传、欺骗和误导消费者的行为发出的当时最为凌厉的声音。随着食品、保健品、中医药品行业监管政策的不断完善，2016年3月，国家食药监总局叫停极草生产销售。

在地方保护性规定与国家相关法律、法规长期博弈的过程中，极草就这样由一个“品牌营销怪胎”长成为一只“品牌营销巨兽”。而在幕后培育这只巨兽的“品牌营销推手及食利者”，以及为了健康愿望而长期滋养这只巨兽的万千消费者们，也许每个人都值得在自己的道德、心智层面，加以深刻的警醒和反思。

5

“品牌营销生命力”的根本原因——“产品基因(PG)”

5-1 优衣库（UNIQLO）的“产品基因（PG）”

优衣库（UNIQLO）是一个专卖休闲服饰的“渠道品牌（CB）”，更是一个具有国际知名度的休闲服饰品牌。由于优衣库（UNIQLO）只是日本迅销公司目前拥有的9大服装品牌中的一个，没有分公司的抬头，所以它不是一个“企业品牌（EB）”。

1982年，柳井正在美国考察，受到美国大学校园内的仓储式销售方式的启发，回国后便寻思着在服装店以仓储式自助购物的方式卖衣服。1984年6月，由他担任社长的专卖休闲服饰产品的UNIQLO一号店在广岛县广岛市正式开张了。迄今为止，UNIQLO在全世界的开店数量已经达到了1 500家。[1]

因为“北京三里屯试衣间不雅视频”事件，“优衣库”在中国的品牌知名度已经不亚于安倍晋三和奥特曼了。

国内的消费者对于优衣库的印象和国外消费者对于UNIQLO的印象差不多，普遍地认为它的服饰“低价”“简洁时尚”“易于百搭”。这几个点，恰恰是优衣库（UNIQLO）长期以来坚持的产品特色，也是UNIQLO相对于ZARA、H&M、GAP、C&A等国际范围内的竞争对手，在产品的价格、风格、穿着便利方面特别打造出的“产品基点价值（PBV）”。

作为专卖休闲服饰的“渠道品牌（CB）”，UNIQLO的专卖店一开始就与日本传统的服装店不一样。它们单店面积大，集中进货、铺货、售货，产品成本低，满足了部分日本消费者对于物美价廉的休闲服饰产品的需求，因此很具竞争力。不过这样一种渠道竞争力，很容易被竞争对手仿超。

作为休闲服饰“产品品牌（PB）”的UNIQLO，自1984年往后的很长一段时间里，在产品研发、设计、生产方面，一直没找准自己领先竞争对手并拉开差距的源点。直到20世纪八九十年代，美国公司Malden Mills发明的抓

[1] 优衣库营销案例分析 | 李兴万 |_ 百度文库
http://wenku.baidu.com/link？ url=9PsJTtCKgrEwzH-4AawfDcOCGHiULpEQaCPnjJYmzse2JEV-pFtT03QCGRkRDP9q-quZ0v8gkmNfb-8peYQevuJbm9qJVjvT4QM_81p6vZ7

绒（Polartec）面料普遍地应用于高端服装品牌，被柳井正瞅到后，才让作为休闲服饰"产品品牌（PB）"的UNIQLO摆正了未来发展的方向。

UNIQLO经过开发，降低了抓绒生产的成本，并大范围应用于自己生产的服饰产品。1998年，原定600万件UNIQLO抓绒服装的销售计划，结果销售了850万件。凭借这样的成功，1999年，UNIQLO订制了1 200万件抓绒服装的销售计划，同一款式开发出15种颜色，同时以1 900日元的超低价并配以异常简单直接具有冲击力的广告宣传进行全面推广，创造了2 600万件的年销量。

UNIQLO用抓绒发了大财，塑造了低价高质的"品牌营销特色"，于1999年在东京证券交易所第一部上市，一跃成为日本最大的服装制造商。从此以后，UNIQLO的品牌方日本迅销公司在通过前沿技术成果，降低旗下服饰品牌产品成本的道路上越走越远。

2003年，瞄准人们对于"轻薄，保暖"的着装需求，迅销公司的HEATTECH产品上市。其技术的幕后推动力，来自日本著名的材料科技公司——东丽。

2006年，迅销与东丽开始战略合作，正式联合组建了"次世代原料开发团队"。这哥俩仅在2011年秋冬之际，就卖出了一亿件HEATTECH内衣。之后，迅销公司又陆续推出了BRA-T和如今已成为冬日标配的超薄羽绒服等技术爆款产品。2013年起，它们更在女装品类里添加了山茶花油，实现保湿功能。[2]

按照这样的发展趋势，未来某一天，能监测心率的功能性内衣，或者一个尺码适合所有身形、无需用力水洗的衣服，甚至"面料能根据当天心情变换颜色的衣服"……当这些产品整齐码放在优衣库标志性的"整墙陈列"墙上，应该不至于引起我们太大的惊奇。

如今的优衣库（UNIQLO）究竟是一个什么品牌？全球休闲服饰专卖连锁零售的"渠道品牌（CB）"还是具有国际知名度的休闲服饰

---

[2] 优衣库成全球第四大快时尚 看成功背后的精溢式管理 - 新闻中心 - 赢商网 http://news.winshang.com/news-430274-3.html, 2014-12-30

品牌，抑或其他？

“UNIQLO 只是想让你在冬天觉得温暖，在夏天保持干燥。”UNIQLO 北美地区 CEO Larry Meyer 这句朴实的概述，应该更深刻地揭示了这个品牌在全球服装行业具有强大竞争力的内涵。事实上，相比于“快时尚”，UNIQLO 的创始人柳井正也从不掩饰他对于技术革新的迷恋，更愿将 UNIQLO 定义为一个具有很高技术含量的“科技产品品牌”。这位多年的日本首富在接受《连线》杂志采访时表示：UNIQLO 唯一的竞争对手不是 GAP，而是苹果（APPLE）。

“低价”“简洁时尚”“易于百搭”是优衣库传达给国内消费者的“产品基点价值（PBV）”。这样的基点价值还可以罗列出很多，比如“简约自然”“青春靓丽”。它们共同支撑起优衣库（UNIQLO）产品“有相关度的差异化竞争优势（DCECA）”——穿着舒适、年轻时尚、性价比高的大众休闲服饰。

基于优衣库的“产品基点价值（PBV）”，我们可以提炼出一箩筐“产品卖点概念（PSPC）”；基于优衣库休闲服饰的“有相关度的差异化竞争优势（DCECA）”，我们能够酌定其“产品定位概念（PPC）”。这些概念分阶段传播，足以推广优衣库品牌及其产品。不过，所有这些，都不足以让 20 世纪 80 年代的 UNIQLO 成为今天的优衣库（UNIQLO）。

拥有领先行业的大众面料研发、生产技术，基于面料成本低的竞争优势，UNIQLO 才能够大批量生产出低价的服饰产品。同时，受制于面料的选择面窄，UNIQLO 服饰的款式与 ZARA、H&M 等竞争对手产品的瞬息万变相比，可谓少得可怜。

据媒体报道，UNIQLO 里 70% 的产品都是基本款，SKU（库存单元）常年保持在 1 000 款左右。由此呈现出的 UNIQLO 服饰产品的设计风格就成了“简洁时尚”“简约自然”。然后顺势推导出的 UNIQLO 穿衣理念就成了“衣服是配角，穿衣服的人才是主角”。[3]

[3] 为什么说优衣库是一家技术公司 _IT_ 财经 _ 中金在线 http://news.cnfol.com/it/20150713/21082549.shtml, 2015-07-13

为了弥补产品的款式少，更新换代不如竞争对手快的弱点，UNIQLO很讨巧地把诸如上衣这样的产品分为V领和圆领，再配上多种颜色（有的甚至达到几十种），仿佛五彩缤纷的手机背壳一样。这样做的结果是，当你从UNIQLO里的“上衣区”和“裤子区”哪怕闭着眼睛各摸出一件，搭配起来也完全可以出门。

——那些捧场的粉丝们把这叫做“自由百搭”，另一些砸场子的潮人们认为这是对审美的不负责任。

追本溯源，“领先行业的大众面料研发、生产技术”铸就了UNIQLO产品的“核心竞争优势（Core Competitive Advantage，简称CCA）”，衍生出了UNIQLO休闲服饰后来所有的“产品基点价值（PBV）”，及其“有相关度的差异化竞争优势（DCECA）”。

“领先行业的大众面料研发、生产技术”就像基因（DNA）一样，储存着UNIQLO这个“生命体”的种族、血型、孕育、生长、凋亡过程的全部信息。它在20世纪90年代生成，其后在与日益扩张的商业环境互相依赖、互动演绎，以及与竞争对手博弈的过程中，逐步丰满了UNIQLO这个“生命体”的基本构造、风格气质、思维理念，以及所有的功能和性能。我们可以将其形象化地称之为UNIQLO休闲服饰的“产品基因（Product Gene，简称PG）”。

能够与ZARA、H&M、GAP、C&A等国际时装大品牌相抗衡，逐鹿全球市场的优衣库（UNIQLO），正是由此发端。

5-2 “ZARA产品基因”的“原罪”

与UNIQLO不同，ZARA在成长过程中确立的“产品基因（PG）”是快速仿抄世界流行服装款式的设计及其“供应链系统”。

基于这种“产品基因（PG）”，ZARA确立了其服装产品的“精准时尚”定位，打造了“欧洲制造”特色的“产品生产系统（PS）”，形成了门店的服装款式多样、变换的竞争优势。后来还耗资几十亿欧元，在西班牙建造了一个架设了地下传送带网络的超级生产基地。

ZARA 的“产品基因（PG）”生成是从“仿抄世界服装流行款式的设计”开始的。目前，ZARA 一年推出的服装超过 120 000 款。所有服装款式都是近 500 位设计师穿梭于米兰、东京、纽约、巴黎等时尚重地观看服装秀，以撷取的设计理念与最新的潮流趋势为指标，进而仿真仿效推出的极具时髦感的时尚单品；单店每周两次补货上架，每隔三周就要全面性地汰旧换新；全球各店在两周内就可同步更新完毕。

由于服装款式大多是仿抄来的，每一个毛孔都流淌着“剽窃”的原罪，所以在知识产权保护相对完善的欧洲，ZARA 不得不承担相应的代价。据悉，每年 ZARA 都要向那些顶级品牌支付几千万欧元的侵权罚款；但是，ZARA 并没有因此放弃这种设计模式，显然它从“剽窃”中赚取的利润要比被罚款的数额高得多。[4]

回过头来再看看 ZARA 遍布全球的 2 000 多家专卖店：极高的服装款式汰换率，确立了 ZARA 产品整体呈现的“差异化竞争优势（DCA）”；极高的消费者上门的回店率，又反复夯实了 ZARA 在其“目标消费客群（TCG）”的心目中随时都有新款服装的“相关度体验优势（CEA）”。这为 ZARA 的创始人，被誉为“西班牙时装界革命真正开创者”的阿曼西奥·奥特加（Amancio Ortega）带来了源源不断的财富。

——只是“精准时尚”“欧洲制造”的牌坊尽管已经树得比巴黎凯旋门还高大，ZARA 却还没有完全把曾经脱掉的衣服，一件一件地再穿回去。

“产品基因（PG）”是产品具备“有相关度的差异化竞争优势（DCECA）”的根本原因，它具有先进性、可“遗传”、能“变异”、促进产品无限生长的强大生命力。产品物理属性的“差异化竞争优势（DCA）”及其能够给消费者带来的“相关度体验优势（CEA）”都根源于此。

围绕“产品基因（PG）”生成的“核心竞争优势（CCA）”，ZARA 已经打造出了一个包括服装设计、服装生产、物流配送、门店网络在内的“品牌营销体系（B-MS）”，成就了“精准时尚，欧洲制造”的 ZARA 品牌。我们也许应该质疑它的“基因原罪”，却很难克制住自己步入它

[4] zara_ 百度百科 http://baike.baidu.com/item/zara/9398516?fromtitle= 飒拉 &fromid=4768120&type=syn

的门店，去为它“罪上加罪”的冲动。

——“产品基因（PG）”的强大与魅力，也许正显现于此。

5-3 “产品基因（PG）”成就未来企业

■ 5-3-1 产品无限发展的“人性学”思考 ■

百隆（blum）是奥地利一家拥有七十多年历史的家具五金配件生产制造企业。同时也是一个具有国际知名度的五金配件“产品品牌（PC）”。

从1997年开始，百隆（blum）围绕厨房五金产品是否满足终端消费者的需求，与其他机构合作进行全球调查，最终完成了自己的“完美厨房运动”的概念体系和实景化展示的研究成果。

“完美厨房运动”结合人体工程学，对人体和橱柜产品的互动关系，做了精细的解读，并从方便、安全、舒适、节省、静美等多个角度，展示了未来橱柜产品无限发展的空间。这个研究成果，可以说为橱柜产品未来发展的方向，提供了一个可视化的蓝本；为全世界橱柜生产制造厂商的产品研发、生产，指出了更先进的方向。

比如百隆（blum）通过实验证实，从拉篮中取出厨房用品，对活动能力受限的操作者来说，由于弯腰过膝盖伸长手臂拿取放置在后面的物品以及视线不佳等因素，比较费力。使用SPACE CORNER角柜解决方案，可以避免弯腰，所有物品摆放都井井有条，拿取十分方便。

当视线范围受到限制时，厨房内的柜门就可能成为致伤的潜在因素，百隆（blum）建议使用AVENTOS系列上翻门，这样面板容易打开，门体远离操作者的头部，关闭也轻而易举……

尤其令人惊叹的是，AGE EXPLORER（年龄探索者）的实验，用特制的衣服传达了人因自然变老或其他身体状况受限而活动能力衰退时进行厨房操作的感受。百隆（blum）据此建议开发新的橱柜产品，测试产品能否长期为厨房使用者带来人性化的舒适体验。

百隆（blum）的研究对各行各业的企业的产品研发、改进都具有非常宝贵的借鉴意义。理论上说，产品原本就是因为能够满足人们具体的需求，带给人们不同的消费体验而具有合理的价值。个人的需求和体验，也正是在被产品满足的同时，得以潜移默化的发展。当人们的需求和体验发展了之后，又对产品提出了更高的要求，推动着产品进步。

从这个角度看，人的需求、体验的演变，与产品的进步，恰是一对辩证互动、相互促进的关系。

人对于产品的需求，总体上可以分为生理需求和精神需求两个方面。生理需求比如吃、喝、拉、撒、穿衣、睡觉、性爱、安全的需求，精神需求比如爱与归属、尊重、自我实现、自我超越的需求。而任何产品，在满足人的需求的时候，一般会同时带给人生理的、心理的双重体验。

比如人吃到“海底捞”，生理上感觉吃饱了，心理上同时会感觉舒服、愉悦；若穿上 Prada、Hermès，生理上感觉不冷了，心理上同时会感觉倍有面儿，可以到处显摆显摆了；如果是开上 BMW X6、Benz SL，或者更厉害地住上汤臣一品，那更了不得了，除了出行便利、遮风挡雨、面子十足之外，还会感觉人生快意，莫过于此了。

——自我实现的精神需求似乎一并得到满足了。

另外，人在喝惯了五粮液之后，再让他去喝金六福，他会感觉不自在；这时候，他会经常想喝一壶 82 年的贵州茅台。在用习惯了 iPhone6S 之后，再让他用诺基亚 N95，他会连手机都不用喽；这时候，他正在盼着新款 iPhone 发布。在穿惯了 Prada、Hermès 之后，再让他去穿 UNIQLO、H&M，他会觉得如同没穿衣服；这时候，他希望穿的是 Dior、Gucci 的私人订制。在开惯了 BMW X6、Benz SL 之后，再让他去开桑塔纳 2000、大众 Polo，他会说还是走路凉快吧；这时候，他已经瞄准 Rolls-Royce、Porsche 限量版了。在住惯了汤臣一品后，再让他搬回棚户区，他可能一时想不开跳进黄浦江里去；这时候，他也许正筹划着在欧洲买座私家庄园……

产品在满足人的需求和体验的同时，又创造着人的新的需求和体验；而人对产品的需求和体验，正是如此的膨胀和无限度发展，这使得产品的进步，具有了无限广阔的空间。百隆（blum）的研究，只是为橱柜这一种品类的产品，指出了一个看得见的方向。

■ 5-3-2　产品无限发展的 N 大方向 ■

结合人的需求和体验，企业的产品研发、生产，可以结合自家产品的现状，朝着同时满足消费者的生理、精神需求及其体验的方向无限发力，比如：更安全、更健康、更可靠，这是最基础的；更节省、更方便、更舒适、更全面、更长久，这是较普遍的；更有面儿、更细致、更性感、更有爱、更美观，这是偏高端的；更开放、更刺激、更神秘等，则是比较偏重于精神文化产品的。其中“更节省”包含的内容丰富些。它主要指企业的产品能够节省目标消费者的时间、空间、体力、心力，以及花费。

除了对比着竞争对手企业的产品，各个企业的产品研发若都能朝着满足人的需求和体验“更好”的方向撒欢儿使劲，就像苹果（APPLE）的 iPhone 让所有竞争对手的产品望尘莫及，引领智能手机的用户体验那样，我们这个时代各行各业企业的产品，会进步得更快。

结合人的需求和体验研发、生产产品，是产品进步的“人性化”方向。

人体工程学、生物科技、仿生学、人类学、社会学等前沿学科积累下来的研究成果，都可以为各行各业企业的产品朝着这一方向改进提供有力的科学依据和支持。心理学、美学、文学史、艺术史研究的发展，则能够让产品的精神文化属性更加丰满，以便更好地满足消费者精神、情感方面的需求和体验。

迄今为止，这些学术领域的研究成果在产品研发、生产方面，已经获得了广泛而普及的工业化应用。特别对于那些较高端的、精英群体热衷消费的产品，比如订制服装、订制家具、订制家居装修与装潢等，其进步更是一日千里。

在很多行业的大众消费品领域，比如日用品、学习办公用品、电子电器等行业，或许囿于产品生产的成本、技术、工艺，以及生产效率等，那些“人性化”的研究成果则远远没有达到深度、全面利用，普及量化生产的程度，这为产品的发展，提供了无限可能的空间。

“智能化”打开了新产品涌现的另一个“潘多拉盒子”。

主要得力于近半个世纪以来以数字技术、网络科技为代表的信息技术的发展。现在，智能通讯、智能家居、智能汽车、智能穿戴设备类的产品纷纷被企业推出来，口号喊得一个比一个响。可是仔细观察一下我们不难发现，信息技术在各行各业的传统产品上的应用，才刚刚开始。现在市场上流通的智能化产品大多中看不中用。就连谷歌、苹果这样的科技企业的巨无霸，推出的第一代智能眼镜、智能手表也远远没有达到消费者的期许。

智能化产品就像初生的婴儿，距离成年还有巨长的道路要走。这是一个无限广阔的传统产品进步的空间，所有生产传统产品的企业，都有可能在这个空间里找到自己有限作为的位置。

理论上，任何产品的进步空间都是无限的。当某个品类的产品发展到极致，就会发生质变，从而为这个品类的产品再度进化打开通往无限天地的另一扇门。而这种质变，往往是通过“跨界”实现的。哪个企业若能引领这种质变，就能创新出划时代的产品。

比如传统手机被诺基亚做到极致，能当砖头用的时候，史蒂夫·乔布斯（Steve Jobs）把电脑的部分操作功能、iPod的音乐功能和传统手机的通讯功能捆绑在iPhone一代上，就开启了智能手机的新纪元。汽车也已经几乎被做到极致了，埃隆·马斯克（Elon Musk）把一块蓄电池捆绑在传统汽车上，就引领了新能源汽车的发展。

接下来汽车再奔往哪个方向？应该是把飞机的功能、轮船的功能嫁接上，让它既能在天上飞又能在水里游，就像好莱坞的科幻大片表演的那样。当然，其中很重要的一个关键点还在于把成本降下来。

——“跨界”，就能如此地为产品的进步开辟出无限广阔的空间。

还有一个产品的进步方向是“个性化”。

随着各行各业细分市场的日益成熟，品类产品的研发与生产已经日益普遍地瞄向年龄细分、职业细分、收入细分、地域细分等领域。

在产品的另一极，则是越来越由高端消费群体向大众普及的定制产品。海尔、戴尔、小米已经铺开了家电、电脑、智能手机群体个性化定制的道路。将来，包括家电、电脑、智能手机在内，在“个人定制”和“群体化定制”之间的广阔领域，自然会涌现出无数更加细分的个性化定制的品类产品。每一个企业,都有可能在其中抢得先机。

结合人的需求和体验,沿着“个性化”的方向,产品研发、生产的进步,将会越来越功德圆满。

■ 5-3-3 “产品基因(PG)”决定未来企业的生死存亡 ■

长期以来,国内各行各业的企业,都很不乐意在产品研发上下真功夫。这主要归于以下几点原因:

一是发达国家的产品领先很多。在它们的产品前面一两百年发展的过程中,积累了很多产品应用技术、原材料、生产设备等。国内的企业抄抄人家的技术,把模仿人家制造出来的产品推向市场,就能赚钱。

二是发达国家的跨国企业很贪婪。它们的产品很先进,国内的企业生产不出来,而国内的消费者又想要,就无极限地卖高价。这样,恰好给国内的企业空出了很大的利润空间。国内企业或代工、或贴牌、或自产自销,生产的同品类产品,以中端、中低端、低端的价格推向市场,也能赚钱。

三是中国的知识产权保护是无比的“不保护”。通常是企业搞产品研发,要投入大量的人力、物力、财力,结果新产品出来投放到市场上,研发投入的本钱还没赚回来,市场上大量“山寨”产品就涌出来了。特别是很多大企业也乐意这么干。中小企业本来想依靠先进的产品赢得市场先机,不惜吃糠咽菜,省下钱来搞产品研发,结果新产品一上市,大企业照着抄抄再改进下,更新的产品就铺满市场了。

因此,国内的企业不管大小,研发新产品既没动力,更没有利益,还虚耗精力,就都习惯这边抄抄,那边抄抄,国内的不行,就跨国抄抄,然后再靠“炒炒”广告,把抄来的产品忽悠给市场和消费者。

合资企业是典型的中国特色发明。很多国内的大企业,都是靠合资发达的,其产品的“核心技术(CT)”、知识产权、专利、品牌等,都掌握在跨国企业手里,推出的产品不高不低、中不流的,就能赚钱。这也是造成国内的企业懒得去研发新产品的重要原因。

这在带动国内的企业、市场和产品发展的同时,造成的后果也很让人触目惊心。

根据国务院研究发展中心的数据,在国内已经开放的产业当中,每个产业排名前五位的企业都是外资企业。

不仅如此,中国进出口贸易中55%是外资,其中高科技出口的87%是外资。根据工商总局的数据,轮胎行业的80%是外资,汽车零部件行业的75%是外资,整车品牌的80%和销量的90%是外资或者合资……[5]

在这种情势下,"中国制造"流失到国外的利润到底有多少,还没有被披露过。但是光看iPhone6和iPhone6 Plus仅仅凭借不到20%的市场占有率,就能够攫取国内智能手机市场92%的利润,我们也差不多能推测出个七七八八了。

目前,中国经济的发展已经到了新阶段。其集中呈现的特点是增速整体放缓,各行各业的产品严重过剩。除了新能源、新材料、高端装备制造、新一代信息技术等少数新兴行业,包括智能手机在内的其他各行各业的产品市场已经普遍地由"买方"转为"卖方",由"蓝海"转为"红海"甚至"血海"。其必然导致的结果就是大多数企业靠代工,靠贴牌,靠"抄"产品,已经发展不动了。

从整体上看,产品也到了必须依靠创新、生成"产品基因(PG)"才能继续拥有市场的临界点上。这就逼得国内各行各业的企业,不得不把企业的明天寄托在由产品研发推动的产品改进、新品推出上。

未来国内的市场,一定属于拥有先进的"产品基因(PG)"的企业。而探索人的需求和体验,激发产品的无限发展空间,打造卓越的"产品基因(PG)",正在成为国内越来越多不想死得快的企业发展的方向。

5-4 "产品基因(PG)"辩证法

■ 5-4-1 "产品基因(PG)"的"双面竞争优势" ■

道尔顿(Doulton)是英国"老字号"的"净水器产品品牌",有180多

[5] 外资进入中国市场的真面目 | 郎咸平 | _ 凤凰博客 _ 凤凰网 http://blog.ifeng.com/article/37912599.html, 2015-10-12

年历史。早在1827年，道尔顿（Doulton）就开始利用矽藻瓷材料制造输水管道及过滤产品。如今，它早已成为世界直饮水行业的领导品牌之一。

这个品牌之所以活了近二百年还没死，而且越来越牛，原因很简单，就是因为它一开始就确立了领先行业的"产品基因（PG）"——矽藻瓷过滤技术。以矽藻瓷滤芯为核心部件生产的道尔顿各大系列净水器，无论在产品的卫生、安全及耐用程度上，都比一般纤维芯滤净水器给力。消费者选用道尔顿（Doulton）净水器，可以获得甘甜清纯的食用水，而不用担心喝了自来水损害健康，吃饭不香、拉肚子。

国内的净水产品市场，与道尔顿（Doulton）最相似的品牌是立升。道尔顿（Doulton）靠矽藻瓷滤芯一招鲜，吃遍天下，立升则用一根超滤膜芯打天下。

国内目前几千家净水产品制造企业当中，只有立升生产的超滤膜达到了国际先进水平。以超滤膜技术为"产品基因（PG）"，立升生产的超滤膜组件用于市政供水处理，运行能耗与传统工艺相当，性能上却顶呱呱，处理后的净水微生物和浊度等指标优于美国和欧盟标准，成为"第三代自来水处理工艺"的核心技术结晶。

基于立升超滤膜组建这样的核心部件，立升净水器自然在市场上优势明显。其他品牌的净水产品，不得不先采购立升或者其他国际大品牌的超滤膜，才能生产出来。这在产品成本上已经先输了一着。

与立升同行但是不同路，国内还有一个很有代表性的"净水产品品牌"——沁园。

江湖传说沁园的起步是这样的：沁园创始人叶建荣原本是浙江慈溪的一位中学教师，后来下海先后创立了一家工艺植绒厂和一家广告公司。再后来，叶老板瞅到日本三菱公司处理污水用的一种滤膜挺厉害，于是就申请了这种滤膜在大陆市场净水产品上的使用权，并且给这种滤膜起了个好听的名字叫"亲水膜"。基于"亲水膜"的过滤优势，叶先生于1998年开发出了号称中国第一代的家用净水器产品，于是沁园就诞生了。

由于不能自己研发、生产滤膜，因此沁园基于"亲水膜"生产的净水器在当时属于领先的"技术应用"，而不是掌握了水处理产品的"核心技术（CT）”。

“亲水膜应用技术”是沁园净水器的“产品基因（PG）”。之后的十多年，沁园基本上是靠领先的“应用技术（Application Technology，简称 AT）”在市场上赢得其净水产品的竞争优势。

这条路走起来分外艰难，因为“应用技术（AT）”不同于“核心技术（CT）”，它不属于哪家企业独家所有，说白了就是你也能用，我也能用，大家都能用的技术。

基于领先的“应用技术（AT）”生产的产品，很容易被竞争对手模仿甚至赶超。比如面对美的这样的小家电巨头，沁园刚把一款净水新产品推向市场，美的的同款净水竞品马上就跟上来了。而且美的的牌子大，广告宣传铺天盖地，产品经销、代销门店在全国分布得又多又密，产品的外观还设计得更加讨喜，其量化生产的低成本尤其具有杀伤力，以至于沁园备受它的欺负。

尽管已经把净水器做到了国内同品类市场的老大，把饮水机做到了国内同品类市场的老二（老大是美的），把企业的整体规模做到了十几个亿人民币，差点整体上市，沁园还是避免不了被美的这样的竞争对手赶杀到悬崖边缘。2014 年 3 月，联合利华宣布收购沁园集团 55% 的股权，把沁园品牌纳入了麾下——叶老板大概是被逼得不得不找靠山了。

矽藻瓷过滤技术、超滤膜技术分别是道尔顿（Doulton）和立升净水器的“产品基因（PG）”，同时是净水产品的“核心技术（CT）”。它们所成就的是道尔顿（Doulton）、立升净水产品的“绝对竞争优势（Absolute Competitive Advantage，简称 ACA）”。

沁园“亲水膜”的“应用技术（AT）”是沁园净水器的“产品基因（PG）”，它所成就的是沁园净水产品的“相对竞争优势（Relative Competitive Advantage，简称 RCA）”。

“绝对竞争优势（ACA）”属于企业在某品类产品生产方面独家拥有的先进竞争优势，能支持企业长远发展；“相对竞争优势（RCA）”只能让企业的某品类产品在市场上取得暂时领先，支持企业在短期内领先竞争对手。这两类竞争优势如同“产品基因（PG）”的“双面”——

用哪一张脸去面对市场和竞争对手决定了企业的将来。

■ 5-4-2 "产品基因（PG）"的"变脸"之路 ■

企业若想立于不败之地，为自己赢得长远的发展前景，其中最关键的一点就是把"产品基因（PG）"的"相对竞争优势（RCA）"转化为"绝对竞争优势（ACA）"。

UNIQLO 自 1984 年一号店开业，到 1999 年前后，终于通过低成本抓绒的研发成功，实现了这一"破茧化蝶"式的转换；沁园却始终没有突破自己，最终成了跨国企业巨头的又一道大餐。

企业不同，"产品基因（PG）"相对于不同的企业也非常多样化。任何企业能找到、抢占或者打造出具有"绝对竞争优势（ACA）"的"产品基因（PG）"，都无异于拥有了"聚宝盆"。

农夫山泉把自己标榜为"大自然的搬运工"，它的矿泉水产品技术含量不高，品质主要是由水源决定的，因此农夫山泉的"产品基因（PG）"是"优质水源"。从 1999 年至今，农夫山泉满中国找水已经整整 15 年了。截至目前，农夫山泉在全国共有 8 大水源地，分别是千岛湖、长白山、丹江口、万绿湖、峨眉山、太白山、天山、武陵山，其中既有深层湖水，也有山泉水，还有地下涌泉。[6]

抢占"优质水源"的过程，同时是农夫山泉努力将其"产品基因（PG）"的"相对竞争优势（RCA）"转化为"绝对竞争优势（ACA）"的过程。不过中国地大物博，地球偏偏又是个"水球"，任何企业都不可能垄断我们这个星球上，哪怕中国一域的所有优质水源；所以国内的瓶装水市场注定会群雄割据，不可能一家独大；而且不断会有洞庭山、昆仑山乃至阿尔卑斯山、喜马拉雅山等新兴品牌从这个市场上冒出来。农夫山泉的"绝对竞争优势（ACA）"之路，注定永远没有终点。

链家是一个房产中介产品品牌，最近在北上广深二手房市场疯狂抢

---

[6] 8 处水源供全国 农夫山泉找水故事背后 | 吴绵强 | _ 时代周报 _ 新闻 _ 和讯网 http://news.hexun.com/2014-07-17/166702031.html，2014-07-0817

房源。它和房东签约独家代理，承诺用高于房东心理预期的价格对外销售，但是要拿到高佣金；它准备了一大笔违约金资金池和卖家签对赌协议，卖不掉赔违约金；它把市面上的一室户房子都快收光了，自己随便装修一下就对外出租；它挖对手墙脚充实团队，壮大抢房源的人力……

所有这些，只因为链家清楚地知道，自家的“产品基因（PG）”就是“独特房源”，只要能最大限度地把这一“产品基因（PG）”发酵起来，垄断了某品类“独特房源”，它就能通过垄断获得更高的溢价，赚得盆满钵满。

在通过垄断资源打造“绝对竞争优势（ACA）”的道路上，链家奔跑得比农夫山泉还要疯狂，其背后依仗的是资本的力量。而资本这头怪兽，一旦执著于掠夺“潘多拉星球”，而不是新材料、新技术、新用户需求和体验的升级换代，注定会死得很惨。这一方面，国内的资本家，显然缺失柳井正、奥特加、乔布斯们的远见。

前面小节分析过，UNIQLO的“产品基因（PG）”是“领先行业的大众面料研发、生产技术”，这与日本经济强大的技术背景和资源短缺的客观条件不无关系。

ZARA的产品基因（PG）是“快速仿抄世界流行服装款式的设计及其供应链系统”，这主要得力于ZARA的总部在西班牙，距离全球服装潮流的领地米兰、巴黎等很近，且欧洲又拥有数不尽的精英设计人才，“抄”起别人的服装款式是手到擒来。

iPhone的“产品基因（PG）”是什么？乔布斯在推出第一代iPhone之前，已经做牛了Mac和iPod。他基于新开发的iOS移动操作系统，把Mac的部分功能、iPod的音乐功能和传统手机的通讯功能合成在一起，做出了iPhone。以后历代iPhone的功能、性能、外观、用户体验的改进，都是基于不断升级的iOS移动操作系统。

iPhone直到第四代才用上苹果（Apple）开发的A4处理器，算是弥补了自己在硬件核心技术上的不足。虽然苹果A系列处理器和iOS构筑了iPhone的“绝对竞争优势（ACA）”，但是iOS开发在前，而且在CPU芯片技术方面，苹果（Apple）与高通（Qualcomm）、英特尔（Intel）、三星（SAMSUNG）、联发科等相比，并非绝对领先，所以“iOS

移动操作系统的研发技术”才是 iPhone 的“产品基因(PG)”。正是多年以前,乔布斯在这方面夯实的“绝对竞争优势(ACA)”,成就了今天世界上市值最高的“苹果(Apple)帝国”。

技术含量不高的“产品基因(PG)”,往往是垄断性的产品原料资源。技术含量高的“产品基因(PG)”,往往是企业独具优势的产品研发、生产的“核心技术(CT)”。技术含量不高不低的“产品基因(PG)”,可能是产品的设计,也可能是产品的生产工艺。而具有“绝对竞争优势(ACA)”的“产品基因(PG)”,则通常生成于高新技术领域。

“品牌营销(B-M)”的竞争,归根结底必须落实到品类产品的竞争,这已经越来越成为当下企业竞争的主流。将来的任何企业,都必须根据产品研发、生产所具备的客观条件,生成自家的“产品基因(PG)”,才能超越如今在“血海市场”鏖战的生存危机,逐步由强大而卓越。

聪明的企业为了保证自家产品的竞争优势,还须努力实现自家“产品基因(PG)”的“相对竞争优势(RCA)”向“绝对竞争优势(ACA)”转化,并且在“破茧”之后,不断地进化,升级自家产品的“绝对竞争优势(ACA)”,才能始终充当各自品类产品市场的中流,不至于被后继的滚滚洪流所淹没。

5-5 【行业案例分析】“中草药”能撑起中国人的“脸面”吗?

■ 5-5-1 本土化妆品牌的“千禧年”困境 ■

1998 年 8 月 28 日,上海香港广场第一家专卖店开张,上海家化的佰草集带着全新的中草药平衡护理概念上市。

2000 年,诠释“本草养肤”理念,将汉方本草和现代科技相结合的相宜本草在上海推出一系列产品。

2001 年,以天人合一的中国哲学思想为基础,倡导乐享自然、美丽生活理念的自然堂在上海创立。

三个如今最具有代表性的国内本土化妆品牌,在世纪之交的两三年间，陆续登上了与国际大牌化妆品争锋的舞台。

由于历史原因，国内各行各业沉淀的技术、科技水平与企业的“品牌营销（B-M）”发展水平整体落后于发达国家的跨国企业很多年，这是客观存在的事实。

新中国成立，特别是改革开放之后，尽管经过几十年的努力赶超，在几乎所有行业，本土品牌依然一直被国际大品牌打压着成长，在二三线求生存；极少有本土品牌能够跻身一线阵营，与国际大品牌一较高下。越是对产品的科技含量要求高的领域，本土品牌往往就越缺乏竞争力。国内的化妆品行业，就是这样一个领域。

2000 年前后，国内本土化妆品牌与国际大牌化妆品相比，产品竞争力更弱，“品牌营销（B-M）”运作能力和经验更加不足，抵抗风险的能力更差。部分本土化妆品牌尽管经过最初几年的蓬勃发展，形成了一定的品牌知名度和市场占有率，但最终在市场上昙花一现，或者被国际化妆品大牌收购。

就拿上海家化的“美加净”“露美”来说，1990 年，上海家化迎来了发展史上的第一座高峰——固定资产超过 6 000 万元，销售额达 4.5 亿元，利税 1.05 亿元，位居全国化妆业之首。此间，“美加净”系列产品成为国内销售量最大、品种规格最全、获奖次数最多、知名度最高的本土化妆品第一品牌，创下多项全国第一。

1991 年上海家化厂被迫拿“美加净”“露美”两个品牌与美国庄臣公司合资，建立了上海庄臣公司。合资后“美加净”“露美”随即被打入“冷宫”，当年销售额锐减至 2.5 亿元，陷入谷底。失败的合资让上海家化反省本土化妆品牌的战略发展之路。[7]

除此之外，孩儿面、小护士、大宝、羽西、丝宝，这些曾经在国内化妆品市场上叱咤一时的品牌，在国际化妆品大牌纷纷涌入国内市场的几年时间里，都没能逃脱被收购，甚至收购后被雪藏的命运。

---

[7] 上海家化经营状况分析 _ 百度文库
http://wenku.baidu.com/view/cao20eb172ded63b799.html?from=search，2015-01-28

面对国际化妆品大牌的打压，2000 年前后，国内本土化妆企业的“品牌营销（B-M）”要发展，要做大，能支撑企业及其品牌可持续发展的竞争优势在哪儿？佰草集、相宜本草、自然堂为国内的其他本土化妆品牌探索出了一条“中草药”之路。

■ 5-5-2　世界化妆品行业发展的“不三不四”时代 ■

表 1　世界化妆品行业百年发展关键词

	化工合成时代	科技提纯时代		生物科技时代	天然草本时代（中国特色）
		矿物科技提纯	植物科技提纯		
历史时期	1920—1950	1950—1970	1960—1980	1980—2000	2000—
护肤理念	美容护肤被分解为洁肤、护肤、润肤等几个步骤。基础理论形成	强调矿物质对肌肤的护理作用	强调植物精华成分对肌肤的养护作用	对肌肤的认识深入到细胞微粒。强调用高科技成分，激活、养护肌细胞，让肌肤天然再生	淡化科技，强调天然，排斥化学、矿物护肤成分。主张完全用草本精华滋养肌肤
护肤成分	化工原料	矿物质提纯成分	植物精华、精油	维他命、氨基酸、微脂囊、活细胞精华等	天然草本精华
品牌视觉	尚未成形。还是服装、香水品牌，或者美容沙龙形象	医学专家形象	植物学家、大自然形象	高科技、奢侈品、大牌明星形象	天然与养生
营销概念	强调护肤方法	强调矿物质护肤	强调天然护肤	渲染高科技激活肌细胞	强调安全与草本功效
科技创新	化工原料调配	矿物质提纯技术	植物提纯技术	纳米、DNA、活细胞技术、微生物工程	
渠道创新	美容中心、沙龙		传统渠道		电商
代表品牌	伊丽莎白·雅顿、HR赫莲娜、贝佳斯、碧欧泉、雅诗兰黛		娇韵诗、希思黎、AVEDA	幽兰、兰蔻、兰嘉丝汀、SK Ⅱ、莱珀妮	自然堂、相宜本草、佰草集、汉方本草

化妆品行业是一个高科技的行业。百余年来，医药学、有机化学、计算机技术、生物科学等学科的发展，推动了化妆品行业的发展，也使得化妆品的科技含量越来越高。

20 世纪 40 年代前后，人们用传统的蒸馏、结晶、升华等方法来纯化产品，用化学降解和衍生物制备的方法测定结构。

那个阶段，人们先后确定了单糖、氨基酸、核苷酸、牛胆酸、胆固醇和某些萜类的结构，肽和蛋白质的组成；后来又确定了一些维生素、甾族激素、多聚糖的结构，完成了一些甾族激素和维生素的结构和合成的研究；还发现了青霉素等一些抗生素。其中一些对人的肌肤有改善作用的成分，就被调配入化妆品中，开发出新产品。因此，这一阶段可以被称为化妆品的“化工调配时代”。

20世纪50年代至80年代，各种色谱法、电泳技术的应用，特别是高压液相色谱的应用改变了分离技术的面貌。各种光谱、能谱技术的使用，使有机化学家能够研究分子内部的运动，使结构测定手段发生了革命性的变化。

与此同时，人们完成了某些甾族化合物和吗啡等生物碱的全合成、催产素等生物活性小肽的合成，确定了胰岛素的化学结构，发现了蛋白质的螺旋结构、DNA的双螺旋结构，继而完成了胰岛素的全合成和低聚核苷酸的合成，进行了前列腺素、维生素B12、昆虫信息素激素的全合成，确定了核酸和美登木素的结构并完成了它们的全合成等。

现代科学技术的应用，使人们能够从成千上万种矿物质、动植物中，有针对性地提纯出那些对人的肌肤具有改善作用的成分，生产出更具有清洁、美白、保湿、祛痘、抗皱等效果的化妆品。这一阶段可以被称为化妆品的“科技提纯时代”。

20世纪80年代至今，电子计算机技术的普遍应用，使有机化合物的分离、分析方法向自动化、超微量化方向又前进了一大步。带傅里叶变换技术的核磁共振谱和红外光谱又为反应动力学、反应机理的研究提供了新的手段。这些仪器和X射线结构分析、电子衍射光谱分析，已能测定微克级样品的化学结构。

当代生物科技的发展，更是将纳米、基因工程、细胞工程、模拟酶等高科技运用到化妆品的研发当中，极大地推进了化妆品的更新换代。这一阶段可以被称为化妆品的“生物科技时代”。

■ 5-5-3 不得不说的化妆品“护肤成分”■

化妆品好不好，关键在于它含有的护肤成分对于改善人的肌肤管用不管用。

百余年来，世界各国化妆品行业的发展，都是欧莱雅（L'Oréal）、雅诗兰黛（Estée Lauder）、宝洁（P&G）、联合利华（Unilever）、资生堂（Shiseido）、强生（Johnson & Johnson）等拥有众多国际大品牌化妆品的跨国企业主导。我们现在熟悉的HR赫莲娜（Helena Rubinstein）、玉兰油（Olay）、伊丽莎

白 · 雅顿（Elizabeth Arden）、SK-Ⅱ、强生 · 婴儿（Johnsons baby）都分别只是这些跨国企业旗下活得时间较长的一个"产品品牌（PB）"。

了解一下这些跨国企业旗下历史久远的"化妆品产品品牌"的历史就知道，在它们的成长过程中，总是不断地研发出新的护肤成分，并借此开发出新的化妆品类，领导化妆品更新换代的国际潮流。

一种独特的护肤成分撑起某化妆品牌的某一非常畅销的品类产品，甚至撑起一个化妆品大品牌，这在化妆品行业是非常常见的事情。

比如 1952 年碧欧泉（Biotherm）的诞生，就是因为一位女化学家 Jeanine Marissal 从温泉水中萃取出了一种能够修复肌肤的物质——"矿泉浮游生物"（Thermal Plankton），然后为此注册了专利；1956 年，HR 赫莲娜推出含有乳酸酵素的乳液 SKINDEW，成为化妆品界引领果酸风潮的先驱；红极一时的 SK-Ⅱ在 1980 年问世，是因为日本的皮肤专家提纯出一种叫做 Pitera ™活细胞酵母精华的护肤成分……

伴随化妆品行业的发展，人们对化妆品牌及其产品的认识不断深入，对化妆品使用前后的安全、方便、持久、无副作用等效果提出了越来越高的要求。后起的化妆品牌为了与前辈的化妆品大牌区隔出自家"有相关度的差异化竞争优势（DCECA）"，从"品牌营销（B-M）"的角度，也不断地推出先进的美容护肤理念。

比如在 20 世纪 50 年代，贝佳斯（Borghese）、碧欧泉（Biotherm）不是采用"化工合成"，而是分别主打它们从矿泉、温泉矿物质中提纯的护肤成分，迅速崛起；70 年代，希思黎（Sisley）、Aveda 将娇韵诗（Clarins）开创的"植物精华护肤"理念发扬光大，赢得了飞跃式发展；80 年代以后，采用基因工程、细胞工程、纳米技术，研发新型维他命、氨基酸、微脂囊、活细胞精华等护肤成分，激活、养护肌细胞，让肌肤天然再生，成为化妆品升级换代的方向。幽兰（Orlane）、兰蔻（Lancôme）、兰嘉丝汀（Lancaster）、莱珀妮（La Prairie）等国际化妆品大牌，无不在这方面具有强大的产品竞争优势。

百余年来，不管什么化工原料、矿物质、动植物、微生物，天上掉的、海里游的、山里采的、森林中长的，只要可以用来开发出新的护肤成分的，都已经被发达国家的化妆品大牌研究遍了。但凡那些非常管用、被市场和消费者屡次检验并认可的护肤成分,也已经被各个化妆品大牌们分别注册了专利。以这些护肤成分为主打的化妆品历经几十年畅销不衰,有的至今还高居在世界各地的化妆品专柜的显著位置,为它们的品牌东家带来源源不断的利润。

2000年前后,国际化妆品大牌大多已经进入了中国市场。本土化妆品牌与它们相比:比品牌,主要受累于国家在历史上长期经济落后、产品不给力的影响,我们的本土品牌一亮相,就比洋品牌矮一大截;比产品,那些最管用的护肤成分的专利,都在人家手里攥着,本土品牌的产品的确不如人家的管用;比研发实力,无论是研发投入、研发技术、研发设备、研发团队,我们都落后人家很多。

正因为如此,美加净、露美、孩儿面、小护士、大宝、羽西、丝宝等本土化妆大牌在当时已经或将要被人家拿下。那时候,佰草集、相宜本草、自然堂作为新兴的本土化妆品牌,试图在国际化妆品大牌挤压的态势中脱颖而出,可出路在哪儿?

■5–5–4　本土化妆品牌的"千禧年"资产■

再强大的品牌,也不可能用它的产品占满所有的市场空间。况且,市场是永远处在不同品牌或产品此消彼长,以及整体扩张或萎缩的动态变化中的。只要有变化,就会有新生和消亡,就会有新生品牌呼吸并且成长的空间。

2000年前后,有好几笔资产可以被本土化妆品牌使用,以支撑起它们的产品相对于国际化妆品大牌"有相关度的差异化竞争优势(DCECA)"。只是这几笔资产谁先拿过来用,谁能用得好、用得长久,就看各本土化妆品牌的造化了。

第一笔资产,是化妆品行业经过近百年的发展,沉淀下了数以千百计的护肤成分。

这些护肤成分有的是因为功效落后被淘汰的;有的是以前没用在化妆品上,但是对皮肤有一定好处的;有的是因为长期使用后会产生些副作用而被发达国家的化妆品行业放弃使用的;更多的是那些没有被申请专利过或专利过期、化妆品行业通用的……它们在洁肤、护肤、治疗、粉饰方面尽管不是最管用,还是有一定作用的。

理论上讲,将这些护肤成分加以排列组合调配,任何企业都能生产出无数品类具有一定的清洁、美白、保湿、祛痘、抗皱等效果的化妆品。只要再通过国家有关部门的检验、审批,遵守有效的行业法规,这些化妆品就可以拿到市场上销售了。

第二笔资产,是国内的消费者对化妆品了解得不多,容易被化妆品企业的“品牌营销价值概念(B-MVC)”引导着去消费。

发达国家的化妆品行业已经经历了相对完整的“化工合成时代”“科技提纯时代”和“生物科技时代”。消费者对众多化妆品牌的发展历程、各自优势、产品的好坏、细微差别,以及相关的行业法规等了解得比较深。

国内的消费者,“基因(DNA)”“纳米”“活细胞”“模拟酶”等概念对于她们来说像是外星人创造的词汇。早已被国际化妆品大牌玩过的“温泉矿物质护肤”“深海鱼油护肤”“植物精华护肤”等概念,由于十分生动、形象,反而更容易被她们理解并接受。聪明的本土化妆品牌只要抛出些新颖、独特的概念,把产品包装得漂漂亮亮的,就能够在市场上打开一定的销路。

第三笔资产,是中国的经济一直高速发展,国人对化妆品的消费需求和消费能力,获得了空前的提升。

很早以前一位很聪明的中国人就说过“仓廪实而知礼节,衣食足而知荣辱”。吃饱穿暖之后,就会越来越重视“脸面”,这是人们消费需求的一个必然发展趋势。更何况很早以前一位很要面子的国学大师就教导国人“士可杀,不可辱”。因此,一两千年的历史传统传承下来,中国人对“脸面”的重视度在世界各国中绝无仅有。

2000年前后的和平年代,早就不打仗迎面洋枪大炮了,所以国内丰衣足食的消费者就非常想把不可辱的决心和吃饱了没事干的空闲以及仓廪实之后的闲钱都用在“脸面”上。化妆品行业的市场前景一下子就敞亮了。

从“品牌营销(B-M)”的角度看,决定某种产品价格的不是它的价值,而是在特定的时间、地点,人们对这种产品需求的必要程度、紧迫程度、强烈程度,及其所拥有的购买力。化妆品不是必需品,但是2000

年前后,国内消费者普遍地对改善皮肤的需求非常紧迫而强烈。

国际化妆品大牌的产品若是具有先进的改善皮肤的效果,可以将价格定得无限高,由那些能够买得起的先富起来的国内消费者买单,牟取暴利。对于数量更庞大的不那么有闲钱的中产、白领消费群体,国际化妆品大牌为了不使自己的品牌、产品掉价而丧失暴利来源,主要通过收购本土化妆品牌的方式,来满足她们的需求。

这就让国内一些本土化妆品牌看到了机会,在国际化妆品大牌才刚刚开始占领高端化妆品市场的时候,它们完全有可能奋力一搏,占领中国广大的中端、中低收入化妆品消费群体。

国际化妆品大牌所拥有的护肤成分专利、独特效果的产品、先进的生产技术,以及强大的产品研发能力,本土化妆品牌的产品无论如何也不可能在短时期内赶上,更别说在高端市场与它们正面争锋。

"温泉矿物质护肤""深海鱼油护肤""植物精华护肤"等概念固然能够博取一时的市场目光,但是深究起来,其品牌和产品所凭借的仍然是采用科技手段萃取的某些护肤成分。拿这些在市场上面对国际化妆品大牌,就像抱着烧火棍去对付 M16 一样。想要有活路,要么绕着走;要么放低姿态,把价格定低,不去招惹人家的消费客群。

——有没有一些资产,是只有本土化妆品牌及其产品能用,而国际化妆品大牌不能借力的呢?

第四笔资产,是老祖宗留给我们的传统文化典籍。包括记载了很多美容护肤药方的《神农本草经》《唐本草》《嘉祐补注本草》《政和重修经史证类本草》《本草纲目》等,以及儒家、道家、佛家宣扬的"天人合一"的哲学思想。

尽管中医相对于西医已经式微,传统文化相对于西方文化渐趋没落,但是几千年影响传承下来,国内的消费者还是比较普遍地信服传统文化中一些精髓的思想观点和理念。本土化妆品牌及产品,能够赖以支撑与国际化妆品大牌抗衡一下的,在短时期内,也的确只有老祖宗留给我们的这一点家底了。

还有一笔资产只有本土化妆品牌及其产品能用"中国人更懂中国

人的肌肤”的观念。

这句话似乎很缺乏科学依据来支撑，但是喊出来的确能够让很多国内的消费者相信。毕竟不同地域生活的人，肌肤各方面都有很多不同。中国人的皮肤和外国人的肌肤无论从肤色、毛孔、光滑度、汗毛密度等方面，还是随着年龄增长的变化方面，看上去都差距挺大。2000年前后，国际化妆品大牌进入中国的时间都不长，它们怎么就能比本土化妆品牌更懂得如何改善中国人的肌肤呢？

佰草集、相宜本草、自然堂与其他本土化妆品牌相比，更聪明地找准了它们与国际化妆品大牌在产品方面“有相关度的差异化竞争优势（DCECA）”，那就是本草、汉方加天人合一。

立基于此，它们成功地挤进了国内化妆品牌中高端定位的阵营，各自抢占了一块国内化妆品的中高端市场。经过十多年的发展，2010年之后，它们在众多国际化妆品大牌林立的格局中，已经成为中国化妆品市场占有率排名前30的本土化妆品牌。以它们为代表的国内本土化妆品牌则已经占据了22%的国内本土化妆品市场份额。

这些品牌诊断出产品“有相关度的差异化竞争优势（DCECA）”并指导其准确定位，就这样支撑了国内本土化妆品牌的迅速崛起，很给力地为中国人争了“脸面”。

表2　2011—2014年CR30品牌排名与市场占有率

2014年排名	品牌	所属公司	年份			
			2011	2012	2013	2014
1	巴黎欧莱雅	欧莱雅（中国）有限公司	3.9%	4.0%	4.1%	4.2%
2	玫琳凯	杭州玫琳凯化妆品公司	2.5%	2.6%	2.8%	3.1%
3	玉兰油	宝洁（广州）有限公司	3.4%	3.2%	2.9%	2.7%
4	海飞丝	宝洁（广州）有限公司	2.6%	2.6%	2.6%	2.4%

续表

2014年排名	品牌	所属公司	年份			
			2011	2012	2013	2014
5	飘柔	宝洁（广州）有限公司	2.2%	2.1%	2.0%	1.9%
6	欧珀莱	资生堂（中国）有限公司	1.9%	1.8%	1.7%	1.7%
7	完美	完美（中国）有限公司	1.5%	1.5%	1.4%	1.5%
8	佳洁士	宝洁（广州）有限公司	1.7%	1.7%	1.6%	1.5%
9	雅姿	安利（中国）有限公司	1.8%	1.6%	1.5%	1.4%
10	美宝莲	欧莱雅（中国）有限公司	1.4%	1.4%	1.4%	1.4%
11	黑人	好来化工（中山）有限公司	1.1%	1.2%	1.3%	1.3%
12	高露洁	高露洁（广州）有限公司	1.3%	1.3%	1.3%	1.3%
13	潘婷	宝洁（广州）有限公司	1.3%	1.3%	1.3%	1.3%
14	雅诗兰黛	雅诗兰黛（上海）商贸有限公司	1.1%	1.2%	1.3%	1.3%
15	自然堂	伽蓝集团	-	-	-	1.2%
16	舒肤佳	宝洁（广州）有限公司	1.4%	1.3%	1.2%	1.2%
17	兰蔻	欧莱雅（中国）有限公司	1.0%	1.1%	1.2%	1.2%
18	佰草集	上海家化联合股份有限公司	0.7%	0.9%	1.0%	1.1%
19	隆力奇	江苏隆力奇集团	-	1.2%	1.1%	1.1%
20	相宜本草	上海相宜本草化妆品有限公司	0.8%	1.1%	1.1%	1.0%
21	云南白药	云南白药集团	0.6%	0.8%	0.9%	1.0%

续表

2014年排名	品牌	所属公司	年份			
			2011	2012	2013	2014
22	珀莱雅	珀莱雅化妆品公司	0.6%	0.9%	1.0%	1.0%
23	强生婴儿	强生（中国）有限公司	1.1%	1.0%	1.0%	1.0%
24	丸美	广东丸美生物科技有限公司	0.7%	0.8%	0.9%	0.9%
25	力士	联合利华（中国）有限公司	0.9%	0.8%	0.8%	0.8%
26	资生堂	资生堂（中国）有限公司	0.9%	0.8%	0.7%	0.7%
27	美即	美即控股	0.6%	0.6%	0.7%	0.7%
28	青蛙王子	青蛙王子国际控股有限公司	0.5%	0.5%	0.6%	0.7%
29	中华	联合利华（中国）有限公司	0.7%	0.7%	0.7%	0.7%
30	兰芝	爱茉莉太平洋化妆品（上海）有限公司	0.3%	0.4%	0.5%	0.6%
		CR10品牌占比	22.90%	22.50%	22.00%	21.80%
		CR20品牌占比	31.60%	33.10%	32.80%	33.80%
		CR30品牌占比	38.50%	40.40%	40.60%	41.90%

表3　2014年中、美、日、韩四国CR30中本土品牌占比

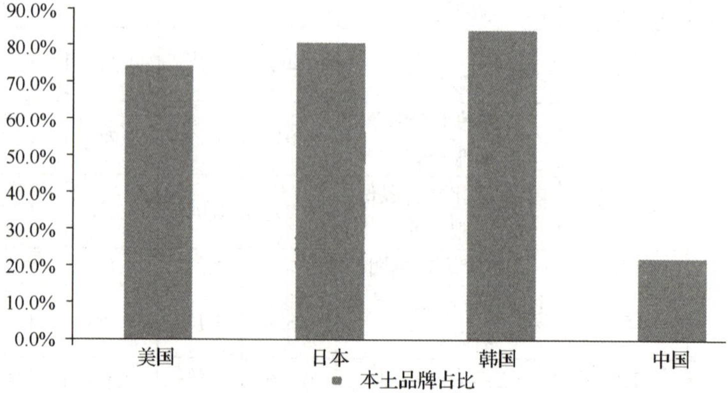

数据来源：Euromonitor，中国产业信息网整理。

■ 5-5-5 “中草药”撑不起本土化妆品牌的世界级 ■

在“中草药平衡护理”“本草养肤”“乐享自然 美丽生活”理念的指导下，依托老祖宗留给我们的中医药、哲学传统文化，并结合现代科技，佰草集、相宜本草、自然堂就能够研发出领先世界，足以与国际化妆品大牌相抗争的产品吗？

从理论上讲，这在短时期内无法实现。

中医与西医各具优势，学术界已经将这阐释得很明白。简单来说，中医最大的特色是“辨证施治，内外兼修”，不像西医似的“头痛医头，脚痛医脚”。其中包含的理论原则与中国传统哲学中所蕴含的根本思想一脉相承。

化妆品明显是想改善哪儿的肌肤就抹哪儿的外敷用产品。这恰恰是西医擅长而中医相对逊色的。中国传统中草药文化典籍中所记载的“外敷用”美容护肤药方，不管是用什么植物、矿物还是动物原料制作的，用现代的科技手段一研究，就能将其中对肌肤有改善作用的护肤成分以“微克级”的标准检测、萃取出来。

说到底，国内本土化妆品牌不管主打多么漂亮的“品牌营销价值概念（B-MVC）”，其产品还是通过开发并调配各种“护肤成分”生产出来的。这方面，在技术、设备、经验上，我们距离国际化妆品大牌的水平还有不小的差距。

运用各种护肤成分调制、生产具有一定竞争力的化妆品，对于“生物科技”整体水平相对落后的本土化妆品企业来说，只是掌握了化妆品研发、生产的“应用技术（AT）”。它所成就的是本土化妆品企业的“相对竞争优势（RCA）”。

化妆品行业通用的千百种护肤成分，任何企业都可以拿来调配，很难保证谁的产品就一定比别人家的管用。一家企业新推出的某款化妆品挺管用，一段时间内被市场和消费者认可；可是很快，另一款更管用的竞争产品可能就被别家企业推出来了。于是这家企业的这款产品占领的市场，就被别家的竞争产品抢去了。

目前，本土的化妆品生产企业总是不遗余力地砸重金大传播吹捧品牌、使出浑身解数搞各种促销，主要还是因为它们只具有“相对竞争优势（RCA）”，其产品无法确保在市场上的领先地位，而只好通过品牌玩概念、营销白刃战抢占并强化其品牌和产品在消费者心目中的占位。

国际化妆品大牌都拥有很多引领行业、确保其产品具有卓越效果的护肤成分专利，这是它们的“绝对竞争优势（ACA）”。正因为如此，国内的消费者想得到某种皮肤改善的卓越效果，就只能为它们埋单，而且还得接受它们的“暴利”价格。所以，真正在市场上居于领先地位，已经被消费者认可的化妆品根本不需要做太多广告而自然畅销不衰。

另外，国际化妆品大牌分别掌握着不同领域、不同品类的化妆品护肤成分研发的“核心技术（CT）”，能够不断研发出领先行业的新产品，以确保它们的“绝对竞争优势（ACA）”持续增强。因此，本土化妆品牌若想与国际化妆品大牌抗衡，还得努力在化妆品“核心技术（CT）”及其相应的“绝对竞争优势（ACA）”方面下苦功夫。光靠“品牌和营销（B&M）”，无论做得多么出彩，也终究成不了世界级的化妆品牌。

■ 5-5-6　本土化妆品牌突围的三大出路 ■

如今的中国，互联网普及，信息高度发达，人们发布、接受信息的方式和习惯早就融入了“自媒体时代”。消费者对于化妆品行业、市场、品牌、产品及相关法律、法规的认知迅速地普及而深入。

如今，在网上搜索一下化妆品相关的关键词，很容易看到某些化妆品调配师或者化妆达人发布的文章：有的洋洋洒洒几十页，披露的都是各化妆品牌及其产品的深层次信息；还有一些“化妆品 DIY”的文章，介绍的都是个人如何使用各种护肤成分，调配适合自己的化妆品。

到一些化妆品相关的论坛看看，很多半专业人士在点评各种比较知名的化妆品中包含的护肤成分，分析它们的优劣，感觉比研发化妆品的“砖家”们还要专业。

网上已经有文章质疑相宜本草的创始人封帅女士虽然出身于中医名家，但是所学的专业并不是医科，毕业后从事的也不是中医、美容行业；相宜本草主打“本草养肤”有巧言令色之嫌……

在这样的时代背景下，如果本土化妆品生产企业还痴迷于以忽悠概念、媒体轰炸、渠道讨巧做品牌营销，那么对不起，它们已经距离吴晓波先生2015年8月8日在南京演讲中预言的“倒闭”不远了。

伴随国内的化妆品市场和消费群体的日趋理性而成熟，本草、汉方与天人合一显然已经不能支撑佰草集、相宜本草、自然堂走得很远。当这些本土化妆品牌及其产品倚仗多年的相对于国际化妆品大牌产品“有相关度的差异化竞争优势（DCECA）”被人们认识到实际上很多是“有相关度的差异化传播优势（DCETA）”以后，它们就会彻底丧失进一步跨上世界级舞台的机会。

佰草集、相宜本草、自然堂的“相对竞争优势（RCA）”不能一成不变，更不能仅仅停留在“品牌和营销（B&M）”的策略及实施层面，而是要与时俱进地升级产品并且扎实落实。

前面提到过，中医相对于西医的最大优势是“辨证施治，内外兼修”。如果深入挖掘中医药传统文化中关于美容护肤的精妙成分，为消费者研发出既可以外抹，又可以内服，从内到外，全面养护、改善肌肤的专利技术及产品，佰草集、相宜本草、自然堂就能掌握先进化妆品研发的“核心技术（CT）”，真正确立起它们相对于国际化妆品大牌的“绝对竞争优势（ACA）”。

毕竟，消费者购买化妆品是为了便捷、有效地改善肌肤，并没有认定非得像现在这样，装在瓶瓶罐罐里可以涂涂抹抹的才是化妆品。既然佰草集、相宜本草、自然堂已经以中国传统医药文化及哲学思想的精髓为品牌的支柱理念，就不妨用它把自己的品牌及产品从头到脚地装备起来，徐图长远发展。

再者，就是积极采用当今世界上最先进的IT技术、纳米技术、基因工程、细胞工程、模拟酶技术，不断研发出世界领先的护肤成分，并以此开发出个别品类中最管用的化妆品，从而实现“相对竞争优势（RCA）”到“绝对竞争优势（ACA）”的转变，支撑起品牌的世界高度。

朝这一方向出发，前面的路自然无比艰巨、生死难料。不过自然堂、佰草集、相宜本草在国内都已经是巨亿规模的大品牌，实力雄厚。只要它们不被眼前的滚滚利润遮住了远望的视线，再经历一番“十年磨一剑”的锤炼，将来把引领世界潮流的化妆品牌及其产品挺进发达国家的化妆品市场，也是一件“皆有可能”的事。

另外，就是围绕细分人群做研发，不断开发出细分品类中最管用的化妆品。当前的化妆品消费群体细分基本上是以性别、收入和年龄细分，针对不同地域、不同职业、不同工作、不同生活环境下消费群体的化妆品细分市场还没有培育起来。相对于国际化妆品大牌，本土化妆品牌自然是更了解国内消费者肌肤的，所以非常有必要先行在这方面积累起技术和经验，努力升级目前不怎么靠得住的“相对竞争优势（RCA）”，在将来的更加细分的市场建立起自己的“绝对竞争优势（ACA）”。

当前，国内本土化妆品生产企业多而不强，在超过 5 000 家的本土化妆品生产企业中，中小企业数量占到了九成，市场份额却不到 20%，其中份额超过 1% 的品牌就算比较知名和常见的品牌了。国际化妆品大牌牢牢占据 70% 以上市场份额及高端消费者的格局短期内不会改变。[8]

从 2000 年前后到现在，佰草集、相宜本草、自然堂在国际化妆品大牌的挤压下突围而出，从零成长到巨亿规模，分别用了十多年。希望在下一个十年，它们能够成功地实现品牌及其产品“有相关度的差异化竞争优势（DCECA）”的升级，并引领众多国内本土的化妆品牌跨出国门，走向世界，让中国人在所有外国人面前最有“脸面”！

[8] 日化新格局：民洋共进 本土品牌小品类突围 _ 行业资讯 _ 新闻资讯 _ 直销网 http://www.hotds.com/news/html/11454.html，2014-07-25

5-6 【行业案例分析】“风口里”的中国智能手机品牌

■ 5-6-1 本土智能手机品牌的划时代机遇 ■

每一部智能手机都是当代高新技术的集大成者；每一部最高端的智能手机都是当代超高新技术的集大成者。

自 2007 年苹果 iPhone 上市带动了手机从功能机到智能设备转换的全球化浪潮以来，诺基亚（Nokia）、摩托罗拉（Motorola）、爱立信（Ericsson）等传统手机行业巨头相继被排挤出了手机品牌的一线阵营，而华为、小米、联想、魅族、中兴、酷派、TCL 等本土智能手机品牌则纷纷赶上，不光在国内的智能手机市场抢进了前十，还在全球智能手机市场和三星、苹果两大霸主一争高下，这背后凭借的是产品的技术优势，还是“品牌营销（B-M）”的创新，值得探讨一二。

一个智能手机品牌，其产品如果不能在“技术集成”及其相应的“用户体验”方面具备“有相关度的差异化竞争优势（DCECA）”，这个品牌要想做大、做强是不可想象的。

智能手机的竞争优势主要集中在四个领域：一是以 CPU 为核心的芯片集成领域；二是以操作系统为核心的软件集成领域；三是以内存、传感器、显示屏、摄像头、音响等为代表的硬件集成领域；四是由按键、边框、外壳体现的功能、性能配比和结构外观的设计集成领域。前两者就好比智能手机的大脑与思想；后两者结合成智能手机的体貌。

至于通讯方面的关键信息技术及其应用，则一般由政府主导、大公司掌握并制定标准，各智能手机生产厂商共享。所有这些结合生成智能手机能够带给消费者的使用体验。

智能手机的每一个集成领域，都有若干硬件零部件和相匹配的软件共同组成。每个软硬件的关键技术及其专利由不同的生产厂家或者零部件供应商掌握。说到底，智能手机与电脑、汽车一样，都是组装而成的高科技产品。即使强大如 iPhone，它也是由全球的供应商供给硬件、软件，最后主要在富士康完成组装。

苹果（Apple）公司真正掌握的主要是硬件中最核心的CPU芯片（目前已经升级到了A9），和软件中最核心的iOS操作系统（目前也已经升级到了iOS9）。其他iPhone基础应用软件、iTunes数字媒体播放的关键应用程序也全部由苹果公司独立开发，更多应用软件和程序则由全球的供应商提供，用户自己到App Store里选择、下载使用。

智能手机在很大程度上相当于具备了即时通讯功能的"缩微电脑"。乔布斯在2007年前后把即时通讯功能嫁接到"缩微版"的苹果（Apple）电脑上，第一代iPhone就诞生了。随之互联网的接入，为iPhone插上了一飞冲天的鲲鹏的翅膀。

iPhone在2009年进入中国，三星（SAMSUNG）同时在实施着从功能手机到智能手机的升级战略。它们当时首要对付的当然是以诺基亚（Nokia）、摩托罗拉（Motorola）、爱立信（Ericsson）为代表的国内手机市场的国际大品牌。

面对着"缩微电脑"一下子杀入国内三千元以上手机市场这个既成事实，从未开发过PC系统及应用程序，从未生产过PC硬件和整机的诺基亚（Nokia）、摩托罗拉（Motorola）、爱立信（Ericsson）拿着中世纪的通讯手机产品，自然是只有节节败退的份了。等到它们稳住阵脚，试图反击的时候，却发现整个手机市场基本上已经是"缩微电脑"的天下了，它们早就被过去的手机用户抛弃了。这些昔日的王者，市场份额不再，剩下的只有被兼并、收购。

——通讯就这样把时代转交给了移动端的网络互联。

就在苹果、三星驱逐诺基亚（Nokia）、摩托罗拉（Motorola）、爱立信（Ericsson）的阶段，国内三千元以下的智能手机市场的空白顿时暴露出来。

2006年年底Windows Embedded CE 6.0内核和2007年底安卓（Android）移动系统源代码的开放，为全球企业提供了生产智能手机的操作系统支持。

这时中国早已是举世闻名的制造业大国，电子、电器、电脑、网络设备零部件代工生产及整机代工组装的企业遍布东南沿海。国内也不缺智能手机设计集成领域的思维和生产能力，仿造、仿抄手机零部件和应用程序的水平更是独步天下。缺的只是 CPU 和部分关键芯片，以及若干关键应用程序的开发。这些只要舍得花钱就不难解决。于是一时间，无数山寨版的智能手机如雨后春笋似地涌现出来，铺满了国内智能手机的低端市场。

一边是 PC、互联网科技帝国的王牌苹果、三星和中世纪的诺基亚、摩托罗拉、爱立信在高端鏖战，一边是成百上千持着智能山寨机的散兵游勇在低端偷生。国内的智能手机中低端市场为本土正规军品牌留出了史无前例的大片空白。

要抓住机遇，做大做强品牌，就必须使产品具备“有相关度的差异化竞争优势（DCECA）”。这方面，国内已经做大的很多移动信息网络设备生产企业（如华为）、软件开发企业（如金山软件）、PC 生产企业（如联想）、电子电器生产企业（如魅族、TCL）也算积累了多年的实力。它们自然比那些靠组装硬件生产山寨机的企业更有优势打造强大的本土智能手机品牌。

■ 5–6–2　本土智能手机品牌的“九阳神功”与“九阴真经”■

本土智能手机品牌目前只有华为能够用自主研发的海思芯片支持旗下手机。其他智能手机生产厂商只能要么高通（Qualcomm）、英特尔（Intel），要么三星（SAMSUNG）、联发科（MediaTek）。

试图在操作系统方面占据竞争优势的本土智能手机品牌则只能基于安卓（Android）的源代码或 Windows Embedded CE 6.0 内核进行手机操作系统的本土化提升，以在操控和屏幕视觉方面传达自己的品牌特色，符合目标用户的使用习惯。

比如小米在 2011 年 8 月 Mi1 发布前一年，就已经打着“根据中国用户的需求而作”的旗号，纠结一帮“程序猿”共同开发 MIUI（米柚）定制化系统，并以此积累了第一批“米粉”。魅族则早在 2009 年初就推出了基于 Windows CE6.0 内核的 Mymoblie（只适用于魅族 M8）；之后屡经改进于 2012 年 6 月推出了基于 Android 4.0.3 的“Flyme”。华为晚些，但也在 2014 年、2015 年相继发布了基于安卓（Android）开发的 EMUI3.0、EMUI3.1。

有了操作系统可用，智能手机其他的软、硬件零部件很好解决。苹果的 iPhone 可以全球采购、富士康组装，然后全球发售，本土的智能手机品牌为什么不能？网上搜索下“iPhone 供应商”，可以拉出一长串苹果的供应商及其采购的零部件的菜单：高通（Qualcomm）、英特尔（Intel）、三星（SAMSUNG）的芯片，Renesas Electronics 的半导体，Fusion-io 的闪存，住友（すみともグループ）的化学品和光学材料，索尼（Sony）的显示器，康宁（Corning）的面板，日立（HITACHI）的硬盘……组装成本较高的智能手机，它们可以挑着用。

即使这样，本土智能手机品牌的产品以低于 iPhone、三星高端机一半的价格拿到市场上销售，仍然有利可图。于是，通过硬件集成领域、设计集成领域的各种排列组合，本土智能手机也具有了较高性价比，能够满足不同用户群体相对个性化的使用体验。其产品主打的，主要是苹果（Apple）、三星（SAMSUNG）们留给本土智能手机品牌的 3 000 元以下的中低端市场。

目前一线本土智能手机品牌中，小米（Mi）是很结实地震惊了世界的。因为它从零到有，到估值 450 亿美元，只用了不到 5 年的时间。其根本原因，在于它从一开始，无论是 MIUI（米柚）的开发，还是整机硬件的配置、设计的执行，都瞄准了目标用户将来使用产品时的“满意体验”。

经过一年多的“网络定制”阶段后，2011 年 9 月 5 日，Mi1 正式开放网络预订，半天内预订超 30 万台。之后小米手机网售脱销的速度越来越快，每次 10 万台、20 万台、30 万台几分钟、十几分钟就能售完；最快的不超过 2 分钟。这带给人们的心理冲击是如此之大，借助互联网，小米（Mi）品牌瞬间就成为名震华夏、远播中外的智能手机大牌。所以说，“MIUI（米柚）的开发技术”是小米品牌的“产品基因（PG）”。而“网络定制”

与“网络销售”，则是小米（Mi）品牌做产品、促销售的两大法宝。[9]

雷军是史蒂夫·乔布斯（Steve Jobs）的追随者，他秉持了乔帮主根据“用户体验”做产品的原则。

不同的是，乔帮主早在PC时代就是帮主。他既做CPU芯片（从A4到A6），又做系统（从OPENSTEP到OS X再到iOS），另开发了iTunes和App Store，还搭建了苹果全球的零售店渠道和供应链以及售后服务系统，建设了几乎完美的苹果（Apple）生态系统。乔帮主居于奥林匹克神殿，他可以完全无视凡间的芸芸众生，只需将iPhone做到他所认为的完美，就自然能给亿万“果粉”带来最极致的体验，引爆他们的痴狂。因此，他是智能手机极致用户体验的“引领者”。

雷军则是充分运用了他在软件行业、互联网领域积累的经验，借助米聊（MiTalk）和手机达人们互动，基于安卓（Android）开发了MIUI（米柚），然后根据手机达人们的喜好配置了硬件，推出了小米整机，占据了国内智能手机市场一千元至两千元价位的中低端。因此，他是“米粉”们智能手机用户体验的“迎合者”。

迎合“用户满意体验”做产品是把双刃剑。因为“用户满意体验”参差不齐、众说纷纭，产品的研发者容易顾此失彼、瞻前顾后，脑瓜子犯迷糊。MIUI（米柚）的后面几次升级就很不让用户满意，导致很多“米粉”变成了“米黑”。

本土智能手机一线品牌中，最接近“苹果（Apple）风度”的应该是华为。华为不怎么关注领导用户体验，反正上面有苹果、三星做标杆，只是以企业现有的条件和实力，铆足了劲把产品从内到外、前后左右、云端地上做到最好，做得越来越好就是了。所以华为持有着国际先进

[9] 小米_百度百科
http://baike.baidu.com/link?url=pmQfwi_hn26wXFxZa0u7RPE1HZv-rHDMlAOwJwBFfjLzJZZVVNGZ62NRh3h0gQDdoqvK47v3LYySYMPLGlGEn4WGoCLqVhQlC0DV621aqihXUDevVW6NGkg3f8hmfb1anXelxIvc3u2NwT0vydLj-41__bpGLJ62NjtE2v-PFqRANERX9fYUEQGyXK4RVYVIM4T6vEPWVGBiY2c5UcoWpOJD-qLcoErlrkP68xNRcgTRWWmG3RQ0d3oc1o0k08hHYN9KFQLPR4sFhUnZWaNzQLSmDYYI0Z8qVg09RpPAuxq

水平的海思芯片，开发了 EMUI 操作系统，智能手机产品在两三千元价位的细分市场上算是性价比最高的。

现在华为正在向四五千元价位的高端机市场进发；据说它早已秘密地开发完全国产的麒麟 OS 操作系统，试图彻底摆脱对安卓（Android）的依赖。如果说未来本土智能手机品牌能够和苹果、三星抗衡，甚至有希望超越它们的，目前华为算是最有底气的一个。

另外一个比较有特色的本土智能手机品牌是魅族（MEIZU）。魅族的创始人黄章曾经是国内 MP3 市场上领袖级的人物，后来改做智能手机，也是从操作系统开始。2009 年 2 月 18 日上市的全触屏智能机 M8 搭载的正是魅族基于 Windows CE6.0 内核开发的 Mymobile。

由于黄章在音乐电子产品领域有很丰富的经验，所以魅族的智能手机在音乐、娱乐、时尚、动感方面的功能比较凸显，很受年轻一族的喜欢。在 1 000 ~ 2 000 元价格段的智能手机市场，魅族硬是抢进了一线阵营。

产品在 CPU 芯片、操作系统，特别是硬件集成领域、设计集成领域的“有相关度的差异化竞争优势（DCECA）”，恰如正大光明的“九阳神功”，支撑了国内本土智能手机一线品牌的崛起。

产品的价格优势加上中低端档次的“差异化品牌和营销战略”，又如风驰电掣的“九阴真经”，使这些本土智能手机品牌中的佼佼者如同“风口的猪”，短短几年时间里就跻身于全球一线智能手机品牌的行列，并且在国内智能手机市场形成了三千元机、两千元机、一千元机的梯级品牌格局。

不过另一方面，高端机市场仍然牢牢地被苹果、三星垄断着。CPU 等关键芯片最核心的技术与操作系统，本土智能手机品牌仍然不得不严重依赖着国外厂商和 Android。从国内智能手机的生产成本来观察，目前至少八成的硬件零部件也是来自国外品牌。

华为的海思芯片、EMUI 以及尚未发布的麒麟 OS，小米的 MIUI（米柚），魅族的 Flyme，在高通（Qualcomm）、英特尔（Intel）和 iOS、安卓（Android）的夹缝中还能走多远，前景难料。

——国内本土智能手机品牌的“完胜”，还有很长的一段路要走。

■5-6-3　本土智能手机品牌的“硬方向”与“软实力”■

化妆品行业是传统行业，从古代杂货铺子里卖胭脂时候算起，怎么也有两千多年了。因此本土化妆品牌可以从中国传统医药文化中汲取一些软性的竞争力，与科技领先的国际化妆品大牌抗衡一二。

智能手机行业是新兴的高新科技行业，没有老祖宗给力，本土大牌拼的只能是产品的硬实力。手机达人们不熟悉 PC 的基本没有，挑选智能手机更是不在话下。他们从机型硬件的配置，试用几分钟的操控体验，很快就能判断出一款机子的优劣，评估出其价值。这对于尚未掌握“CPU 芯片和操控系统核心技术”的本土智能手机品牌来说，显然非常难像保健品、红白酒、化妆品行业的那样，借助忽悠式的“概念营销”来夸大品牌价值，促进产品的销量。

由于操作系统做得不如苹果、三星的好，包括 CPU 在内的大部分芯片、闪存、显示器等科技含量高的配置元件也必须向国外厂商采购，所以本土一线品牌的智能手机产品整体水平赶不上 iPhone 和三星的高端机，不得不面对价格不高、成本高、利润率低的可怜局面。

据工信部统计，2014 年国内手机行业平均利润率为 3.2%，低于我国电子制造业平均水平 1.7 个百分点。而据 Strategy Analytics 数据显示，今年第一季度苹果和三星占据手机整体市场超过 97% 的利润。市场咨询公司 Canaccord Genuity 的数据更是指出，今年一季度的智能手机市场，苹果公司的营业利润占前 8 家厂商（包括三星以及华为、小米、联想等）营业利润总和的 92%![10]

本土智能手机一线品牌的竞争优势主要集中在价格差异化背景下的应用技术优势，而不具备掌握开发更先进的 CPU 芯片、操作系统的“绝对竞争优势（ACA）”。乔帮主生前说过：iPhone 领先业界至少 5 年。正是这 5 年，让 iPhone 几乎抢尽了国内智能手机行业的利润。如果不能掌握“核心技术（CT）”，将“相对竞争优势（RCA）”升级成

[10] 工信部：2014 我国手机产量达 16.3 亿部 利润率较低 _IT 频道 _ 财经中心 _ 中国新闻网 http://www.chinanews.com/it/2015/02-27/7085433.shtml，2015-02-27

"绝对竞争优势（ACA）"，这一现状将长期得不到改观。

华为的海思芯片一直被业界寄予着"中国芯"崛起的希望。而继荣耀7因为芯片落后爆出"耗电门"事件之后，华为紧急推出救市的荣耀7i却采用了高通的骁龙616芯片，这让业界的"芯"望立刻蒙上了一层阴影。

目前，全球智能手机产业增速放缓，国内的智能手机行业同时进入了新一轮洗牌的竞争淘汰阶段。按照行业发展的一般规律，新兴行业度过高速成长期，其产品流行起来之后，用户基于对产品逐步全面、深入的了解，就会产生越来越个性化的需求，更加细分的市场随之形成并发展起来。

当前国内的智能手机市场主要被价格细分，从千元以下到六千元以上，每个千元价格段都有代表性的品牌。我们也不难注意到，所有智能手机品牌的产品在成本可控的范围内，都在追求快、简洁、灵敏，界面清晰美观，功能多而全。iPhone 正是把这些产品的功能、性能、设计都做到了极致，才占据了六千元以上流行机最高端的市场。而像 PC 行业那样，偏重商务，偏重上网，偏重游戏、音乐、影视等休闲娱乐功能，偏重职业人士的不同专业功能的智能手机才刚开始萌芽。只要沉下心攻克 CPU 芯片和操作系统前沿技术，本土一线智能手机品牌在将来更加细分的各个市场，就都有抢占王座的机会。

产品是"硬道理"，只能朝着"过硬的方向"发展；品牌却要渗透成千上万消费者心中最柔软的地方，滋生、蔓延出"软实力"。

本土一线智能手机品牌在确立了产品"有相关度的差异化竞争优势（DCECA）"，架构了渠道，联合了媒体，夯实了"产品品牌（PB）"长远发展的基础之后，必须朝着"服务品牌（SB）""文化品牌（CB）"的方向努力升级，直到"品牌营销集群（B-MC）"成型。这将是建设智能手机百年名企的必经之路。

——本土一线智能手机品牌未来的希望，大约在此。

6

如何确定品牌名称？

6-1 品牌是“产品独特价值意象(PUVI)”

■ 6–1–1　品牌的 N 大定义洞察 ■

品牌是什么?在“品牌和营销实践(B&MP)”已经成为人类社会活动主流形式的今天,它还没有形成一个统一的定义。欧美的“营销或者广告大师”们,对它各有一家之言的解读。

“现代营销学之父”菲利普·科特勒(Philip Kotler)认为:品牌是“一种名称、术语、标记、符号或设计,或是它们的组合运用”;品牌的目的是“借以辨认某个销售商或某群销售者的产品或服务,并使之同竞争对手的产品和服务区分开来”;品牌的要点是“销售者向购买者长期提供的一组特定的特点、利益和服务”。

“品牌形象理论”的代表者、奥美广告的创始人大卫·奥格威(David Ogilvy)对品牌曾作出这样的定义:“品牌是一种错综复杂的象征,它是品牌的属性、名称、包装、价格、历史、声誉、广告风格的无形组合。”

菲利普·科特勒和大卫·奥格威在我们这个星球上的营销界、广告界,已经是“大牛”了,还有比他们更牛的。2001 年,里斯(Al Ries)和特劳特(Jack Trou)的“定位理论”击败瑞夫斯(Rosser Reeves)的“USP 理论”、奥格威的“品牌形象理论”、科特勒的“营销管理理论”、迈克尔·波特(Michael Porter)的“竞争价值链理论”,被美国营销学会评选为有史以来对美国营销影响最大的观念。

更牛的定位理论认为,品牌就是某个品类产品的代表或者说是代表某个品类产品的名字。建立品牌就是要实现品牌对某个品类产品的主导,成为某个品类产品市场的 No.1,当消费者想要消费某个品类产品时,立即想到这个品牌。

上述品牌定义曾被大多数人接受。按照菲利普·科特勒(Philip Kotler)对品牌的解释,简单化地理解,品牌就是给产品一个名称,把该产品和其他产品区分开来;按照大卫·奥格威(David Ogilvy)对品牌的解释，简单化地理解，品牌就是给产品一个附加形象，把该产品装扮得十分高大上；按照定位理论对品牌的解释，简单化地理解，品牌就是给产品一个品类名字，尤其重要的是，得把这个名字“定”到消费者的心里去，而且得“定”成第一位。

这些品牌定义或者强调概念，或者强调形象，或者强调消费者的品牌联想，都没有阐明品牌与产品的“层级关系”。以这些解释为指导，我们很容易把企业的“产品品牌（PB）”做成与产品关联性不大的一套概念（Slogan、定位语、品牌主张等），加一套符号（Logo、Icon、超级符号等），再来一套话术（广告软文、推销话术、用户推荐等），另配一套视觉（品牌海报、品牌宣传册、品牌宣传片等），以及一套行为（公关活动、促销活动、招商活动、销售礼仪等）。

事实上，二十多年来，国内企业界、广告界的精英们，也确是联手这样做的。而且，特别是广告界的精英们，他们能够汲取人类进入文明社会以来，东方的、西方的，国内的、国外的，古代的、现代的、当代的，古典的、浪漫的、极简的，超现实的、后现代的，所有璀璨夺目的符号、概念、音乐、绘画、雕塑等艺术形式，灵活地运用到打造一套、半套、四分之一套，或者三合一整套品牌 VI 上面去，把各行各业的品牌做得无比高大上。

要不是“甲方”常常很老土地拉着，他们能把《山海经》《搜神记》《封神演义》《西游记》《荷马史诗》《圣经》《可兰经》《一千零一夜》《神曲》等里面的一切都搬到地面上来，直接把人世间变成凌霄宝殿加奥林匹斯山加其他。以至于国内的企业想卖点东西，都得先打一段时间品牌形象，再打一段时间产品形象，才好开始产品叫卖。然后近二十多年，国内的产品价格一个劲地翻倍儿长，水平却还是整体停留在“制造”的层次。

■ 6-1-2　品牌是“产品独特价值意象（PUVI）”■

科特勒、奥格威、里斯和特劳特都是我们这个星球上营销界、广告界的“大腕”，他们的理论自然管用。在市场上各行各业各品类的“产品品牌（PB）”不多，信息传播不是很方便，消费者对行业、企业及其产品了解很少的情况下，打打概念、画画符号、树树形象、吹吹牛皮、搞搞促销，自然能够把企业的产品品牌推广出去、提升起来，促进产品的销售，而且能把产品卖上高价。

有句话是这么说的：精神永远大于物质。产品的物质属性本来就值钱，再加上品牌的饱含着情感、理念、精神属性的符号、概念、视觉形象的包装，而且还“定”成第一位，那可是几乎想卖多少钱，就卖多少钱了。

现在国内的市场环境和以前大不一样了：品牌多得像繁星，商业信息充斥得让人犯晕；消费者想买啥，Google、百度一下，一大堆同品类的“产品品牌（PB）”会列出来，附带着各品牌及其产品的妖娆姿态、性价对比，以及消费者购买使用后的评价等。

在这种情势下，通过“玄虚”的概念、“高大上”的品牌形象、品类第一的“定位”带动产品价格和销量显然越来越难了，必须把品牌往“扎实”了做。而要想把品牌往“扎实”了做，就必须把品牌的符号、概念、文本、形象、行为表现等都围绕着“产品价值”展开，继而在长期“品牌营销实践（Brand-marketing Practice，简称 B-MP）”的过程中，把这种价值与消费者的内心全面对接、无缝连接起来，并且与时俱进发展。

深入人心的“产品价值”的概念化、符号化、文本化、形象化、行为化“意象”才是品牌，除此之外，“品牌”就只是空洞的产品、符号、概念、文本、形象或者行为，除了在产品面对消费者时帮忙搔首弄姿几下，几乎没有任何价值。

“产品价值”有哪些？结合本书前面章节的分析，我们已经认识到，任何产品都具有众多“产品基点价值（PBV）”。它们能够给消费者带来相应“物质属性”的“产品客观价值（POV）”，“体验属性”的“产品生理体验价值（PSPEV）”和“产品心理体验价值（VPPE）”，以及“文化属性”的“产品文化体验价值（PCEV）”。

有些独特的个别或几个“产品基点价值（PBV）”能够支撑起产品

"有相关度的差异化竞争优势（DCECA）"。深挖一些产品具有独特竞争优势的原因，我们还能洞察到这些产品的"产品基因（PG）"。

一般说来，产品都具有以上的"产品层级价值（Product Level Value，简称PLV）"。其中众多的"产品基点价值（PBV）"是不同企业生产的同品类产品共同具备而只有个别差异的，我们可以将其中最打动消费者的几点提炼为"产品基点价值概念（BPVC）"，也就是广告业内通称的"产品卖点（PSP）"。

由于品牌成型为深入人心的"产品价值意象（Product Value Image，简称PVI）"，不具备"独特性"的"产品价值意象（PVI）"根本不可能深入人心，所以表达"产品基点价值（PBV）"的"产品卖点概念（PSPC）"不属于"品牌价值概念（Brand Value Concept，简称BVC）"。围绕它们所出的符号、文本、形象、行为表现等都不适合归入"品牌"的范畴。

只有具备"独特性"的"产品价值意象（PVI）"才是"品牌"。而"品牌"，只有最大化地表达"产品的独特价值"，并且最广泛地深入人心，才算成功的"意象"。从这个角度看，品牌首先是企业的产品独特价值最大化地表达；再然后是企业的产品独特价值最大化地传达；最后是企业的产品独特价值最大化地在消费者内心抵达、留驻、沉淀，形成"产品独特价值意象（Product Unique Value Image，简称PUVI）"。

——这一步，从明确企业的产品"有相关度的差异化竞争优势（DCECA）"开始。

■ 6-1-3　品牌成就为"品牌意象"■

"产品价值基点（PVB）"有几十个，又分别对应着四重"产品层级价值（PLV）"。这样，几乎任何品类的产品，我们都至少能对照着上百个"产品基点价值（PBV）"去寻找它相对于同类竞品"有相关度的差异化竞争优势（DCECA）"。倘若不是某企业的品类产品实在是"Low爆了"，个别"产品价值基点（PVB）"的差异化优势总能找得到。

当下，国内各行各业的企业生产的产品严重同质化，国内数不清的企业以代工、贴牌、仿造甚至假冒别人家的产品求存。大多数企业生产的产品与市场上同品类竞品相比，不具备“有相关度的差异化竞争优势（DCECA）”，更谈不上具备先进的“产品基因（PG）”。在这样的时代背景和客观条件下，它们是否就没理由、没资格、没前途做品牌了呢？

对于这样的企业，也许它们应该认识到以下几点：

一，品牌成型为消费者心目中的“产品独特价值意象（PUVI）”。人心无限广阔，能容纳无数“意象”。

二，国内企业和消费者的品牌意识才刚刚觉醒。各行业的品类市场，形成全国垄断性的“大牌”不多。即使在个别品类产品市场居垄断地位的“大牌”，也不可能垄断该品类产品所有目标消费者的内心。

三，所谓“有相关度的差异化竞争优势（DCECA）”，既指企业的某些产品客观具备的“差异化竞争优势（DCA）”，及其能够带给消费者的“相关度体验优势（CEA）”，也指某些企业在产品不具备“独特性”的条件下，通过媒体和推广抢占的其产品价值在消费者心目中的“传播优势”。

四，一切都在变化，包括产品的更迭、品牌的兴衰，以及人心里的“产品独特价值意象（PUVI）”。

所有这些，都为产品不具备“有相关度的差异化竞争优势（DCECA）”，而又试图打造后进品牌的企业提供了无限可能的机会。专业的“品牌营销策划人”应该帮助它们从确立其产品“有相关度的差异化传播优势（DCETA）”入手，就现有的条件搭建起“品牌营销体系（B-MS）”；继而生成“产品基因（PG）”，转化其“相对竞争优势（RCA）”为“绝对竞争优势（ACA）”；将企业的长远发展立基在可持续发展的产品上，徐图打造品牌。

如此，结合越来越落地的品牌营销时代背景，从明确产品“有相关度的差异化竞争优势（DCECA）”或者“有相关度的差异化传播优势（DCETA）”起步，“品牌”开始“成型”。

“产品卖点概念（PSPC）”及其符号化、文本化、形象化、行为化的表现虽然不适合归属于“品牌”的范畴，但是一方面，它们是“品牌价值”的“形而下”的必要支点；另一方面，它们如今也无法脱离“品牌”独立发挥营销作用；再一方面，“产品独特价值”也必须借助它们，才能成就消费者心目中的“品牌意象”。因此，它们必须和“品牌”融为一体，共同促进当下企业的“品牌营销实践（B-MP）”。

“品牌”首先是产品独特价值的概念化、符号化、文本化、形象化、行为化表达，其目的是最大价值、最大范围地在消费者心目中成型独特性的“品牌意象”。在所有促成消费者内心“品牌意象”的概念、符号、文本、形象、行为中，最先令消费者将个别品牌从众多竞争品牌中区隔出来的是结合着“品牌意象”的“品牌名称（Brand Name，简称 BN）”。

——它是“品牌”的起点和指向，有了它，企业的“品牌”就可以下床，蹒跚起步了。

6-2 宝洁（P&G）女婿聪明的“品牌名称战略”

宝洁（P&G）不是世界上最大市值的公司，却可以说是世界上最大的“品牌营销集群（B-MC）”式公司。目前，宝洁经营的日用消费品品牌有 300 多个，其中年营业额 10 亿美金以上的超过 20 个。[1]

170 多年前，英格兰移民威廉・波克特（William Procter）在美国辛辛那提市（Cincinnati）从事制造蜡烛的生意。与此同时，爱尔兰移民詹姆斯・甘保（James Gamble）也在该市学习制造蜡烛。后来，他们凑巧娶了两姐妹。岳父说服两个女婿合伙。1837 年 8 月 22 日，他们各出资 3 596.47 美元，正式确立合作关系，并于 10 月 31 日签订合伙契约，在辛辛那提市成立宝洁公司（Procter & Gamble），共同生产销售肥皂和蜡烛。

那时候辛辛那提的厂商还都没有品牌意识。每天，码头上来自各地的商贩送来运走各种货物，厂商将包装好的产品凌乱地堆放在货场，

[1] 宝洁_百度百科
http://baike.baidu.com/link?url=i2wl9eTBmbIii5skcJWZvY6JRHNnkD4IEbh6cq4TiNuzN30bs85ASgHr2SBb1VHhM5lePrUYSDewDpBGP3eHZUHgxRSjW5QDbKH8HilA3Xe

等待客户的挑选。

两女婿的生产已经形成了一定规模，却总为一个问题所苦恼，那就是产品从质量到包装都差不多，如何让前来采购的客商在上百堆货物中迅速、准确地找到自己家的产品呢？把这个问题沿血管从大脑到脚后跟想了无数圈之后，他们采用了个很简单的解决办法——在覆盖货物的帆上画一个记号，继而在每个包装盒上印刷一个标志。

随之，产生了一个很奇怪的现象，印刷了标志的货物通常比别的货物销量大！有些客商会不由自主地走到带标志的货物堆前，然后询问是哪个厂家生产的，这个过程完全是下意识的行为。

再后来，为了增加销量，几乎所有的生产商都为自己的产品画上了独特的标志，货运码头又重新陷入了另一种和原来性质相同的混乱之中。

宝洁（P&G）品牌的源头就是那些一开始印在帆布和包装盒上的标志。它一开始是用猪的油脂制作的肥皂和蜡烛的“产品品牌（PB）”。标志的“品牌名称（BN）”是“Procter & Gamble”（俩女婿的名字），它代表的是由波克特和甘保共同生产并销售的肥皂和蜡烛。

随着宝洁（P&G）旗下的产品品类越来越丰富，品牌知名度越来越大，这个“品牌名称（BN）”渐渐地不再代表产品，而是代表生产产品的企业了。宝洁（P&G）于是顺其自然地退居幕后，成了“企业品牌（EB）”：凡是宝洁（P&G）生产并销售的产品，冠上个 Lenox（色松脂洗衣皂）、Chipso（皂片）、Tide（洗衣粉）、Joy（洗洁精）、Blue Cheers（洗衣液）或其他“产品品牌（PB）”的名称，然后备注上“宝洁（P&G）出品”的企业标识，就能够很容易得到市场和消费者的认可。

品牌从一两个人知道到三四个人知道再到千百万人知道，从知名度到美誉度再到信赖度和忠诚度，需要经过至少好几年的过程。期间为了推广品牌，不知要花费多少真金白银。单是一个“品牌名称（BN）”，让千百万人记住，然后在购买产品的时候想到这个品牌，在一百多年前，没有巨万美金砸进去，也难做到。

对于消费者，“Procter & Gamble”这样一个新品牌的“品牌名称

(BN)”毫无价值：和他们发生利益关系的是产品，他们是通过发现、购买、使用产品记住这个“品牌名称(BN)”的；“Procter & Gamble”若不附载在产品上，光凭广告宣传，推 百年也推不出去——人们记住用猪油脂做肥皂卖蜡烛的俩女婿的名字，有什么用呢？

巨省钱，好推广，对企业长远发展大有好处，因此，即使搁在一百多年前，市场上还没有几个品牌，打开品牌知名度相对容易得多的时候，宝洁(P&G)俩女婿先推广一个而不是两个甚至几个品牌，等这个“产品品牌(PB)”做响之后把它顺势转换为“企业品牌(EB)”，支撑其他“产品品牌(PB)”发展的做法，也是绝顶聪明的选择。

当今国内的很多企业，先有一个“企业品牌(EB)”，夹在胳肢窝里藏着，只把企业经营的“产品品牌(PB)”从袖筒里放出来大力推广；等这个“产品品牌(PB)”万一做起来，再用它带动某某产品副品牌，或者标注上“兄弟品牌”“姐妹品牌”“大姨子小姑妈品牌”的称号，带动其他“产品品牌(PB)”(美其名曰：子品牌)的发展，不知道出于什么战略考量？

这样做，藏在胳肢窝里的“企业品牌(EB)”一直没啥知名度，可以说用处不大；想让已经做响的“产品品牌(PB)”带动其他“产品品牌(PB)”，则必须两个牌子的产品品类相关。俩品牌关联性稍微不强，就会做卡壳。若再加上母品牌、子品牌、副品牌、兄弟姐妹七大姑八大姨品牌一大堆，还号称“多品牌战略(MBS)”，搞得企业的品牌乱糟糟的，消费者更不知道啥品牌代表啥产品，啥产品归属于啥品牌了。

要知道，在起步阶段，把“企业品牌(EB)”和“产品品牌(PB)”标识为统一的“品牌名称(BN)”一起推，至少能够省下推广一个品牌的巨额费用；品牌活得时间越长，省得越多，这个大好处是用脚后跟想都能看到的。

实践已经证明，但凡是活到现在的品牌，无论是跨国企业的百年品牌、几十年品牌，如宝洁(P&G)、联合利华(Unilever)、欧莱雅(L'Oréal)、福特(Ford)、通用(GM)、梅赛德斯-奔驰(Mercedes-Benz)、宝马(BMW)、大众(Volkswagen)等，还是国内近二十多年成长起来的本土大牌，如海尔、联想、格力、娃哈哈、汇源、伊利等，一开始都既是“企业品牌（EB）”，又是“产品品牌（PB）”。这些品牌先作为“产品品牌（PB）”被推开来之后，才既作为仍然响当当的“产品品牌（PB）”，又作为顺便响当当的“企业品牌（EB）”，来带动企业的其他“产品品牌（PB）”。

6-3 “品牌名称（BN）”关联企业的百年前途

“Procter & Gamble”作为宝洁（P&G）最初的“产品品牌（PB）”的名称，对于消费者，起了以个人或家族名义担保产品信誉的作用。它代表了一百七十多年前到之后的几十年间，企业的“产品品牌命名”的一个大方向，即企业普遍地用产品创始人的名字或企业所在地的地名，作为“产品品牌（PB）”的名称。这样的“品牌名称（BN）”通常与产品本身能够带给消费者的物质利益及其消费体验无关。

现在世界著名的化妆品牌，雅诗兰黛（Estée Lauder）、HR赫莲娜（Helena Rubinstein）、伊丽莎白·雅顿（Elizabeth Arden），奢侈品品牌香奈儿（Chanel）、爱马仕（Hermès）、路易·威登（Louis Vuitton）、古驰（Gucci），汽车品牌劳斯莱斯（Rolls-Royce）、奔驰（Benz）、福特（Ford）、别克（Buick）等，都是人名。

奥迪（Audi）一开始也是人名，只是由于创始人奥古斯特·霍希本被赶出原公司，他的名字被占用，才用与德语“霍希”意思一样的拉丁语“奥迪”做了新创的公司和汽车品牌的名称。

宝马（BMW）初期的全称是“Bayerische Motoren Werke”，意思是“巴伐利亚汽车制造厂”，来源于地名。

与用人名、地名命名品牌不同，在全球化妆品行业，欧莱雅（L’Oréal）这个“品牌名称（BN）”来源于希腊语“OPEA”这个象征着“美丽”的名词，它体现了产品能够带给消费者的普遍利益。

联合利华（Unilever）的“品牌名称（BN）”一半取自人名“Lever”，一半取自产品名称“Margarine，人造黄油”，它的东家是1929年英国

Lever 公司与荷兰 Margarine Unie 公司签订协议合成的 Unilever 公司。

资生堂（Shiseido）进入中国后的“中文品牌名称”，源自《易经》中的“至哉坤元，万物资生”，涵义为孕育新生命，创造新价值，也体现了产品能够带给消费者的美好体验。

在全球汽车行业，通用（General Motors Corporation）这个“品牌名称（BN）”无疑表明了更大的野心。它直接传达了产品的“普遍适用”的物质属性，表达了通用公司著名的“不同的钱包、不同的目标、不同的车型”的经营战略。

大众（德语：Volkswagen）则直接点明了产品的“目标消费客群（TCG）”，正如同阿道夫·希特勒（德语：Adolf Hitler）在 1936 年曾提出的设想：要生产一种廉价的“大众汽车”，让每个德国人，至少是每个德国职工，都应该有一辆自己的汽车。

还有一个品牌不得不提，那就是地球人都知道的可口可乐（Coca-Cola）。它的“品牌名称（BN）”得自产品原料的两种成分：古柯（Coca）的叶子和可拉（Kola）的果实。现在这个“品牌名称（BN）”在某种程度上，已经成了美利坚合众国的代名。

有意思的是，1988 年，HR 赫莲娜（Helena Rubinstein）被欧莱雅集团（L'Oréal）收购；伊丽莎白·雅顿（Elizabeth Arden）于 1989 年落到联合利华集团手中。劳斯莱斯（Rolls-Royce）、别克（Buick）现在分别为宝马（BMW）公司和通用汽车公司（GM）所有。

更有意思的是，“Procter & Gamble”的中文名“宝洁”，寓意“既宝贝又洁净”；“Ford”的中文名“福特”，寓意“福气特别”；“Audi”的中文名“奥迪”，寓意“奥妙启迪”；“Bayerische Motoren Werke”的中文名“宝马”，寓意“速度飞快、灵动驾驭”……这些原本源自人名、地名，与产品利益点和消费者无关的“品牌名称（BN）”，如今都装扮成了好寓意的指代产品利益点或消费者体验的“品牌名称（BN）”。

欧莱雅（L'Oréal）集团、联合利华（Unilever）集团、株式会社资生堂（Shiseido）、通用（GM）公司、宝马（BMW）公司都是跨行业、多品类的“品牌营销集群型”的航母公司。可口可乐（Coca-Cola）公司目前则是全球最大的饮料公司，拥有全球48%饮料市场占有率，并且在200个国家拥有160种饮料品牌。

经过百多年的优胜劣汰，“品牌名称（BN）”与产品本身能够带给消费者的物质利益及其消费体验无关的那些品牌，似乎斗不过那些“品牌名称（BN）”或者体现了产品的物质利益，或者表达了产品能够带给消费者的美好体验的品牌和公司。这，恰恰符合并预示了品牌命名的朝着更进步方向发展的一个趋势。

6-4 品牌命名的战略方向

■ 6-4-1 品牌命名向前的一大步 ■

品牌命名，从人名、地名开始。以人名命名品牌，首先表达的是企业或产品的创始人以个人或者家族的名誉、信誉担保产品给力的意思。其次更重要的，大约是企业或产品的创始人为自己和家族“树碑立传”的愿望。

这种“品牌名称（BN）”基本上没考虑消费者的产品利益及消费体验，因此很难让消费者主动地记住它。经过一两百年的市场竞争，现在幸存下来的以人名命名的“品牌名称（BN）”在消费者的心目中，更多的是代表某类产品及其消费体验的“形容词”。至于这些“品牌名称（BN）”代表的是什么人，什么家族，只要不用掏钱，消费者并不关心。

以地名命名品牌，一般是因为这个地方的某类产品非常有名，而且这个地方的某类产品之所以非常有名，一般是由于很多企业都在这个地方生产某类产品，形成了“产业集群效应（Industrial Cluster Effect，简称ICE）”。

个别很聪明的企业抢先把某个已经很有名的地名注册了，作为自家生产的产品的“品牌名称（BN）”，或者企业名称，这在以前很常见。不过，现在这种大便宜一般捡不到了。一是该被抢注的地名都已经被抢注；二是相关的法律、法规不允许企业再这么做；三是伴随着经济全球化进程的加快，地方的产品特色很难被全国甚至全世界的消费者认知、认同，企业再这么做，已经不像以前那样容易占到大便宜了。

——一切都在进步，包括品牌命名的方向。

1988 年，广州宝洁有限公司成立。宝洁（P&G）旗下的飘柔（Rejoice）、海飞丝（Head & Shoulders）、潘婷（Pantene）以及舒肤佳（Safeguard）等洗护用品产品品牌迅速进入国内市场。“飘柔”“海飞丝”“潘婷”“舒肤佳”等“中文品牌名称”自不必说，它们直接点名了品类产品的功能基点价值或表达了产品使用的消费者体验。“宝洁”这个“中文品牌名称”也不再代指“俩女婿”，而是扣准了洗护类日用消费品的“洁净”功能。

1986 年 3 月，梅赛德斯 - 奔驰中国有限公司成立，随即将旗下的部分车型引入到中国销售。这时候，“Benz”这个“品牌名称（BN）”，经过音译加意译，不再代表人名，而是进化成了直接点明汽车产品功能基点价值——奔驰。

1994 年 4 月，宝马集团设立北京代表处，标志着宝马集团正式进入中国大陆市场。原来作为“品牌名称（BN）”的“BMW”也不再代表“巴伐利亚”产地，进化成了彰显汽车产品性能基点价值的“宝马”。

除此之外，香奈儿（Chanel）、爱马仕（Hermès）、福特（Ford）、奥迪（Audi）、联合利华（Unilever）、资生堂（Shiseido）等不同行业国际大牌的“中文品牌名称”也都尽量直白地表达产品的客观价值、生理或心理的体验价值，甚至其“产品文化价值（PCV）”。

这种从产品物质属性的基点价值或消费者体验价值出发命名的“品牌名称（BN）”，表明了产品在不同价值基点方面与消费者息息相关的某种利益点，比起以人名、地名命名的“品牌名称（BN）”，自然更容易被消费者识记，也容易推广得多。从企业发展角度看，它能够为企业节省大把大把的品牌传播费用，因此比用人名、地名命名的“品牌名称（BN）”，显然进了一大步。

■ 6-4-2　品牌命名向前的一小步 ■

“产品价值基点（PVB）”有几十个，并各自对应着“产品客观价值（POV）”，其中包含有些成就个体企业生产的产品的“差异化竞争优势（DCA）”。基于它们命名并幸存下来的百年或者几十年品牌都已成为著名品牌了。毕竟，这类品牌名称比用人名、地名命名的品牌名称，先进了一小步。

比如1903年注册的百事可乐（Pepsi-Cola）这个“品牌名称（BN）”中，“Pepsi”来源于一种“酶”的名字——胃蛋白酶（pepsin），该药物最初是用于治理胃部疾病，后来被命名为“Pepsi”。它表明了“百事可乐”的功能基点价值。1946年诞生的Tide，在1995年进入中国后被翻译成“汰渍”，点明的也是其洗衣粉产品的洁净功能。宝洁（P&G）旗下的佳洁士（Crest）口腔保健产品品牌、帮宝适（Pampers）婴儿卫生产品品牌，其“品牌名称（BN）”表达的主要还是产品功能基点价值。

1906年成立于美国康涅狄格州费尔菲尔德县的施乐（Xerox）公司，“品牌名称（BN）”强调了其产品的复印方法是干法复印，区别于当时广泛采用的湿法复印。在希腊语中，Xer这个字根表示“干燥”的意思。1912年创立的夏普（SHARP）公司，作为商标名称源于创始人早川德次发明的首件产品“Ever-Sharp Pencil”，意即“不用削，可永保笔芯尖锐”的铅笔。这两个“品牌名称（BN）”最初表达的是产品的“差异化竞争优势（DCA）”。

1964年，一家名为“UtoteM”的连锁便利店改名为“7-Eleven”，因为那一年它的营业时间延长为从上午7：00至晚上11：00。更改后的“品牌名称（BN）”表达的便利店提供服务的长效，也是“产品”的“差异化竞争优势（DCA）”。

从产品物质属性的客观价值出发命名品牌的最高境界是用产品品类的名称代指“产品品牌（PB）”的名称。这种品牌命名就好比用“美白保湿洁面乳”“三厢轿车”“酱香型白酒”“液晶电视”直接作为“产品品牌（PB）”的名称一样。

比如创办于1975年的微软（Microsoft），比尔·盖茨（Bill Gates）取“Microcomputer software（微型电脑软件）”中两个单词的词头，起初定名为Micro-Soft，后来中间的“-”被去掉了。1982年创建的康柏（Compaq），意为“紧凑型计算机”。“com”为“computer（计算机）”的字头，“paq”意指“pack（紧凑）”。

这类方式命名的“品牌名称（BN）”很霸道，它们让竞争对手的同类产品的“品牌名称（BN）”，无论怎么命名，都好像无法成为该品类产品的代表品牌了。

不过，用人名、地名命名品牌，或者从产品物质属性的客观价值、“差异化竞争优势（DCA）”出发命名品牌，都属于“厂商导向（Manufacturer-oriented，简称MO）”的品牌命名方式。这类“品牌名称（BN）”点明的产品的“客观价值及其竞争优势”能够给消费者带来具体利益或者消费体验，得由消费者自己解读或者联想。

在很多人看来，这没什么大不了的，不就是让消费者“解读或者联想”一下吗？可是，从品牌传播的角度看，就是因为多了这么个“解读或者联想”的环节，企业不知要多花费多少真金白银才能让消费者记住自家的“品牌名称（BN）”，又有不知多少个品牌因为消费者懒得“解读或者联想”记不住“品牌名称（BN）”而倒下了。

在如今成千上万个“品牌名称（BN）”在各色各式媒体里争奇斗艳、眼花缭乱的时代，消费者不仅仅懒得“解读或者联想”，更是不乐意、不情愿，甚至很反感“解读或者联想”品牌名称。如果一个“品牌名称（BN）”不能一下子切中它的产品能够带给消费者的具体利益或者消费体验，而竞争对手的“品牌名称（BN）”能做到这一点，那么这个品牌从命名开始，已经先输了。

■ 6-4-3　品牌命名向前的两小步 ■

比“厂商导向”命名品牌的方式再进一步的是从“消费者导向（Consumer-Oriented，简称CO）”命名品牌。

结合前面章节的分析我们知道，产品除了具有物质属性的客观价值，还能够带给消费者生理的、心理的消费体验，以及某种类型的文化感悟和认知，因此具有“生理体验价值（PEV）”“心理体验价值（VPE）”和“产品文化价值（PCV）”。

如果一个“品牌名称（BN）”能够直接表达某类产品带给消费者的特色消费体验，不管是生理的还是心理的，那么，在品牌传播的时候，它就很难不被消费者记住了。

至于文化类型的感悟和认知，可以从产品的物质属性、体验属性，沿“厂商导向（MO）”和“消费者导向（CO）”双向挖掘，并由此命名品牌。这涉及对“产品基因（PG）”、人们“文化心理”的深刻洞察，以及对“品牌认知原型（Brand Cognitive Prototype，简称 BCP）”这个概念的深度理解等，我们后面再具体阐述。

飘柔（Rejoice）让消费者一看就知道它的洗发液是能够让自己的头发变得“飘逸柔顺”的；清扬（CLEAR）让消费者一看就知道它的洗发液是能够让自己的头发“清爽飞扬”的；帮宝适（Pampers）让消费者一看就知道它的纸尿裤是能够让宝宝裹起来“舒适”的。这些“品牌名称（BN）”点明的都是其产品具备的“生理体验价值（PEV）”。

以相同方式命名的国内品牌则有“相宜本草”化妆品、“宜而爽”内衣、“烧刀子”白酒、“稻花香”白酒、“辣煌尚”方便面（今麦郎旗下子品牌）、“动感地带”移动通信客户品牌等。

产品能够带给消费者的心理体验非常微妙，也很复杂。目前基于产品的“心理体验价值（VPE）”命名的品牌名称一般表达的都是产品能够带给消费者的某种普遍的情感或者精神状态。

在这方面最典型的“品牌名称（BN）”莫过于“可口可乐”了。“可口”两个字点明的是产品给消费者带来的口感的生理体验；“可乐”表达的则是产品能够带给消费者的“快乐的情感体验”。

国内本土品牌中，在这方面最具代表性的应该是“娃哈哈”这个“品牌名称（BN）”。它形象地表达了产品能够带给消费者开心快乐的情感。娃哈哈集团公司总经理宗庆后曾经感慨：“如果没有‘娃哈哈’商标和成功的商标战略，就不会有今天的市场，也就不会有我们企业的今天。”

其他同类型的“品牌名称（BN）”还有丹麦的乐高（LEGO）积木[“品牌名称（BN）”由丹麦文“leggodt”组合而成，意思是“玩得尽兴”]；日本的悠哈（UHA）糖果[“品牌名称（BN）”描绘了“悠适快乐”的精神状态]；国内的美即面膜、美的家电[“品牌名称（BN）”表达了“美丽”“美好”的情感体验]等。

不管是基于产品能够带给消费者的生理体验，还是基于产品能够带给消费者的心理体验命名品牌，“品牌名称（BN）”所表达的企业产品的体验属性都必须符合消费者对于产品的消费体验需求，否则这样的品牌从名称确定的时候起，就把自己导入了死胡同。

2002 年面市的激爽（ZEST）沐浴露用了 3 年时间，烧掉 10 亿巨资广告费，最后死翘翘了，其中最根本的原因在于它从“品牌名称（BN）”确立的时刻起，就没有对准国内消费者的消费体验。[2]

有专业的“品牌营销人”指出，对于 20 世纪 90 年代初才兴起的沐浴露，在 21 世纪初才刚刚普及过半，国内消费者对沐浴露的价值需求更多的是清洁和其他功能享受，诸如清凉、止痒、除菌、滋润、呵护和香味等，而对于激爽（ZEST）所宣扬的洗澡带来的高端心灵体验，国内消费者还远没有产生共鸣。

产品带给消费者的“生理体验”或者“心理体验”，在概念表达上往往你侬我侬地交融在一起，很难区分。比如“清爽”“舒适”“动感”这样的体验，既可以形容头发、肌肤、身体的生理体验，又可能形容的是情绪、情感、精神的心理体验。这对于使用这些概念作为“品牌名称（BN）”的企业来说，反而是件好事，因为它们比那些点明产品物质属性的某方面“客观价值”的品牌名称，一下子先进两小步了。

“品牌名称（BN）”代表了企业的产品，预言着企业的产品及其品牌的未来。同时，我们还能很不小心地留意到：品牌自诞生时

[2] 宝洁 10 亿广告费推激爽失败案例 _ 三亿文库
http://3y.uu456.com/bp-86c380d0240c84476qeaeeaf-1.html，2015-06-29

候起，其产品、标志、价值概念、视觉形象等，就一直处在演变的过程中。个别国外品牌的"品牌名称（BN）"为了适应品牌的发展，可能会稍许改变，比如 Micro-Soft 中间的横杠去掉变成了今天的微软（MicroSoft），Kwanon 为了更容易被不同的地区和文化接受变成了今天的佳能（Canon）。

中文形式的"品牌名称（BN）"最好一百年不变，因为哪怕其中有任何笔画和字体的变更，这个都会立马成为消费者心目中的"冒牌"。因此，"品牌名称（BN）"对于当今国内任何企业的任何品牌的立基和发展，都至关重要。为自己的企业和品牌起个好养活、能养大的好名字，应该是当下国内的老板和高管们，在打造自家的企业和品牌的时候，首先要谋划好的最有战略价值的事！

6-5 找准品牌命名的根基

■ 6–5–1 "品牌名称（BN）"容易被产品甩在起跑线上 ■

1906 年，施乐（Xerox）公司在美国康涅狄格州费尔菲尔德县成立。1948 年，"静电复印术"（Xerography，用于形容复印过程）概念和"施乐"（Xerox，标识产品）这个"品牌名称（BN）"同时推向了市场。

"Xerox"强调了其产品的复印方法是干法复印，区别于当时广泛采用的湿法复印。经过百余年发展，施乐（Xerox）公司如今已成为全球最大的数字与信息技术产品生产商，其复印机市场占有率，特别是彩色机器的市场占有率，占据全球第一的位置。而施乐（Xerox）这个"品牌名称（BN）"，早就延伸了更丰富的内涵，不再表明其产品"干法复印"的"差异化竞争优势（DCA）"了。

1912 年，早川德次发明了首件产品活芯自动铅笔 Sharp Pencil，创立了 SHARP。SHARP 这个"品牌名称（BN）"最早推向市场的时候，体现了其产品的"Ever-Sharp Pencil"，意即"不用削，可永保笔芯尖锐"的"差异化竞争优势（DCA）"，符合消费者当时对于铅笔产品更高的价值追求，因此对于促进产品销售、开展品牌传播都非常有帮助。

后来，追随市场的变化和发展，SHARP 屡次变更、延展其产品，企业也经历了多次转型：从收音机、电视机到综合家电制造，再到综合电子企业。百余年下来，SHARP 已经发展成一个以“发展需求创造型商品”为目标，广泛经营家电、民用以及产业用电子机器的跨国企业。而“SHARP”，早就失去了它原有的意义和价值。

2005 年进入中国市场后，“SHARP”被音译为“夏普”。这个中文形式的“品牌名称（BN）”在国内的消费者听来，只是一个代表品牌及其产品的符号，其原本具有的含义和他们没有半毛钱关系。

UNIQLO 的原意是“服装大卖场”。1984 年，柳井正在日本广岛县广岛市开业 UNIQLO 一号店的时候，这个“品牌名称（BN）”体现了卖场零售服装与当时流行的裁缝店相比，场地更大、服装产品更多、价格更实惠的“差异化竞争优势（DCA）”。不过，卖场这种服装零售形式很容易拷贝，当竞争对手的服装大卖场都纷纷开起来之后，UNIQLO 必须找到其他竞争优势，才能继续发展。

后来，柳井正在改进“抓绒”服装面料上尝到了大甜头，于是集中精力在大众服装面料技术开发上下大工夫，UNIQLO 顺势从原先主要作为一个服装零售的“渠道品牌（CB）”，成功地转变为主要作为一个大众服装“产品品牌（PB）”。而作为“服装产品品牌”，UNIQLO 的“产品基因（PG）”是“领先的大众服装面料开发技术”，原来的“品牌名称（BN）”也不再表明其服装产品的任何价值了。

2002 年进入中国后，UNIQLO 的“中文品牌名称”没有直译为“服装大卖场”，而是音译加意译为“优衣库”。“优衣”是“好衣服”的意思，“库”仍然延续了原“品牌名称（BN）”中“卖场”的内涵。中文形式的“优衣库”，算是在很大程度上，符合了其“产品基因（PG）”价值最大化的指向：为大众提供价廉物美的服装。

“品牌名称（BN）”从用人名、地名命名开始，到后来体现产品物质属性、体验属性、文化属性的基点价值，是百余年来企业命名其“产品品牌（PB）”的进步方向。

不过，正如我们前面分析的，企业产品“有相关度的差异化竞争优势（DCETA）”，特别是其中物质属性的“产品客观价值（POV）”会随着品类产品的更新换代，以及企业产品品类的延伸和转型而不断改变，产品“体验属性”“文化属性”的基点价值也会持续优化、提升。相对应的，企业旗下的“品牌名称（BN）”却基本上固定，只要品牌不死，就一直沿用下去；即使改变了国籍，一旦“洋”名字确定下来也是这样。

在这种情况下，点明产品的价值点、利益点、体验点，或者某方面竞争优势的“品牌名称（BN）”，到后来往往滞后于企业及其产品的发展，最终沦落成一个个单纯的“品牌名称形式”的符号标识，而失去吸引消费者眼球、打动消费者内心、拉近消费者好感、促进品牌传播和带动产品销售的力量。

■ 6-5-2　基于“产品基因（PG）”命名品牌 ■

如何解决企业、产品发展与品牌名称滞后的矛盾，使品牌名称永葆青春活力，这是在品牌命名的时候，就需要解决的“品牌战略（BSS）”问题。

为此，我们首先需要明确的是，企业要靠产品出名，靠品牌制胜。企业推出的第一个“产品品牌（PB）”的名称，最好与企业的名称一致。这样，当第一个“产品品牌（PB）”做响、做大、做出影响力之后，企业的知名度和影响力也同时强大了。就像如今的宝洁（P&G）、可口可乐（Coca-Cola）、欧莱雅（L'Oréal）、联合利华（Unilever）、资生堂（Shiseido）、通用（GM）、宝马（BMW）、娃哈哈、联想、海尔、格力等一样。

之后，企业就能以“企业品牌（EB）”背书的形式，陆续推出其他“产品品牌（PB）”，顺势打造出“品牌营销集群（B-MC）”的航母。而企业确定并推广的第一个“品牌名称（BN）”，就需要立基在企业的产品百年发展的产品最核心的竞争优势上，为企业及其品牌的发展预留出无限空间。

其次，我们需要明确的是，根据欧美发达国家百余年品牌优胜劣汰的发展经验，在每个行业的“品类产品品牌（BC）”中，最终存活下来并且持续发展的，往往只是排名1～2位的品牌。排名再往下的品牌不光产品的市场占有率锐减，其生存空间和环境，也被同品类产品的领导品牌打压得极其局促和恶劣。

因此，企业推出的“产品品牌（PB）”的名称，最好着眼于其品类产品最领先的竞争优势，具有抢占品类产品“第一品牌”的高度和气势，为品牌的将来预留出足够的发展空间。

再次，我们需要明确的是，基于产品物质属性、体验属性的基点价值，直接表明产品能够带给消费者的客观价值和独特体验的“品牌名称（BN）”，很具有促进品牌传播并带动产品销售的力量。只是这类“品牌名称（BN）”一旦确定并推广开来，容易局限品牌及其产品的发展。

比如现在飘柔（Rejoice）旗下的洗发水产品只能是使头发“飘逸柔顺”的，如果它再推出“不飘柔”的洗发水或者其他品类产品，消费者就不会认可；帮宝适（Pampers）旗下只能是使宝宝“舒服适宜”的产品，如果它再推出不“帮宝适”，而是“帮爹”“帮妈”“帮爷爷奶奶”或者使宝宝强壮、聪明、活泼的产品，消费者也很难认可。

而且，这种“品牌名称（BN）”主打的消费体验如果走偏，不符合消费者当下的需求，其品牌和产品容易被消费者冷落。就像在中国市场上，激爽（ZEST）沐浴露耗3年砸10亿媒体传播费用仍然令消费者不激不爽，只能黯然退市一样。

这类“品牌名称（BN）”是否启用，要根据企业的发展阶段和产品战略确定。一般它们不适合做企业的第一个“产品品牌（PB）”的名称，对于已经实施“多品牌战略（MBS）”的大企业更加合适些。

最后，我们需要明确的是，“品牌名称（BN）”对于企业来说，是一笔固定不变、百年传承的资产。同时，在当今各行各业的“产品品牌（PB）”成千上万，品牌竞争无比激烈的情势下，“品牌名称（BN）”必须直接点明产品“有相关度的差异化竞争优势”的价值点、利益点、体验点，才容易传播。而任何品类产品这样的价值点、利益点、体验点，都处在不断改进，甚至更新换代的变动中，基于此命名的“品牌名称(BN)”很容易被产品甩在品牌发展的半道上。

只有企业的“产品基因(PG)”才是相对稳定的，而且一直支撑着企业产品最核心的竞争优势不断地优化升级、更新换代。“品牌名称(BN)”最好基于企业的“产品基因(PG)”确定下来，才能既长期明确地表达企业产品的最大化价值，又能永葆青春活力地发挥其针对消费者、相对于竞争对手的传播优势，还能长期指导企业的产品沿着稳定的方向无限延展。

因此，我们不管做第一个、第二个及其以后的“产品品牌(PB)”，或是沿“厂商导向(MO)”，基于产品物质属性的客观价值，还是从“消费者导向(CO)”，基于产品的生理、心理的体验价值命名品牌，最好沿企业“产品基因(PG)”价值最大化的指向出发。

“产品基因(PG)”可能是产品传承多年的传统工艺，也可能是产品的原材料、独家资源或者“核心技术(CT)”，还可能是产品的“应用技术(AT)”、原创设计等。基于此，企业当前的产品在某些价值基点方面具备阶段性“有相关度的差异化竞争优势(DCECA)”，并且可持续地升级、延伸，甚至跨品类发展。

不过，大多数企业在创立初期，甚至成长的童年、青少年阶段，一般确定不下稳定而长远的产品发展战略，也很难具有先进的“产品基因(PG)”。很多企业采用你有、我有、大家有的原料、工艺、应用技术或设备生产产品。更多的企业，则靠代工、仿造甚至假冒别人家的产品过日子。

这样的企业没有“产品基因(PG)”；即使有，也是从别人家的试管里移植来的，根本不具备令产品自我创新、裂变、聚合、演化的生命力。因此它们打造品牌，只能围绕产品某些价值基点具备的与品类竞品相对差异化的价值点、利益点、体验点，在竞争对手的媒体传播没有到达，或者传播力度不够的市场角落里寻找概念做包装。

由于欠缺产品根基的制约，在尽可以驰骋想象的概念空间，它们往往习惯于选用高、大、上，同时假、大、空的组词做“品牌名称(BN)”。

由此衍生出的“品牌和营销价值概念”和“品牌和产品形象”,则尽可能呈现得花枝招展、云蒸霞蔚、富丽堂皇。

——这种“品牌和营销现象”,经过近二三十年的发酵,在当代中国各行各业的市场领域、媒体空间、渠道终端,已经成为企业的“品牌和营销(B&M)”的主流气象。

■ 6-5-3　品牌命名的三个思考维度 ■

对于已经具备了“产品基因(PG)”的企业,其“产品品牌(PB)”的命名,则需要解决“产品基因(PG)”如何通过“品牌名称(BN)”的概念表达而实现其“品牌营销价值(Brand Marketing Value,简称BMV)”最大化的问题。为此,我们可以沿着三个维度展开思考:

一是时间维度。企业当下的产品,通常品类、功能、性能、市场占有率等都不足以具备品类第一品牌的竞争优势和综合实力,但是由于生成了“产品基因(PG)”,当下的产品就具有了可以无限提升、延展甚至跨品类发展的基础。企业旗下的“产品品牌命名”就可以着眼未来,表明其“未来产品集群(Future Product Cluster,简称FPC)”能够呈现的最大化价值。

二是空间维度。企业都是从一地创立,其产品也一般从乡镇、城市逐步卖到全省、全国乃至全球的消费者。企业旗下的“产品品牌命名”也应该突破地域局限,表达其产品未来在更大空间所展示的最大化价值。

三是产品自身的维度。企业的产品都具有物质属性、体验属性、文化属性的价值。“产品品牌(PB)”的命名如果能够打破企业产品物质属性的限制,表明其产品能够带给消费者普遍的生理体验,情绪、情感、精神方面的心理体验,甚至产品未来创造的相对于消费者、社会乃至全世界的文化价值和意义,则通过“品牌名称(BN)”的概念表达进一步提升了“产品基因(PG)”的价值。

史蒂夫·乔布斯(Steve Jobs)一直致力于用科技产品改变世界。1976年,他选用“牛顿的‘APPLE’”作为公司及其电子、电脑产品的

“品牌名称（BN）”。这个“品牌名称（BN）”蕴含了企业的电子、电脑产品将要创造的相对于全世界的划时代价值。

为了要高出前雇主“全国现金出纳机公司”一筹，1924 年，托马斯·沃森（Thomas J. Watson）将他的公司名称确定为“国际商业机器公司（International Business Machines，简称 IBM）”。这个“企业及其产品品牌”的名称在空间领域表达了更大的野心。

化妆品装扮了人们的美丽；“美丽”又可以代指人的心情。1907 年，欧仁·舒莱尔（Eugène Schueller）将他的第一款染发剂产品定名为欧莱雅（L’Oréal）。电脑延伸了人类的大脑和想象；“联想”属于人的心理活动。1984 年，以中科院为后盾，基于企业的 PC 产品未来展现的价值，柳传志将他带领的“企业及其产品的品牌名称”确定为“联想（legend，英文含义为传奇）”。饮料使人们开心快乐；“快乐”是人的情感体验。1987 年，宗庆后将他的企业及其儿童饮料产品取名为“娃哈哈”。

——这三个“品牌名称（BN）”表明了企业产品能够带给消费者普遍的心理体验。

品牌命名从三个维度考量，并不是说命名的“品牌名称（BN）”只符合其中一个维度，而是结合三个维度命名品牌。

事实上，企业的产品沿“产品基因（PG）”方向升级换代、跨品类延展、销量增加，必然会对越来越多的消费者、社会乃至国家、世界产生普遍的价值和意义。瞄准“未来产品集群（Future Product Cluster，简称 FPC）”命名品牌，其“品牌名称（BN）”不管表达的是产品物质属性的价值，还是体验属性的价值，都会蕴含企业产品的“文化体验价值”——从这个角度看，一、三维度是相通的。

苹果（Apple）、欧莱雅（L’Oréal）、联想、娃哈哈都是天生蕴含了企业的“产品文化体验价值（PVEC）”的“品牌名称（BN）”。随着它们产品的影响力日益扩大，前三个品牌都已经是“国际苹果（Apple）”“国际欧莱雅（L’Oréal）”“国际联想（Lenovo）”，最末一个也早就不再是“杭州娃哈哈”或者“浙江娃哈哈”，至少是“中国娃哈哈”了——这样一来，三个维度都相通了。

至于“国际商业机器公司（IBM）”，这个“品牌名称（BN）”只是交代了企业的产品属性，并没有表达产品的任何客观价值或者体验价值，因此天生不具备企业产品的“文化体验价值”。近百年发展下来，“IBM”已经不指代商业打字机、文字处理机、列表机、计算表、唱片等产品，而演化为一个偏离了本来意义的“品牌符号”，仅代表“信息技术和业务解决方案”及其企业，因此它实际上是一个滞后于产品及其企业发展的“品牌名称（BN）”。

还有一些“品牌名称（BN）”，它们与其产品关联性不强甚至毫无关联，但是这似乎并不妨碍它们迅速强大直至具有国际影响力。像“华为”的字面意义为“中华有为”，“中兴”的字面意义为“中华复兴”，“华润”的字面意义为“润泽华夏”……

不过，这类“品牌名称（BN）”的命名也具有一定的进步倾向。仔细咂摸一下，我们会品味到这些企业的开创者们在创业之初就为自家企业立定的远大理想、抱负和爱国情怀，以及他们希望通过产品创造的相对于国家、民族的普世价值与社会意义。因此，它们也先天包含了“文化价值”。

基因（DNA）是1975年才出现的概念，即使到柳传志命名“联想”的1984年，“产品基因概念”也没有被广泛地运用于“品牌和营销（B&M）”领域，更别说以它为根基命名品牌。但是，苹果（Apple）、联想（legend）、英特尔（IBM）、欧莱雅（L’Oréal）、娃哈哈这些品牌的命名无意中切合了将企业的“产品基因（PG）”价值最大化概念表现的三个维度。

如今，品牌传播竞争比联想创立的时期要激烈千万倍。命名品牌，一方面更要把根基立在产品最深刻的竞争优势——“产品基因（PG）”上，另一方面要把这种竞争优势价值最大化地概念表达。当然，不同“产品品牌（PB）”的命名，要从企业及其产品的发展现状出发，盲目地上天入地，动不动就全球、国际，只会从“品牌名称（BN）”确立开始，就打造出一个“品牌和营销（B&M）”的虚壳。将来涌现的无数新“品牌名称（BN）”，或许应该多一些联想，少一些虚幻和浅薄。

6-6 命名品牌先界定产品档次

■ 6-6-1　品牌命名分档次的必要性 ■

劳斯莱斯（Rolls-Royce）是世界顶级豪华汽车品牌。一辆“RR”汽车，最便宜的几百万，贵的几千万甚至上亿。宾利（Bentley）、玛莎拉蒂（Maserati）、保时捷（Porsche）的汽车也都成百上千万，同属于豪华汽车品牌的阵营。迈巴赫（Maybach）、法拉利（Ferrari）、兰博基尼（Lamborghini）、布加迪威龙（Bugatti Veyron）、阿斯顿·马丁（Aston Martin）则属于世界超级跑车品牌阵营。这些品牌大多数普通消费者都没听说过，即使在大都市的街头偶尔见到了，也只是瞬间被惊艳了一下。

大众消费者都熟悉而且感到很高不可攀的奔驰（Benz）、奥迪（Audi）与它们相比，只能算是中高档汽车品牌。至于丰田（TOYOTA）、本田（HONDA）、福特（Ford）、别克（Buick）、大众（德语：Volkswagen）、雪佛兰（Chevrolet）等，只好屈居于中端、中低端，其产品号称“经济型”家用轿车。国产的吉利（GEELY）、奇瑞（Chery）、比亚迪（BYD）等汽车品牌则很不好意思地垫底了。

除了垫底的国产汽车品牌，上述被列入不同档次阵营的国外汽车品牌的名称，一开始无一不是该品牌创始人的名字。而且这些品牌创始人在活着的时候大多是汽车技师、设计师身份的平民百姓，并非传承三代以上的皇室勋贵或者豪门贵族。所以单从“品牌名称（BN）”看，这些汽车品牌并没有高、中、低档次之分。

之所以我们现在听到这些“品牌名称（BN）”，就自然地把它们划归在某个档次，然后对其中顶级的“品牌名称（BN）”由衷敬仰，对中高级的“品牌名称（BN）”自然艳羡，然后对中端、中低端的“品牌名称（BN）”感觉不错，对垫底的“品牌名称（BN）”则脸面一哂，觉得失面儿，主要是因为多年以来，这些品牌的汽车产品持续发酵，以及它们的品牌方努力宣传所造成的综合影响。

“品牌名称（BN）”本身并没有高低贵贱的档次之分，但是企业基于产品，可以把它们提炼得有高低贵贱的文化内涵，这是百余年来品牌发展趋势的一个表现。

现在，品牌的传播竞争异常激烈，而产品在一开始研发、生产出来的时候，就自然具有了高、中、低档次的属性。

一方面，为了让品牌一经传播、抵达消费者，就能够让消费者区分出品牌的档次；另一方面，为了让品牌传播的概念更适合"目标消费客群（TCG）"认知、理解、认可；再一方面，为了让"目标消费客群（TCG）"在消费品牌及其产品的时候，感觉符合自己的身份、地位、情趣、喜好等；现在的品牌在一开始命名的时候，就非常有必要通过"品牌名称（BN）"体现出该品牌及其产品的档次差别来。

这样，品牌命名合乎产品档次的"品牌名称（BN）"在传播推广的时候，就容易被"目标消费客群（TCG）"接受并认可，在以后不知多少年的品牌传播的过程中，能够为企业节省无穷大的执行费用。

■ 6-6-2 "品牌名称（BN）"档次差别的文化渊源 ■

"品牌名称（BN）"都是字词概念。字词概念本身有档次之分吗？自然是有的。不管在哪个国家，人类文明都经历过漫长的社会等级严格划分而且等级壁垒分外森严的历史时期。现在，即使在号称最自由、平等、民主的西方发达国家，个人的身份，人们衣、食、住、行所使用的一切，也不能说没有等级的差别。用来标识不同等级的人或事物的传承下来的字词概念，因此其本身也具备了高、中、低档次的属性。

比如从过去人的身份上看，"皇帝"是世俗社会中尊贵至极的概念，比皇帝更贵重的人没有了，只有"神""上帝""真主""佛祖"这些非世俗的身份。从皇帝往下，有"王""公""候""伯"等世袭的贵族身份。为他们打工的臣子，则有"一品""二品""三品"等的等级划分。

然后，不同等级身份的人的住处、办公地、游玩地，就有了档次不同的称谓：最高档次的被称为"宫""殿""苑"，皇帝和家人还有神仙住用的；往下有"府""公馆""山庄""堂""衙"等；老百姓住用的叫做"屋"，老百姓可以玩的地叫做"街坊""胡同口"。

不同等级的人吃的饭菜，档次不同，称谓有别：最贵重的被称为“御膳”“国宴”；往下有“宴席”“堂吃”；老百姓的叫做“糟糠”“白饭”“咸菜疙瘩”。不同等级的人穿的衣服，档次与称谓也不一样：最贵重的被称为“龙袍”，皇帝穿的；官员穿的被称为“官服”；老百姓的叫做“布衣”“褂衩”。不同级别的人代步的工具，还有档次不同的称谓：最贵重的被称为“辇”，帝王乘的；一般贵重的被称为“轿”，当官的坐的；老百姓的叫做“腿”。

近二三十年来，各行各业的中高端及其以上品牌，基本上是欧美发达国家跨国企业的大品牌。国内本土品牌想做高端，起的品牌名称往往都得是“外国语”形式的，否则国内的消费者不认识，高不上去。比如海尔旗下的高端家电品牌命名为卡萨帝（Casarte）；格力打造的挑战外资品牌的小家电品牌起名大松（Tosot）；娃哈哈推出的一款中高端饮料品牌叫做格瓦斯（Kwas）。

通过中文形式的“品牌名称（BN）”，直接体现品牌及其产品不同档次的，在国内的房地产行业运用的比较普遍和典型。比如北京的“颐和园著”，上海的“檀宫”“汤臣一品”。一听这些名字，就让人感觉每平方米均价至少得十万以上，否则对不起这案名中的“著”“檀”“宫”“一品”这些超级高档的字词概念。

身价过亿的富豪起居在“宫”，千万身家的富人选择“×× 墅”“×× 府”“×× 山庄”“×× 公馆”住住。普通市民则只能挤在“×× 花园”“×× 社区”“×× 花城”“×× 小镇”里窝着，比“园”“区”“城”“镇”高档的“地产项目品牌名称”他们一般买不起，也压不住。

消费者对于字词概念的兴趣、认知和理解是有文化的差异度和层级性的。通常，越是抽象的、深刻的、文化底蕴丰富的，让人打眼一看不大懂，稍稍品味觉得其中有深意，再反复回味认为意蕴无穷的字词概念，越能赢得高端消费群体的认可，而且显得高档；越是形象的、浅显的、一目了然的，让人打眼一看就懂，再反复回味仍是那样的字词概念，越容易讨低端消费群体的喜欢，而且觉得亲切。

人们对于字词概念的倾向性不同，和对于音乐的喜好有差距同源同理，这一点早在古代就被聪明人点破并且记录下来了。汉代刘向《新序》卷二《杂事第二》是这样描述的："辞客有歌於郢中者，其始曰下里巴人，国中属而和者数千人。其为阳陵采薇，国中属而和者数百人；其为阳春白雪，国中属而和者数十人而已也。"然后从那个时候起，"阳春白雪"就被用来代指曲高和寡的高逼格的文化精英，"下里巴人"则被用来代指普通消费者了。

产品有档次之分；字词概念有档次之分；消费群体也有档次之分。从传播角度看，用不同档次的字词概念组合成的"品牌名称（BN）"适合不同档次的人群。

由此，产品的档次界定决定着"品牌名称（BN）"的档次归属，决定着品牌及其产品的"目标消费客群（TCG）"档次的划分，决定着产品的价格。"品牌名称（BN）"只是品牌及其产品档次的一个字词概念表现。

由此，一个"产品品牌（PB）"在做起来之后，企业如果再推出与其档次不同的产品，就不适合再用这个"品牌名称（BN）"了，必须另命名一个适合产品档次和消费者档次的"品牌名称（BN）"，代表新产品。否则，就容易把高档次的品牌做低，低档次的品牌做虚，最终会因为品牌档次属性的混乱而把品牌做瞎。

■ 6–6–3　当代"品牌名称（BN）"的"档次归位" ■

品牌的一个根本作用是给产品增加附加值，提升产品的价格。出于最大化盈利的目的，企业往往倾向于把产品和品牌尽量往高端定位。自 20 世纪 90 年代以来，越是在产品的科技含量不高、标准量化不够清晰、同质化严重，而产品单价又容易拉高的行业，企业虚高其产品和品牌档次的行为就越普遍。由此衍生的一个普遍现象就是无底限、无节操、无限高大上的"品牌名称（BN）"在这些行业泛滥。

又由于外国大品牌基本垄断了国内各行各业的高端品牌，以至于无论在餐饮食品、服装鞋帽、化妆品，还是家装家纺、建材卫浴、五金家电等行业，中国本土企业在打造各自的"产品品牌（PB）"的时候，养成了用"洋名字"命名品牌的习惯。于是假洋品牌、伪洋品牌、仿洋品牌盛极一时。

在外国大品牌难以涉足的房地产、白酒行业，中文形式的“高端、超高端品牌名称”随处可见，这极大地激发了国内企业界和广告界的精英们挖掘中文字词、创新中文概念的潜力。

在房地产行业，地产项目品牌的案名诸如帝宫、天府、鸿坤、龙德、玺尊、御苑之类已经把极贵的中文字词用脱力了。白酒行业因为特重视品牌及其产品的历史传承，很多沿用多年的、从字面上看不怎么贵重的“品牌名称（BN）”不好变动，于是就在新打造的“产品品牌（PB）”，或者老品牌的子品牌、副品牌的名称乃至产品标识上下工夫：比如白酒行业的老大贵州茅台，另推出的品牌有王子酒、神舟酒、财富酒、名将酒、名门酒、殊荣酒等；泸州老窖隆重推出了国窖系列，还在国窖后面加上个“1573”，借年代来提升“品牌名称（BN）”的贵重；洋河大曲则打造了著名的蓝色经典系列——“天之蓝”“海之蓝”“梦之蓝”，着实迷倒了广大的中高端酒民……

白酒行业普遍仿用的产品标识有表示年份的“10年”“30年”“50年”等，表示星级的“三星”“四星”“五星”等，表示储藏的“典藏”“封藏”“国藏”等，表示包装材质的“木珍”“朱砂”“樽瓷”等。总之，从字面上看，怎么让消费者觉得“贵”怎么命名，然后“品牌名称（BN）”能让消费者觉得值多少钱，市场价就标多少，有时候还在价格标签上的数字后面再加个“零”。

至于产品，企业都知道研发改进、升级换代起来非常难，要耗费大量人力、物力、财力和宝贵的时间，新品上市后还容易被竞争对手模仿了去。既然虚高产品和品牌的档次，无限制、无节操地拉高产品价格还能让很多有钱的消费者“呼啦啦”地买，企业还下苦工夫钻研产品干吗？于是，国内各行各业企业的“品牌和营销”做得无比异彩纷呈，“品牌名称（BN）”起得无比尊贵炫目，而且一波又一波地前赴后继，一波更比一波“贵”。

但是，本土品牌的产品底气自始至终矮发达国家国际大品牌的一截。与此相呼应的是，在国内，本土品牌做大做强做到能够与发达国家的国际大品牌在高端较量高下的没几个；在国外，“中国制造”越来越风靡全球，但是中国本土品牌始终难迈出国门。

国内的消费者只是缺少些辨识品牌和产品的经验，但是并不傻。二十多年以来，他们已经积累了足够多的被忽悠了买虚高品牌及其产品，然后头回来用着很伤心，知道被忽悠了之后更伤心的教训。

现在的中国，信息科技进步飞快、互联网普及、自媒体兴起、国内的民众，特别是年轻一代的消费者，普遍学会了运用先进的媒体资讯工具辨识意向品牌及其产品的能力和习惯。他们对品牌及其产品的消费在二十多年的越来越理性之后，猛然间质变得更理性了。

然后，那些多年来虚高品牌及其产品的档次总算还没倒下的企业，也开始认识到，它们在赚了大钱的同时，已经严重伤害了消费者和自家的"产品品牌（PB）"。只有那些持之以恒地把产品做扎实，把"品牌营销（B-M）"做得有良知的企业，才始终步履稳健地越做越大，而且逐步积聚了问鼎高端，参与国际市场竞争的底气和实力。

归根结底，产品的档次界定决定着品牌的档次定位，决定着"品牌名称（BN）"的字词概念取向。是时候让新产品的档次界定及其品牌的命名脚踏实地了。

■ 6-6-4 "品牌名称（BN）"档次归位的实战应用 ■

企业界定产品档次，可以分别沿着其产品的各个价值基点出发，在同类竞品中，先框定一个先进标准的制高点，再框定一个落后标准的最低点，两者之间拉出多条"价值基点测评线"，然后把自家产品对应的"产品基点价值（PVB）"的额度定格在这条测评线上。

每个品类的产品都有十数个价值基点，当所有"产品基点价值（PVB）"的额度都标注在测评线上，它们的平均值就能界定出该产品在同品类竞品中的档次。而且，企业还可以通过这个动作发现其产品"有相关度的差异化竞争优势（DCETA）"落脚在哪个或者哪几个价值基点上。

之后，企业就可以准确地界定其产品的"目标消费客群（TCG）"的档次，并以此为指导，基于其"产品基因（PG）"，价值最大化地概念表达其"未来产品集群（FPC）"的客观价值或者体验价值，命名其"产品品牌（PB）"了。

产品档次界定测评表

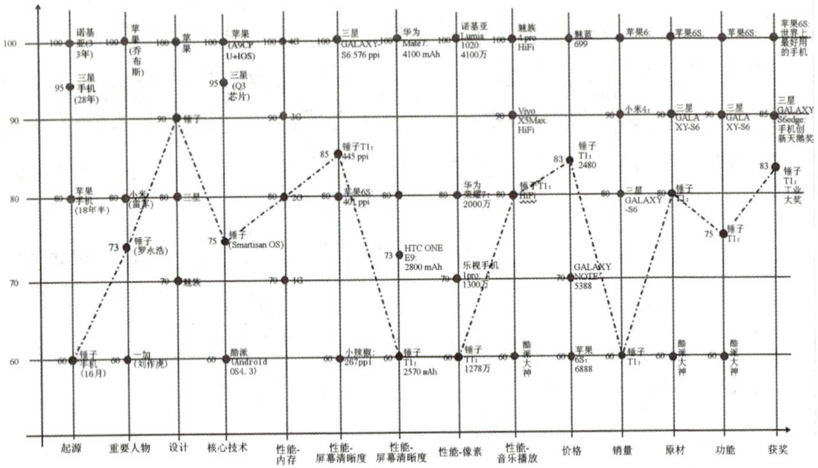

选取智能手机的 14 个“产品价值基点（PVB）”：起源、重要人物、设计、核心技术、内存、屏幕清晰度、电池容量、像素、音乐能力、价格、销量、原材、功能、资质，其各自对应的“产品基点价值（PVB）”的最高额度取 100 分，最低额度取 60 分，以锤子 Smartisan T1 手机与其他品牌代表机型对比。

锤子 Smartisan T1 手机的“产品基点价值（PVB）”的额度平均 75 分。结合智能手机“产品基点价值（PVB）”的最高额度 100 分、最低额度 60 分、中端额度 80 分的档次划分。锤子 Smartisan T1 产品适合界定在中低偏上一点的档次。

在选取的智能手机参照品牌及其代表机型中，iPhone6s 的价格最高，为 ¥6 888 元，魅蓝的价格最低，为 ¥699 元。以 75 分的额度来界定锤子 Smartisan T1 手机的价格，应该在 ¥2 000 元左右。

通过测评表我们还可以发现，Smartisan T1 手机的“产品基点价值（PBV）”的额度得分较高的几个价值基点，除了价格外，依次是设计、屏幕清晰度、音乐性能。这几个“产品价值基点（PVB）”的基点价值，即代表了 Smartisan T1 手机“有相关度的差异化竞争优势（DCETA）”。

在“品牌营销实践（B-MP）”中，沿“产品价值基点（PVB）”指向提炼“品牌营销价值概念（BMVC）”，最好避开强大的竞争对手已经占据了传播优势的“产品基点价值（PBV）”。屏幕清晰度，三星一直强调；音乐性能是步步高 Vivo 的看家本领。所以 Smartisan T1 手机能够主打的“产品价值基点（PVB）”只能是设计，而锤子也正是这样做的。

打开锤子官网，“IF 工业设计大奖”概念及其画面即刻呈现。结合“目标消费客群（TCG）”对 Smartisan T1 手机“漂亮外观”的情感体验，以及 Smartisan T1 手机的“漂亮外观”所凝结的工业精神，用价值概念提升这一产品“有相关度的差异化竞争优势（DCETA）”，就导引出了“工匠情怀”。

以情怀打动“目标消费客群（TCG）”，传播品牌、促进销售，便成了锤子（Smartisan）“品牌营销战略（B-MS）”的最高指向。

6-7 命名品牌须找准“品牌认知原型（BCP）”

■ 6–7–1 “品牌认知原型（BCP）”的“蓝色经典”■

2003 年 8 月，洋河・蓝色经典的“海之蓝”“天之蓝”“梦之蓝”系列品牌及其产品成功上市。之后，国内的白酒市场仿佛刮起了一场绵绵不休的“蓝色风暴”。洋河・蓝色经典全系产品的销售额以年增长 300% 以上的速度膨胀：2007 年突破 10 亿元，创造了国内白酒单个产品品牌的销售奇迹。2011 年，突破 120 亿元，洋河品牌价值跨入中国白酒行业前三，仅屈居茅台、五粮液之后。

2015 年，洋河股份入选福布斯全球企业 2 000 强榜单，整体销售额 23 亿美元、利润 7.3 亿美元、资产 48 亿美元、市值 146 亿美元。其中，蓝色经典全系产品贡献了洋河集团绝大部分销量。[3]

蓝色经典系列品牌及其产品能够被消费者迅速接受，而且销量持

[3] 洋河入选福布斯 2015 全球企业 2 000 强 _ 新浪新闻
http://news.sina.com.cn/c/2015-06-12/071031942897.shtml，2015-06-12

续暴涨，根本原因在于产品过硬。

蓝色经典启动前，洋河酒厂投入大量人力、物力、财力，对市场进行大规模摸底调研。通过对4 325人次目标消费者口味测试，以及对2 315人次目标消费者饮后舒适度试验，综合分析结果后洋河得出如下结论：消费者饮用白酒后最大不适感主要是头痛，其次是口干舌燥。白酒消费市场迫切需要开发“低而不淡、高而不烈、绵长而尾净、丰满而协调、饮后特别舒适”的“绵柔型”新产品。

在此基础上，洋河将总结、提炼出的一整套包括绵柔型白酒特征、优点、工艺要求、微量成分等要素在内的系统理论应用于产品的研发和生产实践，创立了以“非浓香”口感为主的“绵柔型”白酒风格，实现了国内白酒质量的一次质的飞跃。

国内白酒的品质首先决定于具有地方特色的水源、原料、窖池等客观条件，然后是各企业独有的酿造工艺。

高品质白酒的酿造需要特殊的客观条件，而且酿造工艺非常繁琐，周期也较长。现代生物工程技术则已经认识到：酿酒的精华“曲蘖”不过是微生物及其分泌的酶（淀粉酶、糖化酶和蛋白酶等）；酶加速将谷物中的淀粉、蛋白质等转变成糖、氨基酸；糖分在酵母菌的酶的作用下分解成的乙醇就是酒精。

于是，为了适应市场对白酒的大量需求，国内聪明的白酒企业都纷纷引进大酒企的酒精，依据现代生物工程技术对于白酒生产的指导，采用勾兑、勾调的方法造酒，并以此打造自己的白酒品牌。一时间，“配制酒”成为国内白酒市场上的主流产品。

洋河既没有茅台的“赤水河”之甘露、历史文化遗存之古黄泥老窖，也没有五粮液的600多年明代古窖、古传秘方工艺；即使泸州老窖的1573国宝窖池群、水井坊的天下第一坊，随便拿出一个，也能压倒一批像洋河这样的酒厂。

在这种情况下，洋河通过周密的市场调研，运用先进的生物科技，结合传统的酿酒工艺，整合出一套生产“绵柔型”白酒的系统理论，也算是扬长避短地创造出了一种属于自己的“产品基因（PG）”。这种

“产品基因（PG）”根脉扎实，血统先进，可“遗传”，能“变异”，而且面向广阔的“绵柔型”新品类白酒天地成长，因此具有很强的生命力。

新产品界定在中高档次。沿“产品基因（PG）”价值最大化的指向，洋河将其产品能够带给消费者的口感、情感、精神等方面的体验价值概念化提升到了极致，并使之具有了相对于广大“目标消费客群（TCG）”的文化价值与社会意义。

新品牌被命名为“蓝色经典”，其后又细分出“海之蓝”“天之蓝”“梦之蓝”三个系列。这套“品牌名称（BN）”构建或者传达了四个“意象”，其中最大的意象是“蓝色经典”。

我们知道，“经典”指“具有典范性、权威性的，经久不衰的万世之作”。人类进入文明社会以来，但凡创作的至今仍然具有解读、欣赏意义与特殊价值的历史文献、音乐戏剧、书法绘画、雕塑建筑、影视游戏等形式的作品，都是经典。

越是有文化素养的人，对“经典”这个概念的理解就越是深刻。可以说，在每个文化精英的心目中，都珍藏着若干个甚至无数个“经典”。当这些“经典”被涂上“蓝色”抵达他们的内心，会瞬间激发起他们对于“蓝色经典”的无穷联想，同时激起他们清绮灵秀、睿智典雅的丝丝愉悦的心理体验。

这种独特的心理体验再经历过洋河酒“绵柔”的感官刺激，便会越发地发酵、丰腴起来，滋润得“蓝色经典”的“意象”更加繁复缥缈。同样，“蓝海”“蓝天”“梦”这三个意象，也早已潜伏在无数文化精英的内心深处，只待被现实中的“触点”（概念的、形象的、行为的等）激发、共振起来。

像“经典”“蓝海”“蓝天”“梦”这样早就存在于无数人内心深处的“意象”，一经激活，它们同时能够促进消费者对于结合它们命名的“品牌名称（BN）”或其他品牌价值概念、理念、形象等的认知和认同，对品牌建设与传播起到巨大的推动作用。我们可以把它们称为“品牌认知意象原型（Brand Image Prototype，简称 BIP）”。

“蓝色经典”“蓝梦”这样被创新出来，而又被广大的消费者接受、认可并留存于心底的潜在意象，则属于品牌建设者创造的“品牌认知意象（Brand Cognition Image，简称 BCI）”。这样的“意象”在广大消费者的内心留存得久了，一经激发立即唤醒；或者无需激发，偶尔也在某些消费者的心头自然泛起。这时候，它们就转化成为新的“原型（Archetype）”。

■ 6-7-2　结合“品牌认知原型（BCP）”命名品牌的“财富效益”■

“品牌营销（B-M）”是一种深刻的心理学实践。“原型”即是瑞士心理学大师卡尔·荣格（Carl Gustav Jung，1875-1961）思想体系中的支柱性概念。

荣格将人的心灵结构分为层次分明的三个部分：意识、个人无意识、集体无意识，并且将个人无意识称作“情结”。照荣格看来，个人无意识不是人格中最深的层次。他说：“个人无意识的内容主要是由名为‘带感情色彩的情结’所组成的，而集体无意识的内容则是所谓的‘原型’。”[4]

在荣格所识别和描述过的众多“原型”中，有出生原型、再生原型、死亡原型、智慧原型、英雄原型、大地母亲原型，以及许多自然物如树林原型、太阳原型、月亮原型、动物原型，还有许多人造物如圆圈原型、武器原型等。此外，荣格对人格面具、阿尼玛和阿尼姆斯、阴影、自性等原型给予了特别注意。

正确理解荣格的“原型理论”，有一点十分重要，就是“原型”不同于人生经历过的若干往事所留下的记忆表象，不能被看作是在心中已充分形成的明晰的画面，比如母亲本人的照片，或某一女人的照片等；它更像是一张必须通过后天来显影的照相底片。

荣格说，“在内容方面，原始意象只有当它成为意识到的并因而被意识经验所充满的时候，它才是确定了的。”所以，“原型”作为“照相底片”，拥有生成具体意象的能力，然后生成具体意象后才会被意识所察觉。“原型”可以生成丰富多彩的表层，也就是我们在文化艺术作品

---

[4]［美国］卡尔文·S. 霍尔，沃农·J. 诺德拜 . 荣格心理学纲要 . 郑州：黄河文艺出版社，1987

中看到的意象；透过这些细节化了的意象，我们又可以把握住抽象的东西——“原型”。

“经典”“蓝海”“蓝天”和“梦”，都是消费者内心中具有“照相底片”功能的“原型”。蓝色经典系列产品品牌的名称，属于结合这些“原型”命名的“品牌名称（BN）”。它们一旦通过传播抵达消费者，就能够瞬间激发消费者内心中的“显影剂”发挥作用，使这些“原型”显影出各自鲜活的意象，同时令消费者产生微妙的情绪、情感、精神方面的愉悦体验。

将荣格的“原型”概念简单化地延伸运用，那些已经存在于广大消费者的“集体潜意识”中，能够被用来建设与推广品牌，并促进相关“目标消费客群（TCG）”认知、认同品牌的概念、理念、文化体系，我们可以分别称之为“品牌认知概念原型”“品牌认知理念原型”和“品牌认知文化原型”。

这几类“原型（Archetype）”，可以简单化地理解为影印了某些“概念”“理念”“文化体系”的“照相底片”。一旦被激发，它们会各个鲜活地显影出来，被意识觉察，驱动人们的品牌认知、认同或者消费行为。

结合“品牌认知概念原型”命名的“品牌名称（BN）”包括“同仁堂”“金六福”等。

“同”和“仁”都是备受中国传统知识精英推崇的概念：“同”即“大同”，是中国古代对理想社会的一种称谓，相当于西方的“乌托邦”，出自《礼记·礼运》；“仁”是一种含义极广的道德范畴，本指人与人之间相互亲爱，孔子把“仁”视为最高的道德原则、道德标准和道德境界。这俩概念都是中国传统文化思想中的支柱性概念，源远流长，至今仍然对当代的知识精英产生着普遍的影响。

“六”和“福”主要针对的是大众消费者。“六”在他们的心目中具有“六六大顺”的含义；“福”则代表着“幸福美满”，是他们对于生活、人生的普遍追求。

用“同、仁”和“六、福”做“品牌名称（BN）”，不需教育，消费者自然理解；不需解释，消费者自然认可；不需强调，消费者自然记忆。而且，他们会自然地融入到“品牌名称（BN）”所标识的具有普遍社会意义的价值诉求中去，为企业的品牌传播和产品销售贡献一份积极的力量。

结合“品牌认知理念原型”命名的品牌名称比如“六个核桃”。

理念是观念、观点的意思。“以型养型”是国内消费者普遍认同的一种观念；“吃核桃补脑”也是国内，特别是北方的消费者普遍认同的一种观念。尽管直到现在，这俩观念也没有很权威的科研机构来公证其合理性，可是很多国内消费者就是认可。有人若想改变他们的这种观念，反而很难。

河北养元集团用“六个核桃”命名它的核桃乳产品，再通过“暗示补脑”的价值背书，迅速在国内植物蛋白饮料市场打开了局面。短短十年，这一单个产品品牌的年营业额已经飙升到了50亿元以上。[5]

结合“品牌认知文化原型”命名的品牌名称比如“生活家·巴洛克”。

巴洛克（Baroque）是古典主义者16世纪下半叶在意大利发起，17世纪在欧洲普遍盛行的一种代表欧洲文化的艺术形式。它在当时欧洲各国的建筑、音乐、文学、服装、家具、绘画等方面，都有非常盛大的表现。

“巴洛克文化”很早就传入中国，20世纪30年代后逐渐蜕变消失，改革开放后被国内膜拜欧洲贵族生活方式的财富新贵们重新拎起来，很快成为“豪富”“奢华”的代名词，备受推崇。

生活家自1996年在国内市场推出“生活家·巴洛克”实木地板品牌及其产品，正好契合了国内新贵们对于“只买贵的，不买对的”贵族标签的需求。其“手工地板”供不应求，企业因此迅速膨胀，很快就挤入了中国地板行业前三。只是由于“巴洛克”品牌拔得太高，与其产品名实不符。近些年国内各行各业的虚高品牌营造的幻境屡屡被戳破，“生活家·巴洛克”的产品也越来越多地在媒体上被暴露出这样那样的毛病。

“品牌名称（BN）”形式上是字词概念。它们在传播到达消费者

[5] 六个核桃的王者之路 _ 搜狐滚动
http://roll.sohu.com/20130111/n363127400.shtml，2013-01-11

的时候，需要经历过一个被识别、认知、认可、生成、留存的过程，才能沉淀到消费者的潜意识中，具备了随时会被唤醒的可能。当一个生僻的“品牌名称（BN）”传播到消费者，若不能触动消费者内心的利益点、价值点或体验点，以及消费者内心的情绪、情感、精神等方面的需求，瞬间就会被消费者抛在脑后了。

反复传播可以强制消费者记住“品牌名称（BN）”，但是需要耗费企业巨量的媒体传播费用。所以，“品牌名称（BN）”最好结合“品牌认知原型（BCP）”命名，然后它们传播到达的时候，恰好能与消费者内心中已有的“意象”“概念”“理念”“文化系统”等共振、显影，生成某种与品牌及其产品相关的价值联想，留存到他们的记忆中。这样的品牌营销行为，才容易产生事半功倍的传播效果。

“品牌名称（BN）”一次性传播生成并且留存的价值联想会在消费者的潜意识中沉淀下去，也许会被彻底遗忘，这也需要企业反复传播来强化。但是，容易识别并且已经被消费者认知、认可的字词概念与需要消费者全新地认知、认可的字词概念相比，反复传播的效果自然大不相同。这除了能为企业节省巨量媒体传播费用外，更能帮助企业在与竞争对手品牌传播的较量中轻易取胜。

另外，由于“品牌认知原型（BCP）”都是在社会群体中流传、沉淀很长时期才能形成，其社会背景的“潜台词”无比丰富，企业可以通过无限多样化的品牌营销动作来丰富、丰满、支撑这些“原型”，将“品牌名称（BN）”及其他“品牌营销价值概念（BMVC）”、符号、形象等扎根于“目标消费客群（TCG）”的“集体潜意识”深处。如此，品牌随时鲜活，随时给企业带来源源不断的财富效益。

■ 6-7-3 “品牌认知原型（BCP）”锁定细分“目标消费客群（TCG）”■

“品牌认知原型（BCP）”本质上是一类“文化范畴”。归根结底，“人”是一种“文化动物”，各自具有“文化心理”。所有人的内心都由数不清的“意象”“概念”“理念”等构建而成，少数文化修养较高的人群还对分门别类的“文化体系”有着各自全面、深入的理解。这些数不清的“意象”“概念”“理念”“文化体系”等日常左右着人们的思想观念、情绪情感、精神状态、言行举止，乃至使不同的人群表现出不同的精神风貌、行为特征。

大多数“意象”“概念”“理念”等是即时生成，或者短暂流行的。只有那些经久不衰、成为经典、流行至今、长期影响不同人类群体的“意象”“概念”“理念”等才能沉淀到这些人类群体的“集体潜意识”中，成为我们所定义的“品牌认知原型（BCP）”。文化修养较高的人群往往沉浸在多重“文化体系”里，他们对其他“意象”“概念”“理念”类“原型”的理解，也往往较普通大众更深切、透彻，还容易迷失其中难以自拔。

古往今来，世界各国的文化源远流长。所以“原型（Archetype）”的种类分国别、分地域、分性别、分阶层、分职业、分爱好、分生活方式……对应着越来越细分的人类群体。

专业的“品牌营销策划人”必须是知识渊博、见多识广、阅历丰富的文化精英，必须善于洞察不同细分人类群体的“文化心理”中潜伏的“品牌认知原型（BCP）”。他们在帮助企业打造品牌的时候，必须首先据此对应着企业及其品牌的“目标消费客群（TCG）”，结合恰当的“品牌认知原型（BCP）”，为企业确定下容易传播、传播得长久、能强力左右消费者的购买行为、战胜竞争对手的“品牌名称（BN）”。这一步对于企业及其品牌的发展而言，其价值无论怎么估量都不为过。

“产品档次界定”先把企业及其品牌的“目标消费客群（TCG）”从收入水平、消费水平、文化品位的角度，对应着竞品，界定在高、中、低，或者超高、中高、中低的某个大类。在当今各行各业的“品类产品品牌（BC）”竞争日益细分的市场，“品牌认知原型（BCP）”则能够帮助企业把其品牌的“目标消费客群（TCG）”切到更精准的范围内，并且牢牢地抓住他们。

越是影响久远、影响人群广泛的“品牌认知原型（BCP）”，带给企业及其品牌的“目标消费客群（TCG）”越庞大，为企业及其品牌创造的价值也越巨大。就像洋河·蓝色经典的“经典”“蓝海”“蓝天”和

“梦”等“品牌认知意象原型(BIP)”,以及我们前面提及的“同仁堂”“金六福”“六个核桃”“生活家·巴洛克”等品牌中包含的各个概念原型、理念原型、文化原型。

也有一些“品牌认知原型(BCP)”的影响范围比较小众,而且在品牌跨地域传播的过程中,渐渐丧失它原有的影响力。但是这并不妨碍品牌在起步阶段,牢牢地抓住一小部分“目标消费客群(TCG)”,为企业累积巨量财力物力,夯实品牌长远发展的基础。

比如已经被中国都市白领推崇为一种倍有面儿休闲方式的“星巴克(Starbucks)”。该“品牌名称(BN)”取自赫尔曼·梅尔维尔(Herman Melville, 1819—1891)的著作《白鲸记》中亚哈船长手下爱喝咖啡的大副的名字。它在传播方面具有先天优势:因为“Starbuck”在美国的文化精英阶层已经是一个家喻户晓的人名,企业在传播它的时候,只不过是唤醒了它在消费者心目中的记忆,同时被唤醒的可能还有这个名词背后的小说情节。

这个时候,消费者不是被动地记忆一个新的“品牌名称(BN)”,而是在温故一个已经潜伏在记忆里很久的人物和故事,而且还很容易对这个代表着记忆里的人物和故事的品牌名称产生亲切感,乐意和它打交道,于是就免不了偶尔去消费一下它的产品了。

同类型比较具有代表性的“品牌名称(BN)”还有“雅虎(yahoo!)”。“yahoo”这个词出自斯威夫特(Jonathan Swift, 1667—1745)的小说《格利佛游记》,指的是一种粗俗、低级的人形动物,它具有人的种种恶习。虽然这个名词有些不雅,但是杨致远在选用它的时候,却更看重它所体现的当时网络上非常流行的“自嘲自讽”的作风,所以仍然坚持用它做了公司和产品的“品牌名称(BN)”。

此外,全球第二大软件公司甲骨文(Oracle),其“品牌名称(BN)”中的“Oracle”是“神谕”的意思;佳能(Canon)来源于它的第一台相机产品“Kwanon”(即“观音”之意);耐克(Nike)源自希腊胜利女神奈基(Nike)……中国的白酒品牌中,“品牌名称(BN)”源自历史文化典故的比其他行业的多,比如兰陵酒、杜康酒、小糊涂仙、孟尝君酒等。

结合“品牌认知原型（BCP）”的“品牌名称（BN）”在具有先天的文化价值、传播优势的同时，往往具备一个先天的弱点，就是难以直接表明其产品物质属性的基点价值，或者体验属性方面的价值点、利益点，不能够在第一时间与消费者的内心建立起利益相关、休戚与共的联结。

现在的消费者在选择星巴克（Starbucks）的时候，向往的是它的咖啡和环境，而不是《白鲸记》中爱喝咖啡的大副；他们在选择佳能（Canon）的时候，不是想得到“观音”的保佑，而是已经盯好了它的某款相机；他们在选择耐克（Nike）的时候，多半与胜利女神奈基（Nike）没有半毛钱关系，而是因为它的运动鞋袜、衣服穿着很时尚，运动起来更舒适……如此，与产品相对疏远的结合“品牌认知原型（BCP）”的“品牌名称（BN）”所富有的文化属性，就在新品牌知名度打响的阶段丧失了爆破性的锐气。

我们仍然看重结合“品牌认知原型（BCP）”的“品牌名称（BN）”具有先天的文化价值、传播优势，更看重它们对“文化细分类型”的“目标消费客群（TCG）”的感染力。这使得它们更具有厚积薄发、后发先至的潜力。

善用“品牌认知原型（BCP）”，更擅长在品牌传播的过程中，不断发扬其“品牌认知原型（BCP）”中所蕴含的文化价值，将是当今企业创建品牌、战胜竞争对手的重量级、核威力武器。

6-8 品牌命名的“三大预留空间”

■ 6-8-1 品牌命名为产品预留发展空间 ■

1997年，史蒂夫·乔布斯（Steve Jobs）回归苹果（Apple），让濒临破产的苹果（Apple）公司起死回生。在乔布斯的带领下，苹果公司研发了“i”系列电子产品，诸如iMac，iPod，iPad，iBook，iPhone等。如今，iPhone已经成为苹果旗下一个具有超级魔力的智能手机产品品牌的名称。它的每一个振动，都能在全世界“果粉”心中掀起巨大的波澜。

对于“iPhone”这个“品牌名称（BN）”的含义，人们也纷纷从各种角度揣测、解读。有人认为，“i”指“我的”，“iPhone”就是“我的电话”；也有人认为，“i”指“智能”，取自intelligence的第一个字母，“iPhone”即“智能电话”；另有人认为，“i”指“创新”，取自innovation的第一个字母，“iPhone”是“创新型电话”的意思。

比较官方的说法是，“i”指“互联网（Internet）”；“iPhone”就是为了适应互联网时代而研发的一系列产品。这反映了乔布斯的一种观念，他认为新时代的任何电子产品如果脱离互联网都难以生存。

依照这种解读，“iPhone”实际上指“互联网手机”，它基于苹果（Apple）的“产品基因（PG）”，不仅首先表明了iPhone相对于传统手机划时代的先进优势，而且在人类通讯产品发展史上，第一次指明了“互联网+手机”的进步意义，更为iPhone产品面向互联网发展腾出了无限空间。

“iPhone”的前面还有个企业品牌“Apple”。“Apple”表达了乔布斯“用革命性的科技产品改变世界”的想法。它为产品提供的发展空间更大：只要是创新、领先的科技产品，都可以归在它的旗下，而且一点也不违和。所以在iMac、iPod、iPad、iBook、iPhone之后，“APPLE”又推出iWatch、iClass等高科技产品，以后还会推出更多。

相比之下，小米（MI）这个“品牌名称（BN）”来自Mobile Internet，表达了小米要做移动互联网公司的愿望。不过这个“小米（MI）”显然把产品限定在移动互联网产品里了。然后它在智能手机之后，一个劲地推出诸如空气净化器、彩虹5号电池等新产品。只是不知道这些新产品与“移动互联”有啥八竿子打得着的关系。

尽管“雷布斯”补充说明，“MI”其次的意思是“Mission Impossible”，小米要完成不能完成的任务；他还希望用“小米和步枪”来征服世界。不过，他的“征服世界”的步伐，现在已经偏离了“MI”最初指定的方向了。

“品牌名称（BN）”的影响是如此之大，以至于产品的发展都不由自主地沿着它的指向。

前面小节我们提到过，“BMW”指代地名，Audi、Benz都源于人名，最初它们没有表明产品的任何优势。不过它们中国化的“品牌名称（BN）”弥补了这方面的不足：

“宝马”具有很深的传统文化的渊源，“汗血宝马”曾经是中国历史上最声名显赫的代步工具，汉武帝为了夺取它甚至还对大宛国发动过两次战争。马是有灵性的动物，善骑者骑着它们可以操控自如、得心应手，比开车不知要强多少倍。也不知道是不是由于品牌名称的影响，“宝马”长期将“极致驾驶乐趣”作为它区隔竞争对手的最核心的“品牌价值概念（BVC）”。

同样，“奥迪”当下使用的“突破科技，启迪未来”也源自其“品牌名称（BN）”。这两大品牌的汽车产品的发展目前都走在了它们的“品牌名称（BN）”的指向上。“奔驰”这个“品牌名称（BN）”只是表明了所有汽车产品的一方面普遍功能，没有凸显自家品牌及其产品的独特优势，所以它针对“很忙碌很奔驰”的商务人士，特意沉淀了些产品“有相关度的差异化竞争优势（DCETA）”。国人把它和“宝马”的区别形象地表达成了“开宝马，坐奔驰”这样一个流行用语。

■ 6-8-2　品牌命名的预留文化空间 ■

除了为产品的发展腾出空间，“品牌名称（BN）”还很有必要具备些自身的文化空间，可供消费者反复解读、品味，以及联想。过于直白、浅露的“品牌名称（BN）”就如同嚼碎的甘蔗一样，很容易被消费者的记忆啐去。

比如国内的搜索引擎品牌，目前有百度、搜搜、搜狗、360、神马、宜搜、有道等。搜索引擎的“产品基因（PG）”通常是“大数据库及搜索技术”。作为搜索引擎产品的“品牌名称（BN）”，最好能表达它们的“产品基因（PG）”的最大化价值。

沿着这一指向，搜搜、搜狗、宜搜都算是尽了努力，只是它们都“搜”得太“白”了，名称味同嚼蜡。有道与搜索有关联，但是把搜索的“道”的价值走“窄”了，弄不好拐个弯就没了“道”；如果理解成“道可道，非常道”的“道”，又虚无缥缈地失去了搜索的意味。360、神马则与其“产品基因（PG）”没半毛钱的关系。

特别是“360”，从“品牌名称（BN）”的指向上看，它指代网络安全产品最合适，一圈划下来，没半点不安全的疏漏，可是它偏偏把产品的发展方向指到搜索引擎上，如此无数条搜索的“道道”划出去，没准就把“圈圈”戳得千疮百孔了。

在搜索引擎产品的“品牌名称（BN）”中，“百度”无疑最具文化空间。“百度”取自中国宋朝词人辛弃疾的《青玉案·元夕》词句：“众里寻他千百度。蓦然回首，那人却在，灯火阑珊处。”这样美妙的意境，能够留给人们无限遐想，让人们回味无穷。

李彦宏解读“百度”这个“品牌名称（BN）”时说：“我从小就喜欢唐诗宋词，对中国传统文化的认同度非常强。当时的想法是，网站的名字要有中文的含义，要让中国人能明白。还要有简单的拼音，能表现搜索的含义，但不能很直接地就叫搜什么，要有文化的底蕴。想来想去，突然就冒出辛弃疾的这句词，当即就拍板了。因为‘百度’两字把我们想要表达的东西全都涵盖了。”

现在，“百度一下”已经成为国内网民的口头禅。如果把它换成“360一下”“神马一下”或者“有道一下”，就会觉得别扭。百度如今占据了国内搜索引擎市场90%以上的份额，不能不说最初确定的这个“品牌名称（BN）”，发挥了巨大的魔力。

■ 6-8-3　品牌命名的预留消费者空间 ■

“品牌名称（BN）”要尽量扩大出“目标消费客群（TCG）”的空间。一个企业的产品要卖给什么类型的“目标消费客群（TCG）”，就得定一个让这个客群轻易识别、容易认知、乐意记住的“产品品牌（PB）”的名称。

李彦宏从“最中国”的唐诗宋词中冒出了“百度”；马云则从“很世界”的《一千零一夜》中捞到了“阿里巴巴（Ali Baba）”。在这方面，马云表现得更像一个天才。

据说当初马云只有50万人民币创业资本，就认为未来的公司应该具有俯瞰世界的眼光和气魄，所以名字也应该是响亮的、国际化的。后来他想到了“阿里巴巴（Ali Baba）”凭着一句“芝麻开门”打开了通往财富的大门，这与他的几张黄页产品对于商家和中小企业客户的价值和意义是相符的。

然后，他问了很多人，几乎所有人都知道《阿里巴巴与四十大盗（*Ali Baba and Forty Thieves*）》的故事。从美国人到印度人，只要懂英语，就能拼出“Ali Baba”。而且，不论语种，发音也近乎一致。就这样，一锤定音，“阿里巴巴（Ali Baba）”被确定为公司的名字，同时也成了公司第一个 B2B 网站产品的“品牌名称（BN）”。

百度、阿里都有巨大的野心，它们的产品一开始就企图网尽所有网民，所以确定“品牌名称（BN）”也尽量不分男女、不分年龄段、不分收入层次、不分职业、不分兴趣爱好、不分群体文化特征，讨所有网民喜欢。

不过，在传统行业，产品市场早就普遍地细分化了。一个企业的某个“产品品牌（PB）”及其产品，已经无法满足高、中、低所有档次“目标消费客群（TCG）”的需求。为了迎合细分市场上不同类型的“目标消费客群（TCG）”的喜好，在品牌传播中赢得竞争优势，企业在为“产品品牌（PB）”起名字的时候，也只好尽量挑选其“目标消费客群（TCG）”最中意的字词概念，组合成“品牌名称（BN）”。

这相当于企业“引刀自宫”，自个儿限制了与自家“产品品牌（PB）”的名称相对应的“目标消费客群（TCG）”的空间。不过，在当今市场竞争无比激烈的情势下，企业在一开始确定其“产品品牌（PB）”的名称的时候，能够找准了“目标消费客群（TCG）”的空间，也算是赢在了起点上。

可口可乐（Coca-Cola）、百事可乐（Pepsi-Cola）、娃哈哈、农夫山泉、美的、美即、金六福等，一听这些“品牌名称（BN）”，就是大众品牌。大众消费市场有多大，它们的“目标消费客群（TCG）”的空间就有多大。如果要抢夺中端及以上“目标消费客群（TCG）”，它们即使推出上档次的新产品，也必须用更高端的“品牌名称（BN）”标识，打造新的“产品品牌（PB）”。

在更细分的产品市场，“产品品牌（PB）”的名称就得适合更细分的“目标消费客群（TCG）”。比如酷派（Coolpad），只能是向往酷哥酷姐、认为自己也应该属于酷酷儿一族的年轻消费群体喜欢；魅族（MEIZU）针对的是年轻一族的音乐潮人；“我的美丽日记”，明显是讨好小清新年轻姑娘消费群体的；雕爷牛腩，则对于自我感觉很拽的不缺钱大叔和仰慕大叔的年轻人有吸引力……

很多字词概念有性别之分、年龄之分、职业之分、品位之分，不同文化特征的消费群体喜欢不同类型字词概念组合成的“品牌名称（BN）”。新品牌、新产品抢占细分市场，擎着个魅力十足的具有细分消费人群情感、性情、风格、文化特色的“品牌名称（BN）”，能够起到开山架桥的“品牌营销效果”。尽管这样会把“产品品牌（PB）”的发展限定在细分类“目标消费客群（TCG）”的空间里了。

■ 6-8-4　百年品牌名称指向百年 ■

预留三大空间命名品牌，单从文字概念应用方面看，品牌名称一般要贴近以下四方面特性：

一是独特，尽量避免被竞争对手模仿。娃哈哈已经注册了系列防御性商标“娃娃哈”“哈哈娃”“哈娃娃”；阿里巴巴（Ali Baba）一开始就将 alimama.com、alibaby.com 域名都注册了。

二是易识记。因此通常“品牌名称（BN）”越是简洁或简单越好。比如数字、色彩既具有辨识度，又容易被消费者记忆，因此常常被企业用来品牌命名。

三是易传播。“品牌名称（BN）”若是诙谐有趣、朗朗上口，可以为企业节省不可限量的媒体传播费用。如果再是结合了特定目标客群的“品牌文化概念原型”命名，这样的“品牌名称（BN）”在这部分客群中就更容易流行了。

四是雅俗共赏。像百度、阿里巴巴（Ali Baba）品牌名称，能让有品的、没品的，有钱的、没钱的，有权的、没权的，各个档次的网民都喜欢。

预留三大空间命名品牌，从结合产品的角度看，沿“产品基因（PG）”价值最大化指向，“品牌名称（BN）”最好能直接点明产品相对于消费者的利益点、价值点，传达消费者的体验，或者表达产品“有相关度的差异化竞争优势（DCETA）”。这样的“品牌名称（BN）”容易传播推广，易于被“目标消费客群（TCG）”识别、记住、喜欢。

预留三大空间命名品牌在现实执行中很难全面兼顾，因此任何“品牌名称（BN）”都有局限性。比如“百度”最适合搜索引擎产品，直接用来做外卖、做钱包实际上不合适；而且它很中国化，较难被国外的网民接受，如何将它翻译成各国的文字，而又不失原本的中国传统文化韵味，对于它的将来会是一个不小的挑战。

“阿里巴巴（Ali Baba）”刚起步时就把野心放到了全世界，与其产品的关联度反而缩得很小，没有直接点明产品的基点价值，所以它后面只好延伸出“淘宝”“支付宝”“聚划算”等子产品品牌。用户和网民一目了然地就知道这些品牌的产品是干吗的，能够给他们带来啥好处，不自觉就把它们收藏了，然后时不时地翻出来用一用。

相比较之下，iPhone 这个“品牌名称（BN）”的“三大预留空间”全都具备。虽然它把产品框在“i+Phone”里了，但即使这样，这个“品牌名称（BN）”指向的发展空间也足够撑起当今世界上最大市值的公司；而且它的后面还有“Apple”做后盾，其他品类产品的发展、延伸自有“Apple”担着。除非以后全人类都不用“Phone”产品了，“iPhone”这个“品牌名称（BN）”才会丧失现有的价值。

目前看来，能够把 iPhone 从地球上取消球籍的，也只有它的东家苹果（Apple）公司。Google 似乎早就流露出了这样的野心，但是它的谷歌眼镜（Google Project Glass）在市场上的表现差强人意。即使把自个儿分拆成一大堆企业，Google 在互联网通讯产品上与 iPhone 的差距也还是那么远。

“品牌名称（BN）”的确立，只是为品牌的系统化建设指明了大方向，夯定了起点。企业打造产品，建设品牌，还有漫长的道路要走。从这里开始，为企业及其品牌的将来预留出足够的发展空间，就成了“品牌名称（BN）”必须要担负起的使命。

娃哈哈品牌的发展空间，指向大众快消市场；百度品牌的发展空间，指向国内搜索市场；阿里巴巴（Ali Baba）品牌的发展空间，指向全球电商市场，甚至聚造财富的一切市场……百年品牌名称的发展空间，指向百年。

7

“品牌广告语（BS）”的前世今生

7-1 “品牌广告语（BS）”的整体没落

■ 7–1–1 “品牌广告语（BS）”的魔力 ■

1970 年，“人头马一开，好事自然来”冒了出来。这句“品牌广告语（BS）”和“浪奔、浪流……”“沧海一声笑，滔滔两岸潮……”“万里长城永不倒，千里黄河水滔滔……”等脍炙人口的影视剧主题曲一起，在 20 世纪八九十年代风靡了全中国乃至全球的华人圈。

因为流行，所以它为该产品创造的“品牌营销价值（B-MV）”非常巨大，后来成为中国最经典的“品牌广告语（BS）”之一。当时因创作了它，时任华美广告公司联合创作总监、被誉为“香港鬼才”的黄霑由此春风得意，紧接着还获得了美国广告界最高荣誉“基奥奖（Clio Award）”。这在那个时候的华人广告界，算是登峰造极了。

香港是改革开放后内地“流行文化”的发源地，我们现在熟悉的香港的天王级歌星、影星大多是那时候开始崭露头角的。黄霑则是香港流行文化的教父级幕后推手。他很清楚人们的内心需要什么，用什么样的文字语言能够影响他们。

“人头马一开，好事自然来”乍一听，很容易让人联想到“开香槟庆祝”的场景。而且，它把“人头马（Rémy Martin）香槟品牌”和人们“希望好事来”的流行心理联结了起来，既形象鲜明，又朗朗上口，所以很快就在消费者心目中抢占了“人头马 = 庆祝的香槟 = 来好事”的优先位置。这足以成为当时事业正处在上升期、多金阶层的香港人都来消费人头马品牌及其香槟产品的理由，后来同样引领了内地的先富阶层消费香槟的潮流。

广告语式的概念包装是为了扩大品牌知名度，提升品牌形象，促进产品的溢价和销售的。毕竟，品牌名称通常只有两三个字，含义和表达力有限，再怎么强调也传达不了品牌的所有价值，再加上很多创立已久的品牌的名称还退化成了没有任何文本含义的字词符号，更不容易被消费者记住并且流传。这就需要用含义足够丰富，而又尽量简洁的一句话来标签品牌，促进品牌的流行。

后来国内企业界和广告界的精英们也认识到"品牌广告语（BS）"流行的重要性，因此打造品牌也都非常重视广告语的提炼和传播。

——"品牌广告语（BS）"由此成为国内企业打造品牌的标配，而且是其中至关重要的一环。

国内从"品牌广告语（BS）"流行到互联网普及前的二十多年间，消费者接触品牌及商品的信息主要靠传统媒体"广而告之"。无论是报纸、杂志、广播、电视还是户外等从来都只叫好，很少披露品牌及商品的负面信息。个体消费者使用了不好的产品，除了用嘴巴埋怨、警醒周边的人，通常不会出于公益目的，"损己利人"地花钱打广告将此类信息通过媒体再扩散。

在这个阶段，人们的消费很容易受广告影响，一看到广告打得漂亮的就相信是大牌了，一听到广告语被口口相传的就认为是名牌了。他们的购买行为常常是沿着以下途径和步骤发生：先是听到、看到广告，接着被广告影响认知品牌，然后购买该品牌的产品。在听到、看到广告和认同、接受广告之间，普遍缺少一个质疑和辨析品牌及其产品的环节——于是乎，他们很自然地着了黄霑等广告人的道，心甘情愿地被一句"品牌广告语（BS）"而诱导消费了。

■ 7-1-2 "品牌广告语（BS）"的三种魔幻形式 ■

国内企业的"品牌广告语（BS）"的提炼，一开始就是主要从传播角度考量的，与产品没有必然的强制关联；而且国内企业界和广告界的精英们联手打造的"品牌广告语（BS）"，要么追求拔高品牌价值，要么追求流行，尽量扩大品牌的知名度，而鲜有能把两者紧密结合起来的。

在这种前提下，随着市场竞争愈演愈烈，"品牌广告语（BS）"的传播竞争逐渐被推向了极致，并且主要促成了以下三种表现：

一是广告语表达的品牌价值无限高，高到穿越时空、超越地球的地步。二是广告语可劲地自夸，夸到自家的产品毫无特色、与人无比雷同的地步。三是广告语毫无底线地贴近、讨好品牌的"目标消费客群（TCG）"，尽可能地表达他们的所思、所想、所感，讨好到失去产品"自我"的地步。

国内的企业界和广告界的精英们唯独缺乏坚守的，就是“品牌广告语（BS）”的“基于产品，又高于产品”的价值操守。

无限拔高品牌价值的广告语，在国内的房地产、白酒、地板、茶叶等行业表现得最极端。究其原因，主要还是因为这些行业跨国企业的大品牌难有机会大举介入的缘故。

其他众多行业，国际大品牌占据着高端、中高端品牌阵营。人家的产品足够硬，企业足够有实力，用看似直白、通俗，但是准确、全面的一句话把自家的“硬实力”表达出来做广告语，就让国内的消费者格外感受到一种强大的气场和力量。

在这种情况下，国内的同行业企业用概念无限拔高自家的品牌价值，然后拿着媒体当喇叭到处喊，很容易相形见绌，被同行或者消费者戳破“美丽的谎言”，只好收敛着些。而在“房、白”行业，扎堆儿肉搏的都是本土企业，大家的产品都差不多，都靠玩概念去拔高品牌价值，谁也不好砸场子戳破别家，所以就都撒欢儿放开了编广告语。消费者一时恍惚被忽悠着去购买产品了，那也是你侬我侬、你情我愿的事。

在“房、白”行业的“品牌广告语（BS）”传播执行这块，这么多年我们看到的是：一个企业打出100分品牌价值的广告语，后起的竞争对手就会想方设法把自家的广告语打出120分，再后来的竞争对手接着会打出180分……更后来的企业不想被超越，索性就把自家的品牌价值通过广告语拔到“无穷分”。

汉语言是如此博大精深，“无穷分”的品牌价值可能会有很多种字词概念表达方式，足够当下国内的企业用的，以至于到最后新推出的很多广告语表达的都是“无穷分”的品牌价值了。

由于这种“品牌广告语（BS）”的字词概念中表达的价值大多与企业及其产品无关，缺少实地支撑而飘在天上，我们可以把它们称之为“云端上的广告语（Slogan On the Cloud，简称SOC）”。

“云端上的广告语（SOC）”致力于“无穷分”地拔高品牌价值，可以从多个角度入手。

1. 时间跨度越长、历史越悠久的品牌，让人们觉得价值越大。很多强调时间长的“品牌广告语（BS）”就冒出来了：泸州老窖说，“你能品味的历史，国窖1573”；剑南春说，“唐时宫廷酒，盛世剑南春”；五粮液说，“天下三千年，五粮成玉酿”，后来嫌不够，又来了个“香醉全国五千年”。

2. 一些中流的酒企也来凑热闹：河南仰韶酒业有限公司呼地冒出个“传承中国七千年酒文化”，还请陈凯歌代言，其官网一打开就听见陈导低沉着嗓子牛哄哄地吟出一句：“我收藏‘中国之前的中国’，中国国礼，仰韶国陶”。这可就把白酒品牌的时间跨度、历史悠久的价值顶到头了。因为我们一直只知道五千年华夏文明，结果人家的品牌还多传承了两千年酒文化。往前想想我们的老祖宗毛茸茸地光着腚酿酒、喝酒、猜拳、醉倒，也是一件很萌、很有情趣的事。

与时间、历史并行的是空间，强调地域跨度大来提升品牌价值也是提炼“品牌广告语（BS）”的一条途径。

这在国内的房地产业很风靡。很多地产项目常用的“品牌广告语（BS）”包括：“世界中心，城市再造”“国际新都心，城市新街区”“给世界一个新高度”“典藏世界的城市别墅”“以国际的标尺，考量世界”“以世界的眼光，规划未来”……

好在地域最大就是国际、全球和世界了，不然我们现在满眼看到的地产项目的“品牌广告语（BS）”就会是“宇宙中心，人马座再造”，或者“给宇宙一个新高度”，或者“典藏宇宙的银河别墅”，或者“银河新都心，潘多拉街区”，或者“以银河系的标尺，考量太阳”，或者“以宇宙的眼光，规划小地球”，诸如此类。

时间、历史价值和空间价值不够用，还有思想和文化价值，还有稀缺和唯一标榜，再不济还可以从消费者角度，用他们所仰望的贵重身份来拔高品牌价值。

于是我们经常满眼看到下面一些形式的“品牌广告语（BS）”：

“有思想的人，有思想的建筑”“思想的价格”“让奢华止于想象”“新城市美学经典”……这类广告语是用思想和文化来拔高品牌价值的。

另外有“不曾有，不再有”“巅峰之上，天下争藏”“一墅御江南，一宅藏天下”……这类广告语是通过标榜稀缺和唯一来拔高品牌价值的。

用消费者仰望的贵重身份来拔高品牌价值的则有“大气合成，王者风范”“非凡人，非凡品”“与影响力家族为邻”“皇家行宫，梦中怡园”“要么仰望，要么被仰望”……更有直抒胸臆强调自家最牛的“巅峰王者，领袖全城”“梦幻住宅，天人合一”“千年梦幻成真”……由“世族”到“皇家”，再由“天”至“幻”，品牌价值当真无法再高，再往上拔就到凌霄宝殿、奥林匹斯山峰，凡人住不得了。

片面追求流行，扩大品牌知名度的广告语以“王婆卖瓜，自卖自夸”式的最具影响力。比如“新飞广告做得好，不如新飞冰箱好”（1992）、“康师傅方便面，好吃看得见”（1992）、“没有最好，只有更好——澳柯玛”（1997）、“好空调，格力造”（1998）、“东西南北中，好酒在张弓”（2009年）……

这些“品牌广告语（BS）”都在夸自家的产品好，可是到底咋好法，谁也没说出个所以然来。而且这样喊的企业多了，消费者也很难辨别谁比谁好，谁比谁差。待到买它们家的产品用了，好与不好也说不明白。

这类“厂商导向（MO）”的“吾好广告语（Bragging Style Slogan，简称BSS）”通俗易懂、便于识记，借着媒体大喇叭到处喊，很能够打响新品牌的知名度，所以风行一时。直到2000年，消费者听腻歪了，广州好迪来了个华丽转身，从“消费者导向（CO）”将它们总结成了“大家好才是真的好”，才终结了它们的历史使命。

“品牌广告语（BS）”从消费者角度提炼，本来方向更进步。可是，如果这类广告语与产品毫无关联，就走向了另外一个极端。逐渐朝着无底线地贴近、讨好品牌的“目标消费客群（TCG）”的方向滑去了。

耐克（NIKE）的“Just do it”风靡全球，似乎为国内的企业膜拜这类广告语提供了一个成功的范本。可是很多国内企业没想到的是，耐克（NIKE）已经是一个具有五十多年历史的国际大品牌，其产品的“足够硬”已经被全球的消费者信服，无需再强调。何况耐克（NIKE）的鞋子是用来穿着走路、跑步，也可以说是“行动”的，所以人家这句广告语归根结底是从产品价值升华出来的。又由于它很符合广大年轻人的个性，自然能够轻易走进他们的内心，产生强大的号召力。

国内很多企业的品牌还没经历过其产品被消费者普遍认可的阶段，模仿耐克又"形似而神伪""画虎不成反类犬"，因此完全无用。像"一切皆有可能""我选择，我喜欢""穿什么，就什么"之类的"品牌广告语（BS）"，看似表达了消费者心中所想，但是与产品特色八竿子打不着，无法在产品消费过程中被消费者反复唤醒、强化记忆。它们即使传播开来，也不过如过眼烟云，很快就被消费者淡忘了。

由于这种"品牌广告语（BS）"片面强调唤醒消费者内心的共鸣，我们可以称之为"走心式广告语（Swiss Type Slogan，简称 STS）"。

■ 7-1-3 "品牌广告语（BS）"整体没落的原因 ■

"云端上的广告语（SOC）"最终会被消费者唾弃。因为消费者见识的品牌多了，自然会养成辨析诸多品牌及其产品价值的经验，自己就会戳破这类"品牌广告语（BS）"的"美丽的谎言"。

"吾好广告语（BSS）"经不起时间的考验。因为它们没有聚焦、升华产品的独特价值，正如同"无源之水，无本之木"，而且消费者普遍对"自我标榜"的行径越来越心生反感。

"走心式广告语（STS）"很快会被消费者淡忘。因为人心多变，即使有的这类广告语表达了消费者的心声，消费者也不会"为记忆而记忆"天天记得它们。

归根结底，以上三类广告语都没有结合产品的基点价值，及其"有相关度的差异化竞争优势（DCETA）"，更没有基于"产品基因（PG）"，表达企业的"未来产品集群（FPC）"价值，所以都走不远。

国内企业的"品牌广告语（BS）"一开始就从传播角度提炼，然后在市场竞争愈演愈烈的情势下被企业界和广告界的精英们沿这三个方向推向了极致。

最后给"品牌广告语（BS）"致命一击的，则是"品牌广告语（BS）"的泛滥：一方面媒体轰炸的广告语铺天盖地，另一方面大多数广告语长相雷同、缺乏个性。消费者越来越分不清、记不住，也不想了解、不再相信哪个品牌传播了哪条广告语，哪条广告语又表达了哪个品牌的价值。久而久之，“品牌广告语（BS）”对于提升品牌价值、促进产品溢价和销售的作用开始变得越来越没用，只好被企业漠视，被媒体冷淡，不由自主地从辉煌走向了整体没落。

“品牌广告语（BS）”的整体没落，见证了国内各行各业企业的产品创新不足、同质化严重的普遍事实，也见证了国内的消费者从轻信广告，到学会辨析越来越多品牌及其产品价值优劣的成长。

在这个过程中，脱离了产品的“品牌广告语（BS）”如断线的风筝一样越飘越高，越飘越远。也正因为脱离了产品，它们才在走入消费者内心的道路上偏离了正向；还因为脱离了产品，它们才会因为模仿而雷同，因为雷同而泛滥，因为泛滥而失语。

归根结底，“品牌广告语（BS）”仅从传播角度考量，完全脱离产品，导致品牌普遍“空心化”的状况严重，还因为我们的企业普遍地在“制造”，而不是在“创造”“创新”产品。在产品同质化的基础上打造特色化的品牌，提炼个性化的“品牌广告语（BS）”，不走高、走偏、走上邪路，才是怪事。

接下来企业的品牌怎么打造？“品牌广告语（BS）”如何提炼？其辉煌是否能够再现？回顾一下四十多年前黄霑的“鬼脑子”里冒出的那句“人头马一开，好事自然来”，也许我们能瞥见一点端倪。

7-2 “品牌广告语（BS）”的秘密价值

■ 7-2-1 “人头马（Rémy Martin）品牌广告语”的得与失■

香槟（Champagne）一词，与快乐、欢笑同义。西方人在大型庆典、私人聚会，或者庆祝胜利、体育赛事的时候，都会开香槟酒来庆祝，据说这个风气从 1789 年就开始了，是为了纪念法国国王路易十六的妻子玛丽王后。久而久之，“开香槟庆祝的场景”就成了西方人普遍耳熟能详的一类“意象”。

香港从19世纪末一直被英国人治理，是中国西方化最早的行政地区。20世纪70年代的时候，“开香槟庆祝好事”也早已经在富裕市民阶层中流行了几十年。改革开放后，内地崇欧媚美风气盛行，都市先富阶层的生活方式也很快被这种风气浸染。

深入思考一下，我们会发现：“人头马一开，好事自然来”首先是从香槟酒产品的消费体验中得出来的，它贴合了“人头马（Rémy Martin）香槟品牌”的“目标消费客群（TCG）”的流行文化心理，具有“品牌认知意象原型（BIP）”的流行因素。

由于这句“品牌广告语（BS）”是从人们“开香槟庆祝好事”的体验价值中提炼出来的，广大的消费者在开香槟的时候，自然容易联想起它，反复加深对它的记忆与好感。因此，它非常易于传播和流行，在打开“人头马（Rémy Martin）香槟品牌”的知名度方面，发挥了巨大作用。

其次，“鬼才”黄霑把现实生活中“先有好事，再开香槟”的先后顺序通过概念置换了一下，在这句广告语中巧妙设置了“开人头马香槟，自然来好事”的心理诱导元素，为“人头马（Rémy Martin）香槟品牌”融入了“为人们带来好运气”的附加价值。

另外，“人头马一开，好事自然来”是对“香槟（Champagne）”这个品类产品名称中所蕴含的“快乐、欢笑”意义结合现实场景化的发扬，与“人头马（Rémy Martin）香槟品牌”相得益彰。

“人头马（Rémy Martin）”以它的创始人Rémy Martin（雷米·马丁）的名字命名，对于中国消费者来说没有任何产品价值的联想，因此“人头马一开，好事自然来”补充说明并且附加了“人头马（Rémy Martin）香槟品牌及其产品”的价值。这一点，既成就了“人头马（Rémy Martin）品牌”，也随着时间推移、市场变化拖累了“人头马（Rémy Martin）品牌”。

“人头马（Rémy Martin）品牌广告语”的“得”，主要包含以上三点。其中，“结合‘产品基点价值（PVB）’提炼，在产品消费中强化消费者对于品牌的记忆与好感”是“品牌广告语（BS）”一个“秘密价值”。这一点，多年以来国内的很多企业在打造其品牌的时候都忽视甚至无视，所以它们耗费巨资传播的无数“品牌广告语（BS）”都昙花一现，或者成了过眼烟云。

扩大品牌知名度，提升品牌价值，促进产品的溢价与销售，是“品牌广告语（BS）”的使命。这一点，“人头马一开，好事自然来”阶段性地完成了。

不过，我们还应该认识到，这句“品牌广告语（BS）”天生着一个致命的弱点：它虽然从“人头马（Rémy Martin）香槟”的体验价值中提炼出来，但是抓取的是香槟酒能够带给消费者的共性的消费体验，而不是“人头马（Rémy Martin）香槟”能够为它的“目标消费客群（TCG）”带来的独特的消费体验，也不是“人头马（Rémy Martin）香槟”的“有相关度的差异化竞争优势（DCETA）”。

固然，“人头马（Rémy Martin）”是最早打出“人头马＝庆祝的香槟＝来好事”的品牌，并且在广大香槟酒消费者的心目中占据了第一位置。只是，“庆祝的香槟”并非“人头马（Rémy Martin）”独有，“开人头马香槟来好事”完全就是黄霑玩概念“忽悠”出来的“没有的事”。

在国内的香槟市场还一片蓝海，没有几个知名品牌的时候，“人头马（Rémy Martin）”结合“香槟（Champagne）”这一品类产品的共性体验价值提炼“品牌广告语（BS）”，抢占这一品类产品传播优势的制高点，无疑是正确的选择，也确实赢得了辉煌的成果。

当市场上参与竞争的香槟品牌多了，其他品牌的香槟酒都能用来庆祝，并且产品各有特色，而“人头马（Rémy Martin）香槟”的“产品基点价值（PBV）”并不突显的时候，“人头马一开，好事自然来”在消费者心目中占有的第一位置就会越来越弱化，“人头马（Rémy Martin）香槟品牌”的市场份额就被竞争品牌分流。

这个时候，“人头马（Rémy Martin）”应该及时地在口感、品质、气泡、色泽、价格等“产品价值基点（PVB）”方面，打造出其香槟的“有相关度的差异化竞争优势（DCETA）”，并据此主打更具产品特色的“品牌广告语（BS）”，以实现品牌的脱胎换骨、整装再发。如果其产品不具备独特竞争优势，“品牌广告语（BS）”还陶醉于以往的荣耀裹足不前，就只能被排挤出局了。

■ 7-2-2 “魔幻形式品牌广告语”历史使命的终结 ■

从传播角度考量，如果“品牌广告语（BS）”是基于品牌旗下产品的基点价值提炼出来的，那么消费者在使用产品的过程中，就会不断地联想到它们，反复强化对于它们的记忆和好感。而完全脱离产品的“品牌广告语（BS）”，只是飘在空中的概念，正如同无源之水、无本之木一样，不可能被消费者长期记忆，并因此拥有长久的生命力。

“云端上的广告语（SOC）”是“魔幻形式品牌广告语（BS）”的一种。这类广告语不具备在其产品使用的过程中强化消费者对于品牌的记忆和好感的能力。它们看似表达了产品的价值，但是“表达的产品价值”完全脱离了“产品的实际价值”，消费者根本体验不到。

就拿几个白酒大牌来说，消费者不可能从泸州老窖白酒中品味到“1573 的历史”，也不可能从剑南春白酒中品味到“唐朝宫廷的盛世”，更不可能从五粮液白酒中品味到“三千年、五千年的香醉”。围绕这些广告语勾画的符号、文本、视觉等形式的品牌包装，就如同“海市蜃楼”，能迷惑消费者一时，但是无法“沉醉”消费者一世。

“吾好广告语（BSS）”也不具备在其产品使用的过程中强化消费者对于品牌的记忆和好感的能力。它们都在夸自家的产品好，但是没有点明产品“独特的好”，消费者对于它们产品的使用体验自然缺失了明确的指向。

这类广告语之所以风靡一时，曾经极其给力地打响了某些品牌的知名度，不过是企业运用了让消费者一听瞬间即懂的“大白话”的形式，在传统媒体环境、品牌传播竞争远没有现在激烈的情势下，借助电视 TVC 对消费者反复轰炸、强迫其记忆的结果。若搁在现在，它们根本无法在海量广告资讯中跳出来，被消费者识别、记住。

“大白话”广告语在 2008 年，被恒源祥连续十二遍“恒源祥，羊羊羊”的 TVC 在各大电视频道轮番播放推向了极致，无数消费者被迫在不胜烦扰中记住了“恒源祥”这个品牌名称，不过知名度大增的恒源祥后来也没见得收获了多少品牌增值和产品销售增量。信息爆炸的时代，传播竞争的恶劣，硬生生地把国内企业的“品牌广告语（BS）”也逼成了“怪胎”。

“走心式广告语（STS）”根本没有着力于表达产品的价值，更不具备在其产品使用的过程中强化消费者对于品牌的记忆和好感的能力。像前面小节提到的“一切皆有可能”“我选择，我喜欢”“穿什么，就什么”等“品牌广告语（BS）”，甚至不具备行业属性与品类产品的特色。消费者若只是听到，可能把它们当成服装品牌的广告语，也可能当成鞋类品牌的广告语，或者当成内衣裤品牌的广告语……唯一不可能的是，自然联想到某个品牌及其产品。

“魔幻形式品牌广告语”盛行于传统媒体时代、国内各行各业的品类产品市场上品牌开始崛起的阶段，它们曾经帮助一些企业抢占了打响其品牌知名度的传播优势。这类“品牌广告语（BS）”曾经发挥的“品牌营销价值（BMV）”是企业拿重金砸媒体砸出来的，是媒体大传播赋予的，而不是它们本身就表达并具备了个别企业生产的某品类产品的独特价值及其威力。

随着山崩海啸般的“品牌和营销广告信息”充斥于人们生活的所有角落，“匠心”被亿万网民认同，德国、日本传承数百年甚至上千年的“工匠精神”备受国人推崇。滚滚洪流中，只有一些附着于产品特色价值的“品牌广告语（BS）”才能沉淀至人们的内心。

那些“魔幻形式品牌广告语”只能或者浮荡于泥石流的表层，或者深埋到泥石流的深处，无力再发挥“品牌营销（B-M）”的促进作用。它们对于当今企业的“品牌营销实践（B-MP）”的历史使命，只能就此终结了。

■ 7-2-3 “品牌广告语（BS）”的“企业发展价值”■

“品牌广告语（BS）”面向广大消费者传播，发挥扩大品牌知名度、提升品牌价值、促进产品的溢价与销售的作用，这一点，企业都知道。大多数企业不知道的是，提炼得当的“品牌广告语（BS）”，对于指导并推动企业自身的发展，还具有深刻的“秘密价值”。

“人头马一开，好事自然来”的“得”，主要在于它表达了“香槟（Champagne）”的共性体验价值；它的“失”，主要在于没有表达“人头马（Rémy Martin）香槟”能够为消费者带来的独特消费体验，或者说“人头马（Rémy Martin）香槟”的“有相关度的差异化竞争优势（DCETA）”。

——如果一条“品牌广告语（BS）”，能够表达其产品的独特价值，它除了能够在其产品使用的过程中强化消费者对于品牌的记忆和好感，还能发挥什么作用呢？

通过前面章节的分析，我们已经认识到，产品一般都具备二三十类“产品基点价值（PBV）”；这些基点价值分别对应着不同层级的物质属性的客观价值、生理与心理的体验价值以及文化体验价值；其中独具特色的“产品基点价值（PBV）”，能够支撑起产品“有相关度的差异化竞争优势（DCETA）”。由此，我们能够提炼出表达企业产品的“特色价值”的“品牌广告语（BS）”。

对于一些先进的企业，“产品基因（PG）”是它们旗下品牌的产品具备某种“有相关度的差异化竞争优势（DCETA）”的根本原因。而且，“产品基因（PG）”不光能成就这些企业旗下的品牌代表的当下产品，还能成就这些企业旗下的品牌代表的“未来产品集群（FPC）”。

既然如此，随着产品销量的日益扩大，这些企业旗下的品牌必然会对于广大的消费者具有当下的或者未来可预见的“文化价值和社会意义”。由此，我们能够提炼出表达企业产品的“深刻价值”或者“未来价值”的“品牌广告语（BS）”。

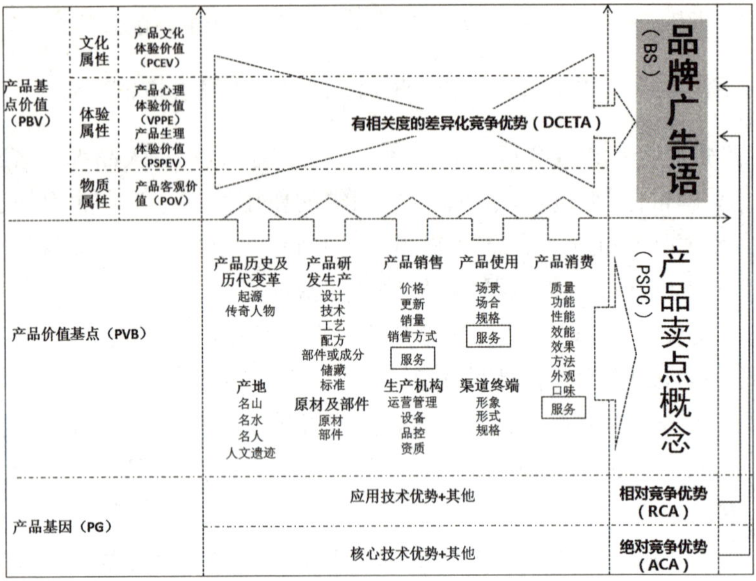

“产品多维价值系统”与“品牌广告语（BS）”对应关系框架图

比如农夫山泉的“大自然的搬运工”，它主要表明的是农夫山泉在“产品原材价值基点”方面具备的“产品客观价值（POV）”；海飞丝（Head & Shoulders）洗发水的“去除头屑困扰”，主要强调“产品功能价值基点”方面对于消费者的“生理体验价值（PEV）”；宝马汽车的“极致驾驶乐趣”，主要提升“产品性能价值基点”方面对于消费者的“心理体验价值（VPE）”；优衣库（UNIQLO）的“服适人生”，则是从“产品基因（PG）”方向出发，延伸了它的服装对于广大消费者的“文化价值和社会意义”。

这些“品牌广告语（BS）”都能够在其产品使用的过程中强化消费者对于品牌的记忆和好感的能力。如果深入挖掘，我们还能发现，对于企业的发展来说，它们都还具有“指明产品发展方向”的作用。

——提炼得当的“品牌广告语（BS）”，因此具有了“魔幻形式品牌广告语”无力担当的另一种“秘密价值”。

“产品持续发展”是品牌具有永久生命力的基石。农夫山泉、海飞丝、宝马、优衣库（UNIQLO）的“品牌广告语（BS）”都为其产品指明了发展方向。它们所代表的品牌的产品多年以来,也确实在沿着这些方向不断升级,越来越夯实其“有相关度的差异化竞争优势(DCETA)”,并且源源不断地把各自独特优势的价值信息强化到广大消费者的心里。

“云端上的广告语(SOC)”“走心式广告语(STS)”不具备“秘密价值”。看似标榜产品的“吾好广告语(BSS)”,比如前面提到的“新飞广告做得好,不如新飞冰箱好”(1992)、“康师傅方便面,好吃看得见”(1992)、“没有最好,只有更好——澳柯玛”(1997)、“好空调,格力造”(1998)、“东西南北中,好酒在张弓”(2009)等,也毫无“秘密价值”。

后来康师傅方便面的广告语改成了“汤浓纯,大师范儿”(汤大师)或者“料多,真有型”(真料多);澳柯玛的广告语改成了“科技让生活更美好”;格力的广告语改成了“格力,掌握核心科技”。这些比原来的靠谱多了。

没明确产品发展方向的新飞冰箱和张弓酒则越来越被竞争对手甩在后面:新飞冰箱靠政府的“家电下乡”“家电以旧换新”等政策勉力维持到现在,依然难挽颓势;张弓酒业在2014年11月发生了重大股权纠纷,造成酒厂停业1个月,经由当地政府出面组织才恢复生产。

“品牌广告语(BS)”是企业最舍得砸重金大传播的价值概念。它们一旦传播开来并且深入人心,就会如同魔咒一样,对人们的群体行为产生巨大的导向作用。

提炼得当的“品牌广告语(BS)”与产品同体,对于广大消费者产生越来越大的“文化价值和社会意义”,不管是“饮用水天然健康”“去除头屑”,还是“乐趣驾驶”,抑或是“服适人生”,企业的员工也能在从事产品相关的行为过程中,不自觉地浸淫其中,找到工作中高于薪资、酬劳的价值与意义所在。

特色的产品成就特色的品牌,特色的品牌具有特色的“文化价值与社会意义”。企业的员工因此从中寻到积极的人生价值,从而自觉增强对于企业的归属感与凝聚力。

——提炼得当的“品牌广告语(BS)”,于是具有了另一种“秘密价值”:增强员工的原动力。

“云端上的广告语（SOC）”虚拟产品价值，会让企业的员工感觉他们正在与企业一起忽悠消费者；“走心式广告语（STS）”片面讨好消费者，完全无视企业员工的感受；“吾好广告语（BSS）”不管如何标榜产品价值，企业的员工也不会感觉到他们参与其中的生产过程有多么特别。以这样的“品牌广告语（BS）”为指向包装出的品牌，无法让企业的员工认同，反而会让他们认为工作无意义，自己只不过为了一份薪资而劳碌，因而失去努力工作的最深层次的“原动力”。

执迷于“品牌广告语（BS）”扩大品牌知名度、提升品牌价值、促进产品的溢价与销售的魔力，国内的企业把它们沿“云端”“走心”“吾好”方向推到了极致，其中难免囿于“品牌广告语（BS）”整体没落的诸多客观原因。不过，单从主观因素看，国内企业界和广告界的精英们鲜有人认识到“品牌广告语（BS）”的“秘密价值”，也确实扭曲了“品牌广告语（BS）”发展的正确方向。

如今，几乎所有的品牌及其产品在网络世界已经透明化，国内的企业在被“互联网 +”与“自媒体”卷裹着跌跌撞撞前行的同时，从“产品制造”到“产品创造”的转型也迫在眉睫。没有企业能够绕过这个“龙门”：跃过去，天高海阔；跃不过去，则陈躯槛下，成为竞争对手的垫脚石。可以预见的是，在“龙门”那边，伴随着企业的新生，“品牌广告语（BS）”的价值朝着产品可持续发展方向的回归，也必将同行。

7-3 “品牌广告语（BS）”价值的回归

7-3-1 “产品消费”的时代到来

1992 年是中国改革开放的分水岭。邓小平同志南方谈话促成“九二共识”，中国市场经济甩开思想包袱大跨步向前。国内企业市场化竞争开始全面铺开，跨国企业大举抢滩国内市场，主要是从这一年开始的。

在此之前，中国人经历了长达近半个世纪的物质匮乏的时期，80 年代短暂而稀缺的物质享受还仅限于一部分先开放起来的 Modern 人士打打牙祭。所以，从20世纪90年代开始，快速进入物质繁荣的国内消费者实际上对各行各业的产品及品牌了解得很少。

没有穿过十多个品牌的几十套衣服的消费者，很难比较出各个服装品牌及其产品的优劣；没有换过几套住房，见识过普通住宅、豪宅、洋房、别墅各个类型房产的消费者也很难体验到不同房企及其住宅产品的好坏。更何况，电话、手机、冰箱、彩电等大件消费品直到2000年代以后才逐步铺开来。

对品牌和产品的了解绝不是三五年甚至十年、八年能够普及开的。因此，整个20世纪末期的二十多年里，国内企业面对的是10亿左右在商品方面"人傻，荷包涨"的全世界最大的一国消费群体。在这个空前绝后的市场黄金时期，在中国的企业做"品牌和营销"，真可谓是八仙过海，各显神通——几乎只要敢想、敢做的企业，随便怎么开凿，都能打出一汪流淌金沙的清泉。

20世纪80年代，对于刚刚经历过"文革"洗礼不久的中国消费者来说，是一个消费"新奇"的时代。

那阶段，新奇的商品层出不穷，只要看到什么、听到什么新鲜的，人们就都想要。可是真要落实到消费，光好奇不行，荷包里还得有"票"。所以能尝鲜的仅限于"城里的"一小部分荷包饱胀的年轻人。

20世纪90年代，是一个消费"名牌"的时代。

那时候，企业做品牌和营销，不管三七二十一，只要能把品牌的知名度打响，产品就能呼呼大卖，财源滚滚挡都挡不住。所以娃哈哈喊一嗓子"喝了娃哈哈，吃饭就是香"，一个饮料食品帝国就此成形；孔府宴酒、秦池酒、爱多VCD抢得央视标王之后，产品卖得跟不上趟就躺下歇菜了；"吾好广告语（BSS）"的大传播使得新飞、澳柯玛、康师傅、格力等品牌家喻户晓，产品销量暴增…… 名气带动了很多企业迅速做大，也让一些企业因为后继乏力而批量倒下。

21世纪头十年，基本上是在"国际大牌"的光环下，"只买贵的，不买对的"时代。

经过前二十多年的积累，中国的市场经济发达了，千百万身家的先富起来的人也以千万为基数计算了。这个阶段，一方面，大企业抬高渠道门槛，阻击竞争对手，把后起的中小企业排斥在主流市场之外；另一方面，品牌虚高产品价值成为国内各行各业的风气，企业的“品牌广告语（BS）”唯恐拔得不高，品牌形象、产品形象唯恐抬得不贵。反正产品价格不管多离谱，总有足够数量荷包满满、先富起来的消费者买单。踏踏实实做产品、本本分分盈薄利的企业反而如同小脚裹足颠步，容易落在竞争对手的后面。

由此形成的一个必然结果就是资本的话语权越来越重：谁钱多，谁摆话；脑瓜子再聪明、学识再高、技术再先进、产品再硬的个人和企业面对强势资本，也得趴下。于是循序渐进做强企业的常规发展模式完全不对，疯狂抢银行的钱、抢市场的钱、抢消费者的钱才是硬道理。

中国亿万普通消费者面对这种局势也不得不拼命捞钱、大方消费，唯恐被落在大商场、汽车 4S 店、各大房企售楼处的门外。吃过百般苦、上过千次当、挨过万遍宰之后，国内消费者的“品牌 + 产品消费意识”逐步普及开来。

■ 7-3-2 “品牌广告语（BS）”的“落脚”■

2008 年之后，全世界“热钱消费”的经济骤然冷却，中国也难免受波及。对“虚拟品牌消费”热潮最后一击的是互联网、电商以及自媒体的盛行。

经过 2010 年前后至今短短几年数字化浪潮的淘涮，现在摆在国内企业面前的市场大形势是：产品过剩、价格透明、消费者精明而且理性。

具体到一些行业的现实就是：钢铁行业全面亏损；楼盘滞销，波及建材、家居、家具、软装、家电等数十个行业；电子、电器产品利润摊薄；高端白酒库存积压；高端奢侈品价格跳水；保健品转而贴身忽悠不会上网的大爷、大妈……

具体到销售一线的实际场景就是：线下门店抢客如狼似虎；线上网店抢客一口一个“主人”，尊客比对亲爹亲妈还“亲”；消费者买啥东西都货比十家，例数各个品牌各型产品的参数；买得不爽直接退换货还是轻的,来个差评或者理赔啥的就让商家吃不消;偏偏有好事者还弄出什么竞价、询价、跑分测评类网站,让消费者一目了然所有品牌及其产品的细枝末节,特别是价格……

在这种情势下,“暴利”如过眼烟云,一个“消费产品”的时代已经到来,而且越来越凶。企业做“品牌和营销”,若再不踏踏实实地着眼于产品,紧随其后的就是“上天无路,入地无门”。

“品牌广告语(BS)”价值回归的时候到了,回归的第一步将是“脚后跟”落在产品上。

近10年左右,在举国一片“品牌和营销(B&M)”的浮夸声中,以火箭般的速度,迅速挤进年营业额几十亿甚至百亿以上俱乐部,不仅做大而且做强的国内企业及其“产品品牌(PB)”,多是立足产品的成果。

比如乳制品行业的蒙牛优酸乳(酸酸甜甜就是我),功能饮料行业的加多宝凉茶(怕上火,喝加多宝),植物蛋白饮料行业的六个核桃(经常用脑,多喝六个核桃),白酒行业的洋河·蓝色经典(男人的情怀),面膜行业的美即(停下来,享受美丽),化妆品行业的佰草集(美自根源,道法自然)、相宜本草(内在力,外在美),空调行业的格力(掌握核心科技),智能手机行业的小米(为发烧而生)等,它们的“品牌广告语(BS)”大多直接表明产品的基点价值,或者其“品牌广告语(BS)”所标注的品牌价值是从产品的基点价值中衍生出来的。

在这样的时代背景下,江中集团(用心做好产品)在2013年推出猴菇饼干(养胃),不到两年,单品年销量近10亿,也算是为诉求“产品基点价值(PBV)”的“品牌广告语(BS)”的威势平添了精彩的一划。

■ 7-3-3 “品牌广告语(BS)”的国际借鉴 ■

国内的企业不管做什么都情不自禁地效仿跨国企业,做品牌、营销紧跟国际大品牌。人家的广告语主打品牌文化,它们也品牌文化;人家的广告语主打情感,它们也情感;人家的广告语主打消费者的个性,它们也个性……可是,如果追本溯源地回顾一下那些国际大品牌的发展历程,我们会发现,它们在成长的初期乃至青少年、中青年阶段,对外宣传推广的“品牌广告语（BS）”，强调的几乎都是产品的基点价值。

可口可乐（Coca-Cola）在一百多年的发展过程中，上半叶主打的多是类似“口渴与清凉之间的最小距离”“自然风韵，纯正饮品”“太阳下的冰凉”“一扫疲惫饥渴”“最易解你渴”这样的紧扣产品“解渴、清凉”功能的“品牌广告语（BS）”；下半叶的“品牌广告语（BS）”才更多融入了“生活、美好时光、快乐”等情感文化的内涵。

百事可乐（Pepsi-Cola）也是这样：上半叶的“品牌广告语（BS）”主打“提神、爽心、增进消化、口味好、花钱少”等“产品基点价值（PBV）”；下半叶的“品牌广告语（BS）”则更多融入了“自由、年轻、新一代、快乐、渴望无限”。

更多被全世界的消费者至今津津乐道、经久不衰的国际大品牌的广告语，都是结合产品价值成就的典范。比如戴比尔斯（De Beers）的“钻石恒久远，一颗永流传”，玛氏公司（M&M's）的“只溶在口，不溶在手”，麦斯威尔咖啡（Maxwell）的“滴滴香浓，意犹未尽”，米勒（Miller）淡啤酒的“美妙口味不可言传”，大众甲壳虫的（德语：Volkswagen）“小即是好”，百事可乐的“渴望无限”等。

国内做大的企业及其品牌大多处在少男、少女阶段，其中占绝大多数的区域品牌，其产品还没有被全国的“目标消费客群（TCG）”普遍认知、赞赏、信赖，其“品牌广告语（BS）”就都学国外大品牌“走心”，主打很抽象、特“形而上”的文化、情感、个性等，显然不符合品牌的自然成长规律。

早些年很多企业这样做，尤其是还争先恐后地把自家的品牌价值通过广告往中国上空的“云端”甚至外国奥林匹斯山的圣殿上抬，其产品销量嗖嗖上蹿，这主要是因为国内的消费者在消费“新奇”“名牌”和“只买贵的，不买对的”虚荣，而企业相对应的渠道、营销和资本运作得比竞争对手强的缘故，与企业所谓“高瞻远瞩”的“品牌战略（BSS）”并没有太大的关系。

之后国内的经济增速趋缓，市场环境恶劣，品牌竞争白热化，无数浮夸、虚拟增值型品牌碰到已经耸入云端的消费者理性消费的花岗岩，纷纷“出溜、出溜”地衰退或者“啪嗒、啪嗒”地跌落，而将“品牌战略

（BSS）”立足于“产品基点价值（PBV）”的企业及其品牌则一个个厚积薄发，直冲霄汉……

德芙（Dove）的“此刻尽丝滑”，佳能（Canon）的“你好，色彩！”，iPhone 6 Plus 系列的“岂止于大”，是近几年被国内的消费者耳熟能详、口口相传的“品牌广告语（BS）”。这些“品牌广告语（BS）”之所以成为经典或者将成为经典，其根本原因在于消费者在消费产品的过程中，会自觉唤醒并重复强化对它们的记忆与好感。

——当前国内企业及其品牌的“品牌广告语（BS）”朝着产品方向的价值回归，从中能得到很多宝贵的启示。

■ 7-3-4　厘清“品牌广告语（BS）”的概念称谓乱象 ■

“品牌广告语（BS）”价值回归的第二步是“厘清概念”。

从 20 世纪 80 年代末至今的 30 多年里，国内企业做“品牌和营销（B&M）”普遍依据的是罗瑟·瑞夫斯（Rosser Reeves）的“USP 理论”，大卫·奥格威（David Ogilvy）的“品牌形象理论”，杰罗姆·麦卡锡（Jerome McCarthy）的“4P 营销理论”，里斯（Al Ries）和特劳特（Jack Trou）的“定位理论”，罗伯特·劳特朋（Robert F. Lauterborn）的“4C 营销理论”，唐·舒尔茨（Don E. Schultz）代表的“整合营销传播理论”等。

这些大师对“Brand”和“Marketing”的定义各具特色，对“Slogan”的诠释也各有千秋。国内的“品牌和营销”型广告公司在帮助企业做品牌或者营销的时候，对“Slogan”的说法都依凭自己的理解，口径不一。

比如“品牌 Slogan”，通常叫“品牌广告语”，也有公司叫“品牌主张”，或者“品牌定位语”，再或者“品牌诉求”“品牌理念”。营销型广告公司津津乐道的说法是“品牌定位”“产品定位”“市场定位”“消费者定位”“年度营销主题”“阶段营销主题”，或者“产品销售主张”等。

虽然大家后来都渐渐地习惯使用“Slogan”这个英语单词代指品牌或者营销的广告语，但是对它的理解都还保持着各家的习惯。企业和不同类型的广告公司打交道多了，对“Slogan”的理解更乱。

在实际执行的过程中，企业往往把“产品卖点概念（PSPC）”“产品定位语（Product Positioning Concept，简称PPC）”“品牌定位语（Brand Positioning Concept，简称BPC）”，以及“品牌核心价值概念（Brand Core Value Concept，简称BCVC）”混为一谈。特别是普遍地把“云端上的广告语（AOC）”“吾好广告语（BSS）”“走心式广告语（STS）”都当成“品牌广告语（BS）”主打……

有的企业还以为它们做品牌，必须先提炼个“品牌广告语（BS）”，再确定个“品牌主张”，不够再加“品牌诉求”和“品牌理念”，最后来个“Slogan”。还有些企业习惯把*N*个“品牌广告语（BS）”标记在“扑克牌”上，出一张牌投入一笔媒体费用：产品销量不好，就换张牌再投入一笔媒体费用；产品销量还不好，再换张牌狠砸一笔媒体费用……

几张牌打瞎，消费者对企业的品牌印象乱糟糟地记不住，又不肯买它的产品。企业手里的牌才出三五张，就感觉“不好了，肾虚”；再这样下去性命不保、回天乏术。到最后弄得产品卖不动，品牌也做不起来。

“厘清概念”就是理清楚什么是强调“产品基点价值（PBV）”的“产品卖点概念（PSPC）”，什么是定位产品独特价值的“产品定位语（PPC）”，什么是定位品牌特色价值的“品牌定位语（BPC）”，以及什么是表达品牌长远的战略意义和文化价值的“品牌核心价值概念（BCVC）”，它们各自该怎么用，什么时候用，用多久才好等。

这些“品牌营销价值概念（B-MVC）”厘清了，才能顺势迈出“品牌广告语（BS）”价值回归的第三、第四、第五步，即基于产品价值提炼“品牌广告语（BS）”，打造“品牌营销价值表现系统（B-MVS）”，提升品牌及其产品的价值、打响品牌知名度，并把它们定位在“目标消费客群（TCG）”的心坎，最终起到品牌提升与产品销售齐头并进的效果。

“品牌广告语（BS）”既不能脱离产品的实际价值漫天喊话，也不能撇清与产品的关系径自往消费者的心头钻。那些虽然立足于产品，但是毫不矜持、形象邋遢、疯狂自夸的“吾好广告语（BSS）”现在用起来也不灵光了。

“产品卖点概念（PSPC）”则是“品牌广告语（BS）”的“价值支点”。它们以产品为中心，最接地气，只是无法竖立起品牌及其产品的特色，因此只能作为“营销广告语（Marketing Advertising Language，简称 MAL）”使用。

“品牌广告语（BS）”浓缩企业的“产品品牌（PB）”及其产品的核心价值，将它们延展开来，就是“品牌营销价值表现系统（B-MVS）”的现状和走向。“品牌广告语（BS）”的价值回归产品，基础夯实，企业的“品牌营销实践（B-MP）”才会雄姿英发。至于它们将来的走势是上坡还是下坡，那要看各个企业的“品牌营销体系（B-MS）”如何整体运作。

由于多年以来，国内企业的“品牌广告语（BS）”常常使用不当，渐渐丧失了应有的价值，特别是发挥不出企业期望的营销作用，所以越来越多地被关入冷宫，颜面尽失。如何起用“品牌广告语（BS）”，并把它用好、用活，用的竞争对手“六宫粉黛无颜色，从此一路走下坡”，是当今企业开展“品牌营销实践（B-MP）”亟须重新重视的战略举措。

——这也是我们这个时代，“品牌广告语（BS）”在更大范围内、更高意义上的价值回归。

7-4 “品牌广告语（BS）”的“最佳拍档”

■ 7-4-1 “产品定位语（PPC）”定位产品“独特价值”■

2008 年，“冬虫夏草开始含着吃”“嚼七根不如含一片”“七倍功效，极致吸收”这几条“品牌广告语（BS）”，伴随着奢侈品逼格的视觉形象，开始出现在商场、机场、高铁站、楼宇户外、高炮乃至电视媒体，并且在之后几年迅速铺遍中国的一二线城市。

与此同时，以含片为代表的极草超高端保健产品越卖越火，成了国内先富阶层自我保健、礼送往来的时尚尊品。据生产方“青海春天”发布的数据：2010 年，极草销售额约 ¥1.6 亿元；2011 年，约 ¥12 亿元；2012 年，达到 ¥50 亿元。据其披露的财务数据，“极草”含片的平均毛利率在 40% 左右。[1]

[1] 极草背后的利益链：如何把一棵草变成软黄金 _ 新浪财经 http://finance.sina.com.cn/roll/2016-04-05/doc-ifxqxcnp8549962.shtml，2016-04-05

这一让市场瞩目、让业内人侧目、让外人看不懂的“品牌营销（B-M）”现象为什么这样发生了，至今众说纷纭。不过有一点是不可否认的，就是几条“品牌广告语（BS）”，在其中起了巨大的推波助澜的作用。

“含着吃”点明了极草含片与传统的冬虫夏草原草产品相比，在消费便利方面最明显的“有相关度的差异化竞争优势（DCETA）”；“嚼七根”、“七倍功效”主要表达的是极草含片相对于冬虫夏草原草产品在功效方面“有相关度的差异化竞争优势（DCETA）”。它们都是从产品本身结合竞争对手的“媒体传播盲点[Blind Spot of Media Communication，简称 BSMC，即竞争对手还没有传播过，或者宣传力度弱，尚未覆盖某地域‘目标消费客群（TCG）’，再或者没成功定位某部分‘目标消费客群（TCG）’的‘产品基点价值（PBV）’]”提炼出的“产品基点价值概念（BPVC）”。

极草含片上市前后，市场上还没有同类竞品，所以从传播角度看，它的“品牌广告语（BS）”实际上面对的是一片蓝海。之后，这些“品牌广告语（BS）”反复传播的结果是在其“目标消费客群（TCG）”的心目中抢占了“极草含片是含着吃的冬虫夏草”，以及“极草含片是七倍功效的冬虫夏草”的第一位置。因此，它们都是“产品定位语（PPC）”。

极草的“产品定位语（PPC）”直观地表明了其含片相对于个体消费者的独特价值，通俗易懂、形象鲜明，极易识记并流传，因此对于打响极草品牌知名度、促进其产品销售发挥了巨大作用。

不过，从理论上讲，“产品定位语（PPC）”应该真实地向消费者传达产品“有相关度的差异化竞争优势（DCETA）”，决不能弄虚作假、变相夸大产品价值（极草含片的“七倍功效”没有科学、权威的依据，也从未被临床验证证实，从问世至今一直被质疑），因此，它不能为品牌附加上“形而上”的高于产品的价值，从而提升品牌形象，拉高产品价格。

从“品牌营销（B-M）”的角度看，“产品定位语（PPC）”更多地发挥了在品牌的“目标消费客群（TCG）”的心目中进行产品独特价值的占位，扩大品牌知名度，促进产品销售的作用。由于它标明的是产品的“独特价值”，能够把企业的“产品品牌（PB）”与同品类产品竞争品牌区隔开来,因此属于表达品牌的"特色价值"的"品牌广告语(BS)"。

与此相对照的是,仅仅表明"产品基点价值(PBV)",而不是产品的"独特价值"支撑的产品"有相关度的差异化竞争优势(DCETA)"的"产品卖点概念(PSPC)",则不能把企业的"产品品牌(PB)"与同品类产品竞争品牌区隔开来,仅仅起到推介、促销产品的作用,因此属于"营销广告语(MAL)"。

■ 7-4-2 "品牌定位语(BPC)"定位"品牌特色价值" ■

"产品定位语(PPC)"从企业当下生产的产品的"基点价值"中提炼出来,它一般表达的是产品"有相关度的差异化竞争优势(DCETA)"。极草以"产品定位语(PPC)"作为主打的"品牌广告语(BS)",确实创造了令国人目眩神迷的"品牌营销(B-M)"奇迹。

不过,在前面《No.6 如何确定品牌名称?》的有关章节,我们就反复强调过,表明产品"有相关度的差异化竞争优势(DCETA)"的"品牌营销价值概念(BMVC)",从长远看,有明显的弱点:

第一,产品"有相关度的差异化竞争优势(DCETA)"很难确保领先。

第二,产品"有相关度的差异化竞争优势(DCETA)"更难确保长期领先。

当"有相关度的差异化竞争优势(DCETA)"被竞争对手的同品类产品反超或者被其他替代产品淘汰,企业旗下"产品品牌(PB)"的"产品定位语(PPC)"自然就会根基不稳。它原先在"目标消费客群(TCG)"心目中抢占的"定位"很容易被同品类竞品或者替代产品侵蚀。

当然,极草品牌的幕后推手们并没有止步于用"产品定位语(PPC)"做"品牌广告语(BS)"。他们还推出了成系列的极草"开创冬虫夏草高效利用时代"的广告。其中的广告语点明极草是冬虫夏草行业的变革者和冬虫夏草含片新品类的开创者,同时表明极草能够让消费者"高效利用"冬虫夏草。

"开创冬虫夏草高效利用时代"表达的产品价值超越了极草含片相对于个体消费者的利益,把极草含片的价值提升到了冬虫夏草行业,乃至极草含片相对于广大消费者的社会意义与文化价值的高度。它反复传播的结果是在极草品牌的“目标消费客群（TCG）”的心目中抢占了“极草是冬虫夏草行业的变革者、开创者”的品牌位置，因此属于“品牌定位语（BPC）”。

“品牌定位语（BPC）”主要表达的是企业当下生产的产品相对于行业、广大消费者、社会，乃至国家、民族所具有的“社会意义与文化价值”，它的终极目的是实现品牌的此种价值在其“目标消费客群（TCG）”心目中的成功占位，从而主要起到提升品牌形象、拉高产品价格，顺带发挥扩大品牌知名度，以及促销产品的作用。

极草之后，大成草、天域国草、极珍堂、千寿堂等百十种冬虫夏草深加工品类产品品牌纷纷冒了出来，有的品牌还打出“十倍功效”“三十倍功效”的“产品定位语（PPC）”。这在很大程度上冲击了极草的“产品定位语（PPC）”在其“目标消费客群（TCG）”心目中的占位。但是，它们取代不了极草作为“冬虫夏草行业的变革者、开创者”的品牌特色。

■ 7-4-3 “脑白金”的定位神话 ■

从 1997 年上市到 2014 年，脑白金连续 16 年荣获保健品单品销量第一。与之如影随形的，是“脑白金，年轻态，健康品”和“今年过节（爸妈）不收礼，收礼只收脑白金”两条“品牌广告语（BS）”在全国媒体十几年如一日地狂轰滥炸。后一条广告语还一度被网友评为“中国十大恶俗广告”之首。其声名之显赫，足以跨代流传了。[2]

脑白金是具有“改善睡眠、润肠通便”功能的保健品，“年轻态，健康品”主要相对于个体消费者表明了其产品的功效基点价值，抢占的是其“目标消费客群（TCG）”的心目中“脑白金是使人健康、年轻的保健产品”的位置，是一条“产品定位语（PPC）”。

---

[2] 脑白金（保健食品名称）_ 百度百科
http://baike.baidu.com/link?url=MZzAKJHuR-vmJMKi8gq52d8-VDU7BwDLd1AgDd1ZaSiQ0ZIw6S3rXpxYfGDt4d1i6PW3BhBhPKKX75MnbBFTEgJNJK9oW_zyscbCIF8vFbCQChCDCRubm9tat0WA3__b

“今年过节（爸妈）不收礼，收礼只收脑白金”中没有一个字与“保健”相关，它主要表达的是脑白金产品承载的文化价值（礼、孝）与社会意义（送礼、尽孝）。

从这句“品牌广告语（BS）”的传播效果看，它抢占了广大消费者的心目中“脑白金是送礼、尽孝的保健品首选品牌”的地位。国内年轻的消费者在购买脑白金“送爸妈”的时候，主要看中的也是其品牌具有的文化价值与社会意义，其次才是其产品的保健价值。因此，它是一句“品牌定位语（BPC）”。

人们通常认为，礼品必须是能“拿得出手”的，自然比“非礼品”的产品的价值高。再加上礼、孝的文化价值与送礼、尽孝的社会意义，于是，“不收礼、收礼”这句“品牌定位语（BPC）”很具有提升脑白金的品牌价值及其产品价格的作用。“年轻态，健康品”这句“产品定位语（PPC）”则直接点明了脑白金产品的功效，简洁明快、朗朗上口，对于扩大品牌知名度、促进产品销售具有强力的支撑作用。

两条广告语能够在国内保健品行业掀起如此绵绵不绝的震荡效应，得益于深刻的经济、社会、文化背景。脑白金的火爆是一个时代的产物，其深层次原因可以归结为三个关键词：

一是“适时”。国内消费者迎来送往的礼品需求伴随经济、生活条件的普遍改善持续滋生；国内消费者普遍追求健康的心理态势同时形成。这两者架构了一个无比广阔的健康礼品市场。而在世纪之交，国内保健品市场上可供消费者选择的保健品品类及品牌都不多，脑白金恰巧很迎合地上市了。

二是“领创”。在其他保健品品牌都在打健康牌的时候，脑白金独辟蹊径地以健康礼品的面貌出现。尤其是它从传播角度第一次发出了“送礼”的号召，这在当时中国的广告声音中还属于引领潮流的异类，很容易一枝独秀。

三是“强势”。铺天盖地的媒体轰炸只能强势笼罩消费者的感官，“只收脑白金”的概念却能强势限定消费者购买保健品的选择性思维。到了这一步，消费者不买脑白金都过不去心理那道坎了。

与小米（MI）相比，脑白金近二十年前就抢到“风口”了。从“品牌营销（B-M）”的角度看，在当时的形势下，“脑白金，年轻态，健康品”和“今年过节（爸妈）不收礼，收礼只收脑白金”两条“品牌广告语（BS）”正如同两只鲲鹏的翅膀，将御风而起的脑白金一路带飞到了今天，同时把它的主人史玉柱先生带到了中国企业界金字塔的顶尖。这其中，准确而强势的产品定位、品牌定位，发挥了无与伦比的“品牌战略（BSS）”的力量。

不过，从国内民众文化心理的角度看，脑白金的成功并不值得我们欢呼，因为它深刻地反映了国内的消费者习惯“集体性思维”而不是“个性化思维”的特征，而且这种“集体性思维”很容易被“强力渗透的简单观念”诱导，引发普遍的“从众行为”。

具体而言，“送礼”是国内消费者普遍的需求，“送什么”却值得每个人“个性化思考”。偏偏我们的消费者仅仅因为一句“今年过节不收礼，收礼只收脑白金”，就失去了个性化思考的能力，如羊群一样纷纷进入门店去购买脑白金，而且十几年如一日地乐此不疲，这确实表露了一种不值得向世人称道的普遍性文化心理。

如今，随着世界各国的灿烂文明在国内百花齐放，80、90后个性彰显，脑白金的神话也该到了被终结的时候了。随着时间的进一步流逝，“不收礼、收礼”的“品牌广告语（BS）”对于国内消费者购买保健品思维定势的拘囿，必然会逐步削弱下去。

■ 7-4-4 “最佳拍档”的“产品定位（PP）”和“品牌定位（BP）”■

“定位”概念来自于大名鼎鼎的定位理论。艾·里斯（Al Ries）与杰克·特劳特（Jack Trout）合著的《定位》一书中标明：“定位要从一个产品开始。那产品可能是一种商品、一项服务、一个机构甚至是一个人，也许就是你自己。但是，定位不是你对产品要做的事。定位是你对预期客户要做的事。换句话说，你要在预期客户的头脑里给产品定位，确保产品在预期客户头脑里占据一个真正有价值的地位。”

后来，特劳特（中国）定位咨询有限公司总裁邓德隆补充说："所谓定位，就是让品牌在消费者的心智中占据最有利的位置，使品牌成为某个类别或某种特性的代表品牌。这样当消费者产生相关需求时，便会将定位品牌作为首选，也就是说这个品牌占据了这个定位。"

定位理论最初强调的是"产品定位"，邓德隆为它补充了"品牌定位"的内涵。我们使用的"定位"概念，继承了原定位理论中强调的"'定位'是在消费者心目中占位"的深刻洞察。在此基础上，我们主张，"产品定位"要基于企业当前产品"有相关度的差异化竞争优势（DCETA）"，表达并"定位"产品相对于个体消费者的"独特价值"。

也正因为产品拥有"独特价值"，品牌及其产品才相对于广大消费者、社会乃至国家、民族，具有相应的"文化价值和社会意义"。"品牌定位"首先要区隔出企业产品的这种"特色价值"，然后把它"定位"到消费者的心里去。

国内各行各业企业的产品相对于跨国企业的同品类产品普遍落后，而且彼此之间产品同质化现象分外严重。在这种情势下，我们不排斥从传播角度，结合企业的竞争对手的"媒体传播盲点（BSMC）"，帮助企业进行"产品定位"与"品牌定位"的行为。尽管它无法支撑品牌的长远发展，但是毕竟能为企业抢占阶段性的品牌传播优势，为企业的发展赢得暂时的先机。

"产品定位语（PPC）"直接表明企业产品的"独特价值"。从与消费者的切身利益密切相关的角度看，消费者更容易关注产品的功能、性能、外观、使用便利等方面的"独特价值"，而不是产品所具有的"文化价值和社会意义"。因此，"产品定位语（PPC）"的传播更能发挥吸引消费者的眼球、拉动产品销售，同时带动品牌知名度提升的作用。

但是，正如我们前面章节一直强调的，产品"有相关度的差异化竞争优势（DCETA）"可能很容易被竞品赶上甚至反超，或者被其他替代产品淘汰，由此提炼出的"产品定位语（PPC）"不管如何传播，其主打的"独特价值"可能很快就成为竞争对手的同品类产品的注脚，就像极草的"含着吃"和"七倍功效"所遭遇的那样。因此"产品定位语

（PPC）”无论如何也支撑不起企业及其品牌的长期发展。

相对而言，由于“价值独特”，产品所具有的“特色”的“文化价值与社会意义”影响较为久远，也更难被竞争对手的同品类产品替代，就像极草品牌作为“开创者与变革者”、脑白金作为“首选保健礼品”的特色价值一样。而且，此类“特色价值”立高取远、涵盖面广，大大超过产品能够带给个体消费者的“独特价值”。

因此，表达这类“特色价值”的“品牌定位语（BPC）”传播开来，对于提升品牌价值、支撑产品溢价具有立竿见影的效力。只是它在促进产品销售和品牌知名度扩张方面，远不如“产品定位语（PPC）”接地气，势头凶猛。

“产品定位语（PPC）”与“品牌定位语（BPC）”各有优劣、互补不足、相辅相成。它们是当下企业开展“品牌营销实践（B-MP）”，打造新兴品牌的“最佳拍档”。

以发展的思维理解“定位”概念，提炼出恰当的“产品定位语（PPC）”和“品牌定位语（BPC）”进行组合传播，是“定位理论”应用的更高层次，对当下企业的“品牌营销实践（B-MP）”具有根基性的支柱作用。

■ 7-4-5　与时俱进的“最佳拍档”■

企业及其品牌的发展是一个漫长的过程（如果能活得久）。“产品定位语（PPC）”对于促进产品销售、打响品牌的知名度最管用，因此适合初创型的企业及其品牌在传播中主打。

只是，随着竞品赶超、产品升级、同品类产品更新换代，“产品定位语（PPC）”不得不更换得相对频繁一些。如果它长期不变，只能表明企业生产的品类产品支撑其“产品定位语（PPC）”的“有相关度的差异化传播优势（DCETA）”或者“有相关度的差异化竞争优势（DCECA）”一直领先行业，居 No.1 地位，或者一直没长进，早晚要被淘汰。

“品牌定位语（BPC）”对于提升品牌形象、实现产品溢价最管用，也具有促进产品销售和扩大品牌知名度的效用，而且能够长期管用。因此，在企业及其品牌的初创阶段，它适合配合着“产品定位语（PPC）”长期传播。

当然，“品牌定位语（BPC）”也不能一成不变。随着企业及其品牌的发展，企业的品牌所代表的产品除了纵向地升级和更新换代外，也会横向延展，甚至跨品类、跨行业地无限延伸。在这个过程中，根据产品的销量、销售范围、持续时间所成就的影响力的增强，企业旗下品牌的当前产品所具有的“文化价值和社会意义”就会越来越大。待到质变的程度，“品牌定位语（BPC）”就应当作相应调整。

比如“海尔冰箱，为您着想”，表达的是海尔冰箱对于特定消费者群体的“文化价值和社会意义”。后来的“海尔，中国造”“一个世界一个家”，分别表达的是海尔跨品类的产品集群相对于中国制造业以及全世界、全人类家庭生活的“文化价值和社会意义”。“原来生活可以更美的”对应的是中国老百姓的日常生活；随着“美的”跨入世界500强的行列，“为人类创造美好生活”对应的就是全人类了。

企业当前生产的产品发展到它们所具有的“文化价值和社会意义”整体质变的程度，一般需要多年时间，由此提炼的“品牌定位语（BPC）”可以反复传播多年，再顺次提升。这既有利于品牌在越来越多的消费者心目中留下稳定的品牌印象，实现越来越大范围的“品牌定位”，也能有效支撑品牌更长远的发展。

当“品牌定位语（BPC）”因为长期传播，在广大消费者的心目中成功“定位”之后，它就可以反过来提携阶段性更新的“产品定位语（PPC）”。这个过程中，“品牌名称（BN）”肯定是一成不变的。待到传播多年的“品牌定位语（BPC）”功成身退，具有最高知名度并且在消费者心目中烙下最深刻“意象”的“品牌名称（BN）”，就会在传播中对最新使用的“品牌定位语（BPC）”和“产品定位语（PPC）”起到背书支持的作用。

企业现实的“品牌营销实践（B-MP）”远比我们描述的复杂多变，“产品定位语（PPC）”和“品牌定位语（BPC）”的应用很难确定下固定的套路。它们不仅要根据企业及其品牌的发展阶段适当地提炼并传播，更重要的是还得根据企业当前的“品牌营销体系（BMS）”的架构和运作因地制宜地发挥效用。

毕竟，随着企业的发展，企业当前生产的产品会不断升级并丰富延展，“多品牌战略（MBS）”以及“产业价值链战略（Industry Value Chain Strategy，简称 IVCS）”自然顺势实施。前者成就“多品牌产业集群（Multi Brand Industrial Cluster，简称 MBIC）”，后者成就“价值链产业集群（Value Chain Industry Cluster，简称 VCIC）”，由此带动着企业向“品牌营销集群（BMC）”的方向和规模发展。

在两大战略制定、实施的过程中，个别“产品品牌（PB）”作为母品牌，及其副品牌或者子品牌的“品牌广告语（BS）”的提炼和应用各不一样。渠道的现状、服务的现状、媒体传播的现状、企业及品牌文化建设的现状，“产业价值链（Industry Value Chain，简称 IVC）”的发展状况，都可能影响“品牌广告语（BS）”最终成型的面貌。

“品牌广告语（BS）”和“品牌名称（BN）”是“品牌营销价值表现系统（B-MVS）”的核心，后者又是“品牌营销战略（B-MSS）”执行的阶段性成果和表现。由此，为企业的产品及其品牌“定位”，研究、制定并规划、实施其“品牌营销战略（B-MSS）”，就像医生开药方一样，有规律可依，但是绝没有万用万灵的仙方。

■ 7-4-6　国内“定位”概念使用的“三乱现象”■

“定位理论”对中国的企业影响很大，以至于近一二十年来，国内的企业开展“品牌营销实践（B-MP）”，首先要考虑给自家的品牌及其产品定个位。不过从具体的应用来看，大多数企业在广告公司的帮衬下，由于对“定位”概念的理解五花八门、各有千秋，以至于各个“定位理论”应用的落地实践，呈现出不同程度的“三乱现象”。

第一种“乱象”是“定位”概念胡乱用。比如在目前国内的企业界和广告界，“定位”概念满天飞。除了大家最常用的“产品定位（PP）”“品牌定位（BP）”之外，什么“消费者定位”“市场定位”“价格定位”“渠道定位”“服务定位”等都成了业内通用的专业术语。

在广告公司针对企业客户提报的“品牌和营销方案”中，所有这些

“定位”都罗列清晰了，企业的“品牌和营销概念架构”看上去清楚、明白，企业客户也觉得广告公司“Very good”的“专业”。于是双方一拍即合，紧接着“品牌和营销（B&M）”落地的文案、创意、设计、媒体传播、活动推广等环节，就可以按部就班地执行了。

企业和广告公司联手，对企业的“产品定位”，一般先从品类、档次入手，定位成“超高、中高、中端”，或者“中低、低端”，或者“奢侈、小资、大众”的某品类产品。与此相对应，“品牌定位”往往概念表达为“高、中、低端品牌”，行业的“领导、领军、创导品牌”，或者“第一品牌”“最具影响力”“最具发展潜力品牌”等。

企业和广告公司联手，对于“消费者定位”，则习惯依照年龄、性别、收入、职业、喜好、生活习惯等标准，把消费者“定位”为某个细分的“目标消费客群（TCG）”；至于“市场定位”，通常“定位”为国际市场、全国市场，或者国内某地域的品类产品批发市场、综合性商业市场等；“价格定位”一般用“价格段”式的数字表示；“渠道定位”则有自建渠道、代理渠道，或者KA、商超、酒店、专卖、连锁、加盟渠道，或者行业渠道、专业渠道、特殊渠道等不同排列组合的划分。

这些类型的“定位”是“产品定位（PP）”“品牌定位（BP）”前期必然要做的工作，但它们与“消费者心目中的‘位置’”扯不上关系，都不是定位理论中定义的“定位”，更不是我们主张的、结合了产品的“独特价值”和品牌的“特色价值”的“定位”。而且，为品牌及其产品贴上诸如此类的众多“定位概念标签”，更加扰乱了“定位”的真正内涵，不利于“产品定位（PP）”“品牌定位（BP）”取得深刻、全面的成果。

“定位”品牌及其产品，先弄明白产品的档次和优势，搞清楚“目标消费客群（TCG）”的群体特征，以及产品在什么地域什么渠道卖，是非常必要的。这样做，是为了提炼的“产品定位语（PPC）”和“品牌定位语（BPC）”更符合某地域、某渠道的特定“目标消费客群（TCG）”的文化认知和接受习惯，以更有效地借助媒体传播帮助企业实现“定位效果”。

为此，除了“产品定位（PP）”与“品牌定位（BP）”，国内广告公司习惯使用、企业普遍认同的其他类型的“定位”，最好更名为“界定”。

如此，“消费者界定”“市场界定”“价格界定”“渠道界定”等前期工作的开展，才能更好地服务于“产品定位”与“品牌定位”，为企业赢得更水到渠成的“定位成果”。

第二种“乱象”是定位概念背离产品价值，胡乱定。比如爱玛才打出“中国电动车领导者”，雅迪紧跟着打出“全球电动车真正领导者”，这两条“品牌广告语（BS）”都是表明品牌行业地位的“品牌定位语（BPC）”。极草才吆喝“七倍功效”，其他竞争品牌没多久就吆喝出“十倍、二十倍、三十倍功效”。类似这样的“品牌广告语（BS）”都是表明产品功效基点价值的“产品定位语（PPC）”。

至于前面章节我们罗列的众多“云端上的广告语（AOC）”“吾好广告语（BSS）”“走心式广告语（STS）”，如果从“定位”的角度看，它们显然都没顾及企业产品的价值是否能支撑得起主打的“品牌广告语（BS）”的内涵与外延。

第三种“乱象”是“产品定位语（PPC）”和“品牌定位语（BPC）”混着用。企业的品牌能像极草和脑白金那样，将两种类型的“定位语”巧妙搭配，长期传播，强势占领各自“目标消费客群（TCG）”的心理领地很少；更谈不上能够制定长远的“品牌营销战略（B-MSS）”，根据企业产品的“定位”发展，与时俱进地又恰如其分地更新主打的“品牌广告语（BS）”。

农夫山泉和六个核桃是迄今为止国内巨成功的两大品牌。它们长期主打的“农夫山泉有点甜”“经常用脑，请喝六个核桃”都是从传播角度，表达其产品“独特价值”的“产品定位语（PPC）”。

这两大品牌十多年来，一条“产品定位语（PPC）”走到底，而没有匹配相应的“品牌定位语（BPC）”去提升其品牌形象。

直到最近两年，农夫山泉为了重推其中高端瓶装水，才把“大自然的搬运工”喊了出来。这条“品牌广告语（BS）”突出其水源优势，承载了其产品相对于广大消费者身体健康的“文化价值与社会意义”，是一条希望据此“定位”的“品牌定位语（BPC）”。但是由于喊晚了十几年，其影响力被“农夫山泉有点甜”遮得让消费者看不见，它期望的

“定位”目前实现得并不成功。

农夫山泉和六个核桃这样的行业品类产品的顶尖品牌尚且没有重视“产品定位语（PPC）”和“品牌定位语（BPC）”的搭档作用，国内各行各业的其他大多数追随品牌更难见读懂“定位”概念，并创造性运用“定位理论”的了。“产品定位语（PPC）”和“品牌定位语（BPC）”十多年来一直被国内企业普遍混用着，跌跌撞撞地走到了今天。

7-5 “品牌广告语（BS）”的“梦幻组合”

■ 7-5-1 那些曾经合时宜的“经典广告语（CAL）”■

一百多年来，数不尽的国际大品牌享誉世界，流传下了众多被国内广告人奉为经典的广告语。

比如可口可乐（Coca-Cola）的“享受清新一刻”，米勒（Miller）淡啤酒的“美妙口味不可言传”，麦氏（Maxwell）咖啡的“滴滴香浓，意犹未尽”，戴比尔斯（De Beers）的“钻石恒久远，一颗永流传”……

还有大众汽车（德语：Volkswagen）的“小即是好”，象牙香皂（Ivory soap）的“100% 的纯粹”，玛氏（M&Ms）巧克力的“只溶在口，不溶在手”，德芙（MarsInc）巧克力的“此刻尽丝滑”等。

现在看来，可口可乐（Coca-Cola）、米勒（Miller）淡啤酒、麦氏（Maxwell）咖啡、戴比尔斯（De Beers）的“经典广告语（Classic Advertising Language，简称 CAL）”只是表达了它们所归属的品类产品的某方面“基点价值”，甚至没有标明它们所代表的品类产品“有相关度的差异化竞争优势（DCETA）”，没有树立起它们品牌的“特色价值”。

这些广告语不仅“可、米、麦、戴”适用，其他代表碳酸可乐、啤酒、咖啡、钻石首饰的品牌也合用。因此它们只是表达“产品基点价值（PBV）”的“产品卖点概念（PSPC）”，还算不上能够从产品的“独特价值”角度区隔品牌的“产品定位语（PPC）”形式的“品牌广告语（BS）”。

不过从传播角度看，这些广告语确实在特定时间阶段帮助它们的品牌从众多竞争品牌中跳了出来，而且广为流传、影响深远，让无数消费者认定可口可乐（Coca-Cola）、米勒（Miller）、麦氏（Maxwell）就是代表碳酸饮料、啤酒、咖啡产品某种“独特价值”的品牌，戴比尔斯（De Beers）就是代表钻石首饰“恒久远”价值的品牌。所以它们又是传播意义上的“产品定位语（PPC）”形式的“品牌广告语（BS）”。

这种现象不难解释，在市场上的同品类品牌的广告竞争还不是多么激烈，有哪个品牌先喊一嗓子，嗓门越大，就能被越多的消费者听到并且记住的时候，“可、米、麦、戴”的广告语只需表明行业品类产品的某方面“基点价值”，而且生动形象、通俗易懂，就足以使它们的品牌鹤立鸡群，释放出巨大的“品牌和营销（B&M）”的影响力了，正如同我们前面特别分析的“人头马一开，好事自然来”一样。

与它们相对比，大众汽车（德语：Volkswagen）、象牙香皂（Ivory soap）、玛氏（M&Ms）巧克力、德芙（MarsInc）的广告语表达了它们产品在特定时间阶段“有相关度的差异化竞争优势（DCETA）”，而且在当时消费者的心目中抢占了其产品“独特价值”的第一位置。这些广告语不仅从传播角度看，而且在产品的“客观价值”或者“体验价值”上，都属于“产品定位语（PPC）”形式的“品牌广告语（BS）”。

之后，随着其他品牌（特别是日系车）汽车的“小”的优势胜出，其他品牌香皂也很“纯粹”，其他品牌巧克力同样解决了“溶手”问题、口感也非常“丝滑”之后，“大、象、玛、德”的“产品定位语（PPC）”也渐渐丧失标异其产品“独特价值”的能量了。

“产品定位语（PPC）”标明的“产品基点价值（PBV）”，不管是“品类产品的”，还是品牌产品“独特的”，都与消费者的需求利益点、体验点息息相关，所以很容易打动消费者，促进品牌流传和产品销售。

不过，以上“经典广告语（CAL）”的所以成为经典，根本原因还是因为适宜了它们曾经传播的市场背景。

现在，随着品牌多如繁星、相互竞争无比激烈，产品升级和更新换代无比快速，互联网和自媒体使得广告信息无孔不入，“产品定位语（PPC）”标异品牌的作用已经越来越下降，其生命周期也无限缩短了。

新时代的广告语若想成为经典，其表达的产品与品牌的价值必然要经得起当下市场更长时间的考验才行。

■ 7–5–2　根基不牢的“品牌定位语（BPC）”■

从传播角度看，“品牌定位语（BPC）”远比“产品定位语（PPC）”的生命力更加持久。

“开创冬虫夏草高效利用时代”和“今年过节不收礼，收礼只收脑白金”都是“品牌定位语（BPC）”，它们曾经长期支撑了极草与脑白金的品牌形象以及产品销售。不过，透过这两个品牌的营销光环审视这两条“品牌定位语（BPC）”，我们不难发现其中存在着相似的致命弱点。

极草之所以敢喊出“开创冬虫夏草高效利用时代”，是因为它首次把冬虫夏草原草制成了含片。

不过，片剂生产工艺早在 19 世纪末就盛行于西方国家；中药片剂的研究和生产在新中国成立后就已经开始。21 世纪国内的药厂但凡有点规模的就能生产中药片剂，极草只是抢先把并不先进的中药片剂生产技术应用到更加落后的冬虫夏草行业中去了，所以极草含片上市后才三五年间，不下百十种冬虫夏草含片品牌就纷纷涌入了市场，有些品牌的含片还不比极草含片差。

一个产品品类开创者的品类产品不一定领先，国内的消费者也不是认识不到这一点。在勘破了图慕品牌虚名的心理障碍和不需要以名牌撑门面送礼的客观条件下，他们还是倾向于消费性价比高的产品。

作为品牌，像极草那样，一直停留在“开创者”的光环中止步不前自然不是长久之计。“品牌定位语（BPC）”要么与产品一起与时俱进，要么更深刻地表达产品所具有的更长远的价值，这样才能更长期发挥作用。因此，极草的“品牌定位语（BPC）”所具有的“品牌营销（B-M）”促进作用只会越来越弱；而极草含片之所以直到现在仍然在同品类产品中卖得最好，主要因为冬虫夏草含片原本就技术含量极低，所有这类产品都同质化，再加上极草的品牌知名度最高，它整合了产品、渠道、传播各方面架构的“品牌营销体系（B-MS）”远比其他竞争对手更强大的缘故。

脑白金的“今年过节不收礼，收礼只收脑白金”为其品牌附加了“送礼和尽孝的”价值，但是并没有表明其产品的任何独特优势。从这个角度看，所有针对中老年消费群体的保健品都可以用来送礼并尽孝，都可以冲击脑白金的市场。

脑白金的“品牌定位语（BPC）”，如今最多发挥着反复强化其“目标消费客群（TCG）”的记忆，捎带着继续在后进的保健品消费者中扩大其品牌知名度，引入新客流的作用。

“品牌定位语（BPC）”是广告语中居于品牌层面、较高层次的一类。它们除了像“产品定位语（PPC）”一样能扩大品牌知名度、促进产品销售之外，其立身之本是为品牌融入附加值、提升品牌形象和产品价格，同时在“目标消费客群（TCG）”的心目中定位品牌。

极草和脑白金的“品牌定位语（BPC）”表达了企业当前生产的产品曾经具有的“文化价值和社会意义”，而不是企业的“未来产品集群（FPC）”具有的“文化价值和社会意义”，因此对于品牌定位的支撑作用难以持久。在其他品牌的冬虫夏草含片和“可以送礼、尽孝的”保健品的侵蚀下，它们已经在逐渐丧失曾经赋予品牌的附加价值。

另外，由于极草和脑白金的“品牌定位语（BPC）”与其产品相对于服用它们的消费者的切身利益和体验没有关联，那些消费者在服用极草含片或者脑白金的时候，不会自觉唤醒并反复加深对于它们品牌的记忆和好感，也就无法形成自发传播其品牌价值的口碑效应。它们在扩大品牌知名度、促进产品销售方面的作用也在退化。

对于那些丧失或者正在失去产品独特的“文化价值和社会意义”支撑的“品牌定位语（BPC）”，企业若想保持、发扬它们在“品牌营销促进”方面的影响力，只能长年累月用铺天盖地、狂轰滥炸的媒体传播来反复夯实它们在各自“目标消费客群（TCG）”心目中的品牌定位，这必然会损耗企业大量的元气。

归根结底，“品牌定位语（BPC）”须由企业当前生产的产品所具有的独特“文化价值和社会意义”支撑，才能“桃李不言，下自成蹊”，持续发挥其“品牌营销作用”。而企业当下生产的产品无时无刻不处在整体演变的过程中，“品牌定位语（BPC）”也不得不与时俱进地“质变”。

对于企业来说，若想稳步、长远地建设品牌，它们还必须寻找到其产品更为稳定的价值基础，才能由此提炼出具有永久生命力和源源不断的“品牌营销能量”的广告语，来引导并且推动其“品牌营销实践（B-MP）”。

——这种“产品更为稳定的价值基础”，只有先进的“产品基因（PG）”才夯筑得起。

■ 7-5-3　不可不说的“品牌核心价值概念（BCVC）”■

极草和脑白金的“品牌定位语（BPC）”之所以扎根不深、基础不牢，主要在于它们表达的只是企业当前生产的产品所具有的“文化价值和社会意义”，而不是更稳定的产品独特价值所能成就的品牌特色价值。若想用广告语表达品牌的可持续发展价值，我们必须挖掘到能够与产品同生共长、与时俱进的“价值内核”，而这，只有先进的“产品基因（PG）”才可能具备。

“产品基因（PG）”不仅是企业当前生产的产品能够具备“有相关度的差异化竞争优势（DCETA）”的根本原因，也是企业能够成就“未来产品集群（FPC）”的生命源泉。它相对于品牌的“目标消费客群（TCG）”所具有的“文化价值和社会意义”，要远远超过企业当前生产的产品所具有的。

比如优衣库（UNIQLO）的“产品基因（PG）”是“研发、生产大众面料的技术”，基于此，优衣库（UNIQLO）能够为消费者提供无限多领先竞争对手的适宜、适身、适合大众消费能力的服装，其“品牌广告语（BS）”也就顺其自然地升级成了“服适人生”。

这句“品牌广告语（BS）”准确地表达了优衣库（UNIQLO）的“产品基因（PG）”相对于其“目标消费客群（TCG）”的“文化价值和社会意义”，比先前的“造服于人”更给力地提升了优衣库（UNIQLO）的品牌价值；与此同时，人们在穿着优衣库（UNIQLO）服装的时候，又因为切身体会到独具特色的“舒适”而持续发酵着对于优衣库（UNIQLO）品牌的认知和好感，并自发产生品牌传播的口碑效应。

同样作为国际一线的服装品牌，ZARA的“产品基因（PG）”是“快速仿抄世界流行服装款式的设计及其‘供应链系统’”，其主打的“品牌广告语（BS）”相应地提炼为“欧洲制造，精准时尚”。

在其他行业，宝马（BMW）汽车的“极致驾驶乐趣”影响深远——它的“汽车发动机研发、制造技术”一直将其汽车产品的这一“文化价值和社会意义”发扬光大；IBM用“智慧的地球”做“品牌广告语（BS）”一点儿也没有让世人感到违和，它的“信息技术和业务解决方案”也确实引领着全球智慧化的潮流；“iOS操作系统”与iMac、iPod、iPad、iPhone等系列产品同步升级，支撑着“Think Different”的精英人士与苹果公司（Apple Inc.）一起“非同凡想”……

国内的企业耐心做产品并孕育出先进“产品基因（PG）”的不多，洋河是其中比较突出的一个。基于“‘绵柔型’白酒的系统理论和生产工艺”的“产品基因（PG）”，洋河·蓝色经典的“男人的情怀”也确实令消费者在品味其白酒的同时无穷回味。

先进的“产品基因（PG）”是产品的核心生命力所在。因此，表达先进“产品基因（PG）”相对于品牌“目标消费客群（TCG）”的“文化价值和社会意义”的“品牌广告语（BS）”更深刻、更全面、更长远地诠释了品牌的特色价值。也正因为这一点，它比别的任何类型的广告语更能提升品牌形象和产品价格，支撑品牌的可持续发展。

这种类型的“品牌广告语（BS）”也寻求其品牌在“目标消费客群（TCG）”心目中价值定位；但是它更本职的作用在于传达品牌的核心价值而不是促销产品，它最伟大的意义在于指明产品发展的方向，以产品领先支撑起品牌的进步，同时让企业的员工在围绕产品工作的时候认同到一种长远的归属感和人生意义。这对于企业及其品牌可持续发展的价值，无论怎么夸大都不为过。

——我们把这种类型的“品牌广告语（BS）”称之为“品牌核心价值概念（BCVC）”。

国内的企业普遍从传播角度，基于其产品“有相关度的差异化竞争优势（DCETA）”，或者其当前生产的产品所具备的“文化价值和社会意义”，寻求其产品以及品牌在“目标消费客群（TCG）”心目中的价值定位，主要有两点原因：

一是当前产品的“独特价值”与消费者的切身利益或者体验的相关度具体而紧密，由此提炼的“产品定位语（PPC）”“品牌定位语（BPC）”比较容易传播，促销作用也强。二是国内的企业普遍缺失先进的“产品基因（PG）”，只能从传播角度，通过“产品定位语（PPC）”“品牌定位语（BPC）”形式的广告语寻求其产品和品牌在“目标消费客群（TCG）”心目中的价值定位，以实现“品牌营销（B-M）”的目的。

“品牌核心价值概念（BCVC）”表达的品牌价值与消费者的切身利益或者体验的相关度一般非常抽象而且宏阔，很难让消费者通过具体产品的消费直接感同身受，所以它们在当前主要地发挥了提升品牌形象、指导企业的产品长远发展的作用，对于品牌知名度的扩大和产品销售促进只能是潜移默化地施加影响，在时间中沉淀得越久才越能显现出厚积薄发的能量。

不同行业、市场产品的科技水平差别很大，“品牌营销（B-M）”的发展水平也参差不齐。在产品科技含量低、更新换代慢的行业或者市场领域，比如矿泉水、生鲜、初级加工的食品或者保健品等，“产品定位语（PPC）”可以一时顶上“品牌广告语（BS）”的位置，支撑企业旗下“产品品牌（PB）”的发展并能长期发挥作用。在产品科技含量高、更新换代快的行业以及市场领域，比如化妆品、汽车、家用电器、电子产品、电脑、智能手机等行业的企业在开展“品牌营销（B-M）”的时候，其“产品品牌（PB）”的“品牌定位语（BPC）”就必不可少了。

除此之外，不管企业的“产品品牌（PB）”处于哪一个发展水平的行业或者市场，只要它已经具备了先进的“产品基因（PG）”，就有必要根据“产品基因（PG）”能够衍生出的“未来产品集群（FPC）”，提炼出它们当下所具有的“文化价值和社会意义”，作为“品牌核心价值概念（BCVC）”，与其“品牌定位语（BPC）”“产品定位语（PPC）”密切配合，共同支撑企业的“品牌营销实践（B-MP）”。

理解“品牌核心价值概念（BCVC）”“品牌定位语（BPC）”和“产品定位语（PPC）”这三种形式“品牌广告语（BS）”的内涵，并朝着前者指出的方向奋发图强，而不是执著于后两者的传播优势逞一时之快，贪图“品牌和营销”的一时之利，对于中国当代企业及其品牌将来整体跨出国门、走向世界，具有莫大的意义。

夯实先进的“产品基因（PG）”，做好产品，并由此提炼出“品牌核心价值概念（BCVC）”指导产品领先竞争对手、可持续发展，是国内的企业及其品牌真正做大、做强的“品牌营销王道”。“品牌核心价值概念（BCVC）”和“品牌定位语（BPC）”“产品定位语（PPC）”，则正好顺应潮流，成为支撑当下国内企业的“品牌营销实践（B-MP）”奔向远大前程的“梦幻组合”。

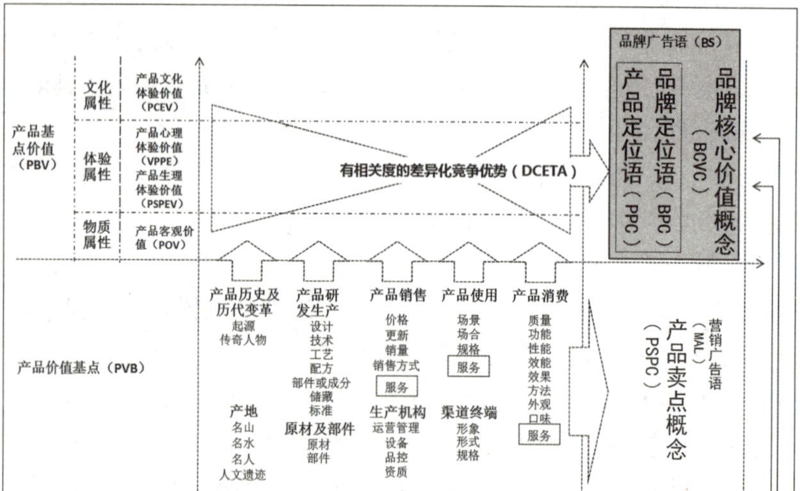

“产品多维价值系统”与“产品 & 品牌定位语”对应关系框架图

■ 7-5-4 国内中小企业的定位之“道”■

做品牌不同于生产产品、销售产品。企业生产产品、销售产品的目的很明确，就是把产品造出来、卖出去，赚得利润。反正不管什么样的产品，只要有价值，总会有人消费；而且不管什么样的产品，只要找准对象会忽悠，总能不赔本地卖出去。

做品牌则必须先明确产品“有相关度的差异化竞争优势（DCETA）”，最好进一步确立“产品基因（PG）”，否则无论如何品牌也做不起来，至少做不长远。

多年以来，各行各业产品的最先进的“基因（DNA）”都掌控在跨国企业及其旗下国际大品牌的手里，国内的企业做大、做强各自的“产品品牌（PB）”，主要通过四种方式：

一是垄断产品原材料资源。比如在钢铁、石油、煤炭、化工、房地产、饮用水、白酒、食品初级加工等行业，被个别企业局部垄断的产品原材料资源是“绝对竞争优势（ACA）”，不过是一种绘着浓浓的政治色彩而非市场化背景下的“绝对竞争优势（ACA）”。

不管咋样，这种“绝对竞争优势（ACA）”相对于企业成就的“品牌营销价值（B-MV）”却无比巨大。最具市场化典型的莫过于在国内的房地产、饮用水、白酒行业，由于土地、水源被各级、各地国内企业局部垄断着，同行的跨国企业及其旗下国际大品牌抢不进来，故而成就了数不胜数的国内这些行业的大品牌。

二是凭借“应用技术（AT）”，赢得“相对技术优势（RCA）”，成就本企业产品“有相关度的差异化竞争优势（DCETA）”，并且以此支撑企业旗下“产品品牌（PB）”的长期发展。国内目前市场化发展程度较高的行业，比如服装、饮料、家电、电子电器、化妆品、电脑、智能手机等行业做大、做强的本土一线品牌，基本上都是通过这种方式发展起来。

品类产品研发、生产的“应用技术（AT）”，是一种类型的“产品基因（PG）”，只是相对于同品类产品研发、生产的“核心技术（CT）”的“产品基因（PG）”落后很多。国内一些企业，比如华为、中兴、格力、海尔等，已经在攻坚本行业个别品类产品研发、生产的“核心技术（CT）”，以抢占该品类产品最先进的“产品基因（PG）”。以此为支撑，它们是当前国内最有希望成就“百年”、鼎立国际的行业领导品牌。

三是凭借区域领先的产品研发和生产技术、工艺、设计、渠道、服务、媒体传播等优势，打造在区域范围内“有相关度的差异化竞争优势（DCECA）”的产品，并以此支撑企业旗下“产品品牌（PB）”的发展。

国内数以千万计的各行各业的企业及品类产品市场的二三线品牌，基本上都是通过这种方式成就起来。随着同行业的国际大品牌、国内一线品牌的“品牌营销（B-M）”攻势正在越来越渗透进三四线城市乃至乡镇范围的区域市场，这些品牌普遍正在承受着“泰山压顶”般的毁灭力。

第四种方式是最普遍的，那就是在本企业生产的产品被“同质化”，不具有任何客观存在的独特价值的条件下，通过从传播角度赢得的其产品“有相关度的差异化传播优势（DCETA）”，玩弄“忽悠型”的“品牌营销价值概念（B-MVC）”，多频率、反复制造“营销噱头”，以推动本企业的“品牌和营销实践（B&MP）”的发展。

这样的品牌前赴后继、此起彼伏，其数量从来无比壮观，其结局往往无比惨烈。有的企业发了财，转战多个行业玩弄资本；有的企业转了型，已经踏踏实实地做强了产品；大部分企业旗下的此类“产品品牌（PB）”，仍然在苦苦支撑、苟延残喘。

在这样的大形势下，国内的很多中小企业在其产品不具竞争优势、其“产品品牌（PB）”追随式崛起的阶段，在国内的一些“品牌和营销砖家们”的帮助下，习惯了以“钻档”的方式，给自家的“品类产品和品牌”定位。

这些企业的领导者和“品牌和营销砖家们”的共同认识是这样的：好吧，先承认我们的产品不够先进；但是任何品类产品及其品牌都有高、中、低档之分，再细分还可以分出超高、中高、中低等。我们凭借不够先进的品类产品，支撑档次不高的“产品品牌（PB）”，定位中高档以下，产品比人家高档、超高档定位的卖便宜些，总能够占据一块细分市场、做大自家细分档次的“产品品牌（PB）”吧。

这种认识从理论上讲得通，而且实践好了也确实管用。特别值得肯定的是，这种做法比那些给落后的产品穿上龙袍、戴上凤冠、标上高价，去忽悠市场和消费者圈钱的行为脚踏实地、有良心、有道德、有体面得多了。

只是，借鉴西方国家的百年品牌的发展经验，纵观西方国家的先进行业的百年发展规律，我们不得不认识到：一个企业，如果不能够在产品研发、生产的“核心技术（CT）”方面占据一定优势，培育出自家先进的“产品基因（PG）”；它的界定在中低端档次的“品类产品品牌（BC）”即使销量做到了该品类产品细分市场的NO.1，也很难活过中年。

以全球汽车行业的百年发展为参照，目前存活下来的汽车品牌基本上归属于世界上掌握着汽车发动机研发、生产的“核心技术（CT）”的最大的十来个汽车集团。这些汽车集团旗下的汽车品牌遍布超高、高端、中高、中端、中低市场，它们在中国只是以合资的形式生产中高、中端、中低档汽车；高端、超高档汽车目前在国内只能整车进口，或者进口人家次好的汽车发动机定制式装配。人家只把低端市场空给了国内本土的汽车品牌去挣扎着赚点小钱，这点小钱赚起来很多时候还得依靠政府补贴。

国际汽车市场的车企格局、品牌格局、品类产品格局是历经一百多年时间形成的。从超高到中低的品类汽车产品的价格实际上由丰田、本田、宝马、大众、通用、福特、菲亚特、标致-雪铁龙等十来个汽车集团说了算。只能生产中高档以下汽车产品的车企若想打造领导细分市场的品类汽车品牌，很容易被大汽车集团消灭。大企业只要把更领先的同品类汽车产品以低于这家车企生产成本的价格铺到市场上，坚持到这家车企破产，再把价格抬上去就是了。

国际汽车市场的中小整车装配汽车品牌冒不出头，曾经冒尖的都已经被大汽车集团凌迟或者收购了。如今，其他行业的品类产品市场也已经是巨头林立，中小企业旗下的“品类产品品牌（BC）”若想做大、做强，可持续发展，迟早都会直面行业巨头铺天盖地、斩草除根式的围剿攻势。

如今的中国，互联网、自媒体普及，电商已成大势所趋，产品、品牌、市场日益透明化，消费者购物越来越趋于理性，大企业传统的“品牌营销体系（B-MS）”的壁垒一方面持续增强，另一方面也在整体转型的过程中被局部稀释。这为国内中小企业的“产品品牌（PB）”确立其产品“有相关度的差异化竞争优势（DCECA）”，并且进一步培育出其“产品基因（PG）”，留出了相对普遍而又短暂的历史机遇。

什么是国内中小企业的定位之“道”？首先，在产品被“同质化”的情势下，国内的中小企业要明确自家产品的长远发展方向。如果纵观本行业同品类产品的发展趋势，看不到自家产品将来的先进“基因（DNA）”在哪儿，那就不要瞎定位产品、品牌，更别奢望做大、做强“产品品牌（PB）”，而是要集中力量做营销，先把产品卖出去、赚到利润再说。

其次，在产品被“同质化”，而又明确了自家产品的长远发展方向的条件下，企业有必要厘清自家长远的财务规划。相当一部分资金必须规划到产品的研发、升级上，无论是产品的技术、工艺、设计还是生产设备的改进等各个方面。其余的资金才好统筹调度，包括与专业的“品牌营销战略型广告公司”合作定位产品、品牌需要支付的费用。

再次，在产品被“同质化”的条件下打造“产品品牌（PB）”，抢占产品“有相关度的差异化传播优势（DCETA）”，定位产品及品牌，也确实成了国内的中小企业打造自家“产品品牌（PB）”的仅剩的方法。

不过，这是一把“双刃剑”。国内的消费者如今辨别清楚各同类竞争品牌及其产品性价比优劣势的时间大幅缩短，企业祭起这把“双刃剑”，其产品朝着具备真实客观“有相关度的差异化竞争优势（DCECA）”方向改进、升级的努力也必须同步进行。否则，“传播优势”一旦被消费者普遍戳穿只是“雷同优势”甚至是“虚假优势”，自然会对企业及其“产品品牌（PB）”造成巨大的反伤。

总之，无优势，不品牌。产品不具备“有相关度的差异化竞争优势（DCECA）”，无法在“目标消费客群（TCG）”的心目中成功定位产品及品牌；产品不确立先进的“产品基因（PG）”，“产品品牌（PB）”也无力可持续发展、做大、做强。国内各行各业的中小企业如今面对的市场环境远比前些年酷烈，它们的产品及其品牌的定位之“道”，已经悄然转轨。

7-6 “品牌认知盲点（BSBC）”与“品牌广告语（BS）”的正向提炼

■ 7-6-1 “品牌认知盲点（BSBC）”与“品牌广告语（BS）”的乱市姻缘 ■

互联网颠覆了中国人的消费习惯。在过去几年里，中国的数字化互联设备保有量呈爆炸式增长，这使得随时随地进行产品研究变得空前简单。而且，中国的消费者是天生的高性价比商品猎手，他们会通过多种渠道仔细搜索研究，以确保自己找到最划算的交易或最适合自己品位的品牌。国内企业做“品牌营销（B-M）”必须越来越落实到产品上，才能赢得好前途。类似观点我们在前面小节已经反复表述过，这儿再增加两条佐证。

一是 2015 年 12 月发布的 TNS 数字化时代生活研究（Connected Life）发现，中国消费者是全球最聪明的购物者群体之一，他们当中接近九成（88%）的人在购物之前会先进行某种形式的研究，高于全球平均水平（84%）。

该研究数据还显示，在购前研究的数量方面，不同年龄组的中国消费者之间差别极小：16 ~ 24 岁的年轻人在购前大约咨询 3.7 条信息，而 55 ~ 65 岁的消费者则大约咨询 3.5 条信息。

更具体的数据表明，中国的消费者不仅仅搜索高价值商品的信息，如汽车、机票、科技产品、节假日和金融服务产品，他们也搜索价值较低的日常必需品的信息，如沐浴露、化妆品、纸尿裤和宠物食品等。

大多数中国购物者目前在购买价格较低的、需经常购买的必需品

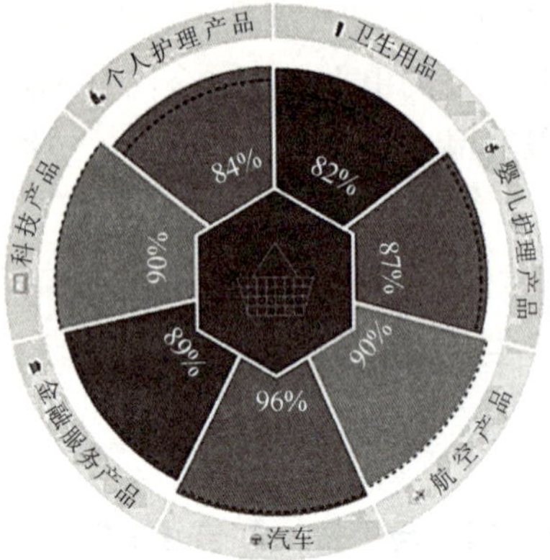

时也采用深思熟虑、预先计划的方法。而在过去，这种方法只在购买高价值商品时被采用。超过八成（84%）的购物者称他们在购买个人护理产品（如护肤品、香水、化妆品）时会做购前研究，对于婴儿护理产品和卫生用品（如香体产品和沐浴露），声称会做购前研究的购物者比例依次是 87% 和 82%（如右图所示）。[3]

另一条佐证来自于 2015 年 12 月 13 日“吴晓波频道年终秀”的整理文本。晓波先生的原话是：“……所以在我看来，2016 年开始是理性创业，理性商品一个非常好的时间段，中国经济没有崩溃掉，中国改革信心没有丧失掉；未来是理性创新，而各位，野蛮成长时代，到 2016 年已经结束掉了，那些讲讲概念，玩玩花样，做做题材的创业者将离开中国产业的下半场；未来五年是理性创业，各位如果有一个好的产品，有一个好的服务，一定在中国能找到一个好的资本帮助你走得很远。这是 2016 年将看到的一个景象。”

“品牌广告语（BS）”是企业做“品牌营销（B-M）”所传达的所有广告价值信息的核心。过去，国内消费者储备的品牌及产品知识很少，缺乏对比消费的经验。他们了解相关的品牌、产品信息，又缺少途径和信息获取的工具，所以对于市场上千奇百怪、五花八门的万千种类品牌及产品的认知领域，存在着很多“认知盲点”。

与此同时，政府相关部门、行业协会及众多的媒体组织对于广告的监管存在疏漏，各行各业的产品标准以及对于产品信息披露的要求又不尽完善。在这种情况下，很多企业的广告宣传中包含着与品牌、产品的

[3] 中国消费者时全球最聪明的购物者之一 _ 国内财经 _ 财经 _ 中金在线 http://news.cnfol.com/guoneicaijing/20151202/21882386.shtml，2015-12-02

真实情况不相符合甚至弄虚作假的信息。而这类广告信息的集中体现，有时候在一些企业的“品牌营销实践（B-MP）”中，会上升到“品牌广告语（BS）”的核心层面，对消费者的购买行为促生很强大的误导作用。

我们把消费者认知领域里，对于品牌、产品相关知识储备不足甚至完全空白，极易被广告信息切入并占据先入为主的印象，促使其发生购买行为的断层地带，称之为“品牌认知盲点（Blind Spot of Brand Cognition，简称 BSBC）”。

消费者认知领域中的信息储备的结构无穷复杂，原有信息与新入信息结合生成“次级储备信息”的过程也无穷奥妙，其各类信息解构与消解的结果也难以预料。这涉及心理学目前尚未完全解决的未知领域的课题，我们也无力清晰表达。

不过，能够洞见的是，在人们的认知领域储备的原有信息和更深层次的意识中，存在着众多“品牌认知原型（BCP）”。在前面《NO.6 如何提炼品牌名称？》的有关章节，我们就这个概念已经详细论述过。

在此需要补充的是，“品牌认知原型（BCP）”和“品牌认知盲点（BSBC）”恰是人们的认知领域储备信息和深层次意识中表达一“有”一“无”的两个辩证统一的概念。一些企业瞄准消费者的“品牌认知盲点（BSBC）”，同时结合他们的“品牌认知原型（BCP）”提炼出“品牌广告语（BS）”、整合出系统的广告信息进行传播，带给消费者的并非真实的关于品牌、产品的认知，由此引导发生的消费行为常常表现得看似理性，实则迷离。

极草的“嚼七根不如含一片”这一“产品定位语（PPC）”自传播至今，一直备受质疑，因为没有任何科学依据和临床验证支持其产品的这一功效。这明显是针对消费者的“品牌认知盲点（BSBC）”提炼出的“品牌广告语（BS）”。

脑白金的“今年过节不收礼，收礼只收脑白金”是结合消费者的“品牌认知文化原型”提炼出的“品牌定位语（BPC）”。“礼”是儒家思想的支柱性概念，“礼尚往来”已经演变成了一种普遍的社会风气。它们世世代代沉淀在中国消费者的深层次意识中，早就结构成了一种具有普遍意义的“文化原型”。

与它们相比，六个核桃的“经常用脑，多喝六个核桃”的“产品定位语（PPC）”显得尤其特殊。因为它既结合了消费者心目中“以形补形，吃核桃补脑”的“品牌认知理念原型”，又准确地击中了消费者对于核桃饮品补脑功能缺少准确的量化标准的“品牌认知盲点（BSBC）”。

当然，这条“产品定位语（PPC）”传播至今，也没少受专业人士非议。它主要被质疑的就是一罐“六个核桃”核桃乳的补脑效果根本没有企业宣传的那么大，养元在误导消费者。

极草、脑白金、六个核桃都是近一二十年国内的企业从无到有、迅速做大的代表性品牌。它们的年营业额都曾经超过50亿元，奔百亿元级别。不过，这三个品牌的知名度与它们主打的“品牌广告语（BS）”的知名度基本上一体化了，其“品牌广告语（BS）”所表达的品牌及其产品的价值受损，自然会阻滞其产品的销售。

极草和六个核桃的“产品定位语（PPC）”是针对消费者的“品牌认知盲点（BSBC）”提炼出来的，由此还延展出了一整套解读并论证它们的品牌及产品价值的文本话语体系，主要表现为推广软文、专家讲授和个别消费者的佐证等。人们消费极草含片和“六个核桃”饮品的过程，也是一个辨别它们广告的品牌、产品价值是否属实的过程。

在这个过程中，消费者关于极草和六个核桃的“品牌认知盲点（BSBC）”会逐步地被修补起来，期间增长的相关知识、消费经验则成为他们的信息储备的一部分。

企业对其产品的认识，肯定比消费者全面、深刻得多。过去企业针对消费者的“品牌认知盲点（BSBC）”，提炼的“品牌广告语（BS）”夸大其产品的功能、功效、性能等基点的价值，可以在较长时间段忽悠住消费者、赢得市场、战胜竞争对手，现在再这样做肯定不合时宜了。

从产品出发，立足于“产品基点价值（PBV）”“有相关度的差异化竞争优势（DCETA）”乃至“产品基因（PG）”，深挖产品所具有的“文化价值和社会意义”，既能提炼出提升品牌形象、促进产品销售的“品牌广告语（BS）”；还能指导企业的产品正向升级，凝聚企业的员工。

这才是当今中国的广告人,顺应当前国内社会、经济特别是互联网、自媒体迅速发展的趋势,应该帮助国内的企业打造品牌、开展营销所关键要解决的战略性课题。

■ 7-6-2 “品牌广告语(BS)”的正向提炼 ■

提炼“品牌广告语(BS)”,要以先进的理论为指导。定位理论无须再赘述,如何结合“4C 营销理论”指明的“消费者导向(CO)”提炼“品牌广告语(BS)”,在这儿需要说明一下。

“开创冬虫夏草高效利用时代”是以“厂商导向(MO)”提炼的“品牌定位语(BPC)”。它表达了极草品牌对于冬虫夏草行业的贡献,拔高了极草品牌,但是没有表达极草能够带给消费者的文化价值和社会意义。

极草最能够触动消费者的还是它的“产品定位语(PPC)”。“冬虫夏草现在开始含着吃”“嚼七根不如含一片”都是以“消费者导向(CO)”提炼出来的,表明的是极草含片能够带给消费者的便利和功效价值。

脑白金的“今年过节不收礼,收礼只收脑白金”和“年轻态、健康品”都是以“消费者导向(CO)”提炼的“品牌广告语(BS)”;六个核桃的“经常用脑,请喝六个核桃”也是。这样的“品牌广告语(BS)”更容易通过传播触动消费者。可以说,它们代表了一种提炼“品牌广告语(BS)”的进步方向。

另外,提炼“品牌广告语(BS)”要结合企业及其品牌、行业与市场的发展阶段。新品牌适合主打“产品定位语(PPC)”扩大知名度、促进产品销量;成长型品牌适合主打“品牌定位语(BPC)”提升品牌形象,压过竞争对手;具有“产品基因(PG)”的品牌则有必要提炼其“品牌核心价值概念(BCVC)”指导产品的长远发展。

对于行业与市场的发展,我们主要着眼于其中品牌格局的整体状况。如果行业内、市场中已经大牌林立,后起的品牌一般只能走细分的路子。

在新兴行业与市场,则最好一开始就打造综合性品牌,争取占领该领域“品牌营销(B-M)”的制高点。具体到现实中,国内的有些行业已经发展得比较成熟，成长出了很多巨亿规模的企业，但是市场上还没有众所周知的大品牌，比如汽车内饰行业、家居软装行业、水杯制造行业等，其产品市场为综合性品牌留出了巨大的发展空间；在这样的行业、市场领域，做细分的“品类产品品牌（BC）”反而会束缚企业的手脚。

——相应的“品牌广告语（BS）”的提炼，自然也要适合行业与市场的发展阶段。

再者，“品牌广告语（BS）”的提炼要结合既定的“品牌名称（BN）”。比如：“美即”这个面膜产品的“品牌名称（BN）”表达了其产品相对于消费者的功能基点价值；其作为“品牌定位语（BPC）”的“停下来，享受美丽”则结合产品的使用情境，补充说明了“品牌名称（BN）”的内涵。

“百度”这个网络搜索引擎“产品品牌（PB）”的名称表明的是产品功能；“百度一下，你就知道”这个“产品定位语（PPC）”恰好补充说明了产品带给用户的体验性结果。

“宝马”这个企业及汽车产品品牌的名称寓意了汽车自由操控的代步功能；“极致驾驶乐趣”这个“品牌定位语（BPC）”正是沿着“品牌名称（BN）”的指向，最大化表达了宝马汽车能够带给用户的体验价值，使宝马品牌具有了情感、精神的内涵……

如此，“品牌广告语（BS）”与“品牌名称（BN）”的意义相辅相成，能够更加高度一致地指导企业的“品牌营销价值表现系统（B-MPS）”的建设，从而更有助于促进企业的“品牌营销实践（B-MP）”。

结合产品定位、结合“品牌认知原型（BCP）”、结合品牌发展空间，是品牌命名的三个方法论。它们也适用于“品牌广告语（BS）”的提炼。其中，提炼“品牌广告语（BS）”要为品牌预留充分的发展空间，在这里简单提一下。

与“品牌名称（BN）”不同的是，“品牌广告语（BS）”并不是一成不变。一般来说，“品牌核心价值概念（BCVC）”基于“产品基因（PG）”，指明企业产品的长远发展方向，它最好可以用上十几、二十年，仍然能够符合企业产品的发展状况。

“品牌定位语（BPC）”的传播范围覆盖地方、地域或者全国，借助媒体很快能够做到，但是要使它结合产品在“目标消费客群（TCG）”的心目中普遍扎根，至少也需要几年的时间。因此“品牌定位语（BPC）”至少要为品牌及其产品的发展留出几年的发展空间。

“产品定位语（PPC）”的更换速度相对快些。它的应用针对行业、市场特别是竞争对手同品类产品的竞争优势变化要相对调整。不过在异常强大的“品牌营销体系（B-MS）”的保护下，特别是产品一直行业领先的“有相关度的差异化传播优势（DCETA）”和“有相关度的差异化竞争优势（DCECA）”的支撑下，有些大企业旗下品牌的“产品定位语（PPC）”也能应用多年而不丧失其传播价值。

归根结底，“品牌广告语（BS）”的提炼还是要根据企业的产品现状以及行业、市场、竞争对手的实际情况因地制宜地提炼。

确定了现阶段主打的“品牌广告语（BS）”，企业的产品及其品牌当前的核心价值就明确了。基于此，我们可以搭配出企业的“品牌广告语（BS）”的“最佳拍档”或者“梦幻组合”，然后外延出全面表达企业旗下产品及品牌价值的“品牌营销价值表现系统（B-MVS）”。

“品牌广告语（BS）”与“品牌名称（BN）”相辅相成，结构出“品牌营销价值表现系统（B-MVS）”的灵魂、核心，以及源点。如果它不是鲜活的、生命力强大、内蕴无穷能量的，那么企业将要传播、推广的其产品与品牌的价值信息就会散落为星星点点的形式化的符号、概念、文本、视觉表现，或者品牌传播推广、产品促销的断点行为，很难凝聚出合力，支持企业的“品牌营销实践（B-MP）”在竞争中赢得先机。

避免陷入“品牌认知盲点（BSBC）”的诱惑，正向提炼“品牌广告语（BS）”，因此成为企业的“品牌营销战略（B-MSS）”启动的核动力开端。

8

硬实力：品牌营销价值知觉系统（B-MVPS）

8-1 “品牌营销价值知觉系统（B–MVPS）”的来龙去脉

■ 8–1–1 先天不足的 CIS ■

企业做大了，必须方方面面规范化，包括它的“品牌营销实践（B-MP）”。CIS（Corporate Identity System）即是通过对企业的理念、行为、视觉三方面进行标准化、规则化，使之成为具备特有性、认知性、价值性、长期性的一种应用于企业经营管理和“品牌营销实践（B-MP）”的识别系统，通常译为“企业统一化系统”，或者“企业识别体系”。

自从 20 世纪 80 年代末，CIS 作为“品牌管理体系”被创立太阳神集团的怀汉新引入中国以来，它对国内企业的“企业文化”“企业品牌（EB）”“产品品牌（PB）”的系统化建设产生了极其深远的影响。至 2000 前后，国内成规模的企业基本上都导入了 CIS。直到今天，很多国内企业建设其“企业文化”或者企业 & 产品品牌，还把它当成模板用。

CIS 一般分为三个方面，即企业的理念识别（Mind Identity，简称 MI）、行为识别（Behavior Identity，简称 BI）和视觉识别（Visual Identity，简称 VI）。

其中“企业理念（MI）”指企业在长期生产经营过程中所形成的企业共同认可和遵守的价值准则和文化观念，以及由企业价值准则和文化观念决定的企业经营方向、经营思想和经营战略目标。

“企业行为识别（BI）”指企业理念的行为表现，包括在理念指导下的企业员工对内和对外的各种行为，以及企业的各种生产经营行为。

“企业视觉识别（VI）”指企业理念的视觉化，通过企业形象广告、标识、商标、品牌、产品包装、企业内部环境布局和厂容厂貌等媒体及方式向大众表现、传达企业理念。

CIS 的核心目的是通过“企业行为识别（BI）”和“企业视觉识别（VI）”传达“企业理念（MI）”，树立企业形象。[1]

---

[1] 企业形象识别系统 _ 百度百科
http://baike.baidu.com/link?url=QCGHHAFsk06D2wTDoOcjijoq24DSjvKd_lk-LQgXF9C0GUzaSq1Idi86U44VeBpsmXOtcYPCSlvdvSOQYrOEWGtKz5Y7TaL5DY_8YvFMYNUhhEEIgTli9Gh9GPRUxPBYG33MtozBktHbXWtdd16rhTgmBC3RlXrCYr6o-Kh9bnXjmwPAU_bRgg-fnbwJ573A

CIS 是一套有概念、有形象、有行为的识别系统。当初怀汉新在引入它的时候，曾自诩说“太阳神”是一个企业、商标、产品三位一体的标识。自“太阳神”之后，类似“三位一体”的标识还有很多，比如健力宝、TCL、科龙、美的、万家乐、华帝、康佳、娃哈哈、联想、海尔、圣象等。

从“品牌营销（B-M）”的角度看，这些标识实际上既代表着“企业品牌（EB）”，同时又代表着“产品品牌（PB）”。在企业从初建到逐渐做大的很长一段时期内，使用一个品牌名称，传播一套概念、形象，执行统一的行为，可以同时把“企业品牌（EB）”和“产品品牌（PB）”的知名度一体传播出去，形象树立起来，节省巨量品牌传播费用。

这个过程中，逐渐形成的“产品品牌文化”即是“企业品牌文化”，CIS 即成为这套“文化”的概念化、形象化、行为化的集中识别系统。它既能够对内面向企业员工规范企业的经营、管理，又能够对外面向广大消费者和社会推广产品及其品牌。这才是 CIS 功成名就的正统道路。

不过在现实中，品牌标识通常不会沿着“三位一体”的路径走下去。我们比较常见的是以下三种实际状况：

一是很多企业的名称和它的“产品品牌（PB）”的名称不一样。有些集团企业的下属企业各有不同的名称，各下属企业的“产品品牌（PB）”的名称又与企业名称不一样。

二是有些企业或者其“产品品牌（PB）”曾经被倒买、倒卖。它们在归到新东家之后仍然沿用原来的名称，与新东家旗下的企业或者“产品品牌（PB）”各自独立运作。

三是沿着“三位一体”的路径做大的企业，必然会启动“多品牌战略（MBS）”，在它们的“企业 & 产品品牌”旗下延伸出很多副品牌、子品牌、兄弟品牌等。

CIS 的源点是“企业 & 产品品牌”的名称，以及“企业 & 产品品牌”的最核心的价值概念。在它的 MI、BI、VI 各个子系统中，最恒定不变的就是“企业 & 产品品牌”的名称。“名称”一变，牵一发而动全身，CIS 整个儿都要相应调整甚至全盘改观。

对于企业名称和“产品品牌（PB）”的名称不一样的企业，一系列问题就出现了：CIS 怎么才能同时适用于"企业品牌（EB）"和"产品品牌（PB）"？企业文化和"产品品牌（PB）"的文化到底是什么关系？它们又怎么才能够相互支持或者彼此融合？一套 CIS 显然解决不了这些问题，从国外导入的 CIS 必然要历经一个本土化的过程。

■ 8-1-2 "一分四"——CIS 的本土化变异 ■

CIS 是国内企业的"企业 & 产品品牌建设"的模板，它的直译是"企业识别体系"。不过对于把"企业品牌（EB）"和"产品品牌（PB）"分别打造的企业来说，企业被人们识别、理解远远不及其"产品品牌（PB）"被消费者推崇所带来的实际利益巨大。

由此，必然要发生的一个结果就是，国内的企业通常把 CIS 视为企业统一规范化管理的工具，由此建设的"企业识别体系"主要"对内"，即面向企业的员工宣传并应用，捎带着也让外界人士感受到企业的规范化运作，而不会通过媒体大肆传播给市场和消费者。

对外，企业普遍更加重视打造"产品品牌（PB）"。而"产品品牌（PB）"的基础建设，也参照 CIS 的架构，主要分为"概念识别""视觉识别"和"行为识别"三个系统。

随着国内各行各业市场化程度的增强，越来越多的企业更加认识到对外面向广大的消费者和社会输出企业形象的重要性，由此即使旗下的"产品品牌（PB）"已经做大、做强的企业，也开始纷纷建设"企业品牌（EB）"。而国内企业普遍习惯对内规范企业的经营、管理的"企业文化"，也难免受 CIS 影响的波及。

"企业文化"作为国内企业对内规范的"识别系统"由来已久，只不过以前是计划经济体制下的企业文化，自从 CIS 从国外引入后，它开始融入"市场化""国际化"的形式，表现为 CIS 的"MI""BI""VI"中面向企业内部，规范其生产、经营、管理的部分。

由此，CIS 就被"肢解"为"企业文化识别系统""企业品牌识别系统""产品品牌识别系统"。前者主要"对内"应用规范企业的经营、管理；后两者主要"对外"应用规范企业的"品牌营销实践（B-MP）"，并且在套用 CIS 的模板演变的过程中，“变异”出了自成体系的模式。

CIS 中面向企业外部识别并被企业大肆传播推广的“企业品牌识别系统”和“产品品牌识别系统”也必须基于类似“企业文化”的 MI，但是更适合对外传播推广的“企业和产品品牌”的价值概念才能设计和执行出来。这些“企业和产品品牌”的价值概念中最核心的是“品牌广告语（BS）”。

“企业文化”在中国应用已久，提炼“企业文化”的 MI 对于国内企业界和企业管理咨询界的精英们来说是耳熟能详、手到擒来，问题在于怎么提炼出最能打响“产品品牌（PB）”的知名度、提升其品牌形象、促进产品溢价销售的“品牌营销价值概念（B-MVC）”，特别是其中最核心的“品牌广告语（BS）”！

当然，这也难不住聪明的国内企业界和广告界的精英，他们从国外流行的各种“品牌和营销”理论中寻找到了提炼各种类型“品牌营销价值概念（B-MVC）”的方法，而且与时俱进地把“USP 营销理论”“4P 营销理论”“定位理论”“4C 营销理论”“品牌形象理论”“整合营销理论”等统统运用了个遍。以上这些“品牌和营销”理论与 CIS 一样，它们也是国内企业文化及其“产品品牌（PB）”建设的依据。

有了“品牌广告语（BS）”，围绕它表达企业和“产品品牌（PB）”价值的一整套“概念系统”就延展出来了。基于此，结合企业和产品品牌的名称，就可以顺延出企业和产品品牌的 VI 和 BI。

不过，国内各行各业的市场化竞争过于动荡，千变万化，“企业和产品品牌”的“BI”远不像“企业文化”的 BI 那么稳定，极难规范。顺应此种情势，国内的企业建设其企业和产品品牌，普遍的动作就是设计一套“企业品牌 VI”，或者“产品品牌 VI”。至于它们的“BI”，企业普遍将之独立出来，另行打造一套“企业和产品品牌的营销行为识别系统”去运作。

“企业和产品品牌的营销行为识别系统”主要表现为企业开展的促销、招商、产品和品牌发布、公关、公益等各类活动中工作人员的言行举止，由统一的销售话术、招商话术、礼仪要求等的文本、视觉培训来规范。这套“识别系统”被国内的企业各自运作的花团锦簇、异彩纷呈，但是大多背离了它们的“企业和产品品牌”的“MI”和“VI”的规束，“系统”得很“不成系统”。

另外，由于“企业文化识别系统”根深蒂固，国内企业在建设“企业品牌（EB）”的时候，也习惯于只是设计一套“企业品牌VI”，对外展示企业形象。其“企业品牌（EB）”的“MI”，大多时候会混用其“企业文化”的MI。至于企业日常的经营、管理，还是主要由“企业文化识别系统”的VI、BI部分规范。于是，当前大多数企业的内部，常常混用着“企业文化”和“企业品牌VI”两种类型的“识别系统”。

至此，回顾一下CIS在中国的发展，再结合国内的企业大多情况下把“企业品牌（EB）”与“产品品牌（PB）”分别独立打造的现状，我们会发现，国内的企业在将它“本土化”应用的时候，实际上普遍地把它“肢解”“变异”为“企业文化识别系统”“企业品牌VI”“产品品牌VI”和“企业和产品品牌的营销行为”四种类型的“识别系统”了。

其中，CIS面向企业内部识别的MI、BI、VI表现为“企业文化识别系统”；面向企业外部识别的MI、VI、BI表现为“企业品牌VI”“产品品牌VI”和“企业和产品品牌营销行为识别系统”。“企业品牌VI”常常既独立又统一于“企业文化识别系统”，与之分轨并行。

■8-1-3 “CIS”的回归与升级方向■

现在几乎随便点开某个国内企业的官网，我们都会浏览到专版的“MI”页面，其中用一连串的概念表明了企业的“口号”“宗旨”“目标/愿景”“使命”“理念”“精神”“价值观”等。这就是在国内企业中非常流行的“企业文化”最核心的MI表现，也被称为“企业软文化”。

“企业文化”的中间层次是制度文化，包括领导体制、人际关系以及各项规章制度和纪律等；它规范的是“BI”中“企业内部的员工行为”。

“企业文化”的最表面层次是物质文化，也被称为“企业硬文化”。它包括厂容、厂貌、机械设备，产品造型、外观、质量等，规范的是“VI”

中企业主要对内呈现的企业形象。[2]

“企业文化”是当下国内企业常用的、相对完整地延续了CIS的MI、BI、VI架构的“识别系统”。与它相比,“企业品牌VI”的设计在“MI”的指向方面依附于它。“产品品牌VI”的设计则必须另提炼“品牌广告语(BS)”作为指导方向。“企业和产品品牌的营销行为”追随“企业和产品品牌”的“品牌广告语(BS)”的指向,遵循“企业品牌VI”“产品品牌VI”的规范展开,又往往执迷于产品销售的量化成果,脱离二者的统属,自成一套。以上内容,总结出了多年以来国内企业主流的“品牌和营销实践(B&MP)”。

久之,国内企业把CIS“肢解”“变异”了本土化应用为看似相互补充、实际分别独立的“识别系统”,逐渐形成了以下四方面应用特征:

一是CIS从最初的“企业识别体系”,被劈成了对内应用于企业的生产、经营、管理,对外大力传播推广以达成“品牌和营销(B&M)”目的的两类各行其是、互不统属的“识别系统”。

二是“企业文化”根深蒂固地在国内企业中通用,而它们的MI大多雷同,普遍缺少个性和特色。基于雷同的MI建设的企业的制度文化、物质文化也纷纷如同一个模子里印出来的,缺少个性化的差别。

三是无论对内的“企业文化”,还是对外的“企业品牌VI”“产品品牌VI”“企业和产品品牌的营销行为识别系统”,都越来越追求形式表现、形象识别,而缺少真正脚踏实地的文化内涵。以至于CIS被很多企业管理的专业人士称为“企业形象识别系统”,建设“企业和产品品牌”被大多数企业理解为“设计VI”。至于“营销行为识别系统”,则几乎等同于“促销and招商活动”,四溢着赤裸裸的“钱”味儿。

四是“企业文化”“企业品牌文化”和“产品品牌文化”互不相融。“企业文化”无非是“报国、为民”,“企业品牌文化”常常是“国际、全

[2] 企业文化 _ 百度百科
http://baike.baidu.com/link?url=X9pmu5KffFm52RYls2mmrKMpUOV6dSgSFC2uCPoUPQajp9lqIfXGDhSjh_Db1t2K168crDUQMoKdypnJhtLdmqibgmkjMZo_qCq9utNSNeDg108RBmhD4UyyvAr73ySF

球、全人类”，“产品品牌文化”盛行“云端”“吾好”“走心式”，大多偏形式少内涵，三者在南辕北辙的道路上各自撒欢儿越跑越得瑟，相互之间距离越来越远。

之所以形成这样的普遍现象，归根结底因为各个“识别系统”中的“产品缺失”。产品既是“产品品牌（PB）”的根基，也是“企业文化”和“企业品牌（EB）”的根基。前者是前面章节我们一直反复表达的观点，对于后者，这儿略微阐述一下。

企业的价值首先是能够提供给消费者某些好产品，其次是伴随着企业的发展，能够提供给消费者越来越多更好的产品。基于独特的产品，“企业文化”“企业品牌（EB）”“产品品牌（PB）”才能相对于消费者、大众乃至社会、国家、民族，具有特色的“文化价值和社会意义”。“营销行为识别系统”则根据它们的指向和规范延展开来。

产品的“文化价值和社会意义”，是国内企业普遍应用的四类“识别系统”的灵魂。只有基于产品先提炼出“理念（MI）”，继而延展出“行为（BI）”和“形象（VI）”；国内企业对内的“企业文化”，对外的“企业品牌VI”“产品品牌VI”“企业和产品品牌的营销行为识别系统”才能统一起来。

以产品为基石和价值指向，被“肢解”“变异”了的CIS才有可能得以回归。其“回归”的主要表现在于：它能够像以前那样，不仅标识、规范企业的内部经营、管理，还能够标识、规范企业对外的“品牌营销实践（B-MP）”。

当然，结合当前的时代背景，顺应当下的行业、市场发展趋势，CIS也不能再拘泥于以前的模式，必须与时俱进地升级。它升级的方向，一方面在于打通四种类型的“识别系统”的隔阂，将它们统一起来，既能“对内”，也能“对外”；另一方面在于，突破MI、BI、VI的限制，将更多类型的“识别（I）”统筹进来，使自身更加完整，能够更加完善地执行“对内”“对外”的规范与识别功能。

当企业的CIS实现了回归与升级，真正具备了“企业品牌（EB）”“产品品牌（PB）”的文化内涵，并且与消费者的文化心理建立起全面而深刻的联结，企业及其品牌才会永久活在消费者的心里。而它，也开始不仅助力企业向消费者持续输送好产品，更就此担负起重塑企业员工与消费者的文化心理结构乃至社会人文的道义——直到产品的终结。

8-2 “企业文化识别系统”还要不要？

■ 8-2-1 IBM 内外兼修的开放式 CIS ■

CIS 的早期实践可以追溯到 1914 年德国的 AEG 电器公司。AEG 在其系列电器产品上，首次采用彼德 · 贝汉斯所设计的商标，成为 CIS 中统一视觉形象的雏形。二战后，国际经济复苏，企业经营者感到建立统一的识别系统，以及塑造独特经营观念的重要性，自 1950 年起，欧美各大企业纷纷导入 CIS。

1956 年，美国国际商用计算机公司以公司文化和企业形象为出发点，突出表现其制造尖端科技产品的精神，将公司的全称 “International Business Machines” 设计为蓝色的富有品质感和时代感的造型 “IBM”。后来，八条纹的标准字在其后四十几年中成为 “蓝色巨人” 的形象代表，即 “前卫、科技、智慧” 的代名词；也是 CIS 正式诞生的重要标志。[3]

[3] 企业形象识别系统 _ 百度百科
http://baike.baidu.com/link?url=rB56zS48PhBP-Bbf-He1F9fTeDgw7Np4XJ5Vbe3mkrGCuQ8N_hODqaIkLGhynPKiELp9xb_VvqUBPTgziRylM2Yj7946YHaux4ytSJdu3ULmu2FxZYMN3PIhznE8bUj03WzqAl806K951m3HeqoUHfhZ9eGnJmtncF49TOC0JSUfEGAMvVzyhaRayIgBRXDa

IBM 是应用 CIS 的全球典范。它首先代表着“美国国际商用计算机公司”,是个“企业品牌(EB)”; 同时它又代表着“国际领先的全系信息技术和业务解决方案”形式的“产品”,是个“产品品牌(PB)”。作为全球最大的信息技术和业务解决方案公司及品牌,它总是能与时俱进的提出领先时代的“理念(MI)”,以推动自己不断地向前发展,同时为社会创造出巨大的价值。

1996 年, IBM 公司喊出“电子商务”的口号时,还没有几个人相信这个概念在其后会带动整个 IT 业乃至整个世界的发展。后来,当全世界沉醉在电子商务所带来的巨大惊喜中时, IBM 又以“e-Business On Demand(电子商务,随需应变)”勾勒出了电子商务发展的第三阶段的蓝图。

这两个曾经前瞻性很强的“核心理念”具有明确的“企业和产品品牌”的战略指向,它们主要表达的是 IBM 能够为其企业、商业客户带来的开创性价值——运用信息技术,融入电商前景。围绕它们, IBM 作为“企业品牌(EB)”,同时作为“产品品牌(PB)”的理念(MI)、行为(BI)、形象(VI)三大识别系统即可相应调整,其 CIS 实现优化升级。

2008 年,正值全球金融危机爆发,中国 4 万亿投资基础设施的计划推出之时, IBM 充分把握“感知化、互联化、智能化”的科技大势,对外发布了“智慧的地球”这一“核心理念”,认为“互联网 + 物联网 = 智慧的地球”。它强调“实体基础设施和信息基础设施不应该分开建设,而应该是统一的智能基础设施”。其落地实施表述为: 将感应器嵌入和装备到电网、铁路、建筑、大坝、油气管道等各种现实物体中,形成物物相连,然后通过超级计算机和云计算将其整合,实现社会与物理世界融合。

这个系统将来可能达成的愿景是: 基于统一的智能全球基础设施(一个日益整合的、由无数系统构成的全球性系统——包含 60 亿人、成千上万个应用、1 万亿个设备及其之间每天的 100 万亿次交互),将复杂的自然系统转化为人类社会复杂的商业和社会系统。

在此基础上,人类可以更加精细和动态的方式管理生产和生活,达到“智慧”状态,提高资源利用率和生产力水平,改善人与自然间的关系。其后,“智慧的城市”“智慧的能源”“智慧的交通”“智慧的医疗”

“智慧的零售业”“智慧的水资源”等作为 IBM 品牌的“核心理念”的支柱性价值概念和战略实施板块，共同支撑起“智慧的地球”。[4]

“智慧的地球”被国内专家解读为一种“核心理念”、企业战略，或者企业愿景。从“品牌营销（B-M）”的角度看，“智慧的地球”表达的是基于“国际领先的全系信息技术和业务解决方案”的“产品基因（PG）”，IBM 的“未来产品集群（FPC）”及其整合的社会资源所能带给世界的“文化价值和社会意义”，因此它是 IBM 的“品牌核心价值概念（BCVC）”。

针对正在蓬勃向上的中国市场，2011 年，IBM 提出“智慧的成长”的理念。它表达的是基于当前国际领先的全系信息技术和业务解决方案，IBM 能够为它中国的客户，主要指正在全面进行基础设施建设并管理着千百万企事业单位的各级中国政府，以及其他合资、民营类型的企业，所能创造的实际价值和带来的阶段性意义。因此它是 IBM（中国）的“品牌定位语（BPC）”。也就是说，IBM（中国）想在掌控着中国最大部分资本、生产、商业等资源的精英阶层的心目中，定下它是“能够为他们掌控的‘资源’带来‘智慧的成长’的第一品牌”的位置。

分析 IBM 案例，我们能认识到：首先，IBM 总是能超前地把握住行业发展的趋势和目标客户的需求，适时地调整企业发展的战略，提出先进的“核心理念”，引领企业和行业的发展。

其次，“智慧的地球”“智慧的成长”都是“IBM 企业和产品品牌”的重要价值概念，主要起了传播品牌知名度、提升品牌价值、促进产品溢价销售的作用。当然，它们也能指导 IBM 产品的长远发展（IBM 每年的研发投资达 60 亿美元，其中一半都用在“智慧的地球”项目上），并让员工感觉到他们的工作对于推动人类社会的进步意义非凡。

再次，围绕“智慧的地球”“智慧的成长”这两个“核心理念”，理念（MI）、行为（BI）、形象（VI）三大识别系统分别延展开，IBM 和 IBM（中

[4] 智慧的地球_百度百科
http://baike.baidu.com/link?url=WSQ9619mohM4BStej9a63FG3A-8CGUpyE21R4S2_TVxPPUAIASCC_jBJ2l6IxXTrtP58tiGZ3EUeTbkmROioPLAe47DSTf0LH3V8RAvImEzyt6RgVwTrAVe1dh59f-iyc6kLcQGUqlVR6KNEJjIwM_

国）的CIS即可完备。它既可对外推广并提升"IBM企业和产品品牌"，又能对内规范并识别IBM和IBM（中国）的经营、管理和公司形象，指导其产品发展，凝聚员工。因此它们是"内外兼修"的CIS。

最后，也是最重要的，这两个概念包容度很高，非常具有"开放性"。正如"百度百科"中"IBM"词条的编辑者所表述的："如果说前两个'核心理念'——'电子商务'和'电子商务随需应变'，IBM的着眼点是企业；现在'智慧的星球'的着眼点更广——也许IBM发现，企业信息化、电子商务的实现，光靠自己无法达成，这需要不仅包括企业自身，还包括政府、社区等整个社会、整个生态链共同努力。"

■8-2-2 "开放式"企业理念（MI）的进步意义■

得益于信息技术、互联网、自媒体的发展：当前的时代，是个无比开放的时代；当前的中国，是个无比开放的国家；当前的企业，也应该是无比开放的企业。

IBM掌握"信息产业的核心技术"，开放式整合全球资源，为全世界的客户提供先进的信息技术和业务解决方案，并且不断更新其"核心理念"和CIS，引领行业发展。其他跨国企业也大致朝着这一"开放式"生产经营和"品牌营销（B-M）"的方向进步。

在前面章节，我们描述了苹果公司（Apple Inc.）的"产品生产系统（PS）"。iPhone、iMax、iPad、iPod、iWatch都是苹果公司（Apple Inc.）跨界整合全球资源生产的高科技产品。

不仅如此，苹果公司（Apple Inc.）的App Store、iTunes Store是由全球无数程序员、音乐人共同打造的。除了产品生产，苹果公司（Apple Inc.）硬件产品的销售和服务，大多是由全球的合作机构实现和提供。至于苹果（Apple）品牌及其产品价值的传播和各种类型的推广活动，更是主要由第三方传媒公司和活动公司配合执行。

当今几乎任何企业的"产品生产系统（PS）"，都全部或者部分包含原料采购、零部件采购、技术支持、软件支持、服务支持、产品研发、产品生产、产品检测等多个板块；不同产品生产的各个板块，又普遍可以

分解为 N 多个集合着不同类型人力、物力、财力的价值环节和价值支点。它们共同架构起某品类产品的“产业价值链（IVC）”。

越是科技含量高的产品，对所有价值环节和价值支点的技术要求越高。没有企业能够在它生产的产品所代表的“产业价值链（IVC）”的所有价值环节和价值支点做到最好：IBM 做不到，苹果公司（Apple Inc.）也做不到，其他企业更做不到。在这种形势下，大企业基本上只是在某个“产业价值链（IVC）”的顶端，掌握了“核心技术优势（CCA）”，并以此调动整个“产业价值链（IVC）”的走向和扩张。

在各自的“核心技术优势（CCA）”领域，比如苹果公司（Apple Inc.）的 iOS 系统、A 系列芯片的研发、升级、生产领域，它们必须坚持“封闭的生态”而且步步领先；在其他大部分价值环节和价值支点，它们则以开放的姿态，包容进其他企业的领先优势，共同打造出具有独特市场价值的产品。

居于“产业价值链（IVC）”中下游，为上游企业提供原料、零部件产品，或者技术、软件、服务支持的企业，它们的“产品生产系统（PS）”相对封闭得多，不用像 IBM、苹果公司那样以大开放的姿态，整合全“产品生产系统（PS）”的资源。而且，作为 B2B 式的企业，它们只要能赢得上游企业客户的认可就行了，似乎没有必要面向所有的合作方和广大的消费者宣扬自己的产品和品牌的价值。

不过，在今天大开放的时代，越来越多的企业都在寻求跨界合作整合优势以赢得竞争、实现自身长远发展，类似封闭的观念对于所有企业已经不合时宜了。这样的企业还是得以开放的姿态，持开放的“理念”，尽可能地整合“产业价值链（IVC）”优势，将自家的产品及品牌的价值诉求努力向“下游”延伸，直达消费者的内心，并且不断满足消费者的更高需求才行——这在品牌发展战略方面，被称之为“依托下游资源抢占上游客户”的“迂回战略”。

哪怕是个生产智能手机摄像头、屏幕、外壳，或者汽车车窗、座椅、门把手的企业，它的产品及品牌价值也是越能赢得消费者，就越能赢得上游企业客户的青睐。它们的产品，归根结底是为了带给消费者恰当的功能、性能、外观等方面的“产品基点价值（PBV）”，并促成相应的用户体验，也因此具有某种“文化价值和社会意义”。

一方面面向“产业价值链（IVC）”的资源方、合作方“开放”，一方面面向最下游的消费者和社会“开放”：开放的企业持开放的“企业理念（MI）”，将自家“企业 & 产品品牌”的“文化价值与社会意义”提炼的与各方相包容，才能够赢得更多合作方、目标客户乃至社会的认同。在这方面，IBM 已经走在了时代的前沿。

■ 8-2-3 “闭环式”企业理念（MI）的困境 ■

国内的企业则普遍喜欢打造“闭环式企业生态”，恨不得把所有员工的脑子洗干净，让里面只剩下自家的企业，然后死心塌地、任劳任怨地为企业干活。因此它们即使参透了“开放式”CIS 的价值，也不放弃专业对内洗脑的工具——企业文化。

对外，针对市场和消费者，国内的企业通常用“产品品牌（PB）”对付。配合着眼花缭乱、无所不用其极的营销噱头和手法，当下存活下来的国内企业，大多打造出了一套套适合自家的“品牌和营销体系（B&MS）”，赢得了属于自家的市场和特定消费群体。

“企业文化”中最核心的是“理念（MI）”，它由一系列概念组成。其他行为层、制度层、物质层的“企业文化”都是它的表现。这些理念（MI）的标配一般包括企业口号、企业宗旨、企业使命、企业目标 / 愿景、企业作风、企业理念（经营 / 管理 / 服务 / 人才）、企业精神、企业价值观、企业哲学、企业道德、企业箴言等。

简单化理解，企业理念（MI）主要面向企业员工解答以下问题：1. 我（企业）是谁？2. 我们正在做什么？3. 我们为什么做？4. 我们要做到 / 成为什么？5. 怎么做？6. 做好我们能得到什么？

——把这些问题用概念表达明白了，再付诸行动、诉诸形象，从而凝聚起员工的精神、情感，达成共识，企业就好拧成一股绳努力向前、开拓进取了。

企业理念（MI）中最核心的是表达企业口号、企业宗旨、企业使命、企业目标／愿景和企业精神的概念，它们解答的是前四个问题。其他解答“怎么做？”的概念，则是对企业文化的行为层和制度层［即企业行为（BI）］、物质层［即企业形象（VI）］建设指明方向。

国内的企业在提炼企业理念（MI）的时候，普遍具有以下六个特征：

第一，以企业导向，提炼“闭环式”而不是“开放式”概念。

第二，企业核心理念与“企业和产品品牌”的“品牌广告语（BS）”关联性不强，基本上分别对内、对外延伸出各自的一整套概念。

第三，企业理念（MI）往往被提升到精神、道德、使命的“形而上”的高度，与产品的基点价值、竞争优势或者“文化价值与社会意义”浑然不搭。

第四，企业核心理念的提炼从企业发展、员工、客户、股东、市场等多个角度出发，最终确定下来的核心理念只是表达了个别角度的企业诉求，顾此失彼。

第五，整套企业理念（MI）不是1、2、3、4、5地依次解答问题，比如“企业精神”解答的是“1. 我（企业）是谁？”的问题，一般被放在后面；“企业口号”经常解答的是“2. 我们正在做什么？”或者“3. 我们为什么做？”的问题，却总是被安排在前面，显得逻辑失序。

第六，就是有时候“企业宗旨”的概念表达的更像是“企业使命”，而“企业使命”的概念表达的更像是“企业愿景”，诸如此类地概念套用混乱。

国内企业的核心理念提炼之所以普遍呈现出以上六个特征，归根结底是因为两大原因：一是方向对内，针对企业员工，而不是对外针对客户、消费者、合作方和市场；二是根基没有扎在产品上，概念提炼从企业的任何角度出发，核心理念其实没有核心。

在这种前提下，无论企业理念（MI）把自家企业解读得多么具有美好的宗旨、崇高的使命、华丽的愿景、高尚的道德，继而在其后的行为、形象的概念规范中，标榜企业多么诚信、进取、友爱、热情、守纪、创新，对员工多么好、对股东多么尽职、对消费者多么负责等。这样的千篇一律，如有雷同，概不负责的企业理念（MI），能为企业起到“凝聚员工的精神、情感，达成共识”的作用吗？

以前，“闭环式”的企业理念（MI）能发挥作用。现在，信息技术、互联网、自媒体不仅把企业的生产经营管理、“品牌营销实践（B-MP）”都打开了，也把企业员工的思想和眼界打开了。哪家同行企业的薪资、福利、待遇、环境、生产条件、经营状况、渠道、市场等怎么样，但凡心思活络点的员工都能了解到。再不是企业自说自话，编排出一套企业理念（MI）夸自己多么好、多么高大上，员工就都信服了的时代了。

在这种形势下，企业若想再用一套企业理念（MI）把员工的“归属感”都捆绑在自己的身上已经不太现实。既然员工的心灵都是越来越开放的，企业莫不如带领所有员工，甚至带动所有合作方的人力资源，还有社会的人力支持，把整个“开放式”的“生态圈”里所有人的努力都引导到它的产品所能够为消费者、社会带来的“文化价值和社会意义”上去。

只要企业的产品具有独特的优势，且“所有人”也都能认可其价值、意义，他们更乐意投身于实实在在的前景，而不是虚头巴脑的企业理念（MI）。

另外，企业说白了就是为消费者生产并供给产品的组织机构，各个企业生产的产品好不好，员工最知道。企业的“核心理念”如果不能基于产品的基点价值、消费体验和竞争优势等，首先把自家产品所具有的“文化价值和社会意义”表达明白，想通过玩概念再怎么包装“企业文化”给员工洗脑都没用。

我们经常遇到一些大企业的员工，生产电脑、智能手机、家居、家电，开发地产项目的都有，他们都不买自家企业生产的产品，除非内部特价或奖励、惠赠。因为他们比消费者更明白自家的产品与企业对外包装宣传的不一样。很难相信，这样的企业对内宣扬的企业理念（MI），能够令它的员工普遍信服。

尤其重要的是，现在中国的消费者是“全世界最聪明的消费者”，他们很容易辨别清楚各家企业的产品及品牌是否名副其实。国内的企业也只有用自家产品独特的“文化价值和社会意义”作为其“企业文化”的“核心理念”，并围绕它延展出整套企业理念（MI），配套上相应的企业行为（BI）、企业形象（VI），才能在将来为自家的“企业文化”赢得最好的前途。而这样的“企业文化”，实际上同时具备了“企业和产品品牌”的“外向性”功能和价值。

■ 8–2–4 “闭环式”企业理念（MI）的出路 ■

当下国内企业“闭环式”的企业理念（MI）主要解答企业员工的以下问题：1. 我（企业）是谁？2. 我们正在做什么？3. 我们为什么做？4. 我们要做到 / 成为什么？5. 怎么做？6. 做好我们能得到什么？

其中“5. 怎么做？”这个问题由“企业作风、企业理念（经营 / 管理 / 服务 / 人才）、企业价值观、企业哲学、企业道德、企业箴言”等一系列概念解答。

如果把它转型为“开放式”的企业理念（MI），“怎么做？”这个问题的提出应该改成“怎么合作？”其内涵包括：企业与员工怎么合作；企业与合作方怎么合作；企业与社会的支持力量怎么合作。由此延展出一套企业作风、理念、价值观、道德等方面的规范，形成概念、列为制度、表现为“企业形象标识系统”并发挥作用，企业才能够焕发“开放式”的生命力。

国内企业目前标配的企业理念（MI）中，“企业口号”起到“提纲挈领”的“纲”的作用。从“品牌营销（B-M）”的角度看，这个概念应该是“企业品牌（EB）”的“品牌定位语（BPC）”或者“品牌核心价值概念（BCVC）”。只不过国内的企业在实际应用时候，或者大多从企业角度提炼为完全对内诉求的 MI 的核心理念，或者大多使用“企业品牌（EB）”的“云端上”的抑或“走心式”的广告语，很少结合产品。

如果它表达的是企业的产品所具有的“文化价值和社会意义”，那么它就面向企业员工，同时针对市场和消费者解答了“3. 我们为什么做？”的问题。

前面两个问题：1. 我（企业）是谁？解答：我是一家生产某产品的企业。这一点不用说，企业的员工和消费者自明。就算用“企业精神”“企业哲学”“企业道德”等无比高大上的概念把企业包装出花来，企业还只是生产并供给某产品的组织机构。

2. 我们正在做什么？解答：我们生产某具有独特价值的产品。如果企业生产的产品不具有被市场和消费者需求的独特价值，就算用

"企业使命""企业宗旨""企业价值观"等无比高大上的概念把产品包装出花来,在今天也赢不了市场。至于产品是否具有价值、具有什么价值,企业的员工心知肚明;对于消费者,企业可以在"品牌营销(B-M)"的过程中,传播、推广它们。

这样一来,国内企业通用的企业理念(MI)中"企业口号",就成了表达企业产品的"文化价值和社会意义"的"品牌广告语(BS)"。它对外可以延展出整套表达品牌及其产品价值的"概念系统",继而衍生出各套表达品牌及其产品价值的"符号系统""文本系统""形象系统""行为系统",最终形成"品牌营销价值表现系统(B-MVS)"。

对内,它也能带动企业员工与合作方、社会力量共同努力。为了达成概念表达的产品的"文化价值和社会意义",企业内部可从企业作风、企业理念(经营/管理/服务/人才)、企业价值观、企业哲学、企业道德、企业箴言等各个角度出发,制定制度、形成规范。

由此出发,企业才能更令所有人信服地解答"4. 我们要做到/成为什么? 6. 做好我们能得到什么?"这两个问题,形成切实可行的"企业目标/愿景"和企业分配机制。

企业即产品,"企业品牌(EB)"即"产品品牌(PB)","企业文化"即企业及其产品的品牌文化[关于"品牌营销集群(B-MC)"式企业的"企业文化"如何由"产品品牌(PB)"的文化升级形成,后面章节再论述]。围绕"品牌广告语(BS)",对外可以延展出"品牌营销价值表现系统(B-MVS)";对内也可以衍生出应用于企业生产经营管理的制度、行为规范,并演化为树立企业形象的"标识系统"。后一类"标识系统"不同于传统意义上的"企业文化标识系统",我们可以将之概念升级为"企业文化价值表现系统(Enterprise Culture Value Expression System,简称 ECVES)"。

如此,前面小节论述的国内企业普遍将 CIS"肢解"、"变异"了应用的四套"标识系统"——企业文化识别系统、企业品牌 VI 识别系统、产品品牌 VI 识别系统、企业和产品品牌的营销行为识别系统,就可以整合为"品牌营销价值表现系统(B-MVS)"和"企业文化价值表现系统(ECVES)";后者的基本架构仍然由理念(MI)、行为(BI)、形象

（VI）三部分识别系统构成（如下图）。

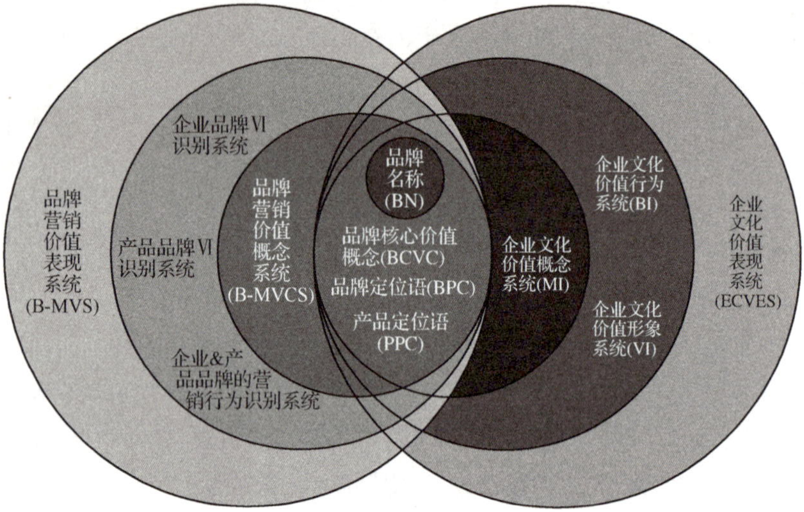

“品牌营销价值表现系统（B–MVS）”与
“企业文化价值表现系统（ECVES）”对应关系图

这两套识别系统分别对外、对内，又相辅相成，共同把企业产品所具有的“文化价值和社会意义”做踏实，使国内的企业真正成为既拥有独特价值的产品和文化内涵，又具有强大的“品牌营销（B-M）”实力的“开放式”企业。

——中国的企业，将因此焕发出强劲的生命力，迈向更坚实的未来。

8-3 构筑“品牌营销价值知觉系统（B–MVPS）”

■ 8–3–1 “玩不动概念”的品牌营销时代 ■

TNS 市场研究公司最新调研表明：随着全球消费者在购物方面采取一种更深思熟虑的方法，品牌所有者和零售商们可以提供消费者需要的信息和激励措施来帮助他们做出决定。这意味着他们必须停止广告思维，并开始使自己成为内容提供者，在购物旅程的每个阶段为购物者提供对他们有用的信息和他们想要的优惠与激励措施。

要取得成功，品牌、零售商和制造商们需要深入了解消费者在哪些地方如何进行购物研究，以确保消费者在天时地利的情况下了解到正确的信息。[5]

TNS 的调研结果为近一二十年国内消费者的购物习惯的彻底改观提供了有力佐证。简单地说，20 世纪 90 年代起，国内消费者开始普遍从崇尚“名牌”、购买“品牌”，逐步养成了今天精选“品牌和产品”的习惯。与之相对应的，是国内企业的“品牌和营销实践（B&MP）”也一直与时俱进地发生变化：

一开始，国内的企业只要把自家品牌的知名度打响，其产品就能大卖；中间阶段，国内的企业只有把自家的“产品品牌（PB）”进行“系统化”的包装，并且组合传播出去，其产品才能好卖；互联网普及，电商、自媒体兴起之后，国内的企业必须把自家的“品牌营销体系（B-MS）”立基到产品的“独特价值”上，才能赢得竞争优势。

“玩概念”是国内企业传播品牌、促进销售的一个大招，它在特定的历史阶段很给力地给一大波国内企业创造了巨大财富。围绕着几条“品牌广告语（BS）”，一大堆炒作软文，各种平面视觉，再加上一条或者数条 TVC 投放，甚或还有明星代言，通过组团式媒体狂轰滥炸，紧接着渠道铺货，形形色色的品牌 / 产品发布、促销、招商活动跟进，这是国内企业曾经普遍惯用的“品牌和营销（B&M）”的模式。

它在具体的执行中，逐渐形成了四个普遍的特征：

一是“品牌广告语（BS）”朝着“云端上”“吾好”“走心式”方向发展，越来越缺少实打实的独具特色的“产品基点价值（PBV）”的支撑。

二是“乱”。不光产品或者品牌的价值点在软文炒作和视觉表现上应用得乱，“品牌广告语（BS）”也常常变来变去；落实到品牌推广或者促销、招商行为上，那更像是千军万马散落成小分队各自为战。

---

[5] TNS：中国人是全球最聪明的购物者之一 _ 图文 _ 百度文库 http://wenku.baidu.com/link?url=1W3yZd8fkbzXUgOWmtqZUzEcgzHme6ZtGwzykwv1fDJQXtX-Cx_MSILZKxlVJAh7QXUWyuS9E2RPv1DSN3RlAomJ0Kka8vjzcaZRL6hIGY3，2016-01-29

三是缺乏特色。同为竞争对手的企业各自传播的概念、包装的品牌形象、施展的促销行为都差不多，消费者很难坚定下信心忠诚于哪个品牌及其产品。

四是品牌与营销脱节。品牌形象、价值概念通常用广告拔得无限高，产品促销却往往陷入“价格战”的泥淖：各种血拼、八卦、犯贱、浮夸式的营销行为层出不穷，严重挫伤品牌。

“品牌”说到底就是给消费者一个溢价购买产品的理由。对于“幼儿园宝宝”“小学生”水平的消费者，任何企业只要拿出他们喜欢的产品，不管花多少钱他们都会哭着、喊着要。

对于初中生水平的消费者，企业只要把概念玩得转，让他们记住是有名的品牌了，他们就会掂量着荷包里的钱数，能凑够数了就会买企业的产品。

对于高中生水平的消费者，“玩概念”式的“品牌和营销（B&M）”就比较难拿下他们了。因为一方面这些消费者不再轻易相信“概念”；另一方面“概念”满天飞，大多数企业的“概念”很难跳出来被消费者记住。

于是，有些企业就抢先玩起了“系统”，用一系列“价值概念”支撑起主打的“品牌广告语（BS）”，然后再将这些“概念”延展成广告软文、视觉形象、营销行为等连篇累牍、铺天盖地的推广宣传。虽然大部分这些概念仍然很“虚”，甚至“掺假”，但是大部分消费者也仍然因为相信了它们去购买企业的产品。

对于大学生、研究生及以上水平的消费者，“玩系统”式的“品牌和营销（B&M）”也发挥不出作用了。因为这些消费者会从各个方面去比较各个品牌的不同产品，挑选最能说服自己、打动自己的那个才可能下单。这个时候企业就非常有必要“基于产品的独特价值”，延展出系统化的概念、符号、软文、形象、行为，把消费者的感官和判断斩获在自家的“品牌营销价值知觉系统（Brand-Marketing Value Perception System，简称 B-MVPS）”内，才能赢得消费者的心智，掏出他们荷包里的 money，挤压竞争对手。

毕竟，在对产品及品牌的理性诉求和感性塑造方面，企业具有比个体消费者强大得多的优势，它们能轻易打造出表达其产品和品牌的价值、超越消费者眼界和感官域界的“系统”；而对于大学生、研究生及以上水平的消费者，能否抢下他们的关键和难点首先在于企业表达其“品牌营销价值（B-MV）”的“系统”如何建设得比所有竞争对手的更加落地，更加坚实，更具“产品力”。

■ 8-3-2 “六个核桃”的“品牌营销价值概念系统（B-MVCS）”■

“六个核桃”的“品牌营销价值概念系统（B-MVCS）”是围绕着“经常用脑，多喝六个核桃”的“品牌广告语（BS）”建立起来的。

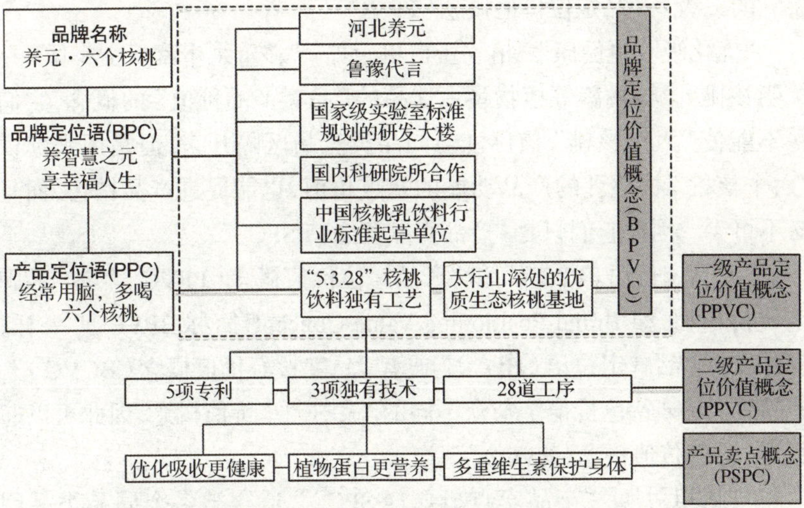

“养元·六个核桃”品牌营销价值概念系统（B–MVCS）图示

前面章节我们论述过，“经常用脑，多喝六个核桃”是“产品定位语（PPC）”形式的“品牌广告语（BS）”，它主要表明的是“六个核桃”的核桃乳在功能上具有“补脑”的基点价值。

“‘5.3.28’核桃饮料独有工艺”是“六个核桃”的“产品基因（PG）”。该“产品基因（PG）”结合“太行山深处的优质生态核桃基地”出产的核桃原材料，成就了“六个核桃”的核桃乳“含有丰富的核桃磷脂，更有益人体吸收”这种“有相关度的差异化竞争优势（DCETA）”。

因为“‘5.3.28’核桃饮料独有工艺”和“太行山深处的优质生态

核桃基地”,“六个核桃”的核桃乳才能区隔于其他竞争品牌的核桃饮品,具有了“独特价值”;“经常用脑,请喝六个核桃”这句“产品定位语(PPC)”也才具有了坚实的物质基础,被国内广大的消费者认同。由此,我们可以把它们称之为“六个核桃”核桃乳的一级“产品定位价值概念(Product Positioning Value Concept,简称 PPVC)”。

“5 项专利”“3 项独有技术”“28 道工序”是“‘5.3.28’核桃饮料独有工艺”的“支点性”价值概念。同时,它们也是“六个核桃”核桃乳独具特色的深层次原因。由此,我们可以把它们称之为“六个核桃”核桃乳的二级“产品定位价值概念(PPVC)”。

“优化吸收更健康”“植物蛋白更营养”“多重维生素保护身体”是标明核桃乳、核桃露等植物蛋白饮品的“品类产品价值”的概念,它们并不能使“六个核桃”核桃乳与同品类竞品区隔开来,但是用来标识“六个核桃”核桃乳的产品功能的基点价值,也能促进产品销售,而且必不可少。因此它们只是“产品卖点概念(PSPC)”。

“产品定位语(PPC)”和“产品定位价值概念(PPVC)”与“品牌定位价值概念(Brand Positioning Value Concept,简称 BPVC)”一样,都是支撑“品牌定位语(BPC)”或者“品牌核心价值概念(BCVC)”,使品牌具有“特色价值”、与众不同的“支柱性”价值概念,因此可以通称为“品牌价值概念(BVC)”。

与此相对照,“产品卖点概念(PSPC)”适合被多个同品类品牌的产品公用,不能区隔个别品牌,它们主要发挥着补充说明某品牌产品的基点价值、促销产品的作用,因此更适合称之为“营销价值概念(Marketing Value Concept,简称 MVC)”。

“品牌价值概念(BVC)”和“营销价值概念(MVC)”统称为“品牌营销价值概念(B-MVC)”。

对于“养元·六个核桃”这个“企业+产品”品牌,它的“品牌定位语(BPC)”是“养智慧之元,享幸福人生”。这个“品牌定位语(BPC)”能够立得住,首先因为有“‘5.3.28’核桃饮料独有工艺”和“太行山深处的优质生态核桃基地”这两个一级“产品定位价值概念(PPVC)”支撑。另外,“河北养元(标明生产企业)”“国家级实验室标准规划的研发大楼(标明研发实力)”“国内科研院所合作(专业、权威的品牌附加值)”“中国核桃乳饮料行业标准起草单位(标明行业地位)”都是支撑它的“品牌定位价值概念(BPVC)”。

“明星代言”是国内企业打造品牌常用的手段。如果运用得当,它能迅速打开品牌的知名度,把代言品牌从众多竞争品牌中区隔出来,成功实现代言品牌在广大消费者心目中的“定位”。

鲁豫是国内著名的主持人,知识女性的代表;她的主持风格清秀、大方、机敏、感性,给观众留下了很深刻的“脑瓜子灵光”的印象,因此很适合代言“六个核桃”这样的核桃乳补脑产品的品牌。

由此,以上“品牌定位语(BPC)”“品牌定位价值概念(BPVC)”和“产品定位语(PPC)”“产品定位价值概念(PPVC)”,以及“产品卖点概念(PSPC)”,共同架构起了“养元·六个核桃”的“品牌营销价值概念系统(B-MVCS)”。

在这个“概念系统”中,最核心的是“‘5.3.28’核桃饮料独有工艺”和“太行山深处的优质生态核桃基地”。正是由于它们,才延展出了所有的其他“价值概念”。尤其是作为“产品基因(PG)”的“‘5.3.28’核桃饮料独有工艺”,它是“养元·六个核桃”安身立命和未来大展宏图的根本:

一方面,在养元公司的培育下,这一“产品基因(PG)”一直处在不断变异、升级的过程中,比如“核桃乳饮料预处理工艺”“核桃仁输送”“空罐分拣”等新工艺、新技术,就是“河北养元保健饮品公司”2012年左右新推出的研发成果。正是它确保着“六个核桃”核桃乳“有相关度的差异化竞争优势(DCETA)”持续领先同侪。

另一方面,基于它,“养元·六个核桃”旗下还可以延伸出诸如核桃粉冲剂、核桃饼干、核桃面包等新品类产品,不断拓展其事业领域。

在整个“品牌营销价值概念系统(BMVCS)”中,养元公司十年如一日大力宣传的是“六个核桃”的“产品定位语(PPC)”——“经常用脑,多喝六个核桃”,辅之以“鲁豫代言”的品牌形象。

在2000年代“六个核桃”的成长阶段,国内各行各业的企业纷纷主打“云端上”“吾好”“走心式”的“品牌广告语（BS）”，虚头巴脑、众口一词的“品牌价值概念（BVC）”满天飞的形势下，养元公司“避虚就实”地反其道而行之，把自家的“品牌广告语（BS）”立基在产品的功能价值基点上，反而更容易打出特色。

“品牌营销价值概念系统（B-MVCS）”类似于CIS的MI。它们一旦确定，将之演绎成“广告软文”“销售话术”等，就延展出了“品牌营销价值文本系统（Brand-Marketing Value Text System，简称B-MVTS）”；将之诉诸平面视觉，拍成品牌宣传片、TVC，制作成GIF动画，呈现为终端门店/专柜等，就延展出了“品牌营销价值形象系统（Brand-Marketing Value Image System，简称B-MVIS，类似于CIS的VI）”；以此规范并应用到品牌/产品发布会、促销活动、招商活动、店庆/路演等形式的活动中去，就延展出了“品牌营销价值行为系统（Brand-Marketing Value Behavior System，简称B-MVBS，类似于CIS的BI）”。

十多年来，“六个核桃”的“品牌营销价值概念系统（B-MVCS）”虽然不断微调优化，但是其“产品定位语（PPC）”没变，围绕它建设的表达品牌及其产品价值的“文本系统”和“形象系统”也基本上一直延续。同时，它们也被一以贯之、按部就班地执行到“行为系统”里，从而结合成一个具有强大说服力的、让国内消费者在购买核桃饮品的时候首选“六个核桃”的理由。

事实上，它们也确实说服了中国购买核桃饮品的绝大多数消费者，为“养元·六个核桃”的“王者之路”搭建了“品牌营销（B-M）”的宝殿。

■ 8–3–3 “极草”的“品牌营销价值概念系统（B–MVCS）”■

“极草”的“品牌营销价值概念系统（B-MVCS）”和“养元·六个核桃”的在架构上有明显的区别，因为“极草”同时主打“品牌定位语（BPC）”和“产品定位语（PPC）”，而且其“产品定位语（PPC）”分别从产品服用“方法”和“功效”两个“价值基点”方面强调其产品的“独特价值”。“六个核桃”则十几年只主打一条标明其产品功能基点价值的“产品定位语（PPC）”。

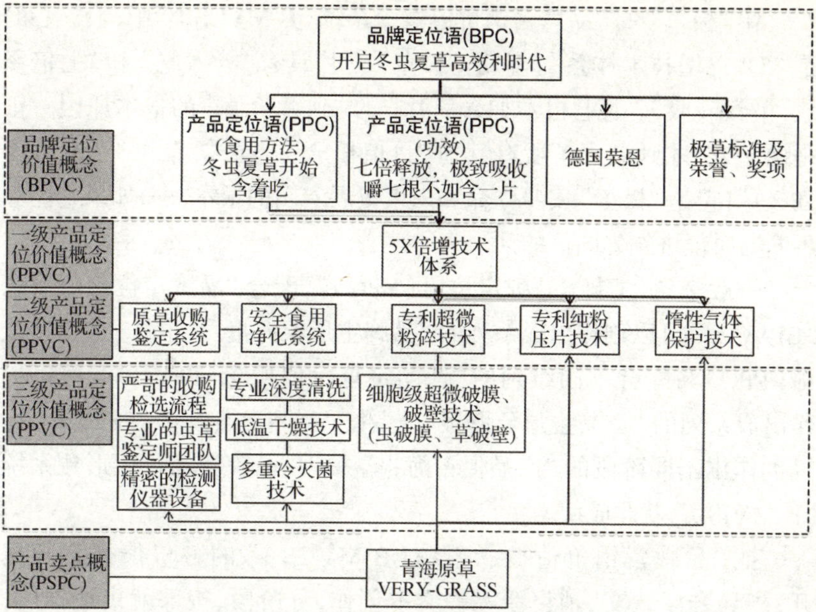

“极草”品牌营销价值概念系统（B-MVCS）图示

“开启冬虫夏草高效利用时代”是“极草”的“品牌定位语（BPC）”，它主要由四组一级“品牌定位价值概念（BPVC）”支撑。

“冬虫夏草开始含着吃”和“7倍释放，极致吸收”“嚼七根不如含一片”是“极草”的“产品定位语（PPC）”，又是其“品牌定位语（BPC）”的“品牌定位价值概念（BPVC）”。它们分别从产品服用“方法”和“功效”两个“价值基点”方面标明了极草含片相对于冬虫夏草原草产品“有相关度的差异化竞争优势（DCETA）”，然后共同由三个级别的“产品定位价值概念（PPVC）”支撑。

“VERY-GRASS”可以意译为“非常生态、环保”，但是它表达是青海冬虫夏草原草的品类产品价值，并非“极草”独有，不具备区隔“极草”产品及其品牌的作用。因此尽管它在“极草”的LOGO中凸显得非常醒目，很具有促销效力，但它只能是个“产品卖点概念（PPVC）”形式的“营销价值概念（MVC）”。

在“极草”的“品牌营销价值概念系统（B-MVCS）”中，最核心的是“5X倍增技术体系”。它是“极草”含片具有“含着吃”和“七倍释放，极致吸收”“嚼七根不如含一片”的“独特价值”的根本原因。正是由于它，才延展出了所有其他“价值概念”。同样，作为“产品基因（PG）”，它是“极草”安身立命和未来更展宏图的根本——如果它能够不断与时俱进领先同侪的话。

一般来说，主打“品牌定位语（BPC）”，配合“品牌定位价值概念（BPVC）”，可以创作出成系列的“品牌主形象海报”。主打“产品定位语（PPC）”，配合不同级别的“产品定位价值概念（PPVC）”，可以创作出成系列的“产品主形象海报”。主打“产品卖点概念（PSPC）”，可以创作出不同阶段的“产品促销海报”——“品牌营销价值形象系统（B-MVIS）”就此成型。

把“品牌营销价值概念系统（B-MVCS）”的各价值概念延展开，指导推广软文、销售话术等文本创作，分阶段、按部就班地推出，因地制宜地调整，“品牌营销价值文本系统（B-MVTS）”就能逐步建设起来。

“品牌营销价值概念（B-MVC）”同时指导、规范着品牌提升、渠道建设、招商代理、产品发布、产品促销、公关公益等“品牌营销活动”的开展和企业及其合作方的“品牌营销人员”的言行举止，由此，“品牌营销价值行为系统（B-MVBS）”就可以顺次建设起来。

与“养元·六个核桃”用“明星代言”来区隔、提升品牌形象，为品牌附加价值不同相比，“极草”更重视“品牌营销符号”的作用。

极 草

5X冬虫夏草

比如在“极草”的LOGO中，“抽象的冬虫夏草图形（标明原材料)""右上方向穿透的箭头(示意功效)""5X(强调倍增技术)""德国荣恩(标注研发合作企业)",都是识别度非常高的"符号"。它们分别标识着"极草"产品及其品牌的最重要、最特别的价值,再加上"同心圆""VERY-GRASS",可以说,整个"极草"LOGO就是一个微型的"品牌营销价值符号系统(Brand-Marketing Value Symbol System,简称B-MVSS)"。

在"品牌营销价值概念(B-MVC)"、品牌营销形象、品牌营销行为铺天盖地,而且越来越雷同的情势下,懂"品牌营销(B-M)"的企业以及"品牌和营销"策划型广告公司越来越重视"品牌营销符号"的对于品牌区隔、营销促进的作用。有的广告公司还特别主打"超级符号"作为服务企业的"杀手锏"。再加上互联网、自媒体流行,APP、二维码大兴,"符号"作为一种非常适合网络传播的"品牌营销标识"更加兴旺发达起来。

沿用最久、最流行、影响最大的"品牌符号"莫过于品牌LOGO,对于品牌LOGO的设计和应用规范早已经发展到毫厘必较、色形图文规范无以复加的地步。如今,企业对"符号"的应用也超越了"品牌标识",深入到了"营销标识"的程度。除了平面视觉的版式(Format)、"超级符号","图标(Icon)"作为一种"品牌营销符号"也已经被企业系统化、升级版地普遍应用。它们是"品牌营销价值符号系统(B-MVSS)"共同的组成部分。

规范好"品牌营销价值概念系统(B-MVCS)"(如下图),顺次延展出表达企业的产品及品牌价值的"符号系统""文本系统""形象系统""行为系统",一套"基础版"的"品牌营销价值知觉系统(Brand-Marketing Value Perception System,简称B-MVPS)"即可具备雏形。它们在陆续面市后,需要针对行业市场变化、消费者的喜好不断微调、丰满、完善,磨合、优化、升级,对于新兴的产品及其品牌,一般来说,最多一年时间,这样一套"系统"就能够相对齐备并且"系统化"地发挥"品牌营销(B-M)"的威力,而不是"品牌和营销(B&M)"的作用了。

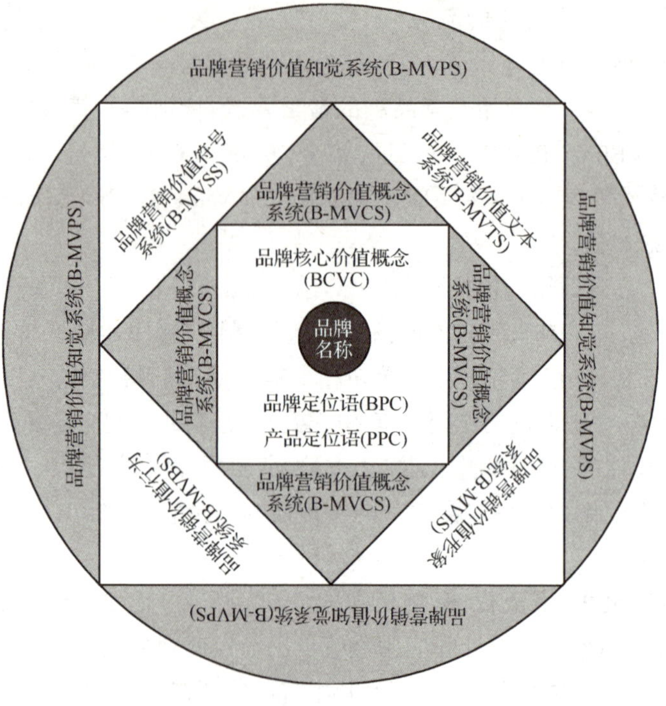

"品牌营销价值知觉系统（B–MVPS）"图示

比较"极草"和"养元·六个核桃"的"品牌营销价值概念系统（B-MVCS）",我们能够认识到,"5X倍增技术体系"和"'5.3.28'核桃饮料独有工艺""太行山深处的优质生态核桃基地"作为一级"产品定位价值概念（PPVC）",是"极草"和"六个核桃"的产品及其品牌区隔于竞争对手、在广大消费者心目中成功"定位"的根本。

同时,它们"对上"支撑着这两个品牌的"产品定位"和"品牌定位","对下"延展出各级"产品定位价值概念（PPVC）"以及"产品卖点概念（PSPC）"形式的"营销价值概念（MVC）",成为打通这两个品牌的"品牌价值"和"营销实践"的桥梁。也正因为如此,它们才具有了使这两个品牌的"品牌营销价值知觉系统（B-MVPS）"保持一定的稳定性、统一性和延续性,避免其"品牌价值"和"营销实践"脱节（品牌形象“高大上”,营销行为“低劣俗”),把“品牌营销(B-M)”做成“品牌和营销(B&M)”的能量。

又由于“极草”和“养元·六个核桃”的所有价值概念都立基于其“产品基因”成就的产品“独特价值”,或者“有相关度的差异化竞争优势(DCETA)”上,且相互支撑、自成体系,所以也不至于暴露出“概念单薄”和“缺乏特色”的毛病。最终形成的“品牌营销价值知觉系统(B-MVPS)”具有极其强大的打响品牌知名度、提升品牌形象、溢价促销产品的“硬实力”,远远超过同时期它们所有的竞争对手。

先进的“品牌营销价值知觉系统(B-MVPS)”是“极草”和“六个核桃”得以成为国内冬虫夏草含片和核桃饮品市场上“王者”的重要原因。从“品牌营销(B-M)”的角度看,这一“系统”的核心,是“产品基因(PG)”;其外围,则是“品牌营销体系(B-MS)”。当代企业的兴衰成败、荣枯的关键,莫不集结于此。

■8-3-4 “品牌营销价值知觉系统(B-MVPS)”的进步方向■

健全的品牌除了围绕“产品定位语(PPC)”和“品牌定位语(BPC)”延展并建设其“品牌营销价值知觉系统(B-MVPS)”,还顺其“产品基因(PG)”的指向提炼出“品牌核心价值概念(BCVC)”,指导规划“品牌营销价值知觉系统(B-MVPS)”的上层建筑,从而把品牌价值和形象提升到一个睥睨同侪的新高度。

与“六个核桃”“极草”相比,“正官庄”是一个“品牌营销价值知觉系统(B-MVPS)”建设得更加完整的品牌。

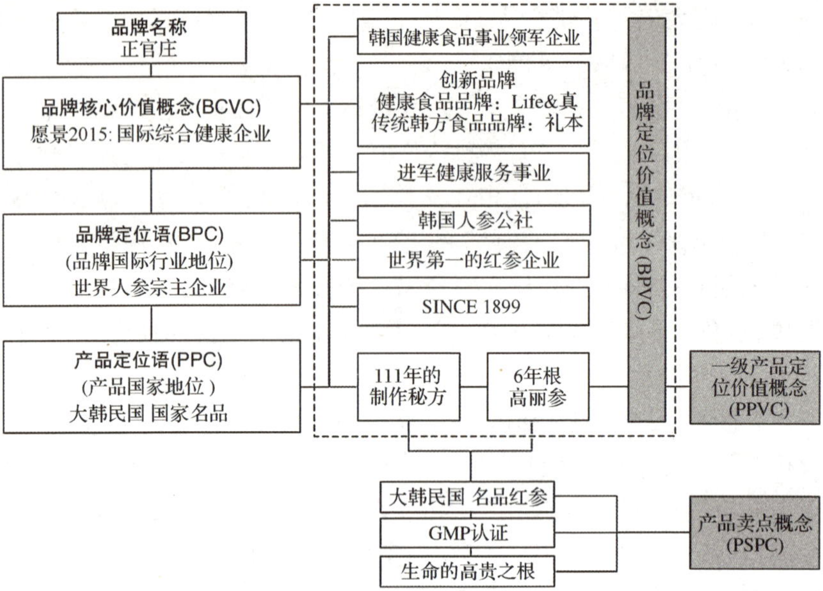

"正官庄"品牌营销价值概念系统(B-MVCS)图示(部分)

"正官庄"出自韩国。长期以来,它的"高丽参"产品之所以在国际市场上具有强大的竞争力,首先得力于"'6年根'高丽参栽培、种植技术"。这种技术使得它的"高丽参"培植起来,6年就能够成材,而且营养最为丰盛,从而确保了产品原材料的足质、足量。

与之相对比,中国的参农千百年来,只能去深山老林里刨野山参,或者把发现的成活不久的参苗移植到自家的林地里,候成"移山参"。这两种方法得到的人参原材料的数量都很少,而且越来越少。近些年国内辽宁一些参农开始探索"园参"的集中栽培、种植技术,不断获得突破性的进展。但是他们培植的"园参",无论从成活率、病虫害,还是农药残留量、出品量等标准衡量,与"正官庄"的相比,仍然有不小的差距。

除了产品原材料保证,"正官庄"积累了一百多年的"高丽参制作工艺”，也是它的产品领先同时期竞争对手，长期具有国际竞争力，成为韩国人参产品唯一代表的根本原因。

“‘6 年根’高丽参栽培、种植技术和制作工艺”是“正官庄”的“产品基因（PG）”。由此提炼出的“6 年根，高丽参”“111 年的制作秘方”作为两个一级“产品定位价值概念（PPVC）”，支撑起了“正官庄”的“产品定位语（PPC）”——大韩民国，国家名品。同时，它们也作为“品牌定位价值概念（BPVC）”两个支点，支撑着“正官庄”的“品牌定位语（BPC）”——世界人参宗主企业。

适应企业发展现状和未来发展趋势，2015 年，“正官庄”推出了“愿景 2015：国际综合健康企业”的“品牌核心价值概念（BCVC）”。

这个价值概念表达了未来“正官庄”所有的健康产品能带给世界的“文化价值和社会意义”。仅仅原先的“产品定位语（PPC）”和“品牌定位语（BPC）”之下的“支柱性”价值概念，显然支撑不起它。于是，新的表达企业及其产品、品牌价值的概念必然被支立起来：1. 韩国健康食品事业的领军企业。2. 两大创新非人参产品品牌，一是健康食品品牌“Life& 真”，二是传统韩方食品品牌“礼本”。3. 进军健康服务事业。

至于一些散见于“正官庄”平面海报的价值概念，比如“大韩民国，名品红参”“GMP 认证”“生命的高贵之根”等，由于它们并不标识“正官庄产品及品牌”的特色，仅发挥些辅助性的促销产品的作用，所以只是“产品卖点概念（PPVC）”形式的“营销价值概念（MVC）”。它们与其他价值概念一起，共同架构了“正官庄”当前的“品牌营销价值概念系统（B-MVCS）”。

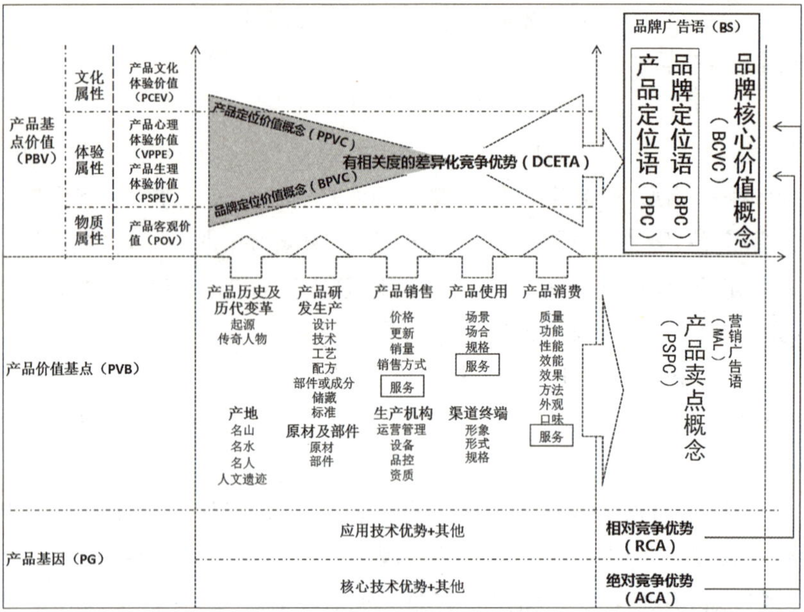

“产品多维价值系统”与“品牌营销价值概念（B–MVC）”对应关系框架图

产品及品牌的“符号系统”“文本系统”“形象系统”“行为系统”是架构企业的“品牌营销价值知觉系统（B-MVPS）”的四个主要板块。不过，仅仅是它们，还不足以称之为“知觉系统”。

主要从媒体传播角度考量，多少年以来，不管是平面、户外、广播、电视，还是当下最流行的各种网络媒体，它们只能借助符号、文字、图形、动画、声音等，影响人的视觉和听觉，至于人的嗅觉、味觉、触觉，媒体影响不到。

如今，虚拟体验设备正在迅速兴起，虚拟触觉技术、虚拟嗅觉技术、虚拟味觉技术也正在加速发展。不远的将来，通过媒体全面影响大范围特定“目标消费客群（TCG）”的感官不再是“虚拟的现实”。国内的企业，特别是食品、饮料、日化、餐饮、服装、软装等行业的企业，很有必要抢先结合最先进的媒体行业的虚拟技术，创作出相应的传播内容，以更加丰满、立体、全感官的方式，表达自家的产品及品牌的价值，并传达给消费者。

“品牌营销价值知觉系统（B-MVPS）”在这个过程中，将会自觉地发酵，成为国内企业品牌营销传播的主流，同时带给它们再怎么估量都不为过的“品牌营销价值（B-MV）”。

综上所述，围绕“产品定位语（PPC）”“品牌定位语（BPC）”和“品牌核心价值概念（BCVC）”形式的“品牌广告语（BS）”，能够首先延展出三套不同层次的“品牌营销价值概念系统（B-MVCS）”。以此为价值概念基础，创作或执行相应的“符号系统”“文本系统”“形象系统”“行为系统”，并结合先进的虚拟现实技术创作影响消费者全感官的价值传播内容，又能衍生出三套不同层次的“品牌营销价值知觉系统（B-MVPS）”。

“产品定位语（PPC）”提领的“品牌营销价值知觉系统（B-MVPS）”主要能发挥打响品牌知名度、促销产品的作用；“品牌定位语（BPC）”提领的“品牌营销价值知觉系统（B-MVPS）”主要作用在于提升品牌价值和形象；“品牌核心价值概念（BCVC）”提领的“品牌营销价值知觉系统（B-MVPS）”则对于指导企业产品的长远发展、增强企业员工的归属感具有重要意义。

三个层次的“品牌营销价值知觉系统（B-MVPS）”分别适用于“新建型”“成长型”和“成熟型”品牌。企业可以根据自己的发展阶段和旗下品牌的建设状况，在特定的时期分别主打某一套系统。

由于我们所主张的“品牌营销价值知觉系统（B-MVPS）”是围绕“品牌名称（BN）”和“品牌广告语（BS）”建设起来的，而作为核心的“品牌名称（BN）”和“品牌广告语（BS）”又都是基于产品提炼出来的，贯穿从“产品基因（PG）”、产品物理属性的基点价值、产品“有相关度的差异化竞争优势（DCECA）”，到产品能够带给消费者的生理体验、心理体验和产品所具备的“文化价值和社会意义”，所以“品牌营销价值知觉系统（B-MVPS）”不同于当下流行的大多数“企业文化标识系统”“企业 VI 标识系统”“产品品牌 VI 标识系统”和“产品品牌营销行为标识系统”，它具有实实在在的表达并借助媒体和行为传播、推广产品及品牌价值的"硬实力"。

"品牌营销价值知觉系统（B-MVPS）"是"品牌营销价值表现系统（B-MVS）"适应自媒体时代的升级版。与之相对应，"企业文化价值表现系统（ECVES）"也须升级为"企业文化价值知觉系统（Enterprise Culture Value Perception System，简称 ECVPS）"。

升级后的"企业文化价值知觉系统（ECVPS）"除了仍然主要由"企业文化价值概念系统（MI）""企业文化价值行为系统（BI）""企业文化价值形象系统（VI）"三部分组成，也需适当补充"企业文化价值符号系统（Corporate Culture Value Sign System，简称 CCVSS）"的应用，并且将企业一直沿用的各式各类"文本"适当梳理、优化，创新应用为"企业文化价值文本系统（Enterprise Culture Value Text System，简称 ECVTS）"的文本内容。

两大系统尽管围绕着企业及其品牌共同的核心价值概念建设起来，但是由于一个主要"对外"，一个主要"对内"，方向不同，作用迥异，所以这并不妨碍它们在概念、符号、文本、形象、行为表现方面形成各自的气质和特征。

另外，"品牌营销价值知觉系统（B-MVPS）"处于市场竞争的一线，随市场环境和竞争对手"品牌营销举措"的变化而变化；"企业文化价值知觉系统（ECVPS）"处于后方，相对严肃而稳定。所以，我们并不担心它们会混为一谈、融为一体，失去各自独立的价值，其对应关系如下页图示。

而且，归根结底，两大系统的目的都是为了更好地区隔企业及其品牌，使之不断赢得越来越多市场、消费者和社会人士的认同。在"开放"的生态和大环境下，如果它们"合体"而又能成功实现这一目的，对于企业及其品牌的发展而言，反而是莫大的好事。

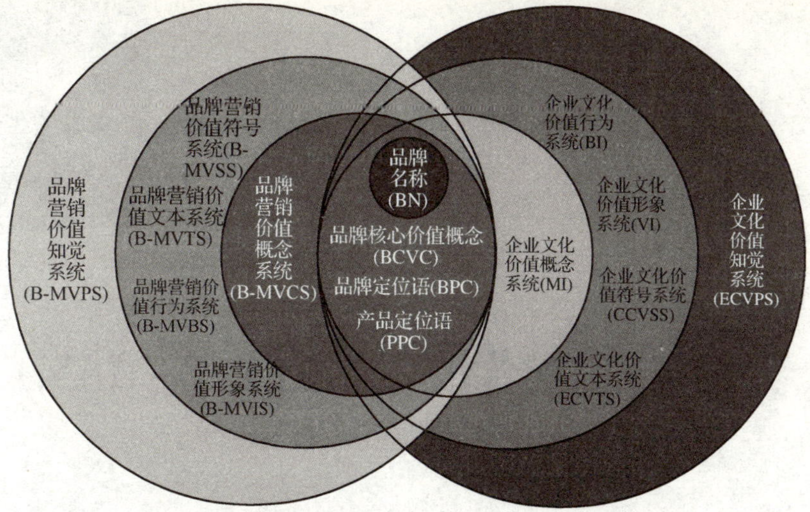

"品牌营销价值知觉系统（B–MVPS）"与
"企业文化价值知觉系统（ECVPS）"对应关系图

当今时代，在信息技术、互联网、自媒体的笼罩下：市场透明、行业透明、产品及品牌透明、中国的消费者日益精明并且便捷地选购品牌、产品的趋势必将越来越"透明"。国内企业间的市场竞争也必然会被推波助澜地提升到各企业的"品牌营销价值知觉系统（B-MVPS）"相互比拼的高度。

在这种形势下，"玩概念"显得太单薄了，玩企业文化、玩 VI、玩各种营销类"小系统"的企业还能玩出些火花；但是未来属于把产品玩出精华、玩成"品牌营销价值知觉型"的"大系统"的企业。

——在这样一条血拼的道路上，"品牌和营销（B&M）"的"软实力"趴下，"品牌营销（B–M）"的"硬实力"坚挺！

9

大无限：品牌营销环面漩涡（B-MAV）

9-1 "品牌营销(B-M)"的"三剑客"

■9-1-1 "三剑客"的"一挑扁担两头虚"■

2003—2013 年被白酒业内人士称为中国白酒行业的"疯狂十年"。在这期间,国内稍具实力的酒厂都在提高品牌溢价能力,着力打造中高端白酒。对外,茅台、五粮液、剑南春、洋河、泸州老窖等大品牌扶持它们的经销商,对渠道实施"买断专营"的战略。

著名的"盘中盘营销模式"因此发展得登峰造极:大酒企垄断核心酒店终端资源,使酒店的门槛越来越高,许多白酒甚至无法完成进店工作。而且,即使完成进店,店内的促销竞争也是高门槛,一旦资金后继乏力,随时会被踢出局。

大牌挤压,渠道高企;跟进只有一线生机,不跟进就坐以待毙。"疯狂十年"是国内大酒企疯狂敛财;中小酒企纷纷破产、倒闭或者被收购的十年。还有数万家中小酒企的市场领地大多被限定在各自的县市区域范围内,拼力赚得些中低端白酒的微利,只待大酒企腾出手来,对它们任意宰割。

然而,就在这样严峻的市场环境下,一个原本资不抵债、濒临破产的湖北大冶县的新建酒厂,却凭借主打的"劲酒",以多年销量增长连续超过 15% 以上的速度,成功突围并且数次华丽转身,到 2014 年实现 ¥75 亿营业额,跻身于国内一线大牌酒企的行列。这其中的原因,很值得品味。

"劲酒"之所以能够脱颖而出,首先因为大酒企在它们的"品牌和营销体系(B&MS)"方面编织的"天罗地网"有缺陷。

2000 年代,中国的 GDP 增速基本上保持在 10% 以上,各行各业普遍膨胀式发展。不光白酒行业,其他诸如房地产、地板、家居、家具、保健品、化妆品、汽车、服装、餐饮等行业都很"疯狂"。"天上做广告,地下搞渠道"的推广方式全行业流行。通过玩概念、树形象、大传播无节操地拉高产品价格,圈了大钱之后无底线地抬高渠道费用、垄断渠道,是大企业排挤竞争对手行之有效的一贯做法。

不过，这种粗放式的发展模式自身有两个先天不足：一是产品后继乏力，二是广告背离产品价值。越往后发展，其不足之处就如同渔网上的裂口一样，越拉越大。

企业只要能产出产品，然后把产品摆放在柜台上，就能卖。在消费者的品牌意识普及的时代，通过媒体打广告让消费者认知到企业的产品及品牌的价值，也是必不可少的。因此，产品、渠道、传播成为当代企业开展“品牌和营销（B&M）”的“三剑客”，缺一不可。

三者之中，从理论上讲，产品生产的数量是无限的，媒体传播的影响力也是无限的，只有渠道的空间资源十分有限。对于国内的企业来说，谁抢先控制了最关键的、最大数量的渠道资源，谁就掌握了遏制竞争对手、赢得企业发展的生命线。

在过去很长一段时间，渠道优势带给企业的品牌营销价值，要远远超过产品和传播优势带给企业的“品牌营销价值（B-MV）”。它就像一条扁担，一头挑着产品，一头挑着传播。企业的产品再好，媒体宣传得再给力，若不能摆放在柜台上让消费者挑选，也是白搭。

正因为渠道的稀缺，从“疯狂十年”到现在，国内但凡有实力的酒企都把主要精力放在拼抢渠道上。为了承担日益水涨船高的渠道费用，包括进店费、陈列费、开瓶费、促销费、维护费等，国内酒企又不得不靠大肆媒体传播、虚高品牌价值来变相抬高产品价格。

有专业人士指出，十几年间，国内白酒的价格普遍翻了十几倍，而生产成本普遍没有太大的变化；高端白酒的单瓶毛利润达到80%，中低端白酒的单瓶毛利润也达到了近50%。这部分高额利润由酒企、经销商、分销商、渠道商、促销人员等层层瓜分，最终由消费者买单。[1]

---

[1] 白酒品类的三大灵魂价值|邹文武|_百度文库 http://wenku.baidu.com/link? url=uOZrOxTlQ1iIq6rzDbI1Ar4jNjs2PMYF-J7JzDErjg8Gv3vqqCBIL04FhNvwV-nzziyy-ugfiGd_ZcQxI9Rv7fucGdI6yox--UYctco8Jsm，2016-06-07

在整个过程中，国内酒企的产品包装、渠道形象、广告形象、媒体传播、营销手法等都做到了极致，唯独没有及时跟进的是产品价值。且不说众所周知的秦池标王、鲁酒没落、酒鬼酒塑化剂事件，其根子都出在产品力不足上，就是以“茅五剑”为代表的国内白酒的领军品牌，它们的产品价值也都远远落后于产品价格的增长。

所以说，十多年的国内大酒企貌似“天罗地网”的“品牌和营销战略（B&MS）”实施，实际上是“一挑扁担两头虚（产品虚，广告虚）”；而“劲酒”，恰好“乘虚而入”，成就了自己的产业帝国。

■ 9-1-2　劲酒“三剑合璧”的品牌营销攻略 ■

在核心酒店终端、大盘渠道资源基本上被大酒企垄断的局势下，“劲酒”不得不另辟蹊径，走上了一条“渠道差异化”的道路。它不随大流做“盘中盘模式”，而是放弃A类高端餐饮酒店，通过销售团队与经销商合作，占领了大量B类和C类的小餐饮终端；一般市场都是利用终端餐饮启动，接着跟进批发和零售市场，精耕细作，全面覆盖，一步步渗透到消费者家庭。

从小处看，我们可以说这是劲酒不可以而为之地在渠道中“见缝插针”；从大处看，它的格局在于“舍大抓小，舍高就低，舍近求远”，其对于劲酒的战略价值一点也不亚于当年的“高筑墙，广积粮、缓称王”之于朱元璋的淮西集团，以及“农村包围城市”之于共产党领导的红军。一旦它确定下来，前面将是漫漫征途和数不尽的艰难险阻；但是后劲无穷。

渠道是生命线，产品则是企业及其品牌的生命力的根本。在产品方面，“劲酒”也处处透着差异化的特色。

首先，从产品的原材方面看，“劲酒”用于酿造原酒的水源取自于幕阜山南侧半山腰的双龙泉；其酿造过程中使用的大量中草药，来自劲牌公司1992年起逐步在全国各药材地道产区建立的原料直供或种植基地，这为劲酒独特的品质和稳定的产量奠定了物质基础。

其次，从产品品类方面看，“劲酒”没有扎堆到白酒品类中，而是以白酒为"基酒",引进、消化、吸收中药现代化技术,投身到"保健酒"小品类的市场,避免了和白酒大品牌的正面交锋。

再者,在"保健酒"领域,"劲酒"研制出保健酒中药数字提取技术,区别于以浸泡工艺为基础进行生产的传统型保健酒,树立了自家的产品特色。

除了渠道和产品这两"剑","劲酒"在传播方面也打造了鲜明的特色。这主要体现在两个方面:一是传播内容;二是媒体传播力度。

"劲酒"主打的"品牌广告语(BS)"是"劲酒虽好,可不要贪杯"。这句广告语除了通俗易懂、朗朗上口,便于消费者记忆以外,最大的价值聚焦在"不要贪杯"这四个字上。它表达了"劲酒"对其"目标消费客群(TCG)"的关爱,为品牌注入了情感关怀的附加值,在消费者的心目中定位了"'劲牌'是一个有情怀的保健酒品牌"。因此它是一句"品牌定位语(BPC)"形式的"品牌广告语(BS)"。

"劲酒"还秉持"按做药的标准生产保健酒"的理念。这一理念乍一看貌似是主要用来面向企业内部、指导员工生产的;但是站在消费者的角度理解,它主要传达的却是劲酒"有相关度的差异化竞争优势(DCETA)",并且在消费者的心目中定位了"劲酒是按做药的标准生产的保健酒"。因此,它是一句"产品定位语(PPC)"形式的"品牌广告语(BS)"。

围绕这两条"品牌广告语(BS)"建设的"品牌营销(B-M)"的"概念系统""符号系统""形象系统""文本系统",以及由此衍生的"行为系统",组合成劲酒的"品牌营销价值知觉系统(B-MVPS)";其中可供媒体传播的部分,就是劲酒的主要传播内容。

现在提起"劲酒",我们很容易联想到它的几个特征:一个"劲"字的"品牌名称(BN)"及其金黄色的LOGO,通常大红与金黄色相间分外醒目的平面海报,特别是它的已经引领了全国小瓶酒潮流的125 mL和250 mL的产品包装。这些都代表了"劲酒"极具差异化特色的传播内容。正是它们作为支柱性的视觉元素,支撑起了劲酒的"产品 & 品牌形象",并带动了"劲酒"的整个"品牌营销价值知觉系统（B-MVPS）”的运作。

这个“系统”是结结实实地建立在“劲酒”的竞争优势上的；它不乱，近二十年里一直保持着稳中有变的统一性；而且它的品牌和营销相通，是一个根基、枝干、花叶浑然一体，生命力极强的系统。这与同时代的绝大多数白酒、保健酒表达其产品、品牌价值的传播内容在本质和外观上格外不同。

当然，结合前面章节的分析，我们能够认识到“劲酒”的“品牌营销价值知觉系统（B-MVPS）”还不健全。其中比较关键的就是它没有基于“劲酒”的“保健酒中药数字提取技术”的“产品基因（PG）”；没有根据“劲牌”的“未来产品集群（FPC）”，提炼出更高层面的可以同时对内面向企业员工、对外面向市场消费者沟通的“品牌核心价值概念（BCVC）”，并由此指导产品的发展方向，增强员工的凝聚力，把“劲牌”的价值、形象提升到一个更有高度、面向更宏大的产业前景可持续发展的层面。

不过，这并不妨碍“劲酒”的“品牌营销价值知觉系统（B-MVPS）”与同时代竞争对手的相比，具有非常超前的先进性。把其中的传播内容通过媒体放大出去，成就的“劲酒”在今天已经成为让无数中小酒企顶礼膜拜的偶像。

从媒体传播力度方面看，能否上央视或者至少上省级卫视打 TVC 广告，对于企业及其品牌，特别是面向大众消费者的企业及其品牌的发展来说，是一个很大的分水岭。单是巨额的 TVC 广告费用，就已经把大多数企业挡在了这一分水岭的后面。尤其重要的是，打电视广告，企业的产品必须足够硬，它的渠道必须覆盖大部分 TVC 广告所能影响到的省域甚至全国区域。

电视时至今日对于大众消费者来说仍然是影响力巨大的媒体。少了“产品”和“渠道”这两个点中任何一个的支撑，或者任何一个的支持力度不够，越是打 TVC 广告，就越会加速企业及其品牌的消亡，这样的例子俯拾皆是。而能够把 TVC 广告打好，足以能够证明企业及其品牌的“产品”“渠道”和“传播”这“三剑客”的综合实力已经足够强大。劲酒显然早已经越过 TVC 广告的分水岭,向着中国的白酒及保健酒行业的峰极大跨步迈进了。

■ 9-1-3 “三剑客”的“三种威力”■

任何产品的生产都是一个系统,除了“毛坯产品”生产的各个环节之外,产品包装也是这个生产系统中的关键环节。

“劲酒”以“品牌名称(BN)”“品牌定位语(BPC)”“产品定位语(PPC)”为核心[缺“品牌核心价值概念(BCVC)”]的概念系统、文本系统,以 LOGO 及其应用为规范的符号系统,以品牌、产品的主形象为焦点的视觉系统,以品牌推广、招商促进、产品促销为目的的行为系统初步确立后,会根据劲酒的发展,有选择地、稳中有变地“反向”指导它的产品生产并应用在它的产品包装上。

也就是说,“劲酒”的“品牌营销价值知觉系统(B-MVPS)”初步确立后,会即时应用在它的产品生产系统中,并且与之共同发展。如此,劲酒的“产品生产系统(PPS)”就会逐步演变、进化为它的“品牌营销价值生产系统(Brand-marketing Value Production System,简称 B-MVPS)”。这个系统自发地衍生出的劲酒“品牌营销(B-M)”的基础力量,我们可以把它简洁地称为“产品力(Product Power,简称 PP)”。

企业的产品一般都要借助“渠道系统”而不是单一的地摊或者门店来销售。“劲酒”沿袭了低端白酒的深度分销方式,产品在中低端餐饮渠道、流通分销网点、特通与 KA 卖场相结合进行密集深度分销,形成了良性的分销体系。它的竞争对手椰岛鹿龟酒则首先搭建了红桃K、三株口服液、汇仁肾宝等保健品采取的日用快消品渠道与 OTC 渠道相结合的渠道组合,再设置专柜与促销加强终端拦截与反拦截。除此之外,椰岛鹿龟酒还在 KA、标超、礼品副食点与 OTC 搭建了其特有销售渠道。

不同的企业及其品牌通常会根据自身的发展状况,选择不同类型的渠道,混搭、层级进入,并覆盖一定的地域范围;其过程中会逐步形成企业与经销商、代理商、终端门店等层级式的利益分配机制（比如娃哈哈的“联销体”特色），产生不同的运作方式和效率（比如白酒行业的“盘中盘”特色），打造出异彩纷呈的渠道形象（比如生活家·巴洛克的连锁专卖店、极草的一体化专柜），创造出不同的“品牌营销价值（B-MV）”。

“劲酒”的“品牌营销价值知觉系统（B-MVPS）”初步确立后，也会即时应用在它的渠道销售系统中，支持其万花筒般的“品牌和营销实践（B&MP）”。如今，互联网、自媒体大兴，酒仙网、淘宝、天猫、京东、亚马逊、1号店、飞牛网、唯品会等电商平台的在线销售力量早就震骇了国人。而自从电商应用在网络世界普及之后，几乎所有在线平台都具备了在线销售的功能，或者至少能轻易地通过链接把流量引到电商平台上去。

现在，点开各大电商平台，输入“劲酒”关键词，我们能轻易地进入劲酒的旗舰店，看到其“品牌营销价值知觉系统（B-MVPS）”的基础概念、符号、形象、文本等在线上渠道与时俱进地应用。如此，“劲酒”的渠道系统早已演变、进化为它的“品牌营销价值渠道系统（Brand-marketing Value Route System，简称B-MVRS）”。这个系统自发衍生出的“劲酒”式“品牌营销（B-M）”的通路力量，我们可以把它简洁地称之为“渠道力（Route Power，简称RP）”。

媒体当然不止电视一种。电视广告目前还是只有那些为数不多的、实力强的大企业才能有效利用。大多数企业及其品牌都必须综合运用平媒、户外、框架、广播、车体、地推等，特别是新兴的各类网络媒体、自媒体，及时抢占特定时段的媒体资源，搭建起自家的媒体系统，才能占据一定的媒体传播优势。

“劲酒”早在20年前，它的“品牌营销价值知觉系统（B-MVPS）”初步确立后，就已经渗透进当时几乎所有的传统媒体，后来还借助一般酒企打不起的TVC广告扬名全国。现在，点开微信，搜索“劲酒”，马上就会出现几十个“劲酒”的微信公众号，有全国应用的，也有各地方应用的，关注下就能看到它的“品牌营销价值知觉系统（B-MVPS）”的基础概念、符号、形象、文本等在其中的应用。

“品牌营销价值知觉系统（B-MVPS）”的基础概念、符号、形象、文本部分在企业及其品牌的媒体系统中应用，不光形式上要根据各类媒体的不同要求、特征、功能、目标受众的接受习惯等做适当的规范化调整，其内容创作上更要因地制宜地推陈出新并且无限延展。

比如现在的大多数网络媒体和自媒体就要求其传播的内容越来越个性化、碎片化、去商业化，而网民们也喜欢这种变化、欢迎这种趋势，企业的“品牌营销价值知觉系统（B-MVPS）”中有选择地在这些媒体传播内容时，在内容创作上就必须合乎网民的口味。

如此，企业的“品牌营销价值知觉系统（B-MVPS）”中进入媒体传播的内容，自然与时俱进地根据其媒体系统的发展演变，与之融合、进化成企业及其品牌的“品牌营销价值传播系统（Brand-marketing Value Transmission System，简称 B-MVTS）”。这个系统自发衍生出的企业“品牌营销价值（B-MV）”的媒体放大力量，我们可以把它简洁地称之为“传播力（Transmission Power，简称 TP）”。

■ 9–1–4 基础版“品牌营销环面漩涡（B–MA）”■

“生产系统”是根本，“渠道系统”是生命线，“传播系统”是翅膀。企业及其品牌的“品牌营销价值知觉系统（B-MVPS）”的基础概念、符号、形象、文本部分贯穿其中，发生企业的品牌营销行为，并与这三个系统融合演变、整体进化，从而把它们分别升级为“品牌营销价值生产系统（B-MVPS）”“品牌营销价值渠道系统（B-MVRS）”和“品牌营销价值传播系统（B-MVTS）”。

在这个过程中，“品牌营销价值知觉系统（B-MVPS）”的升级主要有两种表现：一是它会随着企业的产品升级而升级（指产品纵向地更新换代、推陈出新，或者产品横向地跨产品线、跨品类甚至跨行业延展）；二是它会随着企业的渠道系统、传播系统的扩张而升级（主要指新的渠道类型或媒体形式加入，或者旧的渠道类型、媒体形式提升而导致的系统质变，而不是渠道、媒体覆盖范围扩大而导致的量变）。

在这两种情况下,“品牌营销价值知觉系统(B-MVPS)”中的概念、符号、形象、文本、行为在形式和内容上都必须有针对性地作适当调整;它与三个系统相辅相成、混搭互动的演变也得以发生。这一系统中的“品牌名称(BN)”、LOGO、“品牌广告语(BS)”、品牌 VI 规范等则长期稳定,也正是它们支柱了整个系统的统一性和延续性,维持了消费者对企业及其品牌的稳定印象。

归根结底,“品牌营销价值知觉系统(B-MVPS)”表达的是企业的品牌及其产品最大化的价值。它贯穿到企业的产品系统、渠道系统和媒体系统中,会发挥巨大的品牌营销力量。我们可以把它简洁地称为“品牌力(Brand Power,简称 BP)”。

另外,企业建设并运作“生产系统”“渠道系统”“传播系统”,必须动用大量人力、物力、财力,其中长期起到最根本支撑作用的是资本的力量。因此,在当今“品牌营销(B-M)”的时代,“资本力(Capital Force,简称 CF)”和“品牌力(BP)”必须源源不断地贯穿到企业的三大系统之中,才会把“三剑客”的力量发挥至无穷,从而把企业及其品牌的发展推向无限广阔的时空。

这个整体系统中的任何一个子系统都缺一不可。而且,其中任何一个子系统运作得不给力,都会成为企业及其品牌的短板,从而把整个系统能够发挥出的“品牌营销力量”拉低到短板的“低度”,甚至给企业及其品牌造成致命的伤害。

从宏观上看,这个系统中的“产品力(PP)”“渠道力(RP)”和“传播力(TP)”层级互动,“资本力(CF)”和“品牌力(BP)”贯穿其中,构成了一个“品牌营销(B-M)”的“环面漩涡”。结合本章后面的思考,鉴于在“传播力(TP)”的上面还有其他力量层级,我们可以把这个完整系统的运作称之为“品牌营销环面漩涡(Brand-marketing Annulus Vortex,简称 B-MAV)”的基础版(如下图所示)。

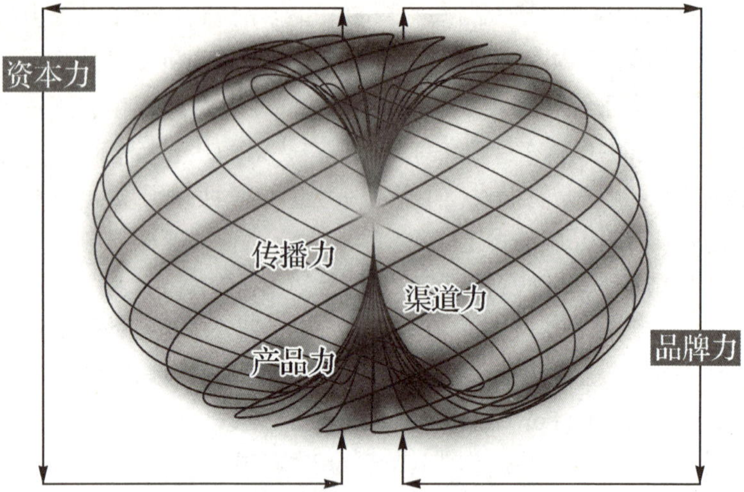

品牌营销环面漩涡（B–MAV）基础版

■ 9–1–5 “三剑客”的“两大契机”■

在“劲酒”成长的二十多年里，国内的白酒企业普遍习惯了抢渠道、玩概念、大传播、秀包装、涨价格的发展模式，而且它们玩出的概念基本上属于“云端上”“吾好”“走心式”的，与产品没有多大联系。围绕这些概念延展的“品牌和营销（B&M）”用的 VI、CIS、文本、行为等应用到企业的“产品系统”“渠道系统”和“传播系统”里，大多执行成了“一挑扁担两头虚（产品虚，广告虚）”的“品牌和营销实践（B&MP）”。

不可否认的是，国内的大酒企都曾经靠这种战略的实施赢得了膨胀式的发展，但是这也注定最后会伤害广大的消费者。

如今，中国的经济下滑，国民的钱包缩紧，白酒、保健酒的竞争环境恶化，特别是越来越多的消费者纷纷认识到他们被广大的中高、高端酒品牌“宰”了这么多年，反感陡生。于是，国内酒企的这种“品牌和营销战略（B&MS）”越来越玩不动了。与之相应的是，国内白酒行业的利润和大多数酒企的利润哥俩好似地双双跌落。

在今天的互联网和自媒体的时代，对于国内的中小企业来说，线下渠道的格局比以前更严峻——大企业多年夯实的渠道壁垒比以前更加森严，它们更难突破。大传播还是只有大企业才能玩得转，媒体烧钱似的节奏比以前更快，一般中小企业依然望之却步。于是，很多中小企业都把“品牌营销（B-M）”的希望寄托在线上渠道和网络媒体上。

不过，这些企业都得清醒地认识到两个现实：一是尽管淘宝、天猫、京东们已经被捧上了神坛，但是国内企业的在线销售额仅占它们整个销售额的10%，其余90%以上的交易还是在线下完成[2]。二是即使在线上销售平台，大企业们也已经建立起了各自的渠道壁垒和传播壁垒。无论是产品在线上销售平台的曝光度、曝光率、搜索量还是销售额，要想赢过竞争对手，拼的还是企业的砸钱实力。

有不少中小企业近年借助电商平台、微商形式，从零开始实现了一年销售过亿，甚至两三年过十亿的“神突破”，那主要还是因为它们抢到了“风口上”。企业要想活下去并且长远发展，还是得主要靠线下渠道，靠整体实力，最根本、最关键地要靠过硬的产品。

再一个机会点就是“品牌营销价值知觉系统（B-MVPS）”。“劲酒”二十年如一日地执行“一挑扁担两头实（产品实，广告实）”的“品牌营销战略（B-MS）”，打造了强大的“品牌营销价值知觉系统（B-MVPS）”，最终站到了国内酒业的峰层，而且后劲无限。但是正如前面分析的，它的这一“系统”还有很大的提升空间。

国内的企业包括绝大多数大企业依然停留在“品牌和营销战略（B&MS）”实施的层面，其“品牌和营销价值的概念、视觉及行为系统”，表达、传播的品牌价值和营销行为展现的价值之间落差很大，统一性、延续性、协调性不够——乱，特别是因为与产品脱节而根基不深、不稳。

在这种形势下，谁能够把自家的“品牌营销价值知觉系统（B-MVPS）”打造得结实，运用好领先的虚拟触觉技术、虚拟嗅觉技术、虚拟味觉技术，然后脚踏实地地贯穿到“生产系统”“渠道系统”和“传

[2] 全国网络销售额占社会零售总额的10%超过许多发达国家_中国发展网 http://www.chinadevelopment.com.cn/sz/sh/2015/01/849606.shtml，2015-01-21

播系统”里,它就能充分舞动“三剑客”的利剑,在企业竞争中抢得先机。

一切都在发展、演变的变动中,渠道和媒体也是。有变动就会有机会,而且是在当今“互联网 +”大变动的时期,小小的机会一不留神就变成了机遇。国内的渠道格局和媒体格局固然已经形成,大企业可以整体左右它,却不能整体拥有它。渠道和媒体最终还是要认同消费者青睐的产品和品牌。

如今的中国消费者已经成为全球范围内最聪明的购物者群体[3],他们能够很敏锐地分辨出品牌及其产品的价值,并迅速做出最具性价比优势的购物选择。

“品牌营销价值知觉系统(B-MVPS)”一手提携着企业及其产品的发展,一手挥动着企业的品牌的力量,再森严的“渠道系统”和“传播系统”的壁垒,也将会被它搅动的“品牌营销环面漩涡(B-MAV)”撬开裂变的缝隙。国内中小企业的机会、机遇在此。未来企业及其品牌营销价值最大化的综合竞争力,也必将由此出发。

9-2 “品牌营销(B-M)”的“两大法宝”

■ 9-2-1 “产品品牌(PB)”的品牌营销服务转型 ■

9-2-1-1 “服务四维”撑起“服务品牌(SB)”

20 世纪 90 年代初,中国已经完成了从“紧缺经济”到“过剩经济”的转变,竞争最激烈的家电行业率先进入了买方市场,“顾客满意度”开始大行其道。

当时国内的家电企业面临的整体形势是:产品供大于求,同质化严重,普遍库存积压;很多厂家为了消化库存拼命降价,甚至降到了成

[3] TNS:中国人是全球最聪明的购物者之一 _ 图文 _ 百度文库 http://wenku.baidu.com/link?url=QKv0MxTQ28cyVjI6l51Ho3N2aXUe48L1aUHV-d2FatwfqeCh5WQta5V3uxCeN-5gK8dwagj75_o-YDy_d-Dew-PdxQZW_db3n5UqPZ6rLpq, 2016-01-29

本之下来进行竞争。虽然当时大家都公认家电是一个“产品+服务”的行业，但是整个行业对服务的重视明显不如对广告和营销的重视程度。正是在这样一个行业拐点的关键时段，海尔（Haier）启动了它的“服务型品牌营销”的战略。

海尔（Haier）认为服务也是产品：只有通过持续性服务产品的创新和造势，才能提升海尔形象，才能形成消费者忠诚度，从而拉开与竞争对手的差距。以这样的战略理念为指导，之后近二十年时间里，海尔（Haier）的服务升级了十多次：

1994 年的无搬动服务；1995 年三免服务；1996 年先设计后安装服务；1997 年的五个一服务；1998 年的星级服务一条龙，其核心内容是从产品的设计、制造到购买，从上门设计到上门安装，从产品使用到回访服务，不断满足用户新的要求，并通过具体措施使开发、制造、售前、售中、售后、回访 6 个环节的服务制度化、规范化；1999 年海尔专业服务网络通过 ISO9000 国际质量体系认证；2000 年星级服务进驻社区；2001 年海尔空调的无尘安装；2003 年海尔推出了全程管家 365……

纵观海尔（Haier）服务发展的过程，我们首先能够领略到企业及其品牌向消费者提供的服务在“长度”和“宽度”上延展的脉络。

“长度”方面，企业及其品牌向消费者提供的服务通常是从售后开始，继而逐步涵盖售前、售中、售后等所有环节，最后形成的服务模式大体类似于海尔（Haier）的“星级服务一条龙”。

“宽度”方面，是指企业及其品牌向消费者提供的服务内容在各个环节上越来越丰富，覆盖的“目标消费客群（TCG）”越来越多。其延展方式，如海尔（Haier）的“星级服务进社区”，或者“全程管家 365”。

其次，企业及其品牌向消费者提供的服务在“深度”上也要不断延展。这又主要表现在三个方面：一是服务的内容通过制度规范不断地健全、完善起来；二是服务人员的态度、话术、行为亲和，情感上能够越来越拉近和消费者的距离；三是服务人员的专业知识储备丰富，技术、娴熟，服务技巧灵活、适度，能够赢得消费者的最大化的满意度。

后两个方面可以由企业培训、制度规范来确保执行，但主要还是要依靠企业服务人员主观能动性的发挥。这就需要企业及其品牌在服务人员的选拔、培训、物质与精神方面的奖励，以及与服务人员的情感沟通方面下足真功夫。

海尔（Haier）的“星级服务”在特定阶段被规范为“一证件，二公开，三到位，四不准，五个一”，其中的每个部分又都包含着若干细则、规定，这确保了其“售后服务”的基本质量，但是在具体执行的时候，也会因为服务人员的专业度、态度、情感和技术、技巧方面的不同，产生无数细微的差异。

最后，是服务在高度方面的提升。简单地说，就是像建设“产品品牌（PB）”“企业品牌（EB）”一样，把服务的价值不脱离实际地尽量包装得十分“高大上”。

服务本来就能够为消费者带来切身利益、创造价值，并因此具有一定的社会意义。因此，把所有服务内容的价值点向上综合归纳为表达一定“文化价值和社会意义”的概念，就形成了“品牌定位语（BPC）”或者“品牌核心价值概念（BCVC）”；向下指导着延展出符号系统、文本系统、形象系统，执行行为系统等，就架构起了“品牌营销价值服务系统（Brand-marketing Value Service System，简称 B-MVSS）”。

如此，企业及其品牌向消费者提供的服务在“高度”上就逐渐树立起来了；品牌也因此由“产品品牌（PB）”提升为“服务品牌（SB）”。

服务是企业及其品牌在产品之外，向消费者提供的“附加值”，它会花费大量人力、物力、财力。因此品牌由“产品品牌（PB）”向“服务品牌（SB）”提升，必须在它的产品、渠道和传播这“三剑客”已经占据了领先优势、赢得了相对稳定的市场空间的前提下；否则，服务会拖累得品牌更加落后于竞争对手。

另外，通常情况下，企业向消费者提供服务，是以它的“产品品牌（PB）”的名义，以支持它的产品的“品牌营销实践（B-MP）”。因此我们通常所说的品牌向服务转型是指“产品品牌（PB）”向“服务品牌（SB）”的提升。海尔（Haier）比较特殊的地方在于，它从一开始就既是“产品品牌（PB）”，又是“企业品牌（EB）”。所以当海尔（Haier）实现转型后，在消费者乃至社会大众的心目中，它首先是个家电产品品牌，然后是个家电服务品牌，再后才是个家电企业品牌。

海尔（Haier）作为“服务品牌（SB）”的价值和公众形象，是围绕着那句广为流传的“真诚到永远”的“品牌定位语（BPC）”长期建设起来的。“服务品牌（SB）”是高于“产品品牌（PB）”的品牌形式；“长度”“宽度”“深度”“高度”是品牌服务延伸的“四维”。海尔（Haier）则是中国最早沿四个维度向“服务品牌（SB）”全面提升并且成功转型的标杆品牌之一。

截至2015年12月15日，由世界品牌实验室独家编制的2015年度《世界品牌500强》排行榜中，海尔（Haier）入围世界品牌百强，成为全球上升最快的品牌之一，并位居全球白色家电品牌第一名。

9-2-1-2 “服务四维”撑起“服务文化”

近二十年来，有些企业虽然不能像海尔（Haier）那样向消费者提供“一条龙”似的全面服务，但是它们仅仅在售前、售中、售后某个环节上，沿“四维”方向把服务做到极致，就比那些还处于“产品品牌（PB）”层面的对手创造了更多的“品牌营销价值（B-MV）”。

“售后服务”早已是国内外企业驾轻就熟的了，不再多叙。“售前服务”中最流行的是“定制服务”，早在工业化社会之前，世界各国富贵阶层人士吃穿用度的生活用品很多是定制的。工业化社会之后，为消费者提供量化组装的定制产品，并开创了崭新营销模式的品牌应该首推戴尔（DELL）。戴尔（DELL）奉行的是一种最朴素最实际的哲学——组装和销售计算机；它深信最佳的电脑经营模式便是为客户提供“量体裁衣”的服务，因为只有这样才能让用户使用到深度切合其需求的产品。

通过实施服务型的“品牌营销战略（B-MSS）”，仅仅用了不到20年时间，2001年5月，戴尔（DELL）就荣登全球电脑市场占有率第一的宝座；如今，它代表着一个年营业额近600亿美元的品牌和早已进入财富500强并排名在前100位的科技公司[4]。

[4] 戴尔_百度百科
http://baike.baidu.com/link?url=K4lPGKLlAcTjN2g19QGzkyhAGzFoZb8rQTR8_08WsquwX5EITKxCvLPKp_0OcBLo2q2CTvvzlkTVRTZKgloZa_Q-9a513UzgzBVdu0rQSPPMEWuNeYnLH4_TRrf75CmG0_otKx_rkf4FhO47HWJofs4Pr-8AfVSvy12zFJxPc32QNWN6NiI_zSodV_LVpAuU

当然，早年戴尔（DELL）赖以成名的“定制服务”还仅限于“组装电脑”，距离“完全生产型”的定制服务以及全面满足消费者个性需求的层面还很远。如今，在当前制造业朝着工业 4.0 的方向急速推进的时代，借助互联网、物联网的力量，企业及其品牌向消费者提供的“定制服务”正沿着“四维”的指向，以前所未有的速度跨越式延展。它所创造的“品牌营销价值（B-MV）”也越来越让世人瞠目结舌。

如果说尚品宅配的家装、家具、家居用品定制和小米（MI）的智能手机定制也还主要停留在“简单组装”或者“代工 + 贴牌”的层面，海尔（Haier）的“家电交互定制平台”和“智能互联工厂”，则可以说是已经相对领先地提升到家电“量化生产型定制服务”的领域了。

“售前服务”中还有一种先进的“定制服务”被称作“解决方案”。这种“定制服务”的特点是先研究客户的具体需求，然后针对性地提供一整套解决客户问题的“解决方案”，再后跟进一系列满足客户需求的软件和硬件的产品组合。它以往比较典型地应用在 IT 与医疗、金融、城建、交通等行业的企业实体 B2B 式的商务合作中，现在正朝着 B2C 的方向和领域飞速发展。

在这方面比较具有代表性的品牌首推 IBM。2016 年 1 月 22 日，IBM 首席执行官罗睿兰（Virginia Rometty）在全球最大规模的国际消费类电子产品展览会（International Consumer Electronics Show，简称 CES）上发表演讲时指出：“IBM 不再只是一家硬件公司或软件公司，而已经转型为一家认知解决方案云平台公司。”由此向消费者提供的服务和产品比如 IBM 与 Medtronic 合作，利用认知解决方案帮助糖尿病患者进行糖尿病管理：通过应用 IBM Watson 的认知计算能力处理来自 Medtronic 可穿戴医疗设备及其他情景化来源的数据，糖尿病患者能够更好地了解日常活动对自己病情的影响，并做出相应调整。如此，后期治疗糖尿病的产品自然就可以针对性地跟进销售了。

“售中服务”通常指产品销售过程中，企业或者合作商家的销售人员向消费者提供的招呼接待、产品赏鉴、产品介绍、产品试用、产品包装、物流配送等服务。长期以来，大多数企业及其品牌都习惯于把产品交给渠道商去销售，因此“售中服务”主要由渠道商来提供，企业及其品牌主要向渠道商提供些诸如推广宣传、活动促销、终端销售工具和物料等方面的支持。

如今，随着各行各业的产品同质化越来越严重、竞争越来越激烈，服务日益成为企业及其品牌与对手竞争的支柱。“售中服务”开始备受重视，并越来越朝着以下三个方向发展：一是企业掌控渠道，自主提供符合其品牌特色的服务；二是服务提供更重视消费者体验；三是服务内容面向“四维”极致化延展，“跨界”服务融入增多。在这些方面，当下国内的企业及其品牌比较具有代表性的是海底捞、三只松鼠和博洛尼（Boloni）。

海底捞是“餐饮渠道品牌”，它向顾客提供的有形产品是餐饮场所和火锅餐饮，但是海底捞最著名的还是它的“售中服务”。

小米（MI）的“雷布斯”在多个公开场合的演讲中，总是不厌其烦地提及海底捞员工的“发自内心的笑容”，并声称“深受触动”；还一再称赞海底捞的员工打包送给顾客整个西瓜的事情。

结合前面对服务“四维”的分析，我们知道这是海底捞的“售中服务”在“深度”上做到了极致，真正激发起了员工服务的“主观能动性”（服务态度和服务技术、技巧方面）的必然结果。这是一个企业及其品牌向消费者提供的服务集聚了深厚内功的自然流露，其中深味，值得当今所有企业反复、仔细地咂摸并深刻地解读、学习。

“三只松鼠”号称网上第一坚果品牌。它的“售中服务”的独到之处在于结合消费者的“宠物心理”，创造性地、系统化地把“宠物文化”应用于“电商＋互联网”的渠道销售和媒体传播的全过程中，并打造出了符合其“产品品牌特色”的服务生态。

从网上购买“三只松鼠”的坚果，就是一个从搜索、进入网店或APP、网上导购、下单、付款，沿物流配送、接收快递、拆包、产品开封、食用，直到上网确认付款、评价，完整体验它的“宠物文化”和特色服务的过程。

博洛尼（Boloni）则开创了家具、家装“体验店”的“商业模式”。它把室内设计的流行风格“跨界”呈现在了消费者购买家具、家装产品的过程中。到博洛尼(Boloni)的门店,消费者看到的不是单个、单组产品,而是整体散发着各种统一风格的客厅、卧室、书房、衣帽间或者阳台。至此,消费者线下购买家具、家装产品的选择性体验被做到了极致。

于是,我们可以把此类“售中服务”称之为“体验服务”和“跨界服务”,甚至是独具特色的“服务文化”。

9-2-1-3 “服务四维”导向“文化品牌”

海尔(Haier)、戴尔(DELL)、IBM、海底捞等“服务品牌(SB)”如今都是它们所在行业的某事业领域的老大。尚品宅配、小米(MI)、三只松鼠、博洛尼(Boloni)实施服务型“品牌营销战略(B&MSS)”,无一不赢得了惊人的增长速度。

究其原因,首先因为“服务品牌(SB)”是建设在企业的产品系统、渠道系统、传播系统(包括企业整合的合作方的系统)已经具备了相应竞争优势的基础之上,其“品牌营销‘三剑客’”的组合力量已经领先于竞争对手、赢得了特定市场空间的前提下。

其次,服务有助于企业及其品牌更深入、细致、全面地了解消费者的需求,从而有针对性地持续改进产品。

再者,服务可以为企业的品牌及其产品融入更多“附加值”,领先竞争对手。

最后,服务能够帮助企业建立更完善的数据库,把握消费者相对于企业产品的消费趋势,对生产、销售、传播、服务全过程实施更先进的大数据管理,从而制定、实施更加切合实际、能抢赢竞争对手的“品牌营销战略(B-MSS)”。

在当今企业的“品牌营销体系(B-MS)”之间的竞争中,服务将发挥越来越至关重要的作用,因此它是“品牌营销(B-M)”的一大“法宝”。

不过,我们应该认识到,现在国内企业还都把服务看作是一种营销手段。它们向消费者提供的服务,不管是售前、售中、售后还是全过程的,都紧紧地围绕其“产品销售”展开,散发着浓浓的“钱味”,以至于消费者通常认为那些服务最终都会折算进产品价格里，由他们一体买单。

只有把这种"以服务为营销手段"的做法沿"四维"方向做到极致，才能像海尔（Haier）一样，围绕服务打造出一整套"品牌营销价值知觉系统（B-MVPS）"，并将之融入到产品、渠道、传播、服务的各系统中，建设起"服务品牌（SB）"，实施出成体系的"服务型"的"品牌营销战略（B-MSS）"。

另外，我们尤其应该认识到的是，企业及其品牌向消费者提供的服务主要有两种形式：一种是由工作人员通过肢体、语言等动作行为提供的有形的并生成可视化结果的服务，比如售前定制、售中介绍/配送产品、售后维修等；另一种是无形的、情感精神方面的，对消费者产生潜移默化影响但又看不到表面效果的服务，比如海底捞员工"发自内心的笑容"，以及企业及其品牌通过媒体向消费者进行的知识、情感输出等。这两种服务都会花费企业的大量人力、物力、财力，增加企业的"品牌营销成本"。而两者最大的不同是：前一种服务大体可量化，价值有限，消费者自会评估；后一种服务则看不见、摸不着，对于消费者来说却常常是"务"超所值，他们花费再多真金白银都买不来的。其表现有时候正如同小米（MI）的"雷布斯"对于海底捞员工"发自内心的笑容"感觉——让人"深受触动"。

第一种形式的服务受制于企业及其品牌所拥有或者能够掌控、整合的服务资源（服务人力、物流配送、服务场所等），发展空间有限。在互联网特别是自媒体的支持下，国内如今如雨后春笋般纷纷冒起，遍布各行各业、各种类型的O2O商业模式，正是这种服务形式跨企业、跨界暴力发展的必然结果；而各类服务资源的争夺，恰恰是所有O2O商业模式攻坚的焦点。

第二种服务形式的发展上不封顶，它所能够为企业及其品牌创造的价值无穷大并且发展空间无限广阔，而且适合于所有企业。"精神永远大于物质"——看似很不起眼的物品，一旦承载了精神、情感的内涵，往往立刻便具有了非凡的价值。任何企业及其品牌向消费者提供的此种形式的服务也是这样。

以前，企业及其品牌向消费者进行知识、情感输出，首先得创作大量概念、符号、形象、文本内容，然后借助各类媒体传播抵达消费者。这须花费大量媒体传播费用，还时常在海量媒体信息中被竞争对手的传播内容淹没掉，难以被消费者认知、感动。所以企业都精打细算地把传播内容聚焦在品牌或者产品的价值点上，其任何知识、情感输出都散发着浓重的商业气息，让消费者越来越反感。

现在，借助网络媒体特别是自媒体，企业及其品牌的传播费用先是降低了好几个数量级。尤其难得的是，企业及其品牌还可以坐下来了，以“互动”的形式，和消费者反复进行穿越时空的慢节奏沟通。在这种情况下，所有企业及其品牌都有条件“低成本”地向消费者提供几乎无限数量的知识、情感输出式的服务。只是这种服务的提供，不能再像以前那样围绕着“产品销售”实施。它必须把握住两个着眼点：一是以消费者的需求为中心，全面展开；二是至少站在行业发展的格局之上，跨界展开。因为任何一个消费者，都很难只忠实于一个品牌，乐意只接受关于它的知识、情感输出。而大多数消费者，都想在一个媒体平台上，很方便地了解到关于某个行业的发展，行业中纷繁芜杂的品牌、产品知识，各类焦点人物的动态，以及他们的工作、学习、兴趣、爱好、身体健康与各类品牌、产品消费的关系等。如果媒体平台传播内容是以他们喜欢的各种符号、文本、图片、动画等形式提供，他们会更乐意消遣——这正是当下行业垂直的O2O商业模式大兴的重要原因之一。

任何一个有野心的企业，都应该有勇气站在行业发展的格局之上，以其“目标消费客群（TCG）”的需求为中心，向他们提供知识、情感输出式的服务，以提升其整体服务的软实力，为其品牌和产品注入无限延展的“附加值”。既然大量媒体传播费用已经可以省下了，企业及其品牌普遍比以前更有条件投入更多人力、物力、财力，创作出足够多蕴含丰富的知识、饱含丰沛情感的、其“目标消费客群（TCG）”喜闻乐见的传播内容。

大量这样的传播内容，结合企业及其服务品牌的“品牌营销价值服务系统（B-MVSS）”的其他内容，以及它们融入产品、渠道、传播、服务各系统的“品牌营销战略（B-MSS）”的实施，最终将架构起企业的服务品牌的“品牌文化”。由此，企业的“产品品牌（PB）”顺次由“服务品牌（SB）”提升到“文化品牌（CSB）”的层次；而相应的“品牌营销价值服务系统（B-MVSS）”就会提升为“品牌营销价值文化系统（Brand-marketing Value Culture System，简称 B-MVCS）”。

■ 9-2-2 “服务品牌（SB）”的品牌营销文化转型 ■

9-2-2-1 生活家·巴洛克品牌的“文化魔力”

中国的企业大都热衷于打造它们旗下品牌的品牌文化，因为这样可以极大地提升品牌形象，拉高产品价格，同时促进招商和产品销售。

近一二十年来，在众多成功地建设了品牌文化的品牌中，生活家·巴洛克地板算得上是非常具有代表性的一个。这不光表现在它的光速成长：从 2003 年起，短短五六年间就从无到有、跻身到行业排名前三，与圣象、大自然一较高下；还表现在它对国内地板行业乃至巨万消费者家居生活划时代的影响；再就是它的品牌文化的建设，迄今为止都在系统性、全面性、深刻性等方面显得出类拔萃。

一种文化从发源到生成大范围的影响力，须要耗费巨大的人力工程和时间成本。“巴洛克”原本就是盛行于 17 世纪欧洲的一种艺术风格，它的理念、理论体系和形式早就广泛应用于宗教、建筑、绘画、音乐、雕塑、家居、服装等各个方面，产生过世界范围的影响。

生活家·巴洛克的品牌文化是典型的舶来品，这是它品牌成功的基石之一。台北人刘硕真很聪明地把“巴洛克”的“奢华”形式从教科书里提取出来，极致放大到自己的实木（复合）地板品牌里，正好迎合了 2000 年后国内消费者日益“崇洋媚外”的普遍心理，以及房地产行业龙头引领的全建材、家具、家居用品行业的产品价格翻着个儿蹭蹭上蹿的大势，从而掘开了一个无与伦比的“品牌文化金矿”。

在“文化品牌（CSB）”满天飞的中国，单单会搬“文化金矿”，显然不足以成就一个“文化品牌（CSB）”。生活家·巴洛克之所以能够在成千上万个“文化品牌（CSB）”中脱颖而出，其中更重要的一点是它的品牌文化立基在开创性的产品上面。这与当时在国内的白酒、房地产、奢侈品、保健品、家具等行业，那些由于产品同质化、只能“为文化而文化”的“文化品牌（CSB）”就有了显著的区别。

“手工地板”是生活家・巴洛克想抢驻在国内千万消费者心目中的“产品定位语（PPC）”。围绕这一价值概念，“巴洛克之手”“用手去爱巴洛克”“纯・手工”等系列产品形象海报，一波又一波地在国内消费者的心目中夯击着这一“产品定位”的视觉印象。

在“品牌定位”层面，生活家・巴洛克所有品牌文化的符号、概念、文本、形象、行为等，都围绕着“一个阶层的生活格调”这句“品牌定位语（BPC）”展开，并配合其产品定位概念，延展成了一个严整的“品牌营销价值知觉系统（B-MVPS）”。这是生活家・巴洛克之所以成为国内“文化品牌（CSB）”典范的另一重要原因。

这一系统的力量有多么强大？用一个行业内众多周知的故事说明下就清楚了。据说当时地板企业招商，都是把经销商们先约到自家的生产基地，让他们参观生产流水线，然后再安排招商人员分别游说他们。

生活家・巴洛克则别出心裁，它的招商人员都是先把经销商们请进企业的多媒体室。窗帘一拉上，整个大堂黑黢黢的，只见前面一道光影洞开，大屏幕上开始播放生活家・巴洛克的品牌形象片《领峰》，或者《王者归来》，或者《英雄》……几分钟一过，在场的每一个人都已经心潮澎湃得不能自已。紧接着，主讲人开始讲解生活家・巴洛克的品牌文化、现状和未来。这边不等讲完，台下已经有些经销商偷偷溜出去，拉住企业的招商人员，奉上大捆大捆的钞票，哭着喊着抢做生活家・巴洛克的代理商。

对于消费者，生活家・巴洛克则把它的专卖店打造得如同一个个凡尔赛宫、白金汉宫、无忧宫似的，地板产品像卢浮宫的艺术品一样被供奉在每处显眼的地方。消费者还没走近，已经被震撼到。待到大厅里转一圈，心神一恍惚，就坚信只有家里铺上生活家・巴洛克品牌的地板，才能晋升到“贵族阶层”的“格调”了。

如今，只要是那些崇尚欧美文化以及欧洲贵族生活方式的国内消费者，就仍难免不在生活家·巴洛克的“圣殿”面前自觉渺小，以俯下身去，亲吻生活家·巴洛克的脚背为荣；一旦把生活家·巴洛克的地板铺到家里，就会天天感觉如沐浴荣光，精神抖擞又意气非凡。

这种极致的品牌文化不仅对消费者，而且对企业员工也具有宗教般的魔力。据说生活家·巴洛克的企业方的员工非常忠诚，容不得外人有半点非议自家的品牌和企业的地方。偶尔遇到“异教徒”表现出这种行为，他们甚至会组合拳相向。大约由于在“从来被模仿，从未被超越”的品牌文化的氛围中笼罩得久了，他们个个早已经认为自己是在从事极其崇高的品牌事业，其他品牌和企业的员工都是“凡夫俗子”，绝对不能冒犯“天颜”了。

9-2-2-2 生活家·巴洛克的“品牌文化架构”

再辉煌的“品牌文化形式（Brand Culture Form，简称 BCF）”也有没落的一天。生活家·巴洛克的品牌文化的“魔力”，也摆脱不了这一“魔咒”。

总的看来，生活家·巴洛克的品牌文化是个性的、自我的、傲慢的、封闭的。从源头看，“巴洛克”的理念、理论及其应用形式早已形成成熟的艺术风格，在 17 世纪的欧洲被发展到极致，其后被越来越简洁、人文、超现实的诸多艺术风格取代。它就如同同时期清朝康乾盛世时代流行的清代宫廷帐钩文化的艺术风格一样，早已经归于传统了。

从产品定位及其价值表现看，它把品牌旗下的产品局限在了“手工地板”的框架里；从品牌定位及其文化表现看，它实际主张的是一种“享受型、高品位、欧洲贵族范”的生活方式，并且把自己定格在了这种“阶层格调”里，排斥了其他“阶层文化”的融入。

不过，这种封闭的品牌文化架不住社会潮流、消费者的“尊贵标准”和审美情趣的整体变迁。近年来，随着中国各行业的品牌纷纷崛起并日益国际化，以及中国国力大增、国际地位大幅度提高，并且国际影响力甩日、超欧、赶美，国人的自信心陡增，国内中产以及以上收入的消费者“崇洋媚外”的盲目性大幅度下降。

如今，穿金戴银、挎 LV、出入金碧辉煌的会所等被贬为“土豪行为”，中国风、原生态、新中式越来越被推崇；陈列在“英法美德”总统办公室里的维多利亚挂钟、摆件等，远不及两会人民大会堂主席台上的一方毛巾更让国人瞩目。生活家·巴洛克的“欧洲皇室宫殿”现在看上去虚张声势、低矮廉价了许多，那些供奉在里面的地板产品又价值几何呢？

细心的“品牌营销专业人士”和消费者也许会发现，生活家·巴洛克呈现给我们的产品外观、定位概念、形象海报、招商大会、品牌形象片、终端门店等，不都是“企业品牌 VI”或者“产品品牌 VI”框架下的内容吗？如果这就是品牌文化，那么当今中国几乎所有的品牌都是“文化品牌（CSB）”，它们传播、推广、执行的所有产品、品牌价值的概念、符号、文本、视觉等的表现都是品牌文化！

洞察生活家·巴洛克的品牌文化架构（如下图），我们会发现：这个架构主要包括“产品面”“渠道面”“传播面”和“服务面”四个“面”；每个“面”里的“文化价值点”不超出传统的企业 CIS、品牌 VI、产品系统所包含的内容。它们结合成一个倒立的“扇形”，逐层扩散，波及并影响对应的细分消费客群——国内中高收入阶层。

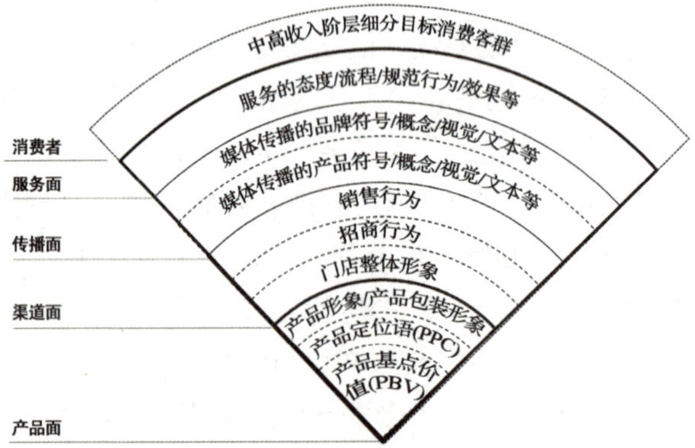

以生活家·巴洛克为代表的传统“品牌文化架构”图示

在这四个“面”中，“产品面”以“手工地板”为中心，“渠道面”以“欧洲宫殿形式”的终端门店为焦点，“传播面”以“《领峰》《英雄》等品牌形象片”为抓手，唯独“服务面”没有显著的特色。而且，所谓“手工地板”，其更大的爆破力表现为“营销噱头”，落实到生活家·巴洛克的实木（复合）地板产品，主要还是工业量化生产出来的，真正“手工”的成分不多。所以生活家·巴洛克的品牌文化架构的产品根基实际上很不牢靠，若用一副对联来形容它，就是“头虚脚轻根底浅，嘴尖皮厚腹中圆”。

这个架构的“源点”是产品，再深入挖掘可以细分到我们前面章节中归纳的三十多个“产品基点价值（PBV）”。产品/品牌定位语、产品品牌基础VI以及它们上下延展并应用的产品/品牌符号、概念、视觉、文本，或者门店整体形象、招商/促销/媒体发布行为等都很容易被模仿甚至超越。如果承载它们的产品没有独特价值优势，它们就是一组根基不牢的“花架子”，说不定哪一天就会轰然倒塌。

9-2-2-3 “文化品牌（CSB）”的文化没落

有文化的人都是文化人，具有各自的文化心理结构；相同文化水平的人具有大体类似的“群体文化心理结构”，并且表现出相仿的群体文化行为和特征；而且，越是文化水平高的人，他们所追求的概念、符号、文本、视觉等文化表现就越风格化、品位化、类型化、细分化，因而，企业打造的品牌文化的风格越强烈、品位越高，它所能吸引的消费客群就越属于同一类型、更加细分的消费群体。

生活家·巴洛克的品牌文化建立在“手工地板”的产品独特价值上。关于“手工地板”，这儿有四点值得注意：

一是生活家官网的“企业简介”页面标明它经营“手工仿古地板”；而在“历史大事记”页面只注明“2003年，生活家仿古地板荣获国家专利（专利号：ZL03 2 42218.0）”，该国家专利中没有“手工”二字。

二是实木地板、实木复合地板主要是工业化产品，“纯手工”根本满足不了产品量化生产和市场的需求。

三是“巴洛克艺术”博大精深，基本上无法在地板产品上获得全面的表现；尤其是若干年来直到现在市场上标记着“实木”二字的地板产品，几乎全部保留着树木的自然纹理，根本体现不了多少“巴洛克艺术风格”。

四是随着市场竞争的日益激烈，国内地板行业产品同质化的现象越来越严重，至少在消费者看来，实木地板、实木复合地板、手工仿古地板、强化地板、拼花地板、LVT 地板、创新型地板等，只要是规模级的地板企业及其品牌都有，还没有哪家企业或者品牌能够独家垄断某一品类的地板产品。

在这种产品背景下，生活家·巴洛克之所以能够取得辉煌的成功，最初主要还是凭借领先的品牌意识和创新的品牌文化的力量。事实上，在高速成长阶段，生活家·巴洛克能够吸引众多消费者的根本性的品牌原因也不是它的“巴洛克文化”，而是它打造的极具欧洲贵族范儿的品牌的“巴洛克文化形式”。

这种文化形式的代表是生活家·巴洛克的品牌形象片和终端门面形象：它们是如此具有视觉和心灵的冲击力，以至于使成千上万的消费者在选购实木（复合）地板品牌和产品的时候就如同进入了“宗教”一样，失去了自我；但其本质不是“巴洛克”，而是“欧式奢华”。

随着产品优势丧失，沦为“同质”，生活家·巴洛克能够战胜竞争对手的还有渠道优势和服务优势。继而，这两大优势也被竞争对手赶上，生活家·巴洛克能够吸引消费者的只能是它的“品牌文化”，而被吸引的则只能是那些相对理解、认可并喜欢巴洛克艺术风格的“有文化的”消费者。

又由于国内中高收入阶层的消费群体的文化类型多样化，对应的众多竞争对手也逐步建设起了它们各自的品牌文化，于是，以品牌文化为特色竞争优势的生活家·巴洛克，其原本占领的“中高阶层细分目标客群”只能被其他类型品牌文化的竞争对手分割（如下图所示）。

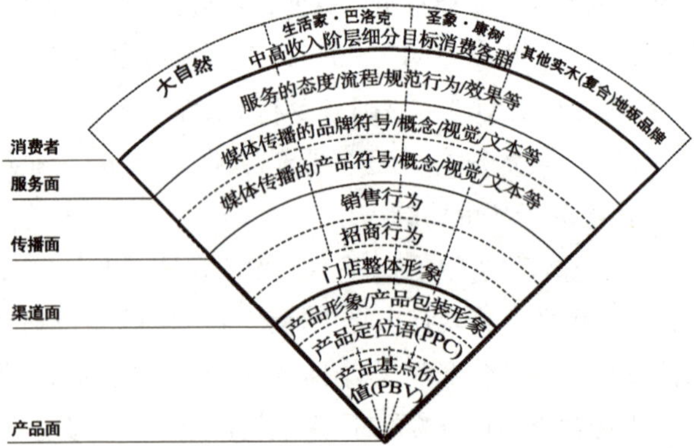

生活家·巴洛克“目标消费客群（TCG）”被分割图示

更何况，“巴洛克”这种封闭式的品牌文化早在17世纪就被发展到了极致，很难再融合当今众多的艺术形式与时俱进地推陈出新。从品牌文化的角度看，生活家·巴洛克的前景不容乐观，而它的母品牌“生活家”倒具有更普遍的文化意义，能够走得更远。

9-2-2-4 “文化”的品牌文化解读

“文化品牌（CSB）”是单个“产品 & 企业品牌”的终极形态。如果一个品牌的品牌文化能够与其“目标消费客群（TCG）”的文化心理紧密联结，它的品牌文化的核心价值表达能够成为这部分消费客群的理念、情感、精神或者心声的一部分，并且与时俱进、代代相传，这个品牌就获得了“永生”。

生活家·巴洛克曾经创造了辉煌，把中国地板行业的品牌文化、品牌“格调”，当然也包括实木（复合）地板产品的价格，都推向了一个新高度，但是它不具有“永生”的天赋。

结合当今时代的进步特征，如何打造更为成功的品牌文化？如何把握“文化品牌（CSB）”的深层次发展规律，推出并建设具有“永生天赋”的文化品牌？要想解答这个问题，我们有必要先了解一下“文化”的内涵。

“文化”是什么？迄今为止它还没有获得一个公认的、令人满意的定义。不过，不同文明社会的专业人士对它的解读大致先分为“物质文化”与“精神文化”的层次，这点是确定的。再细分些也有的把它分为“物质”“制度”“精神”三个层次，更细分的则分为“物态文化”“制度文化”“行为文化”“心态文化”四个层次。当然还有的继续细分，把“心态文化”拆分成“社会心理”和“社会意识形态”两个层次；或者把它整体分解为“物质”“社会关系”“精神”“艺术”“语言符号”“风俗习惯”六个子系统。

不管哪种分法，无非是层次少些或者多些，“文化”的结构终归大体基于“物质”“制度”“行为”“心态”四个层次[5]。对应这种层次结构，我

[5] 文化_百度百科
http://baike.baidu.com/link?url=mz2anmK3os_4aSYQbnmaApEi9UD2MSceZFuShri_WHbrCvn6I8nr_qr1MmIz9jl1dDohFoWlCDtASxqik8mU3A_2JC61T7lV8YJRvkiyymy

们可以梳理出品牌文化建设的理论脉络。

企业是向消费者提供产品的组织机构。而且企业生产的产品，一般都由群体组织量化生产。从“文化结构”的角度看，任何企业量化生产的产品，都是文化的物质表现；或者说，它们是某种文化的“物质载体”。再往上，企业在生产某种产品的时候，会制定生产“制度”，规范生产“行为”，并形成共同的“心态”（精神理念、价值观、情感凝聚力等），于是就架构起了“某种产品生产的文化”。

同样，企业在把某种产品卖给消费者的时候，也会制定销售“制度”，产生销售“行为”，并形成共同的“心态”（精神理念、价值观、情感凝聚力等），架构起“某种产品销售的文化”。

前一种文化我们通常称之为“企业文化”，后一种文化貌似我们称道的“品牌文化”。

仍然以生活家·巴洛克为例，它的品牌文化的“物质载体”是实木（复合）地板产品；“销售制度”规范的“销售行为”是品牌文化的行为表现：二者共同的作用是把“手工地板”与“一个阶层的生活格调”这两个产品和品牌层面的价值定位概念“定位”到“目标消费客群（TCG）”的心里并占据独一无二的地位，并形成共同的品牌文化的“心态”。

如此，生活家·巴洛克的品牌文化就融为其“目标消费客群（TCG）”的文化认知心理，成为他们发自内心的“购买生活家·巴洛克实木（复合）地板的驱动力”的一部分，发挥出拉高产品价格、促进产品销量的品牌文化力量。

9-2-2-5 “企业文化”的品牌文化解读

生活家·巴洛克的品牌文化相对应的是它的产品生产的“企业文化”。由于生活家·巴洛克只是“新生活家木业制品（中山）有限公司”旗下的四大“产品品牌（PB）”之一（其他三个是生活家、生活家·曼宁顿、生活家·整木家居），所以它的产品生产的“文化”从属于其母公司的企业文化。

该母公司的企业文化主要围绕两个 MI 的概念展开，一是“以创新环保的产品开发和优质的服务，让生活更美好”的企业使命，二是“致力于成长为全球居家木制品领域的领袖品牌”的企业愿景。

该企业文化的物质载体是生产地板（包括生活家·巴洛克的地板产品）的厂房、设备、原材料、辅料等及地板成品；其生产过程中的“生产制度”规范的“生产行为”是该企业文化的行为表现：二者共同的作用是让企业所有的员工形成共同的“心态”，即认同企业的使命、愿景并为之全力工作，发挥出促进生产、推动企业发展的企业文化力量。

不过，我们应该留意到，基于互联网、自媒体以及由此推动的生产组织形式的改变，国内企业赖以凝聚并激励员工的“传统企业文化”正处于整体消解的过程中。这主要可以归结于以下三方面原因：

一是企业对于生产协作、渠道协作、服务协作的管控力日益强大。现在的规模级企业，不仅产品销售主要通过招商、代销、分销等协作形式，借助外力实现；其产品生产也主要通过 OEM、ODM，售后服务通过资源整合、外包等形式，借助外力实现。对于这样的企业，它们的“企业文化”就不能仅仅只适用于自己的内部员工，而必须相对于所有的协作方都具有理念、精神或者情感的认同性。这样的“企业文化”，已经突破“传统企业”的框范，而更具有致力于“对外”推广，争取赢得消费者甚至社会大众普遍认同的“品牌文化”的倾向了。

二是得益于互联网、自媒体的普及，现在企业员工的思想、精神、情感等“心态”日趋开放。他们作为“企业人”的属性迅速减弱，而作为“社会人”的属性相对增强。在这种情势下，再拿一套很“自我”的“打造百年企业”的企业愿景，或者很虚头巴脑地“致力于人类健康”的企业使命，再或者很没个性的“创新、奉献、诚信、团结”的核心价值观去给员工“洗脑”，已经很不合时宜了。

如果企业员工不能获得符合期待的薪资、福利、个人发展，企业再怎么“文化”，他们都会“身在曹营心在汉”；如果企业员工无法认可自己生产的产品及自家的“产品品牌（PB）”对消费者、社会具有独特而普遍的价值、意义，他们也就不可能在工作中寻得人生的价值和意义，只会“当一天和尚撞一天钟”。

如此，企业只有在自己的“企业文化”中融入对消费者和社会的关注，而且其中蕴含的价值和意义还得相对独特、领先、与时俱进，被消费者和社会认可，才能持续赢得员工的“心态”的认同，凝聚、激励并且带领他们振奋前行。而这种“企业文化”，很难不说更像是“企业品牌（EB）”的品牌文化了。

三是借助互联网、自媒体，企业能够以非常便宜的成本，传播无比丰富的品牌、产品相关的内容，而且可以和消费者全面、即时互动。这样一来，企业就不必像以前那样，锱铢必较、谨小慎微地把广告宣传和营销推广的符号、概念、形象、文本等都聚焦在表达某品牌和产品的一再“提炼再提炼、浓缩再浓缩”个别基点价值及其它们带给消费者的个别体验上，而是可以更多维度、多触角地去和消费者进行“文化沟通及互动”，以更全面、深入地影响他们的“心态”和购买驱动。

比如，企业原先不舍得砸钱宣传、推广的企业员工在产品研发、生产过程中所付出的艰辛和殚精竭虑，凝聚起的卓越理念、情感、精神；企业对于产品研发、生产所提供的制度保障；企业研发、生产产品所有的管理、运营等；由此衍生的企业所在的行业范围内甚至跨行业的品牌、产品知识普及，以及同行业竞品对比分析、行业与产品发展趋势、产品组合对于消费体验的提升等，所有原本属于“企业文化”范畴内或者更具有行业、跨行业范畴的一切，只要它们支持企业的产品及品牌特色价值的形成，只要它们服务于企业的产品及品牌能够带给消费者的独特价值、利益和体验，都可以用于企业与消费者的“文化沟通及互动”。

这些超越了企业的产品及品牌自身价值的品牌宣传和营销推广的内容，一部分属于传统的“企业文化”，一部分具有普遍的行业意义和社会意义，对于普及并提升消费者的产品、品牌、行业知识具有非常公益性的增值服务价值。如今，它们也顺势融入了企业主要对外宣传、推广的“品牌文化”，并提供了文化升级版的“增值服务”。

“产品生产的企业文化”“行业甚至跨行业的产品及品牌知识”融入“传统品牌文化”，构筑“新型品牌文化”，是新时期品牌文化转型的根本原则。它为当代国内企业的过于浮夸、虚假、空洞、形式化的品牌文化注入了脚踏实地的内涵，并且因此更具有立得住的思想、精神、情感等而极大地提升了品牌价值。

9-2-2-6 “新型品牌文化”的四大特征

“文化”是基于“物质”，受束于“制度”，付之于“行动”，影响他人并形成共同的“心态”，才成就起来的。这一过程落实到产品和品牌上：组织化的“企业人”受某种理念、精神或者情感驱动，创新工艺、技术或者形式等，并将之灌注于“物质载体”之中，才能生产出对消费者有一定价值、利益或者独特体验的产品。

如今，“企业人”的理念、精神或者情感必须具有相当的先进性，并且着眼于相对于消费者乃至社会共性的价值、利益或者独特体验，才有可能实现竞争突围。

我们把产品中承载的“企业人”的理念、精神或者情感诉诸符号、概念、形象、文本等，就架构起了某种品牌文化。它们或者是非常“自我”的，或者是与消费者心有灵犀地有共性的理念、精神或者情感，或者是能够引领消费者共性的理念、精神或者情感朝着更高、更远、更进步的方向进化的。总之，只有它们通过企业的媒体传播和营销推广，真正植入到消费者共性的“心态”中，并且与时俱进，才算是成就起了生生不息的“新型品牌文化”。

一个品牌具有了先进的文化优势，就不惧与竞品一起站在阳光下供消费者分析、对比。而打造了这样的“新型品牌文化”的企业，也大可屹立于同行者的高处，以全行业甚至跨行业的视野，审视同类、跨类产品和行业的发展趋势，为消费者提供更具普遍意义的产品、品牌、行业知识以及它们所拱卫的“文化心态”，引领着企业、行业、消费者、社会共同发展。

这在以前，是企业及其品牌秘而不宣、信息垄断的利润源泉，如今它们在“互联网、自媒体阳光”的照射下冰释瓦解，企业及其品牌则应该顺势将它们融入自家的品牌文化，以成就自家的“文化品牌（CSB）”。

如此，当代企业旗下的品牌文化首先是“产品生产的文化”。无论是衣食住行、柴米油盐酱醋茶，还是 Cigar、Whisky、Apple、Tesla 类产品的生产，无论是它们的产品发想、研发、原材料管控、协作生产，还是生产者在其中灌注的理念、精神、情感等，都是这种“文化”的源泉和表现，都应该融入“新型品牌文化”对外传播并推广，去影响消费者和社会。

早在 200 多年前，中国的同仁堂就已经把“炮制虽繁必不敢省人工，品味虽贵必不敢减物力”“修合无人见，存心有天知”作为支撑其以“医者仁心，大同天下”为核心的品牌文化的柱石；2014 年，“华为坚持什么精神？就是真心向李小文学习”响彻中国，极大地提升了华为品牌的形象；2014 年“福喜事件”爆发，百胜向国内公众致歉，KFC 一再公布其食材原料的生产过程、承诺食品安全……可以说，在如今互联网、自媒体的时代，一个企业若不敢在“产品生产”方面“亮剑”，就不可能建设起旗下品牌的品牌文化。

把“产品生产的文化”融入品牌文化，扩张了品牌文化的地盘；站在同品类、跨品类、全行业、跨行业的高度建设品牌，进一步开阔了品牌文化的视野。小米（MI）是从“产品研发开放”起步的，“为发烧而生”凝练了其产品及品牌诞生的过程，并指导着其品牌文化和“小米生态”的建设；比小米（MI）更彻底的“产品研发、生产众筹”的形式则重新定义了品牌及其文化的诞生。

其次，当代企业旗下的品牌文化应该是“启发互动式”，而不再是“灌输式”的品牌文化。如今的消费者，已经远不是企业传播概念、玩弄形象就能搞定的了。他们越来越会把企业的产品、品牌的祖宗八代、七大姑八大姨、左邻右舍、情人友人敌人都前后左右调查清楚了，才决定购买谁的产品；而且，你越是广告轰炸、生拉硬扯地强迫他，他越是躲远你、忘记你。

再次，当代企业旗下的品牌文化应该在“三剑客”的造诣具备了行业竞争力，经历过一个涵盖售前、售中、售后，面向“四维”全面发展的“服务品牌（SB）”阶段，才能够真正发展起来。

除了传统的服务，如今如雨后春笋般滋生的众多行业垂直或者跨行业的资讯类、询价比价类、O2O 类网站及其 APP 应用，肩负起了本该由各行业领导品牌应该承担的产品、品牌、行业知识普及的增值服务的功能。这些O2O平台面向广大消费者全面延伸“触角”,在提供线下服务的同时,也通过在线互动的形式,向消费者渗透着各个品牌的“品牌文化”。

最后,当代企业旗下的品牌文化应该是与广大消费者的文化心理息息相通、全面“联结”的品牌文化。品牌文化也是文化,须由“物质”而“制度”,到“行为”影响,形成共同的“心态”,让消费者认同并且心理接受,才算成就起来。

传统品牌文化的表现形式无论是符号、概念、形象、文本,还是“品牌营销行为”,都尽可能地“提炼再提炼、浓缩再浓缩”,其目的主要是节省传播、推广成本,其到达消费者的方式主要是“灌输”。因此,脑白金的“今年过节不收礼,收礼只收脑白金”“年轻态,健康品”一连轰炸十几年,强迫消费者记忆。如今,这种方式越来越劳民伤财,收效越来越有限了。其他企业及其品牌王婆卖瓜、自说自话、恣意浮夸式的广告宣传也大抵如此。

与此形成鲜明对比的是,“故宫”借着时下流行的萌态创新了表现形式,改革了历史并且让它的品牌文化焕发了新芽;洋河围绕着“男人的情怀”打造的“蓝色经典”使它的品牌文化迥异于传统白酒品牌的人文历史“逼格”而跨入行业前三;锤子手机的“匠人精神”虽然敌不过苹果(Apple)、三星(SAMSUNG)、华为、中兴的高新科技,但毕竟用它的品牌文化的情怀感染了广大文艺青年,撬开了智能手机市场的一角……

当代企业旗下的品牌文化是更加“开放”的文化,更加“服务”的文化。“封闭式”“功利型”“傲慢型”品牌文化的时代将要一去不复返了。在前赴后继、此起彼伏的这个过程中,传统文化依然具有顽强的生命力,影响深远,可供企业旗下的品牌源源不断地从中汲取力量。但是,同仁堂如果依然“炮制虽繁必不敢省人工,品味虽贵必不敢减物力”,那它就只好继续吃老本中药;“生活家”倘若死抱着“巴洛克”的大腿不放,那它只有退出品牌文化舞台。

时至今日，既然品牌文化的内涵骤然开放增值，其表现形式瞬间丰富无比，它们与消费者沟通的方式也必然发生质的变化。任何品牌的品牌文化依然要围绕其“品牌广告语（BS）”打造，但其整个“品牌营销价值文化系统（B-MVCS）”的打造则应该是“融入产品生产的文化”“启发互动式”“服务型”“联结消费者文化心理”的，而不是“营销化”“灌输式”“傲慢型”“功利主义”的。只有这样，当代企业旗下的品牌文化才能成功实现创新转型，引领我们这个时代的文化潮流，成就各自最大化的“品牌营销价值（B-MV）”。

9-2-2-7　“新型品牌文化”的时代价值

不同消费水平、生活方式、文化素养的消费群体，只忠心于适合他们类型的“品牌营销（B-M）”的符号、概念、形象、文本、行为。因此，在传统品牌文化的框范下，任何企业旗下品牌的品牌文化建设得越风格统一、气质鲜明、品位细致，就越能吸引细分类型的消费群体。

在品牌如野草春生、市场竞争态势日趋白热化的形势下，任何品牌都避免不了其“目标消费客群（TCG）”被更细分的竞争品牌蚕食的宿命（如下图）。

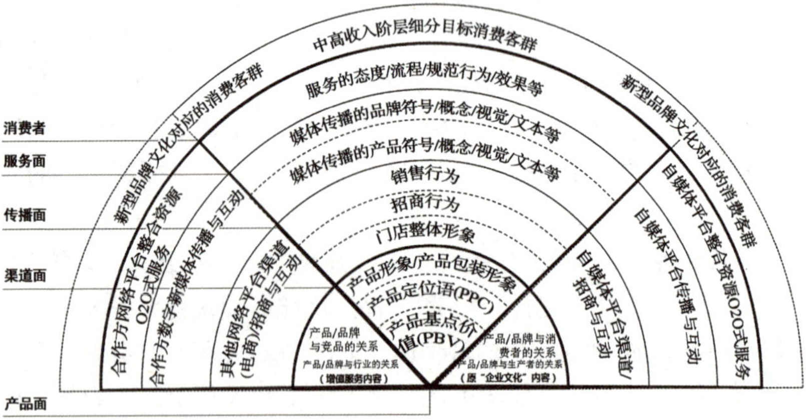

新型“品牌文化架构”及对应的“目标消费客群（TCG）”

即使强大如可口可乐（Coca-Cola），它原本男女老少皆宜，后来由于百事可乐（Pepsi-Cola）确立了更加鲜明的针对年轻消费群体的品牌风格，它的“快乐品牌文化”只好被迫转型。如今，它在越来越多细分“目标消费客群（TCG）”的品类饮料品牌的切割下，更加抵不住中国市场份额一再下滑的趋势了。其他存活几十年或者延续百年的行业拔尖的品牌，也无一不是各自细分品类产品市场的王者。

至此，传统品牌文化架构框范下的传统品牌正在朝着极致类型化的方向把各自的市场越做越绝，以至于越来越多成熟的大品牌为了摆脱这样的囧境、困境，不由自主地朝着品牌“去类型化”“泛类型化”最终“去品牌化”的方向上发展。

至此，传统品牌文化架构整体转型的紧迫性和必然性如期而至，未来企业旗下的品牌要么在文化层面上脱胎换骨、脱颖而出；要么死。至此，新时代“新型品牌文化”的兴盛势不可挡。互联网、自媒体的普及以及其后更多信息技术、数字科技、物联系统的迭代为这一趋势的膨胀与可持续发展提供了恰如其分的契机。

新时代的消费者需要的是能够看得见、摸得着的品牌文化，这种文化只有附着于踏踏实实的产品才能让他们心安；新时代的消费者需要的是能够启发他们思想、振奋他们精神、激励他们情感的品牌文化：企业只有先在产品研发、生产的过程中凝铸起这样的理念、精神、情感，并灌注于旗下品牌文化的根脉经络，才能让他们买单。如此，企业旗下的品牌成为了当代文化的创新者、引导者、普及者。

如此，企业的品牌推广与产品销售才能借着渠道力、媒体力的支持，跨越服务力的层级，在文化的高度融为一体，升级为“新型品牌文化”；而这种文化赖以表现、传达的符号、概念、形象、文本、行为等则自觉地结合成“品牌营销价值文化系统（B-MVCS）”，支撑其相应的“文化品牌（CSB）”。

如此，企业旗下的产品、品牌才能成为“时代心态”的承载者，其“品牌营销实践（B-MP）”顺势从原来的玩概念、树形象、大传播、低促销以提升品牌形象并促进产品销售，转换为产品联想、产品研发、产品生产、产品销售服务于某种先进品牌文化的普及与进化，直达“物以载道”的崭新境界。

9-2-2-8 “新型品牌文化”的“品牌营销集群（B-MC）”导向

传统品牌文化令传统品牌的“目标消费客群（TCG）”越来越细分，但是其类型化而统一的品牌所蕴含的价值观念、生活态度、审美情趣、个性修养、时尚品位、情感诉求等却是确保其品牌特色、凝聚固定消费群体的根本支柱。

“新型品牌文化”中包含的“产品生产的文化”“产品/品牌与消费者的关系”解读，以及与产品、品牌、行业相关的资讯类、知识类增值服务则对所有消费者具有普遍的吸引力，能够为新型品牌联结更广泛消费群体的心理。

这种文化围绕着各个品牌引领时代进步的核心价值理念、精神、情感，就这样在产品与品牌、“封闭”与“开放”、“功利”与“公益”的辩证互动的过程中，与消费者、与社会、与时代相互启发互动着，沿螺旋形上升的路径全面发展，直到与越来越多消费者乃至社会民众的心理建立起牢不可破、丝丝相扣的联结，形成共性的“心态”，实现“文化不灭，品牌永生”！

“品牌文化”是“品牌营销实践（B-MP）”的另一大法宝，同时代表着企业单一品牌营销实践的最高境界。先进的“品牌文化”将引领着企业旗下品牌的员工、协作者、合作者、消费者乃至社会民众朝着更高层次“文化人”的方向卓然前行。

在当今时代，“品牌营销体系（B-MS）”强大，企业才强大。当一个企业旗下的“产品品牌文化”臻于成熟，它将自然退居为“企业品牌文化”，去支持更多子品牌及其各自“品牌营销体系（B-MS）”的发展，将企业从沿“产业价值链（IVC）”方向，实施单一品牌跨品类产品或者“多品牌战略（MBS）”，引导向“品牌营销集群（B-MC）”的规模。

从此，企业的各个“品牌营销体系（BMS）”为旗下所有品牌及其产品提供支持：**一个品牌倒下，更多品牌将站起来；一个品牌的品牌文化熄灭，企业仍将，必然，永生！**

9-3 “品牌文化产业矩阵（BCIM）”成就未来企业

■ 9-3-1 两大企业发展战略的失灵 ■

产品卖成功了，随着产品的影响力扩大，产品包装上标识的“产品品牌（PB）”的知名度和美誉度自然扩散开来。如果产品一直给力，消费者对该品牌的信赖度、忠诚度也将持续增值。

当这个品牌旗下再衍生出其他品类的产品，或者以这个品牌为母品牌带动其他品类产品的副品牌、子品牌、合作品牌等，消费者也会第一印象就认为这些衍生的品类产品或者衍生品牌的产品值得信赖，一旦需要了，就把它们作为选购对象。

再往后，有些做大的品牌旗下甚至不再有产品在市场上销售，只是作为“企业品牌（EB）”，以“背书”的形式支撑它旗下的“产品品牌（PB）”，比如日用消费品领域的宝洁（P&G）、联合利华（Unilever）。

餐饮行业的百胜（Tricon Global Restaurant, Inc.）、啤酒行业的英博（Inbev）原本就是“企业品牌（EB）”，如今几乎像它们旗下的KFC、必胜客（PizzaHut）和百威（Budweiser）等“产品品牌（PB）”一样出名了。

更多的品牌则既是“企业品牌（EB）”，又是“产品品牌（PB）”，母品牌旗下既不断衍生新品类产品，又陆续衍生新的子产品品牌。前者典型的如3M、西门子（SIEMENS）等；后者如江森自控（Johnson Controls, Inc）、强生（Johnson & Johnson）、霍尼韦尔（Honeywell）等，囊括了当今大部分的集团规模级企业和著名品牌。

一是衍生其他品类产品，二是衍生其他“品类产品品牌（BC）”，这是“产品 & 企业品牌”成功做大之后的两大战略发展方向。

前者是企业的“产业价值链战略（IVCS）”的延伸，它把企业导向“价值链产业集群（VCIC）”的集团规模级企业，典型如博世（Bosch）、西门子（SIEMENS）、3M；后者是企业的“多品牌战略（MBS）”的延伸，它把企业导向“多品牌产业集群（MBIC）”的集团规模级企业，像如今绝大多数集团规模级的企业。

两者的共同目的都是为了侵夺竞争对手企业的产品空间、品牌空间、市场空间、产业空间，把对方挤压得无法喘息，失去生存空间；同时把自家企业做得君临天下、战无不胜，令竞争对手企业要么追随，要么转行，要么灭亡！

近一二百年，特别是二战以来，第一世界、第二世界的跨国公司挥舞着两大战略屠刀，在全球攻城略地，把所有竞争对手企业及其品牌屠戮得哀鸿遍野、尸骨累累；它们自己则集聚起了“冰山一角以下”的巨量财富，并成就了它们各自的“世界五百强”的经济地位和“发达国家政府幕后操盘手”的政治地位。

不过近些年，它们的两大战略屠刀好像不大灵了，往往砍着砍着，就冷不丁“咣当”一声，崩出个缺口，把自己震、伤得不轻。比如2004年，IBM将PC事业部整体出售给了联想（Lenovo）；2014年，西门子（SIEMENS）把它持有的合资企业“博世和西门子家用电器集团（简称博西家电）”50%的股份出售给了博世（Bosch）。这两位可都是“产业价值链战略（IVCS）”成就的跨国巨头。号称是开创了“多品牌战略（MBS）”的日用消费品巨头宝洁（P&G）则近几年一路业绩下跌，4次更换CEO，2015年10月更是宣布将退出近100个产品品牌的计划，把业务重心放在65个核心品牌上。[6]

近二三十年来，国内的企业拼命学习跨国企业及其国际品牌的经验，谋求自身的战略发展。不过，即使如今已经成为行业航母的大企业在其发展的过程中，也常常在“产业价值链战略（IVCS）”和“多品牌战略（MBS）”之间摇摆不定、患得患失。

因为沿着前者方向把所有产品都挂在一个品牌旗下发展，产品品类往往越来越杂，消费者、客户对这个品牌的印象就会越来越模糊，分不清它到底是啥品类产品的品牌；沿着后者的方向陆续推出众多品类

[6] 宝洁必将衰败，业绩下跌，4次更换CEO能挽救命运吗？_微信号“营销志”的图文消息 http://www.52114.org/wx/show-1483361.html，2016-04-24

产品的副品牌、子品牌，成功撬动市场并且做大、做强的又极少，常常是砸上千万或者上亿资金打造新品牌，却不得不在颗粒无收甚至巨亏之后黯然退场。

比如汇源从做果汁发家，目前打造了汇源果汁、汇源果业、汇源农业的三大产业板块，并在果汁之外衍生出鸡尾酒、苏打水、运动营养饮料等品类产品，同时陆续推出了“早啊”“CC 柠檬”“果蔬 5+7”“真炫”“V.L.V”“维 +”等子品牌。可是现在大多数消费者依然认为汇源只是个“果汁品类产品品牌”，而不是个“多品类饮料产品品牌”，更不是个“果汁饮料全产业价值链的企业品牌”。2012 年，若不是政府在关键时候“干涉”了一把，汇源果汁早就被可口可乐（Coca-Cola）采购了。

圣象从 1995 年将强化木地板品类产品引入中国起家，逐步发展为国内强化木地板品类产品市场的领袖品牌。之后实木（复合）地板品类产品盛行市场，生活家 · 巴洛克、大自然等品牌迅速崛起，圣象也想顺应这一大趋势，从 2005 年起它就竭诚打造“圣象 · 康树”，在全国开张了二百多家品牌专卖店，结果不到一年就全面亏损，陆续关闭了。其中烧钱掉肉的滋味，让业内人瞅着惊心动魄。直到现在，国内的消费者依然普遍认为圣象是一个很值得信赖的“强化木地板品类产品品牌”，而不是其他。

至于圣象早在多年之前就在全球范围内植树造林，它的幕后控股推手“大亚木业”提供了国内市场上最大量的板材，与它的地板、标准门、衣柜、整体厨房、欧式家具等品类产品早就形成了一条相对完整的“家具家居木材板材的产业价值链”，国内的消费者更是知之甚少了。

■ 9-3-2　IBM 与西门子（SIEMENS）的退却之“道”■

为什么直到今日，像 IBM、西门子（SIEMENS）、宝洁（P&G）这样的跨国企业巨头，才在“产业价值链战略（IVCS）”和“多品牌战略（MBS）”扩张的道路上，碰得灰头灰脸甚至头破血流呢？

先从产品层面看，这些巨头在各自的产品领域都掌握着引领行业发展的“核心技术（CT）”，它们的笔记本电脑、家用电器、日用消费品无论从品质、性能、功能、外观、成本控制、使用便利等方面都至少是行业里的国际一线水准。

再从渠道层面看，这些巨头在全球已经耕耘了多年，与各个国家、地区的各级代理商、经销商、各类型终端大小 Mall 的运营者们早就构建了成熟的利益分配机制。它们的产品和品牌不管进入哪个区域市场，总能掌控渠道的霸权。

接着从传播层面看，还有什么竞争对手企业能够有它们财大气粗，砸得动巨资投央视媒体，大传播式地推广其产品和品牌的呢？另外从它们的“企业品牌（EB）”“产品品牌（PB）”的价值系统方面看，无论是“品牌广告语（BS）”形式的 MI 理念、VI 形象还是 BI 行为，各个国家的后进企业可都是从来模仿它们，但是从未超越过它们的。所以这些巨头品牌及其旗下品牌的知名度、美誉度、信赖度、忠诚度在世界各地它们的区域市场早就既“高”又“大”而且“上”，后进企业的品牌怎么都难以匹敌。

产品、渠道、传播是“品牌营销（B-M）”的“三剑客”。IBM、西门子（SIEMENS）、宝洁（P&G）的“剑客团队”百十年来独步全球，比昔日亚历山大大帝、成吉思汗、拿破仑的铁血之师攻占的城池还要多。只是，仅仅对照着国内二三十年来市场的发展进程看，“三剑客”的威力在笔记本电脑、家用电器、日用消费品行业的市场范围内，已经不足以睥睨竞争对手中的后起之秀了，因为在它们的上面，还有“服务”和“文化”两大“品牌营销法宝”镇着。

国内的“后起之秀”单单擎着“两大法宝”去对付 IBM、西门子（SIEMENS）、宝洁（P&G）的“三大剑客”，一定会因根基不牢、内力不足、脚步虚浮而落败。但是当它们的产品逐渐跟上、渠道铺开、传播也能砸得起央视，尽管与巨头的还有差距，也算是“三小剑客”之后，它们以“三小剑客”加“两大法宝”的合力去挑战跨国巨头的“三大剑客”，步步落败的就极有可能是 IBM、西门子（SIEMENS）、宝洁（P&G）旗下应战的品类产品和“品类产品品牌（BC）”，以至于这些巨头旗下的个别品类产品事业部或者子、副品类产品品牌甚至沦落到被并购或者大量摒弃地步了。

拿笔记本电脑和家用电器来说，它们都是消费者非常需要售前、售中、售后全过程服务的品类产品。为消费者提供服务，则首先需要真诚、平等、贴心的态度，中国的大部分消费者，还更喜欢被别人“卑躬屈膝”着服务，以获得居高临下的虚荣心的满足。

而IBM和西门子（SIEMENS）历经百年发展，富可敌国，身份贵重，它们早就一个是美洲资本新贵，一个如欧洲世袭显贵，正好比古龙小说里的西门吹雪和叶孤城，不差钱又剑法凌厉，是万难屈下身子向消费者提供全面、细致服务的。它们一直习惯的是被千万消费者追捧着购买它们产品，价格还定得老高。

与之形成鲜明对比的是，国内的诸如联想（Lenovo）、海尔（Haier）这样的企业，为了赚钱，为了生存，为了发展，为了赶超，它们从上到下，从企业的高管到销售人员再到服务人员，从20世纪80年代起就把“消费者就是上帝”挂在嘴上，从来不吝于伺候银行、伺候经销商、伺候消费者。他们最擅长的就是“弯着腰把钱赚了”，然后再“站着赚钱”。

这样一来，竞争趋势只能是联想（Lenovo）、海尔（Haier）与消费者的距离越拉越近，IBM的个人电脑、西门子（SIEMENS）的家用电器与消费者的距离越来越远。

服务不仅能拉近企业及其品牌与消费者的距离，还能彻底细致地了解消费者的需求，积累巨量金贵无比的消费数据，以支持企业的产品研发与生产、经营管理、“品牌营销实践（B-MP）”。另外，在互联网尚未普及之前，它是最有效的与消费者进行面对面的深入沟通，向他们渗透品牌文化的即时方式。

IBM、西门子（SIEMENS）的品牌文化当然无比强大，但是仅靠企业的营销团队和终端的销售人员瞄准消费者钱包的功利性沟通，和广告信息的碎片式传达，它们的品牌文化很难与消费者的文化心理建立起绵绵密密的“联结”，形成共同的“心态”，黏住消费者对它们品牌的忠诚。待到联想（Lenovo）、海尔（Haier）们的产品够得上国内乃至一、二世界的精英和新贵阶层，就开始成功侵占它们的市场了。

既然不屑于同普通消费者称兄道弟、家长里短、大姨大妈地叫着，IBM、西门子（SIEMENS）就只好退却到B2B领域，向它们还肯屈就的政府单位和企业、公司大客户提供产品和服务，精耕它们乐于握手、拍肩膀、亲脸蛋的市场了。

■ 9-3-3　宝洁（P&G）的失利之“道”■

宝洁（P&G）不像IBM、西门子（SIEMENS）那么傲慢，它旗下的两百多个日用消费品“品类产品品牌（BC）”遍布洗发、护发、护肤用品、化妆品、婴儿护理产品、妇女卫生用品、医药、食品、饮料、织物、家居护理、个人清洁用品及电池各个事业领域，针对高中低以及不同的消费人群定位，形成了庞大的“品牌矩阵（Brand Matrix）”；不过其主体针对大众消费阶层。

另外，宝洁（P&G）的消费者也不像笔记本电脑、家用电器的消费者那么需要全过程服务。这样一个全球顶级的“价值链产业集群（VCIC）”，同时又是一个全球顶级的日用消费品“多品牌产业集群（MBIC）”，旗下每一个“品类产品品牌（BC）”都形成了相对独立的“品牌营销体系（B-MS）”，调动着“三剑客”；各个品牌之间又能分享统筹的渠道、媒体资源，彼此相互照应，组成了“三剑客战队”；再加上“服务法宝”在日用消费品市场上又法力不大，按说宝洁（P&G）如今在全球“多品牌战略（MBS）”扩张的道路上很难碰个跟头。结果宝洁（P&G）硬是给碰到了，而且连续几年被碰得倒退。把它碰得灰头灰脸、头破血流的这个硬茬叫做“品牌文化”。

首先，宝洁（P&G）这个“企业品牌（EB）”本来就缺乏与消费者沟通的“品牌文化”。国内的消费者一般只知道宝洁（P&G）是个世界500强企业，以它为背书的各个日用消费品品牌的产品自然可以放心使用，值得信赖。不过若是说到忠诚于它，仅仅凭借叫好的产品显然不够。

其次，在宝洁（P&G）"没文化"的情势下，它旗下的各个日用消费品品类的"产品品牌（EB）"之间，就没有"文化联结"，在文化层面只能各自为战，各个与自己的"目标消费客群（TCG）"沟通，很容易让竞争对手分而攻之、围而歼之。

再者，宝洁（P&G）旗下各个日用消费品品类的"产品品牌（EB）"的文化都只针对细分消费客群，它们的表达产品及品牌价值的符号、概念、文本、视觉、行为等的表现如果做得越成功，形成鲜明的风格、气质，就越只会吸引热衷于这种风格、气质的消费者；如果做得缺少情感、精神内涵，不能持续打动消费者，就只能凭借产品过硬、渠道到达、活动烘托、传播轰炸影响消费者。

细分类型的品牌文化前一章节我们已经分析过，随着竞争对手各种风格、气质的品牌文化分割渗透，它能够黏住的消费者只会越来越类型化、越来越少；而没文化的细分品类产品品牌的产品，也注定会被在功能、性能、价格、外观、使用便利等方面更加细分的竞品侵夺部分市场。

最后，品牌文化不管建设的怎么样，还得看它怎么在与消费者互动的过程中丰满、健全、完善并高效率执行地影响消费者。

在互联网尚未普及之前，服务是推广品牌文化最有效的方式。互联网、自媒体大兴的近几年，企业及其品牌可以无比便捷、即时、低成本地把与它的历史、产品原材 / 研发 / 生产、产品价值、经营管理、品牌建设等相关的人情世事都挂在网上与消费者互动；还可以在网络平台上用那些与企业及其品牌无关，但是消费者感兴趣的行业相关的产品、品牌知识和话题人物、事件来黏住消费者（这也是一种服务），从而针对消费者的需求、喜好、发展提升自己的品牌文化，顺便扩大自己的消费客群。

宝洁（P&G）显然在这方面动作较慢——"企业品牌（EB）"没文化，旗下"品类产品品牌（BC）"各自与竞争对手打服务战、文化战的"多品牌战略格局"使它在品牌文化建设以及与消费者互动方面一时反应不过来，以至于在《"宝洁们"的中国"囧境"之谜》一文中，它的一位高管不由地感叹："在数字化的时代，品牌离消费者的距离是更近了，但是对后者的掌控力却越来越小。"

缺少文化黏性的品牌维持不住消费者的忠诚。随着竞争企业品牌的"三剑客"威力逐渐增强，宝洁（P&G）的市场正在被越来越多立白、蓝月亮等国内品牌和其他国家的小众细分类日用消费品品牌侵蚀，它旗下的一些细分"品类产品品牌（BC）"阶段性地失利也就不可避免了。

■ 9-3-4　品牌文化滞后的跨国巨头们 ■

近年来，IBM、西门子（SIEMENS）、宝洁（P&G）等跨国巨头的"'产业价值链'和'多品牌'两大战略"扩张的遭遇归根结底是在越来越多的竞争对手企业迅速赶超建设的品牌文化及其对消费者的更有效推广、渗透上。

从这些巨头百年发展的角度看，它们大体经历了产品扩张、营销扩张、资本扩张、产业与品牌扩张四个阶段。在这个过程中，它们的品牌文化建设渐渐滞后了其企业扩张的步伐。

在产品扩张阶段，它们的产品赢了竞争对手，开始发家。在营销扩张阶段，它们建立了市场制胜的体系，通过渠道垄断和媒体大传播来促进自家的产品销售；这时候，它们的品牌标识已经系统化，从"品牌名称（BN）"到价值概念到视觉形象整体呈现出统一的风格、气质，极易被客户和消费者识别。

在资本扩张阶段，它们与金融财团甚至国家级政府建立了紧密合作和利益分配的机制，资本力量膨胀。在产业与品牌扩张阶段，它们开始大肆兼并、收购竞争对手的品类产品或者品牌，沿着"产业价值链（IVC）"和"多品牌"战略方向无情扩张，挡者即死。

这个过程中，由于扩张得太迅速，它们的"品牌文化"并没有普遍渗透进消费者的内心，与之建立起牢不可破的联结，形成共同的理念、价值观、精神追求或者情感诉求，建立起共同的"心态"。

消费者最受它们影响的是产品，而产品不断更新换代、竞品迭出、此上彼下，无法黏住消费者的忠诚。因此这些跨国巨头尽管历经百年发展，名震全球，赢得了世界各国消费者的美誉和信赖，但是它们在品牌文化的建设和沉淀方面，实际上比较薄弱。

品牌即文化表现。哪怕仅仅一个“品牌名称（BN）”或者一句“品牌广告语（BS）”，都是品牌文化的符号以及概念表现。LOGO和品牌形象分别是品牌文化的符号表现和视觉表现；推广软文是品牌的文本表现；营销人员推广产品时候的言行举止则是品牌文化的行为表现。如果营销人员推广产品的时候光叫嚣着优惠、打折，与竞争品牌的营销人员的行为没啥两样，不能区隔品牌，那么他只是在卖东西，他的言行举止就不再是品牌文化的行为表现了。

产品是品牌文化最重要的物质载体。品牌文化正是通过概念、符号、视觉形象、产品等影响消费者并渗透进他们的内心，沉淀成与品牌相关的文化心理“联结”。一个品牌在某个区域虽然已经垄断了渠道，传播开了其“品牌名称（BN）”和“品牌广告语（BS）”，但是它的品牌文化如果还没有做到与万千消费者的文化心理建立起紧密的“联结”，形成品牌与消费者共同的、稳定的理念、价值观、精神追求或者情感诉求，这个品牌的文化就还只停留在“品牌文化表现或传达”的层面，尚未在这个区域形成“品牌文化”。

一个品牌若是与消费者建立了共同的理念、价值观，在精神和情感上深刻地影响了消费者，那么它实施“产业价值链战略（IVCS）”，在旗下推出新品类的产品，就很容易被消费者接受；如果它实施“多品牌战略（MBS）”，以母品牌提携子、副品牌，那么新品牌也很容易被消费者认可。

只是这被提携的新品牌在主导的理念、价值观、精神追求或者情感诉求方面必须与母品牌的是相通的，两者相辅相成，才会组成 1+1 > 2 的品牌文化阵线；否则就只能像宝洁（P&G）旗下的潘婷（Pantene）、海飞丝（Head & Shoulders）、飘柔（Rejoice）那样各干各的，无法在文化层面合力影响并渗透消费者。

反之，一个品牌若是在某个区域实施两大战略，却没有形成品牌文化，那么它扩张的就只能是品类产品、渠道、品牌知名度，而不是品牌文化核心的理念、价值观、精神追求或者情感诉求。

传统媒体时代，任何企业通过媒体广而告之的其品牌的概念、符号、视觉形象等，都转瞬即逝，很难被广大消费者长期记忆，充其量只是扩大了品牌的知名度。真正在消费者心目中对品牌起到长期支撑作用的还是产品。不管任何品类的产品，若产品不过硬，随着市场上的竞品逐渐增多，消费者渐渐眼花缭乱，还普遍乐意追新求异尝鲜，在消费者心目中对品牌的支撑就迅速削弱了。

在这种情况下，企业的营销人员与消费者面对面的沟通，各种类型的营销、PR 活动对于品牌文化的推广就非常重要。毕竟人与人之间的理念、价值观、精神、情感的沟通比媒体传播对人的影响更加全面、深刻、潜移默化。

一旦遍地营销、PR 活动都变成了赤裸裸的优惠、陪赠、打折、促销行为，服务对于品牌文化“联结”消费者的作用就异常凸显了。也正是因为这样，品牌服务的建设和执行才成为品牌文化形成必不可少的环节。

企业如果能够建设起一支言行举止、举手投足都浸透着它的品牌文化的专业团队，并将之投入到千万消费者的日常生活中去，其品牌文化中蕴含的理念、价值观、精神追求或者情感诉求会自然沉淀到这些消费者的内心，并且水到渠成地蔓延开去。由此，IBM 的个人电脑、西门子（SIEMENS）的家用电器才被以联想（Lenovo）、海尔（Haier）为代表的竞争品牌逐步与越来越多的消费者隔离开来。

2004 年，联想以总计 12.5 亿美元收购了 I B M全球的台式、笔记本电脑及其研发、采购业务。[7]2014 年 9 月 22 日，博世集团以 30 亿欧元收购博西家电 50% 的股份，成为博西家电全资母公司，

[7] 2004 年：联想收购 IBM 个人电脑业务 _ 新闻 _ 腾讯网 http://news.qq.com/a/20090930/000988.htm，2004-12-08

西门子（SIEMENS）"这个品牌的背后跟西门子已经彻底失去了联系"。[8]

——两大巨头最终为它们的品牌文化相对于个人消费者的"不接地气"埋了单。

■ 9–3–5　品牌文化的"真""善""美"诠释 ■

回顾一下近二三十年品牌文化建设在国内纵向的发展演变，我们会发现，"品牌文化表现的基础版本"是 CIS 系统，国内企业早在 20 世纪 90 年代初就纷纷模仿、导入这一系统，后来还结合各自企业及其品牌发展的现状，因地制宜地把它简化为参差不齐的"产品 & 企业品牌 VI"加"企业文化"识别系统。虽然名称变了，但是表达产品及品牌价值的概念、符号、文本、视觉、行为等一点都不少。

那个时候，国内消费者的品牌意识普遍不高，企业与企业之间的竞争主要是"产品之争"。国内企业的产品相比 IBM、西门子（SIEMENS）、宝洁（P&G）等跨国巨头的自然很弱，所以很自然地该倒下的倒下、该趴下的趴下、该归顺的归顺、该苟且的苟且。跨国巨头们在国内各行业市场则盛气凌人、所向披靡、财源滚滚。

"品牌文化表现的加强版本"是统一风格、气质的整套"产品 & 企业品牌 VI"。各类型品牌文化表现统一的风格、气质都可以大致归于"真""善""美"三个档次。

所谓"真"，是指"产品 & 企业品牌"传播的价值概念必须根源于产品的真实而不浮夸的基点价值；其整套 VI 则围绕着表达产品独特价值的"品牌广告语（BS）"建设起来。

在这方面，国内的企业经历了较长时期跌跌撞撞、踉踉跄跄的曲折才赶了上来。因为它们的产品实在太弱，于是普遍的一开始假冒伪劣，继而模仿跟风，再然后总算都拿着"真品"去市场竞争了，但其"产品 & 企业品

[8] 西门子再见！博世 30 亿欧元收购博西家电 _ 家电新闻 - 中关村在线
http://jd.zol.com.cn/480/4807242.html，2014-09-23

牌文化表现”的VI又不得不崇洋媚外、虚浮夸大、动不动就改头换面，固定不下一以贯之的风格、气质。

与之相对照的是，IBM、西门子（SIEMENS）、宝洁（P&G）等跨国巨头的品牌视觉早就风格统一、气质鲜明而且稳如泰山。这个阶段，国内的消费者开始纷纷认名牌，尤其是洋大牌，但是又普遍对各个名牌认识不深，盲目推崇。各跨国企业巨头都不需要太经意地与消费者全面沟通品牌文化，只需将高大上的品牌形象树在渠道里，把品牌名声传播出去，就稳稳地坐在太师椅接受国内消费者的膜拜，烧香拜佛似地送钱。

国内的规模级企业也都开始舍得砸重金大传播品牌的名气，实际上这类品牌不过是辅助渠道扩张、促销产品的一种手段，根本谈不上与消费者建立共同的理念、价值观、精神追求或者情感诉求，形成品牌文化。

——产品过硬做做营销即可，产品不硬只能浮夸产品卖点、“品牌广告语（BS）”、品牌形象，实行哗众取宠的营销手段、行为，于是企业与企业之间的这种竞争主要表现为“营销竞争”。

“真”是“加强版品牌文化表现”的基础，它基于真实的产品系统化构建，但是很不稳定。“善”是“升级版品牌文化表现”，而且是向“美”过渡的必然形式。

所谓“善”，是指企业开始真正的为广大消费者着想，深入研究并理解消费者的需求，推出适合消费者需求的各品类产品，并且努力以消费者为中心去提炼“品牌广告语（BS）”，围绕其演绎出整套VI。在品牌文化表现方面，国内企业旗下品牌的“品牌广告语（BS）”纷纷向消费者示爱，表达它们对消费者多么真诚、多么负责，为了消费者是多么上进、多么努力地把产品做好等。

诸如此类的“品牌广告语（BS）”虽然不一定得到消费者的普遍认同，但重要的是众多国内规模级企业的产品生产、销售、盈利开始相对稳定，其“产品品牌（PB）”的文化表现与“目标消费客群（TCG）”文化心理相契合的统一的风格、气质逐步培育、稳固并且延续下来。

这一阶段，这些国内规模级企业的“产品生产系统（PS）”“渠道营销系统（CMS）”“媒体传播系统（MCS）”甚至“品牌服务系统

（BSS）”开始健全并统筹运作起来。

它们的产品相对于跨国巨头的还有不小的差距，因此主要占据着各自品类产品的中端、中低端市场。以联想（Lenovo）、海尔（Haier）为代表的国内企业依然小心翼翼地在自己擅长的电脑、白色家电的少数品类产品领域耕耘，并尝试着启动新产品品类和“新品类产品品牌”的扩张。

它们一边要稳固提升自己的市场份额和地位，一边要抵制住跨国巨头毁灭性的倾轧或并购。企业与企业之间的竞争已经在产品及品牌价值表达的形式上呈现为各个统一风格、气质的品牌 VI 之间的竞争。

但是，这时候国内企业旗下各个“向善”的品牌还不足以令消费者普遍向往，更距离与消费者建立起共同的理念、价值观、精神追求或者情感诉求还很远，其竞争的实力主要凝聚在生产、渠道、传播、服务各体系的统筹运作方面而不是品牌对消费者的号召力方面，因此企业与企业之间的这种竞争主要表现为“系统竞争”。

品牌是源于产品又高于产品的文化表现，只有“美”的品牌才能令消费者普遍向往，并具有强大的消费号召力。

所谓“美”，首先指企业生产的产品非常美，它们在性能、功能、外观、使用体验方面都超越了消费者当前使用的产品，不光能满足消费者对此类产品当前的各方面需求，还能将消费者的产品体验不断提升到更完美的层次，从而引领消费者的需求。

基于“美”的产品提升的品牌文化表现则能从文化理念、文化品位、文化情感、文化修养等各个方面，提领消费者成为稍微高一点层次的“文化人”。

IBM 的品牌文化表现其产品的科技未来感，品牌风格、气质如同飘扬在美国上空的国旗，又像出入于纽约曼哈顿帝国大厦的科技新贵，兼具时空沉淀的岁月感与美式精英时尚的人文气息。西门子（SIEMENS）的品牌文化表现其产品的精工制造，品牌风格、气质在典雅、精致中透着丝丝欧式贵族的高冷。宝洁（P&G）的品牌文化由它旗下的众多日用消费品品牌分别表现，但无不展示着中产阶级中精英阶层的优越生活方式。

这些跨国巨头的品牌文化表现早就达到了“美”的层次。联想（Lenovo）、海尔（Haier）、蓝月亮等品牌历经多年模仿、调整、提升，也无不系统建设起了各自具有统一风格、气质，又不失国际化气度的品牌文化。

■ 9-3-6 品牌文化的“360° 绽放”■

把品牌文化表现做得高大上甚至如同卢浮宫的大师艺术品一样并不难，难处在于把它们呈现出系统化的风格、气质，还能令品牌或者品类产品的“目标消费客群（TCG）”普遍认同，恰好生发出对品牌文化表现所描绘的前景的向往。

国内企业旗下品牌的统一风格、气质的品牌文化表现逐步成型，并且具有了各自的品牌号召力，企业与企业的竞争自然在“系统”之上，把重心转化为品牌与品牌之间的“品牌竞争”。

这个时候，国内企业与跨国巨头进一步拉小了产品差距，企业旗下品牌的推广除了在渠道里展现、借助媒体传播，其品牌文化通过服务拉近与消费者的距离，同时展开对消费者潜移默化的影响和渗透日益重要。联想（Lenovo）、海尔（Haier）正是在这一方面，开始相对于 IBM、西门子（SIEMENS）争取到了其品牌文化在与消费者的服务沟通中健全并影响、渗透消费者的优势。

接下来，互联网、自媒体普及。网络就像亿万条章鱼的触角一样，它一方面联结着企业的方方面面、角角落落——企业的发源、发展、生产、运营、经营、管理、产品、渠道、特色人物；一方面联结着亿万消费者，而且所有关于企业及其产品、品牌的信息与亿万消费者瞬间就能互动。其中任何一条企业的价值信息都有可能诱发部分消费者的购买行为。

通过电商，产品很快就沿着既定的方向到达消费者手中。仅仅通过传统渠道、营销 /PR 活动、媒体广而告知的不管是软性的还是硬性的关于产品、品牌的商业信息来达成产品销售已经太受局限了。借助网络，任何企业的品牌文化都能以比服务便捷千万倍的效率，更加全面、深刻地渗透消费者。

宝洁（P&G）旗下的若干个“品类产品品牌（BC）”因为各自单兵作战，又拘泥于传统的“品牌和营销方式”，才在以立白、蓝月亮为代表的众多后进的日用快消品类品牌的侵袭下，丧失了部分市场。

自媒体时代，消费者的产品知识、品牌知识普遍地被一日千里地充实。他们在选购产品的时候，不仅着眼于品牌，更会研究产品，偶尔还一时兴起地浏览一下企业的即时信息。这迫使着企业把它们与竞争对手的较量从“品牌竞争”提升到“品牌 & 产品竞争”的层面上。也就是说，用以往那种忽悠消费者、示爱消费者、让消费者走心而又与产品关联性不强的价值概念做品牌已经不适合了。

当下的企业做品牌都应该从产品生产的全过程着眼，深入挖掘产品与消费者在理念、精神或者情感方面的共性，提炼其产品及品牌的核心价值概念；而且从企业的 360° 着眼，从中提取任何可以表达其产品及品牌价值的素材，提炼为品牌文化的符号、概念、文本、视觉、行为等，并且和消费者即时互动，才能将当下传统的品牌 VI 等打造成更加系统、全面的“升级版品牌文化表现”，即“有文化内涵的品牌营销价值知觉系统”。

同仁堂之所以历经三百多年不衰，是因为同仁堂人怀着“仁爱济世”的情感治病救人，本着“炮制虽繁必不敢省人工，品味虽贵必不敢减物力”的原则生产药品；iPhone 之所以成为 iPhone，是因为史蒂夫·乔布斯坚持它是为“Think Different”的人们生产的产品；华为（HUAWEI）的产品之所以赢得了全世界，是因为华为人坚持“踏踏实实向李小文学习”的精神；小米（MI）的手机之所以坚挺，是因为小米人与他们的粉丝一道，怀着“发烧”的热情去打造小米系列……

一个“升级版品牌”，就这样把它的核心价值概念同化成广大消费者共同的理念、价值观、精神追求或者情感诉求，令消费者共鸣、倾慕、崇敬，心生向往。继而，它会像华为（HUAWEI）一样，把普通员工为客户千里奔波、生死不顾的事迹拍成微电影，把老掌门人独自一人在机场候车、与员工一起天天吃食堂的生活琐事道在嘴上，把华为股权共享的美谈挂在老掌门人的衣襟上……这些，都赋予了华为（HUAWEI）品牌一种淡泊名利、艰苦朴素、创造卓越价值的崇高的道德之“美”——它们一直在互联网世界疯传，非常和谐的又格外强力地支撑了华为（HUAWEI）品牌的风格、气质，还非常具有促进产品销售的效用，成为当前最具影响力的品牌文化表现。

■ 9-3-7 品牌文化表现的“两大终极版本”■

“品牌文化表现的终极版本”是什么呢？沿着“产业价值链战略（IVCS）”的方向看，一个与广大消费者建立了共同的理念、价值观、精神追求或者情感诉求的“企业品牌（EB）”同时是“产品品牌（PB）”，旗下拥有众多品类的产品，并且不断成功地衍生出新品类的产品。

同时，各个品类产品的文化表现可能具有不同的风格、气质，迎合不同细分消费客群的品位，但是它们非常和谐地统一在整个品牌的核心价值概念之下，起到相辅相成的作用，从中随便拿出一个统一风格、气质的品类产品及其从产品价值概念到营销行为的文化表现，冠上一个“品牌名称（BN）”，就会是一个卓然独立的文化品牌。

这样一个由多品类产品及其生产、渠道、传播、服务体系组成的“价值链产业集群（VCIC）”实际上是一个“品牌文化产业集群（Brand Culture Industry Cluster，简称 BCIC）”，各个品类产品的文化表现在其中架构成一个氤氲密布的防火墙似的“品牌文化产业矩阵（Brand Culture Industry Matrix，简称 BCIM）”——这是“品牌文化表现的终极版本”的一种景象。

沿着“多品牌战略（MBS）”的方向看，一个与广大消费者建立了共同的理念、价值观、精神追求或者情感诉求的“企业品牌（EB）”或者同时是“产品品牌（PB）”，旗下拥有众多“品类产品品牌（BC）”，并且不断成功地衍生出的“新品类产品品牌”。

同时，各个“品类产品品牌（BC）”的文化表现可能具有不同的风格、气质，迎合不同细分消费客群的品位，但是它们非常和谐地统一在整个品牌的核心价值概念之下，起到相辅相成的作用。随便哪一个“品类产品品牌（BC）”，都与其“目标消费客群（TCG）”的内心建立了深刻而普遍的符号、概念、形象等文化表现的“联结”，并且在即时互动中不断向往着共同的理念、价值观、精神追求或者情感诉求……

这样一个由多品类产品品牌及其生产、渠道、传播、服务体系组成的“多品牌产业集群（MBIC）”实际上也是一个“品牌文化产业集群（BCIC）”，各个“品类产品品牌（BC）”的文化表现在其中也架构着一个绵绵密密又坚不可摧的“品牌文化产业矩阵（BCIM）”——它是“品牌文化表现的终极版本”的另一种景象。

“品牌文化产业矩阵（BCIM）”是“品牌文化表现”的终极版本。当前，国内企业面临的竞争压力和各种挑战的强度有增无减。即使是各行业中一线规模级企业，环顾四周，看到的跨国巨头几乎都是拥有巨大“产业价值链（IVC）”的“价值链产业集群（VCIC）”或者“多品牌”的“多品牌产业集群（MBIC）”。

前者如 IBM、西门子（SIEMENS）、博世（BOSCH）、宜家（IKEA）等；后者数量更多，除了以宝洁（P&G）为代表的日用快消品行业跨国巨头，还有以欧莱雅（L’Oréal）为代表的化妆品行业跨国巨头，以丰田（TOYOTA）为代表的汽车行业跨国巨头，以强生（Johnson & Johnson）为代表的药品医疗器械行业跨国巨头……

■ 9-3-8 “品牌文化产业矩阵（BCIM）”的启示 ■

单一品类“产品品牌（PB）”及其产品的“品牌营销（B-M）”是一个贯穿从产品到渠道到传播到服务到文化再到“企业的产业集群”，并且逐级上升的系统化过程。从产品往上，每一层级做得系统，这个“品类产品品牌（BC）”就在它的市场区域范围内夯实了一道“品牌营销壁垒（Brand-Marketing Barrier，简称 B-MB）”。

“产品生产系统（PS）”生成“产品力（PP）”，“渠道营销系统（CMS）”生成“渠道力（CP）”，“媒体传播系统（MCS）”生成“传播力（TP）”，三者分别构筑了品牌营销的“产品壁垒”“渠道壁垒”和“传播壁垒”。它们的合力也就是“品牌营销‘三剑客’”的威力。

再往上，“品牌服务系统（BSS）”生成“服务力（Service Power，简称 SP）”，“品牌文化系统（Brand Culture System，简称 BCS）”生成“文化力（Power of Culture，简称PC）”，两者分别构筑了“品牌营销（B-M）”的“服务壁垒”和“文化壁垒”。它们施展着“品牌营销‘两大法宝’”的法力。最高层面，则是由企业的“产业集群”生成的“产业力（Industrial Force，简称 IF）”，及其构筑的“产业壁垒”。

在传统媒体时代，一个企业的“单一品类产品品牌”抢先夯实了“三剑客”的“品牌营销壁垒（B-MB）”，就能把大多数竞争企业挡在其品类产品的主流市场之外。随着产品的热销，稍微做些传播和服务，自然会把它的基础版本的品牌文化表现推广开来。

这时候，如果企业擅用资本的力量，不断兼并竞争对手的品类产品或者“品类产品品牌（BC）”，很快就会架构起“产业集群”的“品牌营销壁垒（B-MB）”，从此更是财大气粗，顺风顺水，通过自我衍生新品类产品或者“新品类产品品牌”，或者兼并、收购的方式把自家的“价值链 / 多品牌产业”帝国越做做大。至于帝国之内各品类产品或者品牌文化的融合，以及品牌文化对于消费者的影响和渗透，那只是次要的事。毕竟，企业的基础目标是为了赚钱，而不是为了推广什么文化！

就国内企业与跨国巨头近二三十年的博弈来说，IBM、西门子（SIEMENS）、宝洁（P&G）们一开始几乎掌握着它们各自品类产品领域内所有的“核心技术（CT）”，其产品领先国内竞争企业的实在太多；因此，它们光指点着“三剑客”在全国各地圈钱就行了，根本不急于统筹旗下各品类产品或者“品类产品品牌（BC）”的什么文化，甚至都懒得做什么服务。

也正因为此，这么多年来，各跨国巨头依然拿着它们几十年前就运用烂熟的“USP 理论”“定位理论”“4P 理论”“品牌形象理论”，或者稍微改良版的“4C 理论”“整合营销理论”，在国内各行业的品类产品市场横行霸道。它们也基本上没有细想怎么把旗下品牌的文化做到中国广大消费者的心里去。

如今，信息技术、数字科技蓬勃发展，互联网、自媒体迅速普及。从产品层面看，研发提速，后进企业更快掌握产品研发的“核心技术（CT）”，赶超前辈企业的产品成为可能；从渠道层面看，电商一时间打破了垄断传统渠道的大企业多年来夯实的“渠道壁垒”；从传播层面和文化层面看，数字新媒体大幅降低了企业及其品牌的传播成本，为新进企业打响其品牌知名度，与消费者即时互动着建设其品牌文化并且将之影响、渗透万千消费者提供了便利；从服务层面看，随便搭建个网络平台，几乎都具有整合无限线下资源，向消费者提供所有 O2O 式服务的功能。

在这样的历史大机缘下，后进企业在“升级版品牌文化表现”构建和推广方面的发力，恰恰深刻揭示了近年来 IBM、西门子（SIEMENS）、宝洁（P&G）等跨国巨头的“‘产业价值链’和‘多品牌’两大战略”扩张遭遇碰壁的深层次原因。

现在回过头去想一想，为什么时至今日，像汇源、圣象这样的行业一线企业，在实施“产业价值链战略（IVCS）”和“多品牌战略（MBS）”的过程中都常常左支右绌、狼狈不堪呢？

一方面，它们的“产业价值链（IVC）”和“多品牌”的打造才没多少年，经验欠缺，摸着石头过河，难免磕碰。

另一方面，它们的“产业价值链（IVC）”和“多品牌”相对于同行业的跨国巨头还实力很弱。新品类产品、“新品类产品品牌”推出，很难在跨国巨头的封锁中做大。比它们的处境好不了多少的联想（Lenovo）、海尔（Haier）、立白、蓝月亮目前也只是在各自擅长的电脑、白色家电、洗化用品、洗衣液等品类产品领域打造了相对完整的“产业价值链（IVC）”，旗下拥有的“品类产品品牌（BC）”也就那么几个或者没有，相对于跨国巨头对手的还都难强势。

IBM、西门子（SIEMENS）、宝洁（P&G）只是在个别品类产品市场领域战略性失利或者稍微退却了几步，它们依然无比巨大，并且牢牢掌控着本行业内关键品类产品研发的“核心技术（CT）”，引领行业的发展。不过，国内竞争企业真正需要洞察的是，这些跨国企业巨头虽然看上去都如航母舰队，其实它们都只是拥有“价值链产业集群（VCIC）”或者“多品牌产业集群（MBIC）”。

【备注：苹果公司（Apple Inc.）是个特例，它既打造了清晰的“产业价值链（IVC）”，又架构了“多品牌”，尤其是它的产品不仅仅是高科技产品，还是整合并承载着音乐、游戏等潮流文化作品的文化产品。因此，苹果（Apple Inc.）代表着一个“品牌文化产业集群（BCIC）”。】

在这种情势下，它们的各个品类产品或者品类产品品牌相对容易各个击破。未来最强大的企业必然是构建起“品牌文化产业矩阵（BCIM）”的企业。它们将如一个个“品牌文化宗教（Brand Culture and Religion，简称 BCR）”，引领无数的人们共同奔往一个个更具高尚文化气息的领地。

——借力百年难遇的历史大机缘，朝着这一方向坚定不移地努力，国内越来越多企业及其品牌在全球范围内共创文化盛世的景象，已经触手可及！

9-4 无所不在的“品牌营销环面漩涡（B-MA）”

■ 9-4-1 “环面旋涡”的物理学释义 ■

一个物理量如果存在最小的不可分割的基本单位，则这个物理量是量子化的，最小单位称为“量子”（quantum）。由于阿尔伯特·爱因斯坦（Albert Einstein）最早注意到的“波粒二象性”被证明是自然界中一切物质运动的最基本的“量子特性”，“量子”因此被赋予了至高的“科学神性”。

后来，人们还发现“量子”模型中隐藏着许多有关生命进化的信息，从量子能量及其信息模型中可以获知宇宙创造与维持生命方法。模型的具体体现在橘子和苹果的横切面上，还有地球的磁场和人体的磁场里。它们无关量子的大小，其模型总是相同的。

未来学家杜安·艾尔金（Duane Elgin）将这个模型称为“环面（Torus）”，数学公式是 $V=2\pi^2Rr^2$；20 世纪的思想家理查德·巴克敏斯特·富勒（Richard Buckminster Fuller）称之为“向量均衡”。

“环面”中的能量从一端流入，环绕中心一圈再从另一端流出。它保有平衡，能自我调节，并永远完整，组成了一个永续运转、自发扩张的“环面漩涡”（如下图所示）。每一个“环面漩涡”都是能够自我维持、了解自我本质、表现自然生命各个层面的初始模型。流转于其中，维系它运作的是“能量”。

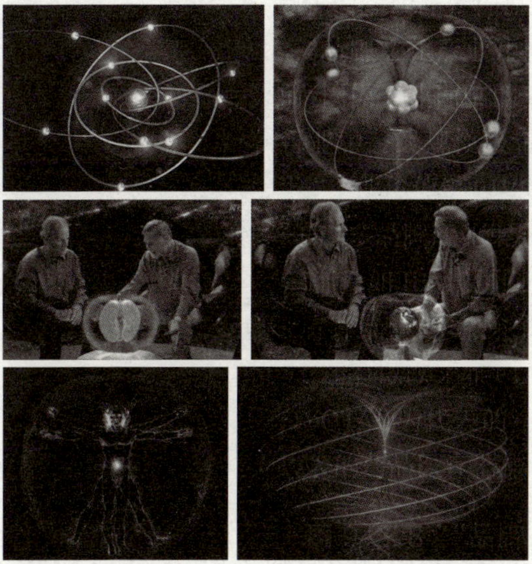

如果“能量”增强并且均匀分布，则推动“环面漩涡”越来越膨胀；如果“能量”减弱或者流转无序，会导致“环面漩涡”越来越萎缩甚至熄灭。这个过程延伸到宇宙进化中所展开的就是宇宙环面“自组织系统”，例如，整个漩涡银河和星系圆盘的结构：星星从这个星系圆盘经

过星系晕被漩涡吸入，又回到星系圆盘（如下图所示）——大角星已经完成了这种旅程。这一原理也适用于地球大气层；就连太阳的表面也十分的相似。

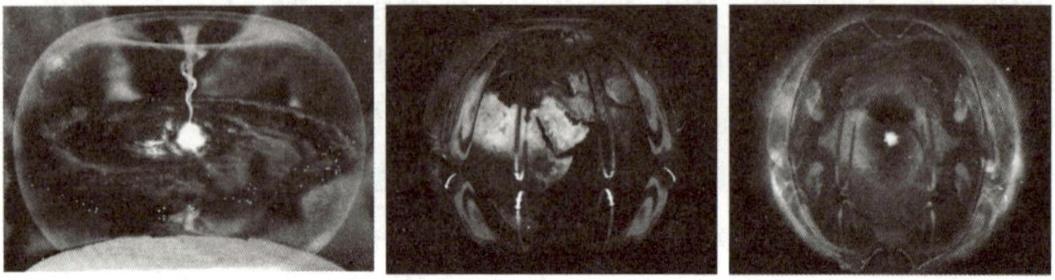

“环面漩涡”如同宇宙的呼吸，它是各种层面存在的能量流动形式。小到夸克、电子、中子、原子、分子，再到橘子、苹果、人体，直至地球、太阳、银河、星系、宇宙，每一个“环面漩涡”都是能自我维持、了解自我本质的“自组织系统”。

在局部时空，性质相融而且距离相近的“环面漩涡”通常结合成“环面漩涡矩阵”，被收纳在一个个更大的“自组织系统”里，结构出更加强大的“能量场”。每一个“能量场”都在其内部个体的“环面漩涡”持续扩张或者萎缩、熄灭的同时，不断吸附外部的“环面漩涡”，直到与其他“能量场”相互融合——这个过程，像极了当下的企业及其“品牌营销体系（B-MS）”分别独立发展并且融容共生发展，以及与其他企业的“品牌营销体系（B-MS）”竞争发展的总体态势。

■ 9-4-2 “环面旋涡”的品牌营销学解读 ■

“品牌营销（B-M）”的“根”在产品。基于产品，“品牌营销价值知觉系统（B-MVPS）”初步建设完整之后，即具备了初步的“品牌力（BF）”。一旦它投入使用，必先考虑应用于“产品生产系统（PS）”，提升其“产品力（PP）”。

一方面，它可以对产品的研发、生产、优化、升级起到指导作用；另一方面，它通过产品外观和产品包装聚焦起产品及品牌价值对外传播。在之后的“品牌营销实践（B-MP）”的过程中，这两方面动作必将循环往复地"反哺"，不断夯实产品"有相关度的差异化竞争优势（DCECA）"，甚至培育、进化出更先进的"产品基因（PG）"，以支撑"品牌营销（B-M）"的可持续发展。

任何"品牌营销（B-M）"动作，都需要资本投入。在"资本力（CF）"的作用下，携裹着"品牌力（BF）"的"品牌营销价值知觉系统（B-MVPS）"从产品发轫，两股力量沿渠道向上升级，依次贯通"渠道营销系统（CMS）"，同时渗透入"媒体传播系统（MCS）"，之后健全、完善"品牌服务系统（BSS）"，不断提升这些系统的"品牌营销价值（B-MV）"。

在"渠道层面"，这一系统需要结合企业的产品所进入渠道（自营店、代销店、超商、商场、卖场、餐饮终端、店促、路演、网店等）的实地情况进行升级，使之完整地呈现品牌及其产品的价值，聚合起越来越强大的提升产品价值和促进产品销量的"渠道力（CP）"。

在"传播层面"，这一系统也需要结合企业进行媒体传播的各种媒体形式进行升级，使品牌及其产品的价值在媒体中全面释放出来，产生打开品牌知名度、提升产品价值和促进产品销量的"传播力（TP）"。

再往后发展，企业的品牌及其产品的售前、售中、售后全过程服务配套体系建设起来，"品牌营销价值知觉系统（B-MVPS）"需要相应地进行升级，以全方位地展示附加的服务价值。

"服务力（SP）"的施展，既能帮助企业黏住品牌及其产品的老客户，也能够增值品牌及其产品，起到提升产品价值和产品销量的作用；尤其是，它能以更亲和、更互动、更全面、更丝丝入扣并且潜移默化地方式，把"产品 & 企业品牌"的文化"联结"到万千消费者的心里。

企业的品牌及其产品或多或少都具有文化的属性；而消费者在每天消费大量各式各样产品的同时，也在消费着这些产品承载的文化。具有独特文化内涵和风格，并且把品牌文化扎根在特定消费群体的内心，是任何"产品 & 企业品牌"都需要努力实现的终极目标。

企业一旦把自己的品牌文化与特定消费群体内心的联结建设起来，"品牌文化系统（BCS）"成型，只要产品跟上，"文化力（PC）"不灭，"产品 & 企业品牌"就能获得永生。

成功构筑了各个“子系统”，打造出“文化品牌（CSB）”的企业，一般最起码也应该具备了单一品类产品品牌旗下单一品类产品的“产业价值链（IVC）”，从而拥有了最基础的“产业力（IF）”。

至此，各个子系统构筑起企业的物质文化基础，它们各自产生局部的力量。“资本力（CF）”与“品牌力（BF）”纵横发力，“产品力（PP）”“渠道力（CP）”“传播力（TP）”“服务力（SP）”“文化力（PC）”以及“产业力（IF）”螺旋运行，它们贯穿、环绕“品牌营销环面漩涡（B-MAV）”（如下图）共同作用，为企业及其“产品品牌（PB）”奠定下永续发展的“品牌营销体系（B-MS）”的“硬实力基础”。

至此，拥有“新型文化品牌”的企业，其蕴含“品牌文化系统（BCS）”的“品牌营销价值知觉系统（B-MVPS）”支撑或者部分融入“企业文化价值知觉系统（ECVPS）”，为企业的“产业式扩张”凝聚起永续发展的“开放式内在力量”。

至此，该“产品 & 企业品牌”就成为企业发展的支柱。它或者具备了以母品牌、主品牌的姿态带动子品牌、副品牌发展的实力，支撑企业的“多品牌战略（MBS）”；或者“三位一体”，支持其产品横向延展并且纵向升级，助力企业实施“产业价值链战略（IVCS）”，总体朝着“品牌营销集群（B-MC）”的方向发展。

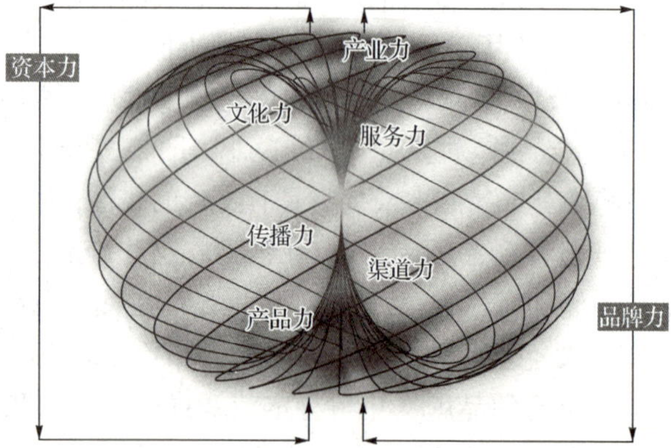

“品牌营销环面旋涡（B–MAV）”升级版

■ 9-4-3 “环面旋涡矩阵”与企业未来 ■

当今社会，企业之间的竞争，集中表现为它们旗下的各个“品牌营销体系（B-MS）”之间的硬碰硬。“三位一体”的“产品 - 企业品牌”的“品牌营销体系（B-MS）”成就“价值链产业集群（VCIC）”。多个“产品品牌（PB）”的“品牌营销体系（B-MS）”成就“多品牌产业集群（MBIC）”。贯穿其中的“软文化”表现则是基于“产品硬实力”，具有文化内涵的“品牌营销价值知觉系统（B-MVPS）”和“企业文化价值知觉系统（ECVPS）”。

“品牌文化系统（BCS）”建设起来并产生“品牌营销价值（B-MV）”后，“产品 & 企业品牌”一般已经居于行业一线品牌的行列，立于不败之地了，再往后就是贯穿从“产品生产系统（PS）”“渠道营销系统（CMS）”“媒体传播系统（MCS）”“品牌服务系统（BSS）”“品牌文化系统（BCS）”到企业的“价值链产业集群（VCIC）”或者“多品牌产业集群（MBIC）”的永续完善。

产品生产、渠道营销、媒体传播、品牌服务、品牌文化以及企业的“产业集群”，它们的所有行为归根结底指向品牌升级及其产品销售的盈利。因此，它们的各个“表现或者识别系统”都是“品牌营销体系（B-MS）”的子系统。而“品牌营销价值知觉系统（B-MVPS）”和“企业文化价值知觉系统（ECVPS）”运行其中，提升各个子系统“软文化表现力”，为企业的“品牌营销体系（B-MS）”持续创造、更新着“品牌营销价值（B-MV）”。

拥有“价值链产业集群（VCIC）”或者“多品牌产业集群（MBIC）”的规模级集团企业，朝向是拥有“品牌文化产业集群（BCIC）”，构筑起“品牌文化产业矩阵（BCIM）”的宏伟蓝图。这是当代企业的愿景和大无限未来。“环面旋涡”，则为之提供了看得见、摸得着的“核动力工具”。

“环面漩涡”不仅提供了一种能量模式，而且为我们提供了一个具有完整性和延展性的模板。它无所不在、无所不能，自我维持，自发扩张。具体到个人，我们每个人都有独特的内心生命和磁场，一个充满生气和活力的内心生命才是每个人外在的真正指引。具体到个人的成长，我们可以用"环面漩涡"这些特性来改善自我：在个人每一层级的系统中——身体、情感、心理、人际和环境，都能与基本生命能量模式保持一致才是最终的艺术、科学和爱。

对应到企业及其品牌的发展，如同"环面漩涡矩阵"（如下图）一样，企业一旦架构了完整的"品牌营销环面漩涡（B-MAV）"，其内部由多个"品牌营销体系（B-MS）"聚合成的"品牌文化产业矩阵（BCIM）"会自然生发出吞噬一切的能量，成就无与伦比的"品牌文化产业集群（BCIC）"，以至于使掌舵这样的企业的创始人、拥有者都无法预料，也未曾想象。

环面漩涡矩阵

如今，我们的周围遍布这样的能量。它们也无所不在、无所不能，自我维持，自发扩张。至于将来它们要被导向何方？是依然为了追求利润、利益不择手段，还是开始渗透着艺术、科学和爱，怀揣着调转方向的希望？

这才是本书真正关心的课题——至于答案，也许每一位接近过本书的人，都会倾向于其中的一个吧！

后篇

“PPSI 品牌营销”概论

1 走在自媒体时代“品牌营销（B-M）”的前沿

这个时代，变化太快。好像人类社会及人类文明积累了百万年的能量，在最近的几年里，瞬间爆发了。单从信息技术和数字科技对媒体传播与“品牌营销（B-M）”的影响来看：博客刚刚流行，微博出现了；微博热度刚起，微信爆发了。同时，电商打倒了门店，直销挺进了微商，O2O 整合了线上、线下大半商业资源……

至于现象背后的技术更新、媒体创意、品牌营销创新，更是五花八门、层出不穷。继而这一切转变，都渐渐汇聚在一个被统称为“自媒体”的领地上，继续“万花筒”般地变幻着，为我们这一代幸运儿异彩纷呈着无限的新奇与惊喜，并且深刻地改变着现在、将来以及未来的世界。

企业的“品牌营销（B-M）”，如果善用自媒体，能够迅速崛起：新品牌战胜老品牌，成为行业巨头；老品牌脱胎换骨，焕然新生。这样的例子屡见不鲜。这样的企业是“自媒体时代”的弄潮儿；而对于他们的对手，以及那些还没有咂摸出自媒体味道的企业和品牌来说，自媒体的确是祸不是福，有的企业和品牌还因此遭到了灭顶之灾。

其中非常值得思考的是，“自媒体时代”，怎么善用自媒体才好？毕竟，对于普通人来说，自媒体只是展示自我、阅读他人的社交工具。而对于企业和品牌来说，在线自媒体平台除了扩散传播之外，还连带电商、O2O、即时互动功能，是件法宝，是能够助力腾飞的风口。不夸张地说，自媒体正是个千载难逢的历史机遇：抓住它，能一飞冲天；错过它，则沉于平庸，以后的时光，只有挫折和焦虑陪伴着度日，直至被时代的大潮淹没。

传统媒体（报纸、杂志、电视、广播、户外、框架以及博客出现之前的互联网传播平台）对于企业的“品牌营销实践（B-MP）”的辅助作用主要在于媒体传播，企业的品牌及其产品价值广而告之式的“点对面”的到达。

随着媒体传播竞争的日益激烈，借助传统媒体宣传品牌及其产品、促进销售，对于企业来说，一方面费用巨大，另一方面价值信息难以在信息海洋中凸显，有效影响受众；于是企业及其产品的“品牌营销价值知觉系统（B-MVPS）”的整体规划、价值点的提炼，以及这些价值点的有序传播、重复传播显得尤为重要。只有这样，企业的“目标消费客群（TCG）”才有可能记住它们的品牌及其产品，然后在需求发生时记忆触发式、有选择地购买。

与传统媒体不同，微博、微信、APP 等在线自媒体平台的价值信息如果能触动粉丝，被粉丝转发，就能产生爆炸式的影响力。而这种能触动粉丝、被粉丝转发的价值信息：第一，很难是适合传统媒体传播的关于品牌及其产品价值点的广告信息，如果有，也只能是运用互联网思维创作的、适合网络传播的“爆炸性”事件或话题；第二，很难重复投放，实现二次、三次触动粉丝、被粉丝转发的效果。

这就要求企业在借助自媒体宣传品牌及其产品，实现营销目的方面，要从整个“品牌营销价值知觉系统（B-MVPS）”中全面、深入地提炼“爆点”，甚至突破这一系统的规范，上天入地、时光穿越，寻找各种“爆点”黏连上自己的品牌及其产品，持续创新能够被粉丝自发扩散的营销手法和品牌营销内容。

在广告投放方面，企业要打破以往有序传播、持续传播的方式，瞬间反应、灵活突击，以寻求产生“爆炸”般的影响力，推动其“品牌营销（B-M）”浪潮式的发展。

从“爆点”开始，当今企业广告内容的创作开始变得与以前大不相同：首先，粉丝不再是以前企业的被动的广告受众，他们每个人在“口碑”之外，都拥有众多可以轻点一下，就能面向自己的粉丝扩散企业的品牌及其产品价值信息的自媒体工具。企业发布任何一条广告，在创作时都要考虑到粉丝作为“自媒体人”的价值属性，要无限度贴合他们的喜好。

品牌、产品的硬广更加不适合在自媒体投放了，每投放一次都会增加一份粉丝的反感，除非企业有利益的补偿；软性广告更适合在线自媒体平台投放。而且企业还要比老妈更担心、比情人更爱心、比师友更关心地关注粉丝的任何细微需求，想方设法地满足他们的需求。

在不花钱或少花钱的条件下，“资讯型”“心灵鸡汤型”“健康管理型”“知识分享型”等，与粉丝贴心、贴肺、贴发肤，全面渗透粉丝工作、生活、健康、情感、思想的“价值帖”成为企业投放在在线自媒体平台的帖子的主要类型；间或再投放上一条、半条企业的品牌及其产品相关的广告帖也会取得意想不到的效果。

其次，在线自媒体平台发布的帖子，都可以具有“延时互动”的功能。如何充分利用相关技术，创作出能与粉丝有效的互动的自媒体帖子，也是企业当下都要学习的一项技能。它可以帮助企业深入了解目标消费客群，而且能较以前更轻易地做好各类市场调研。

再次，在线自媒体平台普遍地具有“即时统计”功能，粉丝在线上自媒体平台的关注、点击、转发等动作都能在后台即时生成统计数据。同时，粉丝的一举一动、一言一行，都会在线上自媒体平台上留下记录，只要企业有心，就可以从中把握到规律性的信息，以充实自己的客户、消费者数据库。

在创作哪怕与自己的品牌及其产品完全不相干的“价值帖”的时候，企业也有必要提前考虑到这些帖子投放出去之后，能在线上自媒体平台上生成对自家的“品牌营销实践（B-MP）”有帮助的数据，并以此指导相关帖子的创作方向。

与传统媒体“广而告之”的传播功能相比，自媒体“岂止于此”。企业应该更加深刻地认识到，如今的在线自媒体平台，都能实现电商功能、服务功能和即时互动功能。别人家的在线自媒体平台企业管不着，在自家的在线自媒体平台上，企业只要肯破费百八十万，花费几个月时间，这些功能都能实现。

未来的电商，一定是 F2C 异军突起，现在的传统门店、商家网店，只会越做越难。未来的服务，一定是 O2O 的天下。现在纷纷兴起的不成熟的 O2O 模式，已经为其后成功的 O2O 大鳄储备好了财富。

以前企业做服务，主要通过自建服务团队、自设服务点的方式，耗资巨大，耗时很长。现在借助在线自媒体平台线上、线下资源强力整合，并且极其便利地万众分享的福利，企业能够以低成本向“目标消费客群(TCG)”提供所有可能的服务。

另外,因为即时互动,企业可以将自己的品牌文化,以无限丰富的视听效果和行为方式展现给自己的“目标消费客群(TCG)”,丝丝入扣、潜移默化地与他们的内心建立起日益牢固的文化联结。

如此,我们就看到了一个光明的前景,就是在自媒体平台上,企业原来线上、线下配合着运作的“产品生产系统(PS)”“渠道营销系统(CMS)”“媒体传播系统(MCS)”“品牌服务系统(BSS)”“品牌文化系统(BCS)”可以整合为一个“在线自媒体平台系统(Online Self Media Platform System,简称 OSMPS)”,一体运行,并且创造出更加强大的“品牌营销价值(B-MV)”。

传统的“品牌营销环面漩涡(B-MAV)”中的“产品力(PP)”“渠道力(CP)”“传播力(TP)”“服务力(SP)”“文化力(PC)”同时整合成一种“自媒体力(Self Media Physical Strength,简称 SMPS)”,在自建或者别人家的在线自媒体平台,企业的“品牌营销价值知觉系统(B-MVPS)”化茧成蝶、凤凰涅槃式地重生,呈现出与以往迥然不同的风貌。

它向下反哺企业的“产品生产系统(PS)”,向上支撑企业的“品牌营销集群(B-MC)”,前途不可限量。可以说,“在线自媒体平台”就是我们这个时代企业的“风口”,传统的“品牌和营销(B&M)”因为它已经发生了划时代的变革,未来将更加颠覆。

聪明的、有条件的企业已经纷纷在建设自家的“在线自媒体平台”,从中还掉出了一粒“小米(MI)”。下一波,谁将成为飞天的猪,谁又将从风口跌落,每一家企业都要经受自媒体时代的考验。

2 自媒体的“PPSI 品牌营销”概论基础架构

传统仍将延续,时代更要前行。环绕“品牌营销环面漩涡(B-MAV)”建设“品牌营销价值知觉系统(B-MVPS)”仍然是企业的“品牌营销体系(B-MS)”发展的重要战略方向。但是,在“自媒体时代”，利用自媒体工具开展“品牌营销实践（B-MP）”，是任何一个企业都绕不开的“龙门”——跃过去，化身成龙；跃不过去，仍然以鱼身在龙门下洄游——这是当代企业的宿命。

基于自媒体的巨大价值，结合迄今为止部分企业运用自媒体工具进行“品牌营销实践（B-MP）”，为了促进企业更有依据地创造“自媒体品牌营销”的价值，我们提出“PPSI品牌营销概论”基础架构。这个架构主要由四部分组成，分别是：1. 平台（Platform）；2. 爆点（Point of Detonation）；3. 黏性（Sticky）；4. 互动（Interaction）。

■2–1　平台（Platform）■

平台（Platform），本质上是聚合资源并分享资源地方。在互联网没有出现之前，人类的一切消费行为都在线下platform产生：想得到精神上的消遣与享受，就去买报纸、杂志，听听广播，或者去书店、电影院、展馆等；想买东西，就去商超、商场、大卖场等；想享受某种服务，就去餐饮店、洗衣店、美甲店、维修店、旅行社、银行、保险公司、证券所等；想找人聊天叫朋友，就去人扎堆的场所，比如酒吧、茶馆、舞厅等。

所有这些消费能够满足的前提条件基本上是你得走出门，去到你想要的资源聚合着并且分享着的platform上。

互联网产生以后，所有这些platform几乎都搬到网上供人们消费了。在国内，新浪、搜狐、网易是较早的综合性的在线资讯、娱乐platform；阿里巴巴、京东、1号店是较早的综合性的在线电商platform；携程、大众点评、前程无忧、搜房网是较早的在线服务platform；MSN、腾讯QQ是较早的在线社交platform……互联网应用工具platform同时应运而生，比如百度搜索platform、太平洋软件分享platform、360网络安全platform等。

随后，大的综合性网络platform持续升级。其中，新浪在门户网站之后做火了微博，腾讯在QQ之后做爆了微信。沿行业、人群、地域等细分的垂直网络platform纷纷兴起，作为platform入口的APP迅速繁荣——这些垂直网络 platform 均具有各自的媒体、电商、服务、社交功能。

这期间，为人们提供物质产品、服务产品、文化产品的实体企业在做什么呢？它们还是习惯于打广告，就找合作方媒体，原来是传统媒体，后来加上网络媒体；卖产品，就自建或者借助合作方渠道，原来是借助中间商及终端门店，后来加上电商的网店；为消费者提供服务，就自建服务团队，设立服务点，后来加上借助网络服务商；与消费者互动，就做市场调研，后来加上借助网络社交工具，进行在线调研。

只是不知这些企业有没有想过：因为当初它们只想着为自己打广告，没想也为别的企业做做宣传，所以在线资讯 platform 的商机被王志东、张朝阳、丁磊们抢去了；因为当初它们只想着卖自己的产品，没想也为别的企业扩大产品销路，所以在线电商 platform 的商机被马云、刘强东们抢去了；因为当初它们只想着为自己的消费者提供些关于产品使用和售后的服务，没想为消费者提供更多增值服务，也没想帮其他企业服务于它们的消费者，所以在线服务 platform 的商机被张涛、沈南鹏们抢去了；由于它们只想着做点市场调研，没想和消费者普遍地即时互动，所以在线社交 platform 的商机被马化腾抢去了。

现在，智能手机几乎人手一台，微博、微信来了，APP 来了，自媒体来了。错过在线 platform 商机的实体企业不知有没有看到，新浪微博、微信作为主要的在线社交 platform，用户在上面除了可以和粉丝即时互动，面向他们扩散信息，还可以在上面购物，享受出行、生活缴费、理财、转账等各类服务。

淘宝、京东作为主要的在线电商 platform，同时也是个可以推送资讯信息的媒体 platform，用户在上面除了可以购物，还可以与 platform 方、商家即时互动，延时享受线下配送服务；携程、大众点评作为主要的在线服务 platform，同时也是个电商 platform、媒体 platform，用户在上面也可以与 platform 方、商家即时互动；新浪、搜狐、网易早已不是单纯的在线综合性资讯、娱乐 platform，它们兼具电商、服务和即时互动的功能。

APP 实际上是移动端在线 platform 的入口。现在，任何一个 APP 点开后，都首先是一个媒体 platform，然后可以轻易链接上或架构上电商、服务、即时互动的功能。

作为自媒体代称的微博、微信在线 platform，已经不再仅仅是媒体 platform，而是演变成了具有完整的电商、传播、服务、互动功能的在线“品牌营销 platform”。

这样一个在线“品牌营销工具”，对实体企业来说，意味着什么？在传统的“品牌营销环面漩涡（B-MAV）”中，企业从产品到渠道、到传播、到服务，再到品牌文化形成，每上升一个层级，就能为自己竖起一道强大的“品牌营销壁垒（B-MB）”。

渠道为王的时代，无数企业在竞争对手的“渠道壁垒”面前，就纷纷碰倒了；再到传播，又有无数企业承担不起巨额媒体投放费用纷纷倒下了；再往上的服务，更多的企业还来不及做，就纷纷倒下了。

马云已经入股苏宁，线上、线下渠道合流；阿里在物流、金融、旅游、医疗等服务行业布局了余额宝、淘宝同学、淘宝旅游、中信 21 世纪等产业。接下来，如果阿里进入制造行业，不管是参股、控股，他想帮助哪家企业打击竞争对手，哪家企业的竞争对手就得倒下一片。因为它渠道强大，卖东西成本低；因为它在自家的在线 platform 上，打广告不用花钱；因为它能为消费者，提供更完善的各类服务……

与此同时，腾讯、百度、京东等在线 platform 大鳄，也在做着类似的布局。这对于某些好不容易已经做大、做强的实体企业来说，绝不是什么好预兆。

京东应该由联想、海尔、格力这样的实体企业打造，可是它们无视了；携程应该由锦江国际、海美林阁这样的实体企业打造，可是它们忽视了；大众点评应该由海底捞、小肥羊这样的实体企业打造，可是它们错过了……

如果 2000 年前后，有已经行业领先的实体企业本着造福同行、服务消费者的格局打造出自家的具有传播、电商、服务或者社交功能的在线 platform，今天它肯定已经成为当之无愧的行业领袖。可是它们却把有史以来最大的商机留给了像二马、李、刘这样当时并不起眼的年轻人。

现在，借助当今最前沿的信息技术和数字科技，这些企业都能花个百八十万就能开发一个融电商、传播、服务、互动功能于一体的自家专属的“品牌营销 platform”。但是，在各类在线 platform 的核心技术方面，这些企业都已经落后于那些“在线 platform 大鳄们”快二十年了。尤其难堪的是，任何企业现在打造自家专属的在线“品牌营销 platform”，都面对着一个无法逾越的壁垒——“流量”。这俩字所代表的艰难，一点也不亚于在渠道为王的时候，后进企业想要介入行业巨头已经强势布局的传统渠道，所要仰望的高度。

没有流量的在线 platform 零价值；获取稳定的流量先要拥有足够的粉丝。仅仅想迈过这一步，就已经让所有新进的在线 platform 望洋兴叹，望而却步了。

如今，在微博、微信 platform，有多少家企业几乎就有多少个微博账号、微信公众号或者订阅号。同时，在用户智能手机的方寸之地，该关注的微博、微信号，该下载的 APP 基本上已经饱和，还有数以百万计的新号、新 APP 试图挤进去。

在这种情势下，一个打着某家企业或者某个品牌专属标识的在线 platform，基本上没有可能获取足量粉丝，以该 platform 创造的品牌营销价值，抵消掉打造 platform、加粉以及后面维护 platform 所要花费的成本。打造自家专属的在线“品牌营销 platform”，对于当下的企业来说，可以说是极有可能得不偿失的事。

不过，我们也应该看到，无数行业垂直、功能细分、人群细分、地域细分的在线电商 platform、在线服务 platform 正在兴起，O2O、F2C 已经成为新兴在线 platform 的一个发展趋势。也许正如同在欧美发达国家传统行业的品牌竞争，百余年下来，每个品类领域只有 1 ~ 2 个品牌能够存活下来并且领导行业；各类细分领域的在线 platform，未来也许也只有 1 ~ 2 个能够做大、做强，拥有足够的粉丝和流量，源源不断地创造“品牌营销价值（B-MV）”。

这些细分领域的在线 platform，为什么不由实体企业从现在起就开始打造？它们总比那些只有野心和想法，几乎没多少经济实力，只能靠不断地融资输血来维持在线 platform 运营的年轻人要有实力基础。

“酒仙网”也许应该由茅台、五粮液、洋河这样的大酒企来打造，“大姨吗”“美丽说”“美啦美妆”也许应该由古今、浪莎、相宜本草、佰草集这样的女性用品、化妆品生产企业来打造，“好孕妈”也许应该由伊利、美赞臣、雅培这样的奶粉生产企业来打造，“e 袋洗”也许应该由福奈特、象王、正章这样的干洗连锁企业来打造；“养车点点”“车蚂蚁”也许应该由吉利、奇瑞、比亚迪这样的车企来打造……

这些在线 platform 为粉丝提供跨企业属性、整合跨行业资源的电商、资讯、社交等功能服务，拥有数以百万计的属于相关实体企业目标客群的粉丝。它们若和某家产品过硬、品牌营销体系健全的实体企业参股、控股式的合作，会帮助这家企业节省大笔渠道、传播、服务费用，极大地增强这家企业的实力，而这家企业的竞争对手不免趴倒一大片。

拥有庞大流量的在线 platform 和实体企业的强强联手，将会对其他实体企业产生致命的威胁。未来的制造行业，必将是“实体 + 在线 platform+ 流量”的企业居于行业领导地位。

现在，聪明的实体企业已经纷纷打造自家专属的在线“品牌营销 platform”，积累流量和 platform 经验，尽管它们眼前都面对着几乎无法逾越的“流量”壁垒。尚未具备打造自家专属在线“品牌营销 platform”的实体企业，则有必要迅速学会善用自媒体工具，融入成百上千别人家的各类在线 platform，即时创造出“品牌营销价值（B-MV）”，赢得发展先机。

自媒体之前，品牌营销型的企业收购生产型的企业；渠道强势的企业吞没生产型的企业。自媒体时代，得 platform 的企业战胜生产型的企业；得流量的企业小看生产型的企业。

Platform 将为王，谁拥有 platform，谁将拥有崭新的未来。

依据“品牌营销环面漩涡（B-MAV）”，对企业的未来发展起关键作用的在线 platform 类型有：媒体 platform（Media platform），电商 platform（Electric business platform），O2O 服务 platform（O2O service platform），互动 platform（Interaction platform）。

2-1-1　媒体平台（Media platform）

现在的在线 platform，都具有自媒体功能。目前，企业普遍使用的自媒体在线 platform 是新浪微博、微信号。它们注册不用花钱，发布信息、资讯非常方便，可视性强，而且能够向粉丝扩散。

微信的用户基数已经超过新浪微博，影响力更大。只是它的订阅号只能每天推送几条帖子，没有更多信息展示功能；公众号推送信息则被限定在每个月四次，界面的菜单栏也被限定在一级目录三个，二级目录四五个。而且它们本身不具备电商功能，也无法为用户提供线上下单、结算或者领凭证，线下消费的 O2O 服务功能。

有些聪明的企业把自家微信公众号的菜单栏设定为微网站的入口，点击即进入企业的微官网，然后在微官网中任性添加电商、O2O、无限制信息发布的其他功能，把它打造成了强大的在线“品牌营销 platform”，这算是打破了微信官方的限制，同时也改观了该 platform 的自媒体属性。

APP 是用户智能手机界面的微官网入口。开发 APP 相当于建设一个微官网，企业需要投入不小的资金、人力和时间成本。功能越强大、性能越优越的 APP 开发成本越高，开发周期也越长。它们和新浪微博号、微信号一样，都可以作为企业专属的在线 platform。同时，它们的媒体影响力也仅限于粉丝和粉丝转发。

加粉的难度前面已经提到过，其后维护这样的在线 platform 更需要企业持续投入，直到它们的 platform 产品打造得有足够吸引力，能够自动吸粉、活跃流量，才能源源不断地创造“品牌营销价值（B-MV）”，当然其中包括为企业节省媒体传播费用。于是，抢“流量”的黄金时期错过，当下大部分企业打造的这样的在线 platform，粉丝稀少、活跃度难堪，成了摆设。

除此之外，成百上千的在线社区、论坛、部落等可供企业选择并注册账号。它们的粉丝流量一般由注册的用户共享。其中成熟的在线 platform 如网易社区、新浪主题社区、verycd 论坛、天涯社区、强国论坛、西祠胡同、千龙社区、17173 游戏论坛、猫扑社区等的粉丝数量庞大而固定,粉丝的年龄、兴趣、地域、职业等属性被细分得非常明显。这样企业就可以在这些 platform 上相对准确地找到自己的"目标消费客群(TCG)",并向他们发布信息。

聪明的企业会把所有目标消费客群集中活跃的这类在线 platform 都注册了,并安排专业的团队长期维护,拉近与 platform 上"目标消费客群粉丝"的距离。长此以往,运作给力,往往能够低成本、高回报地创造出令同行意想不到的"品牌营销价值(B-MV)"。

2-1-2 电商平台(Electric business platform)

"B2B""B2C""C2C""C2B"等各种在线电商 platform 被玩够了花样之后,"F2C"紧跟着被提上了日程。

长期以来,企业致力于渠道扁平化,铆足了劲想挤掉各层级、各种类型的中间商,但是碍于盘根错节的利益格局难以打破,往往收效不大。现在,在线电商 platform 帮企业挤垮了大批终端门店,又培养了数以亿计网民的在线消费习惯,企业可以更容易地通过"F2C"将商品直接卖到客户手中了。

有足够数量忠实消费者的企业就可以搭建一个行业、人群、功能细分的垂直在线电商 platform,把这些消费者圈在里面,变成会员粉丝,为他们提供产品和服务,同时也为其他企业提供在线 platform 的品牌营销支持。这样能最大限度地破除粉丝流量不足的困局,为企业的长远发展赢得先机。

将来,"实体 + 在线 platform + 流量"必定势不可挡,能否活下去,做强做大,就看谁能抢跑在竞争对手的前面。

渠道为王的时期,渠道 = 经销商 + 终端;自媒体时代,销售管道 = 物流 + 网店 + 微商。得益于网民的网购习惯的养成,以及在线电商 platform 的开发和更新技术的普及,企业绕开网店经销商、代理商和传统终端门店,开启"F2C"模式,已成为先进趋势。

目前对于企业来说，无论是开设官网（PC 端、移动端）和专属在线电商 platform（网店、微店、公众号等），还是借助大众点评、微博、微信等实现线上引流、线下消费（O2O）的“带店入网”，再或者通过二维码，在销售、积分、售后等方面大做文章，都已经不是难事。

难点在于如何平衡传统渠道商与“F2C”模式的利益。自建在线电商 platform 还是融入别人家的在线电商 platform，或者两者兼顾？自媒体时代商业环境的巨变正逼迫着每一个传统的企业，都得拿出一个真正管用的“触电”的长远规划。

2-1-3　O2O 服务平台（O2O service platform）

O2O 在线 platform 是新兴的以盈利为目的的商业 platform。数据显示，美国线上消费只占 8%，线下消费的比例依旧高达 92%；而中国的这一比例，分别为 3% 和 97%（另有一说为 4.5% 和 95.5%）。

TrialPay 创始人兼 CEO Alex Rampell 的说法很形象：“普通的网络购物者每年花费约 1 000 美元，假使普通美国人每年收入为 4 万美元，那么剩下的 39 000 美元到哪里了？答案是，大部分都在本地消费了，人们会把钱花在咖啡店、酒吧、健身房、餐厅、加油站、水电工、干洗店和理发店。”[1]

O2O 的使命，就是把电子商务的能效引入到消费中占比 90% 以上的部分中去。如果把商品塞到箱子里送到客户面前的网上销量有 5000 亿，那么服务业的网上销量会达到数十万亿。

目前国内各行各业的企业，彼此之间的竞争壁垒普遍不大，产品同质化非常严重，打造服务的竞争优势对企业来说显得尤其重要。另外，我们可以环顾一下如今各行业 O2O 模式的领先者：河狸家没有一家自己的美甲店；花样年的“彩生活”没有一家社区周边的店铺；e 袋洗没有自己的一家干洗店；58 同城、京东、大众点评、美团也不需要成立实体的

[1] O2O 商业模式分析 _ 百度文库
http://wenku.baidu.com/link?url=r100YA-UpUOKLxd3QDEObpPOzHmt99-X7nJ5vnaNloIP5hSPp-QYjopWABlDbo54f3J7e8X-hlrOrSNxJ4cKbEGgzeWM3_ybQdJx1rkFCOK，2014-06-22

家政公司，它们就能够为千百万客户和家庭提供O2O式的服务。

有规模的企业，每年都会卖出成百上千万的商品。跨界整合线上、线下的资源，为消费者提供除商品之外的增值服务，创造永久的“品牌营销价值（B-MV）”，已经成为当今企业增强自身的服务竞争优势，抢占发展先机的重要战略手段。

2-1-4　互动平台（Interaction platform）

企业的在线platform现在加入即时互动（沟通）功能很便宜。微博、微信号本身就具有即时互动功能；官网都有在线留言窗口；只要与百度有合作，百度商桥的窗口就可以链接到企业的官网。

如果想要更方便、直接，界面更美观，功能更强大，企业可以开发像淘宝网的阿里旺旺，京东上的咚咚这样的即时互动工具。“米聊”就是小米（MI）开发的，它甚至想和腾讯QQ、微信争夺粉丝流量。

在互联网即时互动工具的技术壁垒越来越低的情势下，对企业来说更重要的不是怎么利用在线platform和“目标消费客群（TCG）”进行即时互动，而是互动什么能够创造出多大“品牌营销价值（B-MV）”。

如果仅仅把在线的“互动”理解为“沟通”，那真是低估了在线platform的价值，也严重小看了新浪微博、微信、淘宝、京东、携程、滴滴、大众点评等在线platform大鳄的能量。

自媒体时代的信息技术和数字科技相对于“品牌营销（B-M）”具有几个伟大的特征：

一是实现了顾客在线消费，或者线下消费、线上支付的即时信息、相关数据的自动生成、积累和管理。

二是实现了各大在线电商platform（如阿里巴巴、天猫、京东）、在线社交platform（如腾讯QQ、微博、微信、陌陌）、在线服务platform（如滴滴、大众点评、美团）等线上大platform与在线支付platform（如银联、支付宝、微信钱包）的单线或多线横向打通。

三是实现了非常便捷的即时沟通，包括个人对个人和企业的点对点沟通，个人对群体的点对面沟通。

四是实现了智能手机对个人日常行为捆绑式的自动记录。比如某些品牌手机的追踪功能可以与在线地图联通,自动记录下机主当下的行动路线、出入场所等。所有这些功能共同、局部地实现了企业对个人及群体消费行为的“大数据管理”。

我们有必要把在线 platform 上,企业与每一位网民在销售、传播、服务层面的交集都视为一次“互动”;“互动”的标准就是能够采用先进的数字技术,把每一次交集的关键数据自动生成、积累并且管理起来。

互联网之前,消费行为全部在线下产生,而企业更与消费者隔着中间商门店终端,即使有消费者相关数据累积下来,也主要在渠道商手里,企业捞不到。在线 platform 纷纷兴起之后,消费者相关数据主要累积在少数在线 platform 大鳄手里,企业也捞不到。

如今,自媒体的出现,为企业提供了相对低成本、高效率、超回报打造自家专属在线 platform,积累消费者相关数据,实现对企业的品牌营销“大数据管理”的机会,有条件的企业实在不应该错过。充分理解在线 platform“互动”的内涵,重视专属在线“品牌营销 platform”开发与建设,对于当代企业,普遍具有现实的重大意义。

■ 2–2 爆点(Point of Detonation)■

自媒体时代,企业要善于制造“爆点”,以实现“品牌营销价值(B-MV)”的最大化。因为自媒体在线 platform 与以往媒体的传播功能最大化的区别就是“信息点对面 + 点对点 + 互动传播,粉丝转发扩散”。微博、微信号因为这种功能才具有无与伦比的影响力,其他 APP、社区、论坛、部落等在线 platform 则都已经实现了与新浪微博、微信的横向打通,而间接具有了这种影响力。

在这种形势下,如果企业仍然坚持老套路,沿着传统的“品牌营销战略(B-MS)”规划的方向,按部就班地先发布围绕品牌价值概念创作的主形象推广软文,然后发布围绕营销价值概念创作的产品软文,释放出产品卖点,继而是各种优惠、打折、团购的促销信息,持续在自家专属以及别人家的各类在线 platform 上反复传播,以求实现最大化的“品牌营销价值(B-MV)”,那真是诋毁我们这个时代企业的“品牌营销实践(B-MP)”。

“爆点”不可能天天有,但时不时、隔三差五的有必要爆一个。

前面已经提到过,如今自媒体在线platform几乎完全是以粉丝的兴趣、爱好、需求为导向的platform,远不是一个适合传播品牌价值点、产品卖点等硬性商业广告信息的地方,这样的信息会习惯性地被受众摒弃,也不可能被受众竞相转发,完全发挥不出自媒体“爆炸式”传播信息的功能。

如果一个企业想借助自媒体在线platform来传播品牌、促进销售,必须学会很巧妙地将自己品牌及其产品的价值信息用流行的网络语言(文字、图片、GIF动画、视频等),包装成一个个“爆点”,推送到这些platform的敏感地界,才有可能创造出石破天惊的品牌营销效果。

这类“爆点”主要包括以下四类:热点(Hot point)、预计利益点(Desired-profit point)、理性情感点(The point of sense and emotion)、客户体验点(Experience point)。

2-2-1 热点(Hot point)

热点常常有,就怕抓不到。近一年,已经炸开了好几波瞬间挤爆网络、波及亿万网民的热点:优衣库事件,“新地球”的发现,范冰冰“马震”、宁泽涛夺冠、屠呦呦获奖、黄晓明与Angelababy的世纪婚礼等。每一个热点炸开后,都会有一大波品牌跟风,将自家品牌、产品信息植入其中,借势宣传,而且宣传的帖子在各大自媒体在线platform转发,起到了很好的宣传效果。

抓不到热点,就制造热点。几个月前,某品牌在北京搞了个活动,请一大票欧美肌肉男穿着“斯巴达300勇士”的军装在闹市口作秀,造成交通堵塞,被城管抓了。每个肌肉男手里端着个某品牌的产品。前几天,又是北京,在朝阳区建外SOHO街头,一群只穿内衣内裤的长腿美女“裸游”,引起市民大量围观和热议。据了解,此次活动确实为某商家策划的营销活动,目的在于推销其新出的APP软件,而软件的名字就印在女孩的背部。

这类热点事件虽然火爆，但是事件制造者并没有把品牌及其产品的价值点与热点事件的记忆点巧妙联结起来，而且内容不雅，伤害品牌印象，算不上成功的事件营销案例。

在制造热点方面，Uber是创意高手。从深圳开始，配合热映大片《复仇者联盟2》，Uber推出了“一键呼叫英雄”活动，为乘客随机安排了扮作美国队长、钢铁侠、绿巨人、雷神等英雄人物的司机接驾。之后，Uber在西湖推出了“打船”，以至于现在一有瓢泼大雨，城市的街道被淹，人们就用“打船”来调侃，唤醒对Uber的品牌记忆。

其他的还有：在后海可以一键叫到人力三轮；找工作的学生可以用Uber“一键叫高管”；在上海甚至可以直接“打飞的”；春节期间可以叫来舞狮表演；一不留神儿还能叫到开着特斯拉（Tesla Motors）的佟大为，或是微博以辛辣点评著称的时尚博主带你看秀……简直是不停歇地牵着网民的神经走。

2-2-2 预计利益点（Desired-profit point）

“利益点”因人而不同。有个性化的属于某个个人的利益点，有群体化的属于部分人的利益点，也有普遍化的属于所有人的利益点。后两种利益点，对于自媒体化的“品牌营销（B-M）”具有难以估量的价值。

通常来说，对于普遍化“利益点”的最简单、直观、形象化的表达，就是“Money”。传统的线下打折、优惠券、送礼品、积分兑换等促销方式，是通过触动人们普遍的利益点进行“品牌营销（B-M）”。自媒体兴起之后，这些线下的促销方式纷纷被企业拿到线上来用，并进化出了“双11”“秒抢”“团购”等线上的品牌营销模式。紧跟着，一种更加惊世骇俗的线上营销工具出现了——那就是“红包”。

这些“品牌营销方式”所发挥的巨大威力，我们这儿已经不需要用任何语言来赘述了。它们极大地改观了人们的消费行为，也在短时期内改变了当代的商业格局：一大批传统的企业倒下了，同时迅速造就了某些行业、产业巨头。

企业都知道通过触动人们普遍的利益点来实现“品牌营销目的”，

只是各自操作的方式、方法各有千秋。因此,发现各类“目标消费客群(TCG)”的普遍利益点,以及“目标消费客群(TCG)”潜在的利益点并触发它,便成了“品牌营销创新”的一个具有普遍意义的指导方向。

人性中的利益点远不止“Money”那么简单,除了贪图便宜和实惠,人们还渴望参与、奉献、实现个人价值以获得心理满足等。小米(MI)手机在上市前半年多时间里,诱使大批“程序猿”帮它开发“MU操作系统”,后来这些“程序猿”大多数成了小米(MI)第一批手机上线产品的购买者,之后更“沦陷”为“米粉”。

说到底,“程序猿”们一开始是获得了参与开发一款有意义的产品的满足,然后在参与开发的过程中深度了解了该产品的性价比,再然后在使用产品的过程中获得了各种满足,最后“沦陷”了。

人性的秘密世界中,类似的“利益点”还潜藏着很多,非常值得企业和品牌营销精英们一起去挖掘并触发。

2-2-3 理性情感点(The point of sense and emotion)

“贾君鹏你妈喊你回家吃饭”“duang”“世界那么大,我想去看看!”,这类帖子为什么光速地席卷了互联网世界,演化成一种文化现象,研究网民心理的“砖家”们至今还没有想明白;但是可以确定的是,它们各自触动了某部分网民大脑里的某根普遍的神经,触动了他们内心深处的某丝情感血管。“品牌营销(B-M)”如果能够巧妙地触动人们内心深处某个普遍的理性情感点,就能起到事半功倍的效果。

“理性”与“情感”是人的两大性格,而且它们往往是交织在一起的。一句话、一段文、一幅图,只要能给到人们的心灵一点启发、一丝触动、一分感悟,就具有一份值得传播和记忆的价值。

人的理性情感是复杂、多变、难以琢磨,但是又永恒存在的。现在网上常常流行着“心灵鸡汤”类型的帖子,如今又冒出了一个新的名词叫“走心”,这种类型的帖子中总有一些出挑的被网友竞相转发,产生很大的影响力。

如今很多企业的“品牌营销实践(B-MP)”已经非常注重去影响“目标消费客群(TCG)”的理性情感:像《大圣归来》电影的出品方,

在各大自媒体在线platform晒主创者如何十年磨一剑地坚守理想，开创了中国动画片的新高度的帖子，引得观众纷纷步入影院去支持国产动画电影，赢得了非常理想的票房。

2-2-4　客户体验点（Experience point）

客户体验点，首先是相对于品牌和产品而定的。此外，还必须包括服务体验和围绕品牌营销而衍生出的满足客户各种购物、娱乐、休闲、文化需求的体验。

在这个产品极度过剩的商业世界，人们早已迷失在物质的包围中，难以确定真正需要什么；也就是说不存在什么好与坏的客观标准，你能成功地取悦于消费者的感官，让他体验到好就是好。

互联网时代，时空限制消失，让在线即时取悦每个消费者成为可能，商业竞争由以往的品牌、产品、营销之争迅速升格为品牌及其产品能够带给"目标消费客群（TCG）"的优势体验的比拼。

品牌及其产品的内涵体验和使用体验，已经被史蒂夫·乔布斯（Steve Jobs）和他的"苹果（Apple）"诠释得淋漓尽致，不须再多说什么了。消费现场、消费场景、消费情景、消费服务的体验，国内的"海底捞"很值得说道。

总的说来，"体验"包含在线上和线下消费的整个过程中：从消费者选择，到下单购买，到物流配送（限线上消费），到消费，再到售后服务，每一个环节的每一个细节，无处不被消费者体验。"三只松鼠"就是一个做对、做好了用户体验而飞速崛起的"坚果产品在线渠道品牌"。

那些消费者感觉"先进而好用、质优而价廉、贴心而周到"的体验，有一些很可以被包装成为"爆点"，释放到各个自媒体在线platform，引发轰动性效应，起到自然被无限夸大的品牌营销效果。

■2–3　黏性（Sticky）■

自媒体以前，渠道为王；自媒体时代，platform为王。而对于任何一个自媒体在线platform，或者线上、线下打通的"O2O服务platform"，或者具有全面电商、传播、服务、互动的在线"品牌营销

platform”来说：“粉丝数量”好比血液，“活跃度”好比呼吸；二者结合成一个在线 platform 是否健康和强大的标尺——“流量”。

一个在线 platform 是否有“流量”，首先要看粉丝数量，然后就是这个在线 platform 的“黏性”。再往后才是这个在线 platform 与竞争对手的相比，具有哪些特色的优势。

人们评价一个热衷于名牌服装、包包、首饰、跑车的女孩，常常把她们称之为“物质女孩”。实际上，人人都是“物质的人”，谁也离不开衣食住行等生活相关的产品。

但是，另一方面，我们会发现，人们离不开物质的产品，对于单纯物质的产品却往往喜新厌旧。千百年来，人们吃穿住用的已经和以前的截然不同；几十年来，我们父祖辈和我们以及我们的后辈们吃穿住用的也已经不一样。大致一脉相承，“形”变而“神”在的是什么？是我们的文化传统、精神内核，还有人性中相通的文化基因。几千年来，基督文化、伊斯兰文化、佛学、儒家文化源远流长就是明显的例证。

这儿想表达一个什么观点呢？想表达的就是在当今的自媒体时代，企业想单纯的做精产品、做大品牌已经远远不够了，必须做出有强大吸附力的品牌文化、企业文化，才能够牢牢地黏住自己的“目标消费客群（TCG）”，才能够在战略上蔑视竞争对手的“品牌营销（B-M）”，才能够青春永固，永续发展。

“卖方市场”的时期，卖方主导市场，企业只要产品过硬，就能够快速成长；“买方市场”的时期，买方主导市场，企业只有占有渠道、做大品牌，才能够财源滚滚。

现在是自媒体时代，各行业企业的产品普遍同质化，产品、设备、技术等壁垒很快就能被对手攻破；细分市场已经被充分挖掘，任何一个价位的产品、任何一个“目标消费客群（TCG）”的面前，都有众多品牌在拼抢着占位。在这种形势下，消费者对某种产品、某个品牌的忠诚度很难长久维持。

企业只有在产品过硬、品牌够强的基础上，进一步升级，把企业文化、品牌文化做深、做透，才能够在一定程度上对内激励员工、对外引导“目标消费客群（TCG）”的情感、精神和思想，实现“品牌营销（B-M）”的战无不胜。

Platform 的一个很强大的功能，就是能够把一群人圈在里面，然后黏住；Platform 的另一个很强大的功能，就是能够在其中植入无限多的元素，包括无限多的文化元素，把圈里的人黏住；Platform 还有一个很强大的功能，就是能够方便地运用各种方式，与不管身在何时、何地、何处的圈里人互动，深入了解他们的内心和精神，把他们黏住。

“圈子”的最高形态被称作“宗教”；而打造一个有魔力的、有强大吸附力的“圈子”，在如今的“品牌营销界”被称之为“成瘾模式”。

总之，platform 也可以被理解为“圈子”，是一个非常适合建设并传播品牌文化、企业文化的根据地。自建在线 platform，并且融入、借助别人家的在线 platform，是自媒体时代的企业实施“品牌营销（B-M）”的王者之道。

目前，建设并增强企业的 platform 的黏性，主要有五种方法：利益黏性（The viscidity of the interests）；品牌与产品黏性（The viscidity of the brand and product）；活动黏性（The viscidity of activities）；服务黏性（Service viscidity）；文化黏性（Cultural viscidity）。

2-3-1　利益黏性（The viscidity of the interests）

“天下熙熙，皆为利来；天下攘攘，皆为利往”。“利益”不管在哪儿，都是永恒的、能够吸引并且立竿见影取得黏住效果的品牌营销利器。

如今，红包、积分、打折、优惠券、礼品等“利益黏性”的方式、方法已经被各大在线 platform 运用得淋漓尽致、惊世骇俗。将来，还会有其他层出不穷的类似方式、方法被释放出来。

这些在线 platform 的目标是流量和融资。对于企业专属的在线 platform 来说，则应当把“利益黏性”主要作为一种针对忠实客户的返利机制来使用。常规的、有策略的、隔时间段的使用“利益黏性”的确能够极大地增强企业专属在线 platform 的黏性。这就要求企业的产品过硬、品牌够强，如此才能够赢得足够的利润空间，比竞争对手更丰厚地使用“利益黏性”，进行更加游刃有余的“品牌营销（B-M）”。

当然，“利益黏性”绝对不能被视为企业进行“品牌营销（B-M）”的杀手锏。如果一个企业主要运用“利益黏性”做“品牌营销（B-M）”，那么它就已经陷入了“价格战”，走在没落的道路上了。

2-3-2　产品与品牌黏性（The viscidity of the brand and product）

真正牛的品牌与产品，本身就具有极大的“黏性”，就像当下iPhone7的每一个细微的“品牌营销动作”都能引发普遍的关注一样。对于产品和品牌不那么突出的企业来说，只有更加重视自己的产品在各类在线platform上的自我展现以及品牌文化的建设。

自媒体时代，像以前那样做广告、搞促销、玩客情已经远远不够，消费者绝不会轻易动心。企业需要有效整合网络、媒体、终端、户外等资源来制定传播策略，将自己的“品牌营销体系（B-MS）”的优势精心地展现在消费者面前，吸引其点击或询问。

当前，所有企业首先要做好的两大功课是：“品牌营销价值知觉系统（B-MVPS）”散点式地在专属在线platform上展现（微博号、微信号、微官网、APP、博客）；散点式地在别人家的在线platform上展现（社区、论坛、部落、朋友圈等）。

品牌形象建设远不是选用个Logo，一些VI应用，或者引入一套CIS系统那么简单；品牌文化的建设也远不是编造个品牌故事、选用个明星做代言那么基础。品牌文化建设从产品衍生。产品的性能、功能，以及与产品有关的技术、工艺、关键人物、历史演变等都是品牌文化建设的一部分。

此外，传统的线下渠道、服务、企业乃至行业、产业的发展变革，只要与企业的品牌有关系，只要对企业的目标消费客群有吸引力，都可以作为“黏性元素”，植入到企业专属的在线platform上。所有这些“黏性元素”如果本身黏性不够，不足以吸引“目标消费客群（TCG）”，就需要进行文化再创、艺术加工，把它们包装得有更吸引力，用来增强企业专属在线platform的黏性。

2-3-3　活动黏性（The viscidity of activities）

“微活动”是目前流行的“品牌营销方式”。在自媒体迅速成长，影响力一日千里的情势下，企业越来越多地把原来准备举办线下活动的预算转移到线上开展活动；而且"微活动"越来越朝着调动目标消费客群的参与、增强与"目标消费客群（TCG）"互动的方向发展。

不过在自建的在线 platform 上，企业最好把"微活动"当做是针对"目标消费客群（TCG）"返利、黏住粉丝的工具，而不是实现特定"品牌营销目的"的方式。

常规的、有策略的、隔时间段的开展"微活动"，是增强企业专属在线 platform 黏性的有效方式。不同类型的"微活动"，还能帮助企业实现诸如市场调研、会员卡发放等特殊目的。

2-3-4　服务黏性（Service viscidity）

自媒体之前，先进的企业就已经建设起了比较全面的售前、售中、售后服务体系。自媒体时代，企业专属的在线 platform 本身只能提供诸如资讯、咨询等服务，其他类型的服务还得线下的实体来提供。

不过，在线 platform 能够更加方便、低成本地整合服务资源，并且和"目标消费客群（TCG）"分享。这一点，在前面的"O2O 服务平台"小节中已经交代过。也正因为此，当下的企业在增强建设自家专属在线 platform 的"服务黏性"的时候，就可以不必局限于围绕产品本身所向客户提供的检验、物流、维修等服务，而是沿着产业链向产品生产的上下游以及前后左右方展开，提供相关的服务内容，以此来增强自身相对于竞争对手的服务优势。比如家电、家具、家居用品行业的企业，就可以在自家专属在线 platform 上整合装饰、装潢、建筑、景观设计及施工的机构，来向"目标消费客群（TCG）"预提供更加完善的服务内容。

2-3-5　文化黏性（Cultural viscidity）

企业有必要建设企业文化与品牌文化，在自家的专属在线 platform 上整合传播，以黏住"目标消费客群（TCG）"。不过我们也应该留意到，在线上 platform，粉丝一般比较反感企业及其品牌、产品相关的广告信息；所以很多先进的企业都是力求将此类信息包装得好玩、有趣、利诱十足，然后再借助在线 platform 传播。

这里所提出的"文化黏性"，其中包含的应该是远远超出企业文化和品牌文化范畴的“增值文化”。我们也一定留意到了,很多企业专属在线 platform 中,会普遍地植入大量与企业及其产品和品牌无关的信息。比如化妆品企业的在线 platform 上,会植入很多美容、护肤相关的信息;母婴用品企业的在线 platform 上,会植入很多亲子、婴幼儿抚育相关的知识……而这些远远不够。

有人也许会说,若再延展,化妆品企业和母婴用品企业的在线 platform,岂不是建设成专业的化妆或者亲子在线 platform 了!对了,在自媒体时代,基于在线 platform 的无限包容性,企业有必要充分展开跨界的眼光,运用整合的思维,把自家专属在线 platform 打造得比同行业甚至跨行业的专业在线 platform 还要专业。

要知道,接下来的很多年,将是一个线上、线下 platform 逐步融合,O2O 服务 platform 盛行的时期。现在的细分的行业垂直或者跨行业的在线 platform,基本上都是一些脱离了生产实践的人打造的。他们远不及企业的人了解行业更深。如果企业能够朝着全功能在线“品牌营销 platform”方向,把自家专属的在线 platform 打造得足够强大,不仅能够从竞争对手那儿抢到客源,还能够从专业的亲子、化妆等在线 platform 那儿抢到无限多粉丝。

Platform 为王的时代已经到来了,未来的企业先得输出文化,然后才能成功地展开“品牌营销实践(B-MP)”。如今,企业想要做大、做强,做百年企业,最好立刻就行动起来,用力抡起“文化黏性”的大棒,披荆斩棘地开创出一条领先于行业与时代的康庄大道。

■ 2–4　互动(Interaction)■

根据“品牌营销环面漩涡(B-MAV)”,文化品牌是企业的“产品品牌(PB)”打造的最高境界,再往上,“产品品牌文化”只能融入企业文化,成为企业文化的一部分。

自媒体的兴起与发展,为企业提供了可以充分展示其文化及其“产品品牌文化”的在线 platform。但是,不止于此,在线 platform 的即时互动(沟通)功能能够使企业更深入地走入消费者的内心,把自己的文化的价值点与他们的理性情感点更结实地联结起来。

如此，企业与消费者的即时互动（沟通）的内容就不能局限在产品与服务上，而应该彻底开放，提升到品牌文化及企业文化的层面进行。

另外，各大在线 platform，无论是电商类、社交类还是服务类，都要求用户在线注册个人的基本信息。线下销售平台，普遍也已经学会了通过会员注册把消费者的基本信息累积到线上 platform 上。

消费者的基本信息一旦和在线大 platform 的个人行为、沟通、消费记录联结起来，platform 方就足以掌握每个人的消费习惯，洞见并且预测到他的消费动机、消费倾向，及其将来某个时间段的消费选择。

如今，最大的与个人消费有关的数据都存储在少数在线 platform 大鳄的数据库里，并且永续即时更新着，直到某个人从眼下这个星球上消失，他的相关数据才被封存起来。

对于其他企业来说，在数字技术如此发达并且升级如此迅速的时代，没有"数据思维"的企业就不可能积累起自己最核心的竞争力。

一边融入并分享别人家的"大数据"，一边建设自家的"大数据"，为企业注入先进的基因和核心竞争力，是形势逼迫每一家企业必须即刻动手去做的远大事业。能否成功"互动"起来，成为将来关系到每一家企业生死存亡的关键点。

自媒体时代，企业通过在线 platform，与客户进行"互动"的类型，主要包括以下六种形式：交易互动（Traders' interactions）；研发互动（The interactions on research and development）；调研与反馈（Investigation and survey）；在线咨询（Online consultation）；论坛互动（Tribune Interactions）；公益互动（Social interactions）。

2-4-1　交易互动（Traders' interactions）

互联网出现之前，柜台交易、货架交易、会务交易时，商家的销售人员、企业的客服人员都会与消费者就商品、订单即时沟通。近年来，这种沟通的很大部分通过在线电商 platform 已经被成功地转移到线上。

此外，无论是线上交易，还是线下刷卡消费的同时，企业和商家常常以积分、代金券、优惠券等不同形式的“折扣”回馈消费者，以刺激他们的再次购买，这也算是一种交易互动。

当前企业的商品交易大多数是通过中间商进行的，这既不利于企业了解消费者，也不方便企业积累目标消费客群第一手的消费数据。

自媒体时代，全面实现线上与线下的“交易互动”，对于企业的长远发展非常重要，探索成功的“F2C”+“O2O”的商业模式对于很多企业来说，也成了非常必要的选择。

2-4-2 研发互动（The interactions on research and development）

人人都需要参与感和成就感；当下的宅男、宅女尤其多，不能说他们每个人都具有内行而专业的研发能力，但是每个人都多少有些设计思维、消费经验，并能就任何产品的研发提出自己个性化的意见，这一点还是需要肯定的，更何况还有数不清的各行业的专业人士，需要打发数不清的无聊时间。

企业若能针对特定的“目标消费客群（TCG）”，采取恰当的方式，吸引他们参与企业的研发互动，最起码可以引导他们了解企业的品牌与产品，同时也能为自己的产品积累下一定数量的预购买者。

这种“参与研发互动”的“品牌营销形式”借助成熟的在线自媒体 platform 能够比较方便地实现，其巨大价值已经被一些企业和品牌成功的证实了。其他企业能否在这方面推陈出新，创造出各自的“品牌营销价值（B-MP）”，很值得期待。

2-4-3 调研与反馈（Investigation and survey）

“调研与反馈”是企业与消费者进行延时互动的一种常规形式。它对于企业“品牌营销（B-M）”的意义已经毋庸多言。

这里想要说明一下的是，借助专属的或者别人家的在线 platform，企业能够较以往的各类“问卷调查”更加方便、高效、全面地进行企业与内部员工、企业与“目标消费客群（TCG）”、企业与社会人士的“调研与反馈”互动。先进的企业有必要把这一互动形式列为企业开展“品牌营销实践（B-MP）”的常规动作，每隔一段时间就互动一下。

另外需要强调一下的是，基于在线 platform 进行的“调研与反馈”

互动,本身就是一整套系统的机制。建设这套机制的关键在于,企业能否把传统的线下"问卷调查"的方式、方法有机地结合到在线 platform 上,并且运用先进的信息技术和数字科技进行适当的提升、优化。

2-4-4　在线咨询(Online consultation)

"咨询互动"包含"交易互动",但企业与消费者的"在线咨询"似乎更应该当做企业为消费者提供的一项增值服务来做。

理论上,在当下的自媒体时代,借助先进的信息技术和数字科技,企业能够把无限多的"专家"整合到自家专属的在线 platform 上,向无限多的客户提供即时的在线咨询互动服务。通过这种服务,企业能够更深入地走入消费者的内心,让消费者对企业的品牌、产品滋生消费的安全感和信赖感。

目前,线下一种非常火爆而且备受非议的营销方式叫做"会议营销"。商家通过讲师面向一部分集中到特定场所的"目标消费客群(TCG)"宣讲,与他们进行咨询互动,这往往能起到立竿见影的促销效果。

表面上看,会销讲师的宣讲与咨询互动靠的是夸大产品功效和煽动来促成购买;而深层次挖掘,我们会发现,他们真正具优势的实际上是对于"目标消费客群(TCG)"内心深处的恐惧、孤独、无助等情感的把控和引导。

企业的在线"咨询互动"当然无法取得会销现场的火热效果。但是如何通过"润物细无声"的方式影响"目标消费客群(TCG)"的心灵,把品牌及其产品的价值信息植入他们的内心深处,对于任何企业来说,确实是一种非常有战略意义的"品牌营销实践(B-MP)"的探索。

2-4-5　论坛互动(Tribune Interaction)

"论坛互动"是一种相对自由的在线互动形式。"论坛"上的发帖者、跟帖者的言论具有很大的随意性。对于企业来说,在自家专属的在线 platform 上开辟论坛,或在别人家在线 platform 的论坛上发起互动,无疑是了解自己的"目标消费客群(TCG)"真实心声的一种有效途径。

另一方面,"论坛"上的负面声音对于企业的"品牌营销(B-M)"

往往具有很大的杀伤性，所以很多企业不想在自家的在线 platform 上开辟“论坛”板块。

对于先进的企业，不妨把自家的在线 platform 的“论坛”看做是监督、约束自己的工具。而且在运作“论坛”的过程中，企业毕竟有管理权，可以运用多种方法引导“论坛”舆论的走向。另外，把“论坛”上“目标客群客群（TCG）”的心声定期总结，梳理出对于企业的“品牌营销（B-M）”起到参考借鉴的规律性的结论，并且形成关键数据的整理，才是企业“论坛互动”真正的价值和意义所在。

2-4-6　公益互动（Social interaction）

企业做公益，在国内就像上位成功的小三抚养非亲生的子女一样，不管怎么做，都不免招来各种质疑。但是不可否认，大多数人都具有公益心，企业如果在自家专属的在线 platform 上，与“目标消费客群（TCG）”建立起一种亲密互动、相互信赖的关系，然后号召他们一起做公益，形成良性的公益互动机制，能极大地增强企业的公信力。

“公益互动”，在当前的形势下，对于企业算是一种超前的互动形式。如果企业能够抛开功利是非之心，以真诚的态度去与自己的目标消费客群进行“公益互动”，一旦成功，必然会极大地提升企业的品牌形象。

大企业在国内基本上都是背着“原罪”的形象，不管它们怎么做公益，在民众看来都像是既得利益者的施舍或作秀。“公益互动”对于中小企业，反而是一个特别值得探索的“品牌营销实践（B-MP）”。

3　结语：未来 Platform 王国

现在的在线 platform，无论是媒体类的新浪、网易、搜狐，电商类的淘宝、京东、美团，还是社交类的腾讯 QQ、微信、新浪微博、陌陌，或者 O2O 倾向的携程、58 同城、河狸家、e 袋洗，还有社区、论坛型的网易社区、verycd 论坛、天涯社区、西祠胡同、千龙社区、17173 游戏论坛等，都具有向注册用户或者粉丝推送信息的功能，因此它们首先都是“自媒体在线

platform”,然后才是综合功能型或者细分功能型的在线 platform。

这些在线 platform 的一个普遍发展趋势是,整合媒体、电商、O2O 式服务、即时互动功能于一体,成为综合性的在线“品牌营销 platform”。

根据“品牌营销环面漩涡(B-MAV)”,自媒体之前,企业打造“产品品牌(PB)”,从“产品生产系统(PS)”开始,要先后跨上渠道、传播、服务、文化四个层级,才能实施“产业价值链战略(IVCS)”和“多品牌战略(MBS)”,成就企业的“价值链产业集群(VCIC)”或者“多品牌产业集群(MBIC)”(现实中企业跨越层级的先后顺序和发展模式更多变而复杂)。其中每一步跨越,企业都得付出艰苦卓绝的努力,无数企业倒在了竞争对手的“渠道壁垒”“传播壁垒”或者“服务壁垒”下面。

自媒体时代,通过在线自媒体 platform,企业的“产品品牌(PB)”及其产品可以直接向“价值链产业集群(VCIC)”或者“多品牌产业集群(MBIC)”层级扩张,很多高科技企业已经借此创造了让全世界震惊的极速发展奇迹。

在线上,自媒体 platform 取代“品牌营销环面漩涡(M-BAV)”中间的四个层级,直接联通“产品力(PP)”和“产业力(IF)”,构筑了“自媒体品牌营销环面漩涡(Self Media Brand-marketing Toroidal Vortex,简称 SMB-MTV)”(如下图所示)。

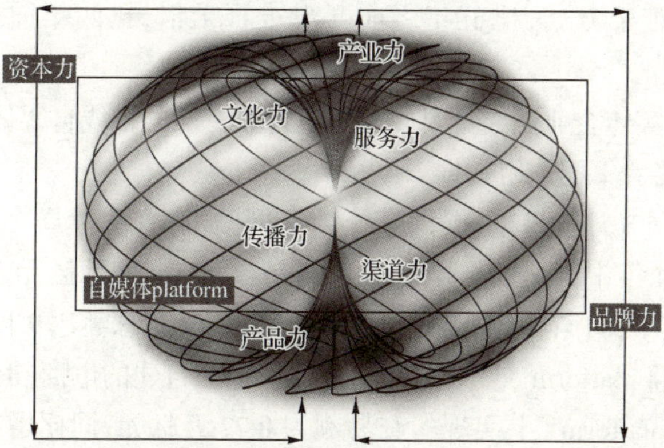

“自媒体品牌营销环面漩涡(SMB-MTV)”图示

“品牌文化系统（BCS）”的健全与完善，在这个模型中，主要借助在线自媒体 platform“即时互动（沟通）”的功能实现。企业与“目标消费客群（TCG）”即时互动，建立起其企业文化、产品品牌文化与消费者内心的理性情感点越来越结实的联结，为企业和品牌注入永久的生命力。同时，它还结合企业在线上 platform 上，通过与消费者销售、服务、传播层面的互动积累下相关消费者数据，实现“品牌营销（B-M）”的“大数据管理”。

“大数据”对企业的产品创新、研发升级具有怎么夸大也不为过的重要意义，它能为企业“产品生产系统（PS）”的发展注入“酶”的能量，又能强化骨骼支撑企业的“品牌营销集群（B-MC）”迅速扩张。

凭借在线自媒体 platform，企业可以创造以往在线下运作所可望而不可即的超越想象的“品牌营销价值（B-MV）”，赢得企业发展；但是，它们同时也面临着一个更加难以逾越的壁垒——“流量”。

一个众所周知的现实是，当今众多实体企业已经错过了打造强大的在线自媒体 platform 的先机，而且仍然在普遍地错过。“流量”已经被阿里、腾讯、百度、京东等在线 platform 巨头垄断了，剩余的也几乎被成百上千新兴的细分垂直在线 platform 瓜分殆尽，还有数不尽的后起的在线 platform 在前赴后继地拼抢“流量”。

如今的实体企业再建自家专属的在线自媒体 platform，比十年之前要艰难千万倍，比五年之前要艰难百千倍，比两年前也要艰难十百倍。

那么，实体企业还要不要倾力打造自家专属的在线自媒体 platform 呢？我们先看下面一组数据：

新华网 8 月 3 日电，据国家统计局网站消息，统计局今日发布消息称，2014 年中国全社会电子商务交易额达 16.39 万亿元，同比增长 59.4%。其中，自营在线 platform 的电子商务交易总额达 9.13 万亿元，占全部电商 platform 交易额的 55.7%；在企业自建的电商 platform（简称纯自营 platform）上实现的交易额为 8.72 万亿元，同比增长 65.9%。另据相关数据，中国的网络零售市场交易规模占比已达到社会消费品零售总额的 8.7%,同比增长了 27.9%。[2]

通过这些数据我们可以认识到,如今企业自建在线 platform 进行“品牌营销(B-M)”已经成为趋势,F2C 未来将走得更远。

另外,中国的电商零售在社会消费品零售总额中的占比还仅有 10%。如果再环顾周边五六十岁及其以上的老人,了解到他们与互联网世界的隔膜;然后看看我们周边五六岁以上的孩子,只要有条件,他们操作 PC 键盘和智能手机按键玩耍是多么的无师自通,多么的自然流畅,我们就会更加清醒地预见到,也就再一两代人的时间,电商零售的持续增长将是多么的势不可挡,其增长空间将是多么的无限可期。

再者,我们还应该看到,线上、线下合流已经成为眼前的事实,必然的趋势。沃尔玛并购“1 号店”,大润发在做“飞牛网”,苏宁电器拥有“苏宁易购”……这些线下零售业巨头知道,只有线下实体店,没有电商 platform,迟早会被阿里、京东们干掉。

阿里参股苏宁,京东牵手永辉,做物流的顺丰在线下已经开设了近千家“嘿客”做 O2O,百度砸 200 亿投资给糯米,都因这些在线 platform 巨头知道,只有线上 platform,没有线下实体,将来也会面临生存困境。

它们这些动作只是在打通线上、线下渠道。而马云还在干什么呢?他的阿里系在 A 股市场已经染指了超过三十家上市公司,其中广电及传媒领域占据了三分之一,其结盟手法大体分为入股及业务合作两大类[3]。这是在沿互联网领域“产业价值链(IVC)”打造新型的“产业集群”。

同时,对于银行、证券、旅游、医院等实体服务行业的介入,与奥康国际、金螳螂、美的集团、青岛海尔的战略合作,已经表明阿里的野心,绝对不仅仅是要建设一个“互联网帝国”,而是一个遍及传媒产业、服

[2] 2014 年我国全社会电子商务交易额突破 16 万亿元 | 记者王希 | _ 财经 _ 新华网 http://news.xinhuanet.com/fortune/2015-08/03/c_1116128432.htm, 2015-08-03

[3] 阿里系染指 A 股市场上市公司逾 30 家　广电传媒占 1/3_ 中国经济网 http://www.ce.cn/culture/gd/201507/08/t20150708_5875170.shtml, 2015-07-08

务产业、制造产业的“国中之国”。

“在线 platform+ 流量”就是具有这样的能量，就是这么可怕。它在吞噬了无数终端零售门店之后，现在正在吞噬服务行业的实体和制造产业的企业。

郎咸平先生 2016 年 7 月份的一次演讲中罗列了一组数据：中国铁路货运量增长率从 2012 年开始出现下跌，今年上半年已下跌到 -11.5%；火力发电量增长率已降到 -3.1%，工业用电量增长率已经降到 -0.8%。

郎咸平还举出国家统计局数据来阐述中国制造业的发展状况：2010 年中国制造业规模以上工业企业达 45.3 万家，到 2013 年只有 35.3 万家；2010 年中国制造业规模以上民营工业企业达 37 万家，到 2013 年只有 19.5 万家。企业用工情况，中国制造业从 2012 年 5 月开始至 2015 年 5 月份止，已经连续 3 年企业用工量为负增长。

吴晓波先生 8 月份在南京的演讲中更指出：5 年后，80% 的中小型制造企业将会破产。

这些数据和预言，从实体企业走向的角度，为在线 platform 的下一步疯狂扩张做了注脚。

Platform 必将为王。当代企业，如果无力做 platform，最好抢先融入别人家的 platform，否则会立马落后于身边的竞争对手。如果有能力做 platform，最好抓紧时间研究研究各种类型的 platform，看看还有什么细分领域的 platform 好做。

现在已经进入细分垂直的 platform 兴起的时期，再往后会发展到线上、线下 platform 融为一体的阶段。摆在企业面前的前途是，将来要么做阿里、腾讯、百度、京东等 platform 王国的臣民，要么勇于创新、转型，走自己的路，做自己的王国的主人。

最终的命运如何，就看企业今天如何根据目前的发展阶段，制定并实施什么样的“platform 战略”！从“品牌营销（B-M）”的角度看，如果说“品牌营销环面漩涡（B-MAV）”成就了过去的企业及其品牌，那么，“自媒体品牌营销环面漩涡（SMB-MTV）”将在一两代人之后，成就今日的企业及其品牌。这是当代企业的宿命，谁都逃不过。